科技文献检索

(第二版)

赖茂生 徐克敏等 编著

北京大学出版社
北 京

图书在版编目(CIP)数据

科技文献检索/赖茂生等编著.—2版.—北京:北京大学出版社,1994.5
ISBN 978-7-301-02531-4

Ⅰ.图… Ⅱ.赖… Ⅲ.图书－科技情报－情报检索 Ⅳ.G252.7

书　　名：科技文献检索(第二版)
著作责任者：赖茂生　徐克敏　编著
责 任 编 辑：赵学范
标 准 书 号：ISBN 978-7-301-02531-4/G・0259
出 版 发 行：北京大学出版社
地　　　址：北京市海淀区成府路 205 号　100871
网　　　址：http://www.pup.cn　电子信箱：zpup@pup.pku.edu.cn
电　　　话：邮购部 62752015　发行部 62750672　编辑部 62752021
　　　　　　出版部 62754962
印　　刷　者：北京飞达印刷有限责任公司
经　销　者：新华书店
　　　　　　850×1168　32 开本　15.625 印张　400 千字
　　　　　　1994 年 5 月第 2 版　2014 年 4 月第 14 次印刷
印　　　数：48001～51000 册
定　　　价：29.00 元

未经许可,不得以任何方式复制或抄袭本书之部分或全部内容。
版权所有,侵权必究
举报电话：(010)62752024　电子信箱：fd@pup.pku.edu.cn

内 容 提 要

本书结合当前科技文献检索教学和实际工作的需要，系统阐述了科技文献检索的基本原理和基本方法，介绍了国内外一些重要的检索工具和使用方法。全书内容充实，不仅有传统的文献索引方法的介绍，还以较多的篇幅介绍了当前的检索新技术和新方法，如元词法、叙词法、键词法、挂接主题索引法、保持原意索引法、引文索引法、自动标引与自动化文摘工作、新的检索技术及评价方法等等。本书第二版对第一版(1985年出版，1988年获国家教委优秀教材二等奖)进行了全面修订，以便把科技文献检索领域的新变化和新发展反映到书中，使之更加完善。

本书可作为图书馆学专业、情报学专业的教科书以及理工科各专业学习文献检索的参考书，也可供图书情报界的广大理论和实际工作者参考；本书还是《图书馆专业基本科目复习纲要》(文化部图书馆事业管理局主持编写)所列主要参考书之一。

第二版前言

随着社会逐步信息化，信息服务业迅速发展，科技文献检索正开始走出科学的殿堂，为经济建设和社会生活各个领域的人们获取信息和管理信息资源提供有效的工具和手段。实践也表明，它的原理和技术方法同样适用于一切与信息检索有关的领域，包括哲学社会科学和人文科学文献检索与利用。

本书1985年正式出版后，得到了国内同行们的广泛好评和广大读者的厚爱，被许多大学的相关专业和部门选为教材使用，并在1988年荣获国家教委优秀教材二等奖。近年来，一些检索工具的内容结构发生了较大的变化，新的检索理论、技术和工具也不断涌现。所以，我们又对教材进行一次全面修订，以便把各种新变化和新发展反映到书中，使之更加完善。修订过程中，申嘉廉老师因事务繁忙，无法参加修订工作，故专利文献检索一节改由赖茂生负责修改。最后，谨向各位同行专家和广大读者表示深切的谢意，并希望大家继续对本书给予雅正。

赖茂生
1993年春节于燕园

前 言

科技文献检索是大学图书馆学专业和情报学专业的专业基础课之一，并且即将作为理工科学生的一门工具课纳入教学计划之中。自北京大学图书馆学系1974年正式开设这门课以来，本书的编者曾先后参加过该课程的教学工作，并于1980年初集体编写成《科技文献检索》讲授提纲。之后，经过修改和补充，于1981年底编成《科技文献检索》讲义。该讲义在近两年的试用期间得到了本系和外界同行们的好评。这次正式出版之前，编者根据实际教学效果和各方面的意见，对讲义又进行了全面的修改和校订。

全书共分为九章，内容包括三部分：第一部分（一至五章）基本原理和基本方法，主要介绍科技文献检索的基本知识，检索工具和检索系统的一般构成机理，索引语言和索引方法。第二部分（六至八章）基本工具，重要介绍分析国内外一些有代表性且适用面较宽的检索工具的结构、特点和使用方法。第三部分（第九章）应用与评价，主要介绍如何综合运用基本原理方法和工具去开展检索工作，以及如何评价和改进检索工具或系统的性能，提高检索效果。鉴于手检与机检关系极为密切，它们的方法和研究成果可以互相利用或借鉴，而且机检在我国已成为现实。因此，本书内容虽然主要立足于手检，但也在某些章节中适当地增加了机检方面的内容。本书的主要参考文献一般都在各章末尾给出。

参加编写工作的人员有：徐克敏（第六章第四节），申嘉廉（第七章第二节），白光武（第八章第二节），刘明起（第八章第三节），孙琦（第八章第四节），赖茂生（第一章至第六章第三节，第七章第一节，第八章第一节，第九章及附录，并负责全书的统稿工作）。

本书付印前，承蒙北京大学图书馆学系周文骏副教授、侯汉清、利求同同志，化学系孙亦梁教授，生物系冯午教授，物理系虞丽生副教授等审阅有关部分。另外，在编写过程中还得到彭淮源、林尧泽、杜宝荣、赵凤仪、秦铁辉、祁延莉、赵文等同志的指导与协助。在此一并致以深切的谢意。

由于水平所限，难免有错误或不当之处，望读者指正。

赖茂生
1983年12月于北大

目　录

第一章　绪论 …………………………………………………… (1)
第一节　文献检索概述 …………………………………………… (1)
第二节　文献检索发展概况 ……………………………………… (10)

第二章　科学技术文献 …………………………………………… (18)
第一节　科技文献概述 …………………………………………… (18)
第二节　科技图书 ………………………………………………… (22)
第三节　科技期刊 ………………………………………………… (23)
第四节　科技报告 ………………………………………………… (28)
第五节　科技会议和会议文献 …………………………………… (30)
第六节　专利文献 ………………………………………………… (32)
第七节　标准文献 ………………………………………………… (40)
第八节　其他一次文献 …………………………………………… (43)
第九节　科技文献的发展状况 …………………………………… (45)

第三章　检索工具及其编制方法 ………………………………… (51)
第一节　检索工具与检索系统 …………………………………… (51)
第二节　文摘性检索工具 ………………………………………… (57)
第三节　文摘编写方法 …………………………………………… (68)
第四节　文摘刊物的编制 ………………………………………… (78)
第五节　目录性与题录性检索工具 ……………………………… (86)
第六节　检索工具的质量评价 …………………………………… (92)

第四章　索引和索引法 …………………………………………… (97)
第一节　索引导论 ………………………………………………… (97)
第二节　索引的结构 ……………………………………………… (101)
第三节　索引语言 ………………………………………………… (110)
第四节　索引编制方法 …………………………………………… (115)

I

第五章　索引的类型 …………………………………… (123)
  第一节　先组式字顺主题索引 …………………………… (123)
  第二节　元词索引 ………………………………………… (134)
  第三节　叙词法及其在索引中的应用 …………………… (144)
  第四节　关键词索引 ……………………………………… (152)
  第五节　计算机自动标引和辅助标引 …………………… (161)
  第六节　引文索引 ………………………………………… (174)
  第七节　著者索引和专用索引 …………………………… (191)

第六章　专业性检索工具选介 …………………………… (195)
  第一节　美国《工程索引》 ……………………………… (195)
  第二节　英国《科学文摘》 ……………………………… (211)
  第三节　美国《生物学文摘》 …………………………… (227)
  第四节　美国《化学文摘》 ……………………………… (248)

第七章　综合性检索工具选介（一） …………………… (295)
  第一节　科技报告检索工具 ……………………………… (295)
  第二节　专利文献检索工具 ……………………………… (320)

第八章　综合性检索工具选介（二） …………………… (368)
  第一节　我国科技文献检索刊物体系 …………………… (368)
  第二节　日本《科学技术文献速报》 …………………… (380)
  第三节　法国《文摘通报》 ……………………………… (397)
  第四节　俄罗斯《文摘杂志》 …………………………… (414)

第九章　信息咨询服务与检索效果评价 ………………… (431)
  第一节　信息咨询服务的内容和方法 …………………… (431)
  第二节　检索效果评价 …………………………………… (443)
  第三节　检索理论与检索技术 …………………………… (453)

附录 I　常用检索工具选目 ………………………………… (467)
附录 II　我国引进的 CD-ROM 光盘数据库目录 ………… (476)
附录 III　我国科技文献检索刊物学科分布一览 ………… (480)
附录 IV　俄语字母与拉丁字母音译对照表 ……………… (489)

第一章 绪 论

第一节 文献检索概述

人类进入20世纪以来,科学技术以前所未有的高速度向前发展,物理学和生物学相继发生了深刻的革命,化学、天文学、地学等领域也取得了惊人的进展。尤其是40年代以后,由于战争和国防的需要,一些国家大力动员科学技术力量为国防服务,开展了大规模的综合性研究,出现了许多新的学科和研究领域。原子能工业、电子计算机和空间技术的出现,开始了全面的、影响深远的第三次技术革命。科学技术的高速发展,研究规模的迅速扩大,各种研究成果大量涌现,导致科技文献数量的急剧增长。这主要表现在:科技期刊和其他非公开出版的文献的数量迅速增加,出版物的篇幅也在增加,各学科的文献愈来愈分散,而且学科之间互相渗透。另一方面,由于条件的限制,人们吸收和利用信息的能力并未得到相应的提高,人们对汹涌而至和川流不息的文献洪流感到难以应付,许多有用的信息还未来得及发现和利用就自生自灭了。文献量的增长和人们利用信息的能力两者之间出现了越来越大的剪刀差。传统的信息处理和检索方法已不能适应了,科学交流的渠道出现了严重的障碍。对这种社会现象,人们惊呼为"信息危机"或"信息爆炸"。

面对这种危机和障碍,再加上某些重大国际事件(如1957年前苏联发射人造卫星成功)的发生,使许多国家的政府和科技界开始重视信息资源管理问题,迫切需要更有效的信息技术和方法,需要培养信息资源管理专家。因此,信息检索作为一个专门的研究领域，逐步纳入美苏等许多国家高等学校的教学计划中。各种与信息检索有关的研究开发活动、培训活动和学术交流活动越来越频繁，规模也越来越大，有关的书刊和文章也纷纷涌现。

一、文献检索的定义

为了更确切地解释文献检索这个概念的含义，我们先解释一下什么叫信息检索。

信息检索（Information Retrieval）——是指将信息按一定的方式组织和存储起来，并根据信息用户的需要找出有关的信息的过程和技术。所以，它的全称又叫"信息存储与检索"（Information Storage and Retrieval）。这是广义的信息检索。狭义的信息检索则仅指该过程的后半部分，即从信息集合中找出所需要的信息的过程，相当于人们通常所说的信息查寻（Information Search）。

作为检索对象的信息，它有不同的形式，有的以文献的形式出现，有的以数据或事实的形式出现。根据检索对象的形式不同，信息检索又分为文献检索和数据检索。凡以文献（包括文摘、题录或全文）为检索对象的，就叫文献检索（Document Retrieval）。同理，凡以数据或事实为检索对象的，则是数据检索（Data Retrieval；Fact Retrieval）。可见，文献检索只是信息检索的一部分，但又是其中最重要的一部分。

文献检索还可以分为手工式文献检索（简称"手检"）和计算机化的文献检索（简称"机检"）。两者的关系是：手检是基础，机检是发展方向。这种划分方法也适用于数据检索。

从性质上说，文献检索是一种相关性检索，系统不直接解答用户所提出的技术问题本身，只提供与之相关的文献供用户参考。例如，某用户需要有关建造压水堆式核电站的技术资料。这是属于文献检索范畴的问题。而数据检索则是一种确定性检索，系统要直接回答用户提出的技术问题，即直接提供用户所需要的确切的数据或事实；而且检索的结果一般也是确定性的，要么是有，要么是无；要么是对，要么是错。例如，某用户询问目前全世界有多少座核电站，世界上有哪些国家建有核电站，年发电量分别是多少，有效利用率如何，等等。这些都是属于数据检索范畴的问题。文献检索与数据检索之间有许多共同之处。文献检索用的大多数技术方法都适用于数据检索。在信息服务过程中，二者也常常是相互配合、相辅相成的。例如，美国化学文摘社（CAS）生产的数据库当中就包括文献型数据库和非文献型数据库，检索时这两种数据库可以配合起来使用，最终都是检出化学文献。

另外，有些教科书或文章中常常单独提到"事实检索"（或事项检索）这样一个概念，这里需要说明一下。如果它所指的是从信息集合中找出用户所需要的事实的过程，那么，这种事实检索就是上面所说的数据检索。因为事实也是一种数据，即非数值性数据，所以本讲义把事实检索放在数据检索这个概念里头，不单独列出来下定义。但是，如果它所指的是通过对信息集合中已有的基本事实或数据进行逻辑推理，然后输出新的（即未直接存入信息集合中的）事实的过程，则它已超出传统信息检索的范畴，实质上是一种"问题求解"过程或专家系统技术。近年来研究开发的某些"智能信息检索系统"就初步具有这样的特征和功能。

二、文献检索在科学交流中的地位

要恰当地认识文献检索在科学交流中的地位，还得把它放到科学交流或"信息流程"中去观察，看看它在其中处于一种什么样的地位。

科学交流的过程就是信息流动的过程，即信息从信息生产者到信息用户之间的传递过程。社会实践中每时每刻产生着和利用着的各种信息的总和，称为"信息流"。这是信息从某一点向另一点传递时，由于不断大量地传送而形成的一种流动态。信息流所流经的路线就称为"信息流程"，它相当于通讯技术中的信息通道。信息流程是否合理简便，反映了科学交流的效率。

在研究工作中，每个科技人员都需要跟他的前辈或同时代的人交流信息（包括单向交流和双向交流），而且人们总是希望通过最简便的途径来交流信息。当社会上科技人员数量较少，信息生产量也比较小的时候，用简单的交流渠道，如直接交谈、通信或出版几部著作，大体上就可以满足科学交流的需要了。但是，随着人类社会的不断进步，科学技术越来越发展，参加科学技术活动的人数越来越多，信息的生产量愈来愈大，形式愈来愈多样化，人们对信息的需求量也愈来愈大，愈来愈迫切。原来那种简单的交流渠道渐渐地不能满足科学交流的需要了，原有的信息传递路线也难以完成传递信息的任务了，常常发生通道过分拥挤甚至堵

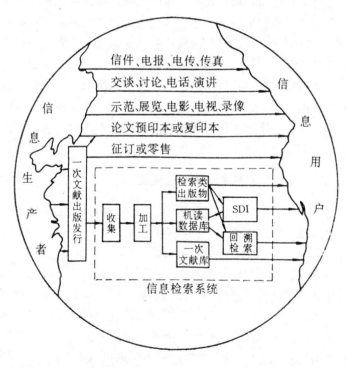

图 1-1 信息流程图

塞的现象。这时，人们就会要求变革科学交流的方式，增设新的传递渠道，或扩大原有通道的容量，以便使信息交流的渠道重新畅通起来。于是一些新的交流渠道和交流手段就相继出现，一部分信息就通过新的渠道传递到信息用户手中。今天的信息检索和信息检索系统就是在科学交流方式的不断变革过程中出现的。这里，我们试用图 1-1 来表示各种常见的科学交流渠道。

从图 1-1 可以看出，包含着文献检索的信息检索是传递信息的一条重要渠道，是联系信息生产者和信息用户的一个主要中间人，是人类为了合理地分发信息、充分地利用信息和提高劳动效率而采取的一种重要的交流方式。文献检索的出现和不断发展，使科学交流从非正式的、无组织的状态逐渐演变为正式的、有组织的状态。它使原来的信息流程大大简化了，通道的容量也大大扩充了，科学交流也显得更加便利和完善了。科学交流方式的这种演变，是社会发展进步的一种表现。

三、文献检索的重要作用

文献检索在科学交流中的突出地位，已经显示了它在社会生活中的重要性。对于它的直接作用，人们有各种不同的说法。在这里，我们将文献检索的作用归纳为下列 4 个方面。因为信息工作的核心和基础是文献检索，所以，尽管下面有些例子未直接提到文献检索，但实质上都是与它有密切关系的。

1. 促进信息资源的开发和利用

历代流传下来的和目前正源源不绝地涌现着的文献，是一个巨大的知识宝库，是一种如同能源、材料和劳力一样的重要资源。能否充分地利用这种资源，直接影响到一个国家的科学、教育、文化和经济的发展。科学技术是第一生产力。生产率的提高已愈来愈依赖于信息的传播和有效利用。有人说，现在国际之间的较量主要是知识的较量，是靠知识去创造产品价值，争夺国际市场，甚至控制别国。信息事业是否发达，是衡量一个国家是否发达的重要标志之一。一般来说，不发达的国家，信息事业也不发达。这种不发达主要表现为：信息意识薄弱，信息技术落后，人们不能及时地便利地获得全面而准确的信息，社会和个人的知识不能及时地得到更新补充和有效利用，所以科学技术和文化就落后，科学人才就匮乏。我国要在近几十年内建成有中国特色的中等发达的社会主义国家，也必须充分重视科学技术的作用，重视信息资源的开发与利用。从全社会来说，文献检索是人们打开知识宝库的一把金钥匙，是开发智力资源的有力工具。它能帮助人们传播知识和利用知识，使知识转化为社会物质财富或创造出更多的精神财富，为建设两个"文明"贡献力量。

2. 协助管理者作出正确的决策

信息虽不能确保决策正确无误，但它是决策的基础。《孙子兵法》云："知己知彼，百战不殆。"打仗是如此，搞建设也是如此。在今天这个复杂的社会，管理问题显得尤其重要。从一个国家（地区或单位）来说，要发展什么，限制什么，引进什么，都需要有准确、可靠和及时的信息，以便作出正确的决策。日本引进大量国外先进技术，促使其经济"起飞"，重要原因之一是技术信息搞得好，及时准确地掌握了国外科技发展动向。而我国前些年由于信息不灵，盲目引进，使一些引进技术和设备不适用，造成了惊人的损失和浪费。遗憾的是，至今还有不少管理者没有认识到信息工作对决策的重要性。如果要花费气力、金钱或时间去获取信息，那么他们宁愿在无知的情况下采取行动。这样的决策和行动难免会造成一些不良的、甚至是灾难性的后果。再举一个具体的例子，比如，某国家想和我有关部门做一笔生意，要求我方在很短时间内提出一个包括几十万种产品的价格单。我们的人答复说，报价格单可以，但需要半年时间。结果因对方等不及，这笔生意就吹了。可见，作为一个管理者，如果平时重视信息工作，善于利用信息检索等有效工具，就有可能避免重大的损失和浪费。

3. 便于继承和借鉴前人的成果，避免重复研究或走弯路

整个科学技术史表明：积累、继承和借鉴前人的研究成果是科技发展的重要前提，没有继承就不可能有创新。所以，牛顿说："假如我比别人看得略为远些，那是因为我站在巨人的肩膀上。"

科学研究是一种探索未知领域的活动，最忌讳重复。在研究工作中，任何一个项目从选题、试验研究或设计，到成果鉴定，每一步都离不开信息。只有充分掌握了有关信息，知道哪些工作前人已经做了，哪些目前正在做，什么人在做，进展情况如何，这样才能避免重复，少走弯路，保证研究工作在尽可能高的层次上起步，并缩短研究周期，获得预期的经济效果。例如，日本高能物理研究所由于借鉴了外国的经验及其他因素，它的第一台高能加速器比国外同类装置节省 1/2 投资，节省 3/4 人力。前苏联在研究美国航天科技信息的基础上制成的登月 1 号和登月 2 号，其中的电气自动控制系统分别只有美国投资的 1/20 和 1/50。

相反，如果继承和借鉴工作做得不好，"闭门造车"，往往容易造成重复研究；或者采用了较差的实验方法或程序，使研究工作进展缓慢甚至失败。这种例子是很多的。例如：美国的几家研究机构为研究继电线路的综合方法，耗资大约 20 万美元。事后发现苏联已有这种装置在运行,有关其结构的文献也已公开发表。美国曾用专门的发生器向大气喷射气溶胶进行人工造云试验，耗资 25.6 万美元，并公布了试验结果。但是，另外一组美国研究人员不知道这一试验，也进行了这种试验，又花了大量的研究费用。又如，日本在 50 年代由于未掌握确切的信息，向外国申请了大量落后的专利，造成的经济损失占全部专利申请费的 65％。类似的例子许多国家都有。据有些材料透露，在 50－60 年代，美、苏、日等国的重复研究率都比较高,造成的经济损失达数十亿美元以上。在欧洲共同体的研究开发活动中，由于忽视已有的成果，信息不灵，使 15％的研究工作要么重复，要么不能受益。我国的信息工作一直比较落后，所以重复研究的现象一直较为严重。一方面是

重复研究国外已有的技术,另一方面,国内各机构之间相互重复研究的情况也不少。某市有几位科研人员长期废寝忘食地搞出一项成果——熔点仪,满怀希望准备申报国家发明奖。但是,在查阅专利文献时,发现几年前别人就已完成同样的工作,并已获得了专利权。又如,某研究所花了10年时间研制成功"以镁代银"新工艺。可是,美国某公司早在1929年就已经申请了这方面的专利,而且该项专利的说明书就收藏在附近的情报所。

4. 节省研究人员查找文献的时间

文献量过分庞大和迅速增长,加重了研究人员搜集信息的负担。据前苏联有关部门分析,研究人员在进行一项研究时,查找资料的时间"由过去的几小时,增加到几天,甚至几十天以上"。我国科技人员也有同感。有一个搞生化研究的研究员有一次向图书馆员诉说:40年前,我搞一个不太大的课题,到图书馆查2个星期的资料,就可以动手做实验了。隔一段时间再到图书馆去翻一翻,看一看有什么新东西,以便实验能顺利地进行。60年代以后,信息爆炸,东西太多,过去的老办法不行了。在图书馆查了个把月,好象差不多了,可以开始工作了,其实不然。因为后面东西越来越多,就是一年到头、从早到晚坐在图书馆里,恐怕也掌握不了课题的全面情况。前两年有些转机了,化工部买了CA的检索磁带,开展定题服务,初步解决了我们的困难。

据国内外有些材料估计,研究人员在查文献上花费的时间是相当多的,一般约占本人工作时间的1/3左右。如果有完善的检索设施和周到的检索服务,无疑会节省研究人员的大量时间,腾出更多的精力搞研究,提高科研效率。

由于文献检索具有上述多方面的作用,所以,许多国家和单位积极支持文摘索引工作和检索服务工作,尽量采用新技术新设备去武装它,不断开拓新的服务领域,提高服务质量,以支持科学研究工作和其他开发活动。

四、文献检索的研究对象、目的和方法

文献检索作为一个学科或研究领域，是属于情报学的一个重要分支。它是在文献工作、图书馆学、目录学等领域的交叉点上发展起来的比较年青的学科。它植根于文摘索引工作和文献检索服务工作，并且越来越多地从计算机科学、数学、语言学等学科引进一些科学方法和技术手段，在此基础上逐步形成了自己的专门研究领域。目前，这个领域的轮廓已基本明朗化，其研究对象大致可以归纳为下列4个方面：

● 检索对象，即科学文献，包括它们的性质、特点、用途以及专门的查找工具。

● 检索工具和检索系统，包括对其整体的全面考察和对某种工具（或系统）的研究。

● 索引语言和索引方法，这是文献检索的核心问题。

● 检索策略、检索技术、服务方式以及检索效果评价。

研究上述4个方面，总的目的是为了总结继承前人管理文献和利用文献的宝贵经验，建立和不断完善文献检索的理论，发展新的技术、新的方法和新的服务领域，指导文摘索引工作和检索服务的实践，使庞大的科学文献得到有效的控制和充分的利用。

文献检索的研究方法目前处于发展阶段，还有待完善。在研究过程中，人们较常用的是分类描述和结构分析等方法。分类描述法是在收集许多具体事例的基础上，加以分类整理，以认识事物的特征和相互联系。结构分析法是对具体的系统或方法的结构成分进行分析，以掌握其构成机理和功能。50年代末，人们开始把实验方法引入这个领域，建立了一些实验模型或实验性的检索系统，如国外著名的Cranfield研究项目和SMART（文本机器分析与检索系统）。实验方法的引进，对文献检索的研究将产生重大的影响，它将使人们能科学地去发现理论、检验理论，探索文献检索的规律性。此外，调查的方法和比较的方法也是值得我们利

用的。最后,需要指出的是,文献检索是一门实践性很强的学科,所以,不管采用哪一种方法,都要坚持理论联系实际的原则,做到理论来源于实践,又反过来指导实践,推动文摘索引工作和检索服务工作不断向前发展。

第二节 文献检索发展概况

文献检索是随着文献资料累积到一定程度时才出现的。它大致经历了3个发展阶段。

一、初创阶段

文献检索直接发源于文摘索引工作和参考咨询工作。

文摘工作的历史可以追溯到远古时代。据研究文摘历史的专家弗朗西斯·威蒂(Francis J. Witty)介绍,一种用途类似于文摘的东西首先出现于公元前两千年封装美索不达米亚人用楔形文字写成的文献的陶制封套上。我国最早带有内容摘要的图书目录是西汉刘向、刘歆父子整理编撰的《别录》和《七略》。古代使用文摘的人有学者、政治家,还有教皇和僧侣。到公元17世纪,科学团体的创立和科学期刊的出现,使文摘从一种少数人的交流工具转变为一种公共的信息传播媒介。1665年1月5日,法兰西科学院在巴黎创办了《学者周刊》(Le Journal des Scavans)。该刊除报道科学领域的重要事件、科学院的活动和教会法庭的重要决定以外,还报道、摘录或评论新出版的图书。据历史记载,这种期刊既是世界上第一种科学期刊,也是以专栏或附录形式出现的最早的文摘刊物(可称为刊附式文摘)。在这以后的百余年中,德、法、英等国又陆续创办了许多这种形式的文摘刊物,内容有综合性,也有专业性。这些早期的文摘刊物尚未定型,质量较差,寿命较短(许多刊物出版不久即停刊),故其作用也有限。

索引工作也有很长的历史。我国是索引工作开展得最早的国家之一。在唐宋时代,一些文人学者就编制了一些工具书,供查找古籍中的丽词骈句、诗赋文章、史实或其他资料。人们通常称这类工具为"类书",实际上它们就是属于索引这一类的工具书。在西方,第一种专门的索引约出现于7—8世纪,是为《圣经》编的,叫《圣经语词索引》(Biblical Concordances)。在13—14世纪期间,西方出版的一些图书开始编有书后索引,便利读者查找书中的特定材料,提高图书使用效果。到16—17世纪,书后索引在西方出版界盛行起来,据说还出现过凡是没有索引的图书就不给著作权的事情。早期的索引工作主要是为图书服务的,尚未与文摘工作结合起来。

二、成熟定型和稳定发展阶段

19世纪初,文摘刊物开始走向成熟定型阶段。首先是文摘刊物逐渐从一般刊物中分离出来,单独编辑出版。1830年,柏林科学院在莱比锡和柏林出版了著名的文摘刊物——《药学总览》(Pharmaceutisches Central-Blatt)。在创刊号的前言中,主编古斯塔夫指出其宗旨是:全面迅速地反映国内外文献中有关药理方面的全部新的重要的事实,使药剂师不受繁琐细节的耽搁,迅速获得大概结果,并直接确定它与本学科的关系。该刊1850年改名为《化学-药学总览》(Chemisch-Pharmaceutisches Central-Blatt),1856年改名为《化学总览》(Chemische Central-Blatt),后来又改名为《化学文摘》(Chemisches Zentralblatt)。到1969年停刊时,总共连续出版了一百多年。

继德国《药学总览》问世之后,许多独立的文摘刊物纷纷出现,其中比较重要的文摘刊物已在下页表1-1中列出。这些文摘刊物受到了科学界的重视和广泛利用,并迅速地奠定了它们在科学交流中的地位。

这一阶段索引工作也得到了很大的发展。它不仅转向为文摘刊物服务,与文摘刊物紧密结合在一起;而且,随着报刊文献不

表 1-1　1837—1940 年间出现的重要检索刊物

① American Medical Intelligence（美国医学情报,费城,1837—1879）
② Half-Yearly Abstracts of the Medical Science（半年度医学文摘,伦敦,1845—1973）
③ Die Fortschritte der Physik（物理学进展,柏林,1845—1918）
④ Abstracts of the Proceedings（伦敦地质学会会议录文摘,1856—1952）
⑤ Zoological Record（动物学记录,1864—　）
⑥ Jabrbuch uber die Fortschritte der Mathematik（数学进展年鉴,柏林,1868—1944）
⑦ Abstracts in the Journal of the Chemical Society（英国化学文摘,1871—1952）
⑧ Медицинское Обозрение（俄国医学简评,1874—　）
⑨《日本化学总览》(1877—　)
⑩ Statistical Abstracts of the United States（美国统计学文摘,1878—　）
⑪ Engineering Index（美国工程索引,1884—　）
⑫ Science Abstracts（英国科学文摘,1898—　）
⑬ Geologisches Zentralblatt（德国地质学总览,1901—　）
⑭ Chemical Abstracts（美国化学文摘,1907—　）
⑮ Biological Abstracts（美国生物学文摘,1926—　）
⑯ Bibliography of North American Geology（北美地质学题录,1931—　）
⑰ 中国化学撮要（1934—　）
⑱ Dissertation Abstracts International（国际学位论文文摘,1938—　）
⑲ Bulletin Analytique（法国分析通报,文摘通报的前身,1939—　）
⑳ Mathematical Reviews（美国数学评论,1940—　）

断增多,这方面的索引工作也开展起来了。例如,1851 年出现了《纽约时报索引》(New York Times Index);1879 年,约翰·肖·比林斯(John Shaw Billings)为美国军事医学图书馆(美国国立医学图书馆的前身)编制了第一种医学文献索引——《世界最新医学文献季度分类记录》(Quarterly Classified Record of the Current Medical Literature of the World,现名为 Index Medicus);1882 年,威廉·弗雷德里克·普尔(William Frederik Poole)采用关键词索引法编制了一种称为《普尔索引》(Pooles' Index)的期刊论文索引。专门的索引出版商也出现了,如成立于1898年的威尔逊图书出版公司(H. W. Wilson Company)在1913年创办了《工业技术索引》(Industrial Arts Index,后改名为Applied Science & Technology Index),以后还陆续出版了其他方面的索引,成为最大的索引出版商。同时,索引语言和索引方法也开始建立并且发展较快。各种文献分类系统纷纷涌现,标题法也诞生了。到1933年,又创立了分面组配方法(具体体现在阮岗纳赞编制的Colon Classification之中),它是后来一切概念组配索引法的先驱。标题法和分面组配法的出现,对索引工作产生了深远的影响。

检索服务工作的前身——图书馆参考咨询工作也出现于这一时期。1876年,马萨诸塞州伍斯特(Worcester)公共图书馆馆员塞缪尔·格林(Samuel S. Green)在美国图书馆协会(ALA)的第一次会议上提出了开展参考咨询服务的建议。同年,美国国会图书馆A. R. 斯波福德(Spofford)和波士顿公共图书馆的贾斯廷·温泽(Justin Winsor)也分别发表了有关参考工具书的著作。1883年,波士顿公共图书馆设立了第一个专职的参考咨询职务。1891年,"reference work"这个词首次出现在美国1876年创刊的一种重要专业期刊——《图书馆杂志》(Library Journal)的索引中。

三、迅速全面发展阶段

第二次世界大战以后,随着计算机技术、缩微技术和现代通讯技术应用于文献检索领域,使文献检索如虎添翼,突飞猛进地向前发展。具体表现在下列诸方面:

1. 面向任务和跨学科的文摘刊物开始涌现

二次大战期间和战后,由于战争、军备竞赛或解决某些重大社会问题的需要,出现了许多新的综合技术和交叉学科,如原子能、空间技术、环境保护、能源等。为了满足这些新的研究任务

（或领域）特殊的信息需要，涌现了很多面向任务（或问题）和跨学科的文摘刊物。例如，美国原子能委员会（AEC）1947年创办的《核子科学文摘》(Nuclear Science Abstracts)，美国航天局（NASA）1963年创办的《宇航科技报告》(Scientific and Technical Aerospace Reports)，美国环境信息中心1971年创办的《环境文摘和环境索引》(Environment Abstracts & Environment Index)等等。与此同时，文摘刊物还向更细、更专的方面发展，产生了一大批专题性的文摘刊物。据统计，目前常见的检索刊物约有2000种以上。

2. 文摘索引工作走向集中管理、相互协调和国际合作

文献量的迅速膨胀，大大地加重了信息部门的负担，使得它们难以单独承担收集、处理和报道的繁重任务。为了解决这个矛盾，一些国家（如前苏联、中国、日本、法国等国）在战后分别建立了国家一级的科技信息研究所（或信息中心），集中管理文摘索引工作，建立自己的检索刊物体系。即使是素有分散管理传统的美国，也成立了民间性质的文摘索引工作协调机构，如1958年成立的全国科学文摘索引机构联会（NFSAIS）和1968年成立的信息产业协会（IIA）。另一方面，国际合作的趋势也日益加强。合作的方式大致有以下几种：第一种是力量雄厚的文摘刊物兼并比较弱小的同类刊物，如美国《化学文摘》先后在1953年和1969年兼并了英国的化学文摘和德国的《化学总览》；第二种是国与国之间的合作，如英国金属学会和美国金属学会在1968年将它们的检索刊物合并成一种新的文摘刊物，即《金属文摘与索引》(Metals Abstracts with Metals Abstracts Index)由两家合办；第三种方式是世界范围的合作，如1970年建立的有许多国家参加的"国际核信息系统"（INIS）和1975年建立的"国际粮农信息系统"（AGRIS）。

3. 设备和技术发生了划时代的变革

人们在40—50年代就开始探索文献检索机械化和自动化的

问题了。1953年，美国就专门召开过一次关于科学文献机器管理问题讨论会。当时还出现了若干种检索机械，如穿孔卡片、缩微胶片检索机等。

1957年，计算机编制索引的试验取得成功，促使许多文摘索引机构相继采用计算机编制文摘索引刊物。1964年，美国国立医学图书馆的"医学文献分析与检索系统"（MEDLARS）研制成功并投入使用，标志着文摘索引刊物的生产实现了机械化，检索服务实现了计算机化。不久，象美国化学文摘社、工程索引公司等一些著名的文摘机构也实现了各自的目标，开始发行磁带版的文摘索引刊物，供图书馆和信息机构开展批式检索和定题服务。到60年代末70年代初，随着分时计算机的出现和通讯网的发达，又出现了功能更强的联机检索系统（如 MEDLINE、DIALOG、ORBIT 等）和更便利的联机检索服务。

计算机技术、通讯技术和文献检索的成功结合，使文献检索发生了划时代的变革，使文摘索引刊物的编辑排版工作从落后的手工方式过渡到先进的机械化自动化方式，大大地缩短了编辑出版时间，加快了信息的传递和利用。机读数据库的出现和计算机检索的实现，为用户提供了更适用的信息产品，开拓了更广阔的服务领域。通过发达的通讯网络，信息系统把它们的服务触角延伸到世界各个角落，深入到办公室、实验室甚至家庭，用户在几分钟之内就可以查到几千里之外的文献资料，其便利程度在以往是无法想象的。这一变革还使信息处理实现了一次加工，多次利用，重复利用，再配合以计算机化的馆际互借或联机原文订购，可以实现全国甚至全球范围内的信息资源共享。

4. 研究活动广泛展开

战后的文献检索研究日益与数学、计算机科学、系统科学、语言学、信息论等学科结合起来，大大地扩展了它的研究领域和研究队伍，许多数学家、计算机专家、系统分析与设计专家、语言学家也陆续进入这个领域，形成了一种多学科联合作战的局面。在计算机等新的技术设备和科学方法的武装下,研究水平也已从现象描述阶段进入实验研究阶段,新的文摘方法、索引语言、索引方法、检索技术、信息产品和评价方法不断涌现,初步建立起一套文献检索理论和方法体系。

四、近期发展趋势

80年代以来,文献检索的领域进一步扩大。全文检索迅速发展,特别是在新闻、法律和商业等领域。许多过去易被忽视的文献类型,如人物资料、广告、黄页、影评、名录等,逐渐成为新的检索热点。社会科学和人文科学领域的文献检索已逐步现代化。经济和商业领域的信息检索服务的发展势头已超过科技领域。非文献型数据库和商情数据库的数量和利用率已超过常规的文献库。

国外传统的检索工具品种数量大体仍保持在2,500种左右,但订户逐渐减少。联机数据库和光盘数据库的品种和订户增长很快。我国科技文献检索刊物在经历了前几年的大起大落之后,已进入较稳定的发展时期,质量也在不断提高,正在成为我国读者查找科技文献的主要工具。刊库合一的发展策略正在科技信息界得到实施。

索引语言由多样化向一体化和标准化方向发展。兼容性和互换性问题得到广泛重视和深入研究。各种一体化语言、中介语言、词汇兼容互换技术和后控技术陆续涌现并投入应用。索引方法开始由计算机化向自动化和智能化方向发展。机编索引越来越普遍。自动标引技术已进入初步实用化阶段,可望在数据库建设中发挥令人惊异的作用。

技术设备日益先进。新的输入设备(语言输入装置、光学字符识别装置)、存贮设备(特大容量磁盘和磁盘机、光盘和光盘机、多媒体存贮器)、通讯设备(数据通讯网、各种局域网、综合业务数字网)、终端设备(高速打印终端、图像终端、多媒体终端、智能终端)和各种智能接口设备正在或即将应用于文献检索领域。信息处理和传播进一步电子化,文字处理与编辑、建库、出版发行、检索、原文提供等环节以联机链方式走向一体化,已成为信息生产与流通的新模式。联机检索正与办公自动化系统连成一体。过去单纯的文献线索检索已逐渐发展到全文检索和文字、声音和图像一体化检索。

检索服务和信息产品更加多样化。面向学科和任务的服务发展到面向问题和面向办公室与家庭的定制化和个人化服务。针对家庭用户的数据库越来越多。最终用户的培训工作格外受到重视。单一机读型工具日益增多,有些原始文献也只以机读形式出版,如某些电子期刊或电子图书。

合作领域进一步扩展。科技信息机构之间继续在数据库和检索系统开发、服务与销售方面进行合作。它们与学协会和出版机构之间在文献出版、刊库生产一体化、文摘交换及文献工作标准化等方面的合作和协调活动进一步加强。上述两种机构还与图书馆界在书目信息资源开发和原文提供等方面开展了不同形式的协作。新闻机构和通讯社也在大举进入信息检索服务领域。

主要参考文献

[1] 卢嘉锡:加强科技情报工作,振兴祖国科学事业《情报科学》1981:(6),1—2页。
[2] 科学需要情报,情报应当科学——《情报科学》杂志在上海召开科学家和科技工作者座谈会,《情报科学》1981:(4),2—8页。
[3] Harold Borko and Charles L. Bernier: Abstracting Concepts and Methods. Academic Press Inc., 1975, pp. 25—33: Historical Review of Abstracting Services.
[4] Marianne Cooper: Secondary Information Services in Science and Technology; A Wide-Angle View. *Journal of the ASIS*, 1982, Vol. 33, No. 3, pp. 152—156.

第二章 科学技术文献

　　文献,是用文字、符号或图形等方式记录人类活动或知识的一种信息载体,是人类脑力劳动成果的一种表现形式。科技文献就是记录有科学技术信息或知识的一种载体,是人们从事科学技术活动的劳动成果的表现形式之一。

第一节 科技文献概述

　　本节主要概述科技文献的社会功能、载体形式、结构等级以及它与科技情报的关系。

一、科技文献的主要社会功能

　　作为一个整体,科技文献在社会实践中所起的作用,主要有下列几方面:
　　● 知识累积功能。汇集和保存人类精神财富,供全人类分享利用的人类知识宝库。
　　● 信息传递功能。记录和传播科技信息的主要手段。
　　● 评价功能。衡量某一学科领域、某一个人、某一个集体以至一个国家的学术水平和成就的重要标志。
　　● 教育功能。帮助人们认识客观事物、启发思路、开阔眼界、丰富知识的重要工具。
　　由于科技文献具有这样的社会功能,所以它不仅成了图书馆学和情报学的研究对象,而且成了科学学的研究对象。对文献检索来说,科技文献则是作为检索对象来研究的。

二、科技文献的物质形式

为了有效地记录、传递和积累信息，人类先后发明了各种各样的物质材料来记录信息。如刻在甲骨上和青铜器上，焙烧在陶土上，写在简策上和莎草纸上，印在纸张上，晒在蓝图上，摄在感光材料上，录在磁性材料上，或用激光束刻在光学记录材料上，等等。随着信息记录和存贮技术的发展和进步，科技文献的物质形式越来越多样化。目前，科技文献的物质形式一般有4大类型：

● 印刷型文献。以纸张为存贮介质，以手写、印刷为记录手段而产生出来的一种传统的文献形式。其优点是便于阅读和流传；其缺点是存贮密度太低，篇幅容易庞大，体积笨重，占据储藏空间过多，难于实现自动输入和自动检索。

● 缩微型文献。以感光材料为存贮介质，以缩微照相为记录手段而产生出来的一种文献形式。它包括缩微胶卷、缩微胶片和缩微卡片。随着激光和全息照像技术的应用，又出现了超级缩微胶片和特级缩微胶片，缩小倍率最高已达1/22500。一张全息胶片可存贮20万页文献。

缩微型文献的优点是体积小，存贮密度高，传递方便，可以大大节省储藏空间；其主要缺点是不能直接阅读。国外有些情报专家认为，缩微技术的出现标志着信息传递新纪元的开始。缩微技术与计算机技术、电讯技术结合在一起，将成为促进信息工作迅速发展的一股强大动力。

● 机读型文献，全称为计算机可读型文献。这是一种以磁性材料（磁带、磁盘或光盘等）为存贮介质，以打字、穿孔或光学字符识别装置为记录手段，并通过计算机处理而生产出来的一种文献形式。最早的机读型文献是记录有数据的穿孔纸带和机器穿孔卡片。目前，其主要类型有：机读目录、文摘索引磁带、联机数据库、电子图书、电子报刊、电子票据、电子邮件、光盘数据库、视频数据服务、超级文本等。机读型文献的优点是存贮密度高，存取速度快，原有记录可以改变、抹去或更新，可对所记录的信息进行各种处理，如转存、检索、传送、提取、变换、运算、检测和输出等；其缺点是需要较先进的技术设备才能阅读，使用费用较高。

● 声像型文献，又称为视听资料或直感资料。这是一种以磁性材料和光学材料为存贮介质，借助计算机或特殊的机械装置，直接记录声音信息或图像信息而生产出来的一种文献形式。它包括：唱片、录音带、幻灯片、电影片、电视片、录像带、录像盘、激光唱盘、激光电视录像盘、多媒体学习工具、程序化学习工具、游戏卡，等等。声像型文献的优点是存贮密度高，内容直观真切，表现力强，易理解接受，传播效果好。正如我国一句古语所云："一画顶千言"。声像型文献在帮助人们认识某些复杂或罕见的自然现象、探索物质结构和运动机制等方面，具有独特的作用。它不仅适用于表现那些难以用文字来描述的科技信息，而且也是快速传播科技信息的一种有力工具。

三、科技文献的结构等级

按文献中信息量的变化情况来划分，可以将全部科技文献划分 2 个结构等级，即一次文献和二次文献。

● 一次文献（primary document）。是指作者以本人的研究成果为基本素材而创作（或撰写）的文献，无论创作时是否参考或引用了他人的著作，也不管该文献以何种物质形式出现，均属一次文献。一般，一次文献记录的信息比较具体、详尽和系统化。

习惯上也称一次文献为原始文献或第一手资料。阅读性图书、期刊论文、科技报告、会议论文、专利说明书、技术标准以及部分学位论文等公开发表的文献，都属于一次文献。另外，它还包括一些不公开发表的文献，如：实验记录、日记、备忘录、内部报告、技术档案、信件，等等。译文（包括全译、节译和编译）一般也归入一次文献。

● 二次文献（secondary document）。是指文献工作者对一次文献进行加工、提炼和压缩之后所得到的产物，是为了便于管理和利用一次文献而编辑、出版和累积起来的工具性文献。二次文献习惯上也称为第二手资料。它一般包括：目录、题录、文摘、索引、百科年鉴、手册、名录，等等。

另外，科技信息界对科技文献的等级还有一种划分方法——三分法，即把科技文献划分为一次文献、二次文献和三次文献（tertiary document）。所谓三次文献，是指对有关的一次文献和二次文献进行广泛深入的分析研究之后综合概括而成的产物，具体包括各种述评、综述或进展性出版物以及文献指南（或书目指南）等。

将科技文献划分成 2 个或 3 个结构等级，有助于明确信息机构的任务性质和范围。同时，对指导读者更好地利用文献，也有一定的意义。当然，我们也应当看到，由于划分标准本身具有相对性和某种模糊性；所以，我们只能近似地把某一文献划入其中某一个等级。

科技文献经过加工、压缩，从一次文献到三次文献，使科技文献由博而约，由分散到集中，由无组织到系统化。

四、科技文献与科技信息的关系

如前所述，科技文献是记录和传播科技信息的主要手段。它记载着世世代代劳动人民认识世界、改造世界的知识和经验，汇集有无数的科学理论、方法、假说、数据和事实。它是人类从事生产斗争和科学实验的历史记录。几千年来，它为人类的文明进步做出了巨大贡献，一直是人类了解过去、认识现在和预测未来的重要工具。所以，人们早就习惯于从科技文献中吸取信息，把科技文献看作是科技信息的主要来源。但是，严格地说，科技文献并不是科技信息的"源"，而是科技信息的"流"。科技信息的"源头"是自然界本身，是人类认识世界和改造世界的社会实践本身；而科技文献只不过是使科技信息得以记录、传播的一种信息载体，是科技信息在传递过程中的一种存在方式。科技文献与科技信息的关系是一种载体与信息的关系。然而，对信息使用者来说，科技文献的确又是一种非常重要的、间接的信息来源。

第二节 科技图书

科技图书大多是对已发表的科研成果、生产技术和经验或者某一知识领域系统的论述或概括，它往往以期刊论文、会议论文、研究报告及其他第一手资料为基本素材，经过作者的分析、归纳、重新组织而编写成的。不少科技图书的内容还包含一些从未发表过的研究成果或资料。

科技图书的特点是：内容比较系统、全面、成熟、可靠，有一定的新颖性；但编辑出版时间过长，传递信息的速度太慢，包含的内容一般只是反映 3—5 年以前的研究水平。

科技图书是综合、积累和传递科技知识，教育和培养科技人才的一种重要手段。它可以帮助人们比较全面系统地了解某一特定领域中的历史和现状，可以将人们正确地领入自己所不熟悉的领域，还可以作为一种经常性的查考工具。从信息检索角度来看，科技图书一般不作为主要检索对象。研究人员利用图书的比重比较小。美国有的信息专家曾经对美国各大学的科学家和英国电气工程师们进行过调查，发现在他们所阅读的各种科技文献中，图书的比重分别占 19% 和 14%。

科技图书又可以分为两大类型：

● 阅读性图书，包括教科书、专著、文集等。教科书一般只介绍基础知识和公认的见解。科学专著是专门就某一课题或研究对象进行比较全面深入的论述的学术性著作。文集是由各种文章（论文、报告等）汇编而成的一种出版物。

● 参考工具书，包括有百科全书、大全、年鉴、手册、辞典、指南、名录、图册等。其内容可能是数据、事实、表格、图解；也可能是文章，按一定的顺序编列，并有详细的索引，以便人们迅速查到其中某些内容。

阅读性图书给人们提供各种系统、完整和连续性的信息。参考工具书则给人们提供各种经过验证和浓缩的、离散性的信息。它们都是重要的信息来源，各有各的用途。

目前，全世界每年出版图书约在70万种以上，其中科技图书约占1/4左右。据1989年《中国出版年鉴》上提供的统计资料，1988年我国出版图书65,962种(其中新出46,774种)，比上年增加7.1％。其中科技图书13,914种(新书9,341种)，约占26.33％。世界上每年出版图书较多(一万种以上)的国家还有：美国、前苏联、德国、英国、日本、法国、西班牙、印度、荷兰和波兰。

查找科技图书的专门工具见本书的附录I"常用检索工具选目"中的第二部分。

第三节 科技期刊

一、期刊的定义

什么样的出版物叫期刊，国内外过去一直没有一个公认的权威性定义。它的含义和范围随各国的传统习惯而异。1986年，国际标准化组织给它下了这样的定义："一种以印刷形式或其他形式逐次刊行的，通常有数字或年月顺序编号的，并打算无限期地连续出版下去的出版物"(ISO 3297-1986)。

广义的期刊则包括一切定期刊行或不定期刊行的连续性出版物(serials)，如杂志、报纸、年度报告、年鉴、丛书以及学会的会议录、学报和纪要等。

二、期刊的起源和发展

近代科学始于 17 世纪,期刊是伴随着近代科学的产生而出现的一种文献类型。

17 世纪时,从事科学研究和探索工作的人逐渐增多,出现了科学团体。科学团体的成员定期聚会,讨论某些科学或哲学问题,公布自己的研究或实验成果。会上的发言通常被记录下来,然后印成若干副本分发给团体内的成员或团体外的其他同行。有些科学家则用通信的方式来相互交流信息。这两种方式就是期刊问世以前科学家们交流信息的主要途径。随着科技活动规模的不断扩大,这两种方式都难以满足科学家们交流信息的需要了,于是,就在学术通信和学术会议的基础上诞生了一种新型的学术交流工具——期刊。

世界上第一种期刊的创刊时间是公元 1665 年 1 月 5 日,名叫《学者周刊》(Le Journal des Sçavans)。同年 5 月,英国皇家学会创办了一种非常有名的期刊,名叫《皇家学会哲学汇刊》(Philosophical Transaction of the Royal Society)。这是世界上历史最悠久的一种科技期刊。同年,在英国还出现了另一种期刊——《伦敦公报》(London Gazette)。这 3 种期刊至今仍在出版。

科技期刊不仅伴随着近代科学的产生而产生,而且也伴随着它的发展而发展。早期的科学是综合性的,早期的科技期刊一般也是综合性的。随着科学逐渐向专业化方向发展,科技期刊也相应地向专业化方向发展,逐渐分离出一些专业期刊。1778 年,第一种专业期刊《化学期刊》(Chemisches Journal)创刊。到 19 世纪初,差不多所有的重要科学领域都有了自己的专业期刊了。后来,随着科学文献的增多,又先后出现了综述性期刊和检索性期刊。这就是科技期刊的早期发展概况。

第一份中文期刊创办于 1815 年,是由两名英国传教士和一名中国人主办的。中文名称是《察世俗每月统记传》(英文名称是:

Chinese Monthly Magazine)。戊戌变法前夕，学会蜂起，每会必有一种刊物，如：农学会的《农学报》，算学会的《中外算报》等等。这样，我国逐渐有了自己的期刊。

三、科技期刊的类型

经过 300 多年的发展演变，科技期刊类型越来越多。不同类型的期刊，其学术地位和信息价值往往差别很大。

1. 按期刊的内容性质划分（可分为 5 类）

● 学术性、技术性刊物。主要刊登科研和生产方面的学术论文、研究报告、实验报告、临床报告等原始文献。所以，它的信息量大，信息价值高，是科技期刊的核心部分。例如各种"学报"(Acta)、"纪事"(Annales)、"通报"(Bulletin)、"会刊"(Proceedings)、"汇刊"(Transactions)、"评论"(Reviews)、"进展"(Progress; Advances in …)，等等。

● 快报性刊物。专门刊载有关最新科研成果的短文，预报将要发表的论文的摘要，内容简洁，报道速度快，如各种"快报"、"短讯"、"快讯"等等。西文快报性刊物的刊名中常常带有"Letters"、"Communication"以及"Bulletin"等一类名词。

● 消息性刊物(newsy journals)。一般刊载与学术机构或厂商企业有关的新闻消息，作为与社会（或机构的成员）之间保持联系的纽带。这类刊物的刊名中常带有"News"或"News-Letter"等一些名词。

● 数据性刊物(data journals)。主要刊载各种实验数据、统计资料和技术规范等方面的内容，专门向用户报道各种数据或事实。这类刊物的刊名中常带有"Data"、"Event"等一类名词。

● 检索刊物。以期刊形式出版的专门报道二次文献的一类刊物，即以后要重点介绍的手工式检索工具。

2. 按期刊的编辑出版机构划分（可分为 5 类）

● 学、协会刊物（learned journals, professional ～）。这类刊物的编辑力量较强，编辑方针比较严谨，作者大多是本领域内的重要科学家或专家。所以，这一类刊物内容比较充实可靠，水平也比较高。它们常常被学术界视为权威性的知识来源。

● 出版商期刊（commercial journals）。这类期刊数量最多，相互之间的水平差距也很大。从质量上看，出版商期刊的质量是两头较小中间大：即质量较高的占小部分，这一部分期刊可以跟质量高的学会刊物相媲美，且受到学术界同样的尊重（而且，有些学会刊物也交给出版商出版）；质量差的也占有相当一部分；大量的是水平一般的刊物，有一定的技术内容，可以给读者提供一些有用的信息。出版商期刊另一个显著特点是赢利观点，编辑出版方针受商业因素影响较大。

● 政府部门和国际组织出版的期刊。主要报道其所属机构的研究成果和动态，一般能反映该国或国际学术界在该领域的研究任务、水平和动态，是一种不可忽视的重要信息来源。

● 行业期刊（trade journals）。一般由行业公会或大公司编辑出版。有些出版商也出版行业期刊。行业期刊主要刊载公司新闻、市场新闻和商业广告。它的内容比较注重商业宣传，而不注重课题研究。内容大多是同行业各厂商的新技术、新产品、新设计、新工艺和新设备，目的是推销产品、开拓市场。

● 厂刊，又称内部刊物（house journals, house organs）。一般由公司企业内部出版发行，对公司雇员和顾客起联络、宣传和推销产品的作用。内容大多是公司新闻、人事新闻。其中也有一些是技术性刊物，常报道一些较重要的技术信息。

四、科技期刊的特点和作用

一般来说，科技期刊具有以下特点：数量大、品种多；内容丰富多样；出版周期短，报道速度较快；发行、流通面很广泛；连

续性强,伴随着相应的学科领域发展、前进。科技期刊在科学发展史上,主要具有两种职能:
● 记录正式的公开的科学技术活动。
● 是传播科技信息的主要工具。

300多年来的科学交流史表明:科技期刊在科学技术活动中一直起着非常重要的作用,是科学交流的主要工具。它在科技文献中占有非常突出的地位,直到今天科技期刊作为一种信息来源,在各种科技文献中仍然牢固地居于首要地位。在科学家和专家们所利用的全部科技信息中,由科技期刊提供的占70%左右。而且,期刊在很大程度上决定着科技文献数量增长的速度。因此,科技期刊是科学家之间正式的、公开的和有秩序的交流工具,被人们称之为"整个科学史上最成功的无处不在的科学信息载体"。

五、科技期刊出版情况

据权威的国际期刊数据库《乌利希国际期刊指南》第28版(1989--1990年度)报道,它收录世界各地出版的连续出版物有111,950种。与上一版比较,新创刊的有6,000多种,停刊或休刊的有6,757种。另据英国国家图书馆文献供应中心报道,目前它收藏有202,000种学术期刊,其中,正在出版的有55,000种。至于全世界科技期刊的数量,人们一般的估计是大约为40,000种左右。若按每种刊每年发表80篇文章计算,那么,全世界每年发表的期刊文章累计约有300万篇,其中重要文章约占一半。

据1990年的《中国百科年鉴》提供的资料,1989年我国大陆正式登记的期刊有6,472种,其中自然科学和技术类期刊有3,189种。比1980年增加了1.3倍。另外,经批准有内部准印证的科技期刊还有4,000余种。台湾每年出版的科技期刊约有900多种。世界上出版科技期刊较多的国家还有美国、前苏联、英国、法国、日本和德国等。

查找科技期刊出版和收藏情况的专门工具见本书的附录 I

"常用检索工具选目"中的第三部分。

第四节 科技报告

报告（report）这个词来自拉丁字 reportare。它是报道（记录）研究工作和开发调查工作的成果或进展情况的一种文献类型，一般都编有号码，供识别报告本身及其发行机构。可以说，报告是一种典型的机关团体出版物。

科技报告最早出现于 20 世纪初。起初，科技报告仅仅是研究或设计单位向提供经费的上级部门提出的关于某项研究或设计任务完成情况及财物消耗情况的总结报告。第二次世界大战期间，由于军事科研工作的大量进行，保密的需要和纸张的短缺，使得大量的研究成果以内部报告的形式发表。因而，人们也逐渐地把科技报告作为一种交流手段。战后，各国（首先是美国）政府进一步加紧进行军事科研活动，不断增加对科研的投资，致使科技报告的数量有增无已，终于发展成为科技文献的一大门类。

1. 科技报告的特点

在形式上，科技报告的出版形式比较特殊，每份报告自成一册，篇幅长短不等，有连续编号，装订简单，出版发行不规则。

在内容上，科技报告的内容比较新颖、详尽、专深。其中可以包括各种研究方案的选择与比较，成功与失败两方面的体会，还常常附有大量的数据、图表、原始实验记录等资料。

在时间上，科技报告发表比较及时，报道新成果的速度一般快于期刊及其他文献。

在流通范围上，大部分科技报告都有一定的控制，即属于保密的或控制发行的，仅有一小部分可以公开或半公开发表。因此，人们又称之为"难得文献"、"灰色文献"（grey documents）或"特种文献"。

2. 科技报告的种类

(1) 按技术内容划分,科技报告可分为:
- 报告书 (report)
- 技术札记 (technical notes)
- 备忘录 (memorandum)
- 论文 (papers)
- 通报 (bulletin)
- 技术译文 (technical translations)
- 特种出版物 (special publications)

(2) 按报告所反映的研究进度划分为:
- 初步报告 (primary report)
- 进展报告 (progress report)
- 中间报告 (interim report)
- 终结报告 (final report)

(3) 按报告的流通范围划分为:
- 秘密报告 (confidential report)
- 机密报告 (secret report)
- 绝密报告 (top secret report)
- 非密限制发行报告 (restricted report)
- 非密报告 (unclassified report)
- 解密报告 (declassified report)

(4) 按报告的使用类型划分为:
- 研究成果报告
- 设备和材料说明报告
- 操作指示报告
- 生产情况报告
- 技术经济分析报告

目前,美、前苏联、英、法、德、日等国每年都发表大量的科技报告。例如:美国政府的四大报告(AD 报告、PB 报告、NASA

报告和 DOE 报告）；英国航空委员会（ARC）报告、英国原子能局（UKAEA）报告；法国原子能委员会（CEA）报告；西德航空研究所（DVR）报告；前苏联全苏科技情报中心所收藏的科学技术总结报告书，一些科研单位和大专院校不定期连续出版的"著作集"、"学术札记"等。全世界每年约发表 70 万件科技报告，其中，仅美国政府及其民间机构每年发表的科技报告就在 50 万件以上。

我国科研成果的统一登记和报道工作，是从 1963 年正式开展的。凡是有了科研成果的单位，都要按照规定及时整理，按照程序上报、登记。国家科委根据调查情况发表科技成果公报和出版研究成果报告。截至 1965 年 7 月底，"科学技术研究报告"已出至 1616 号。1971 年 11 月起，这套研究成果报告继续由中国科技情报所出版，报告名称统一改为"科学技术研究成果报告"，分为"内部"、"秘密"、"绝密" 3 个保密级别，由内部控制使用。我国出版的这套研究成果报告内容十分广泛，是一种较为正规的、代表了我国科技水平的科技报告。

科技报告传播研究成果的速度较快，注重报道进行中的科研工作。大多数科技报告都与政府的研究活动、国防及尖端科学技术领域有关，所报道的研究成果一般必须经过主管部门组织有关单位审查鉴定。所以，科技报告所反映的技术内容具有较好的成熟性、可靠性和新颖性，是一种非常重要的信息来源。据统计，科技人员对科技报告的需要量，约占其全部文献需要量的 10％到 20％。特别是在那些发展迅速、竞争激烈的高科技领域，人们对科技报告的需要量更高。

查找科技报告的专门工具和具体方法见第七章第一节。

第五节　科技会议和会议文献

自有科学团体以来，会议就是科技人员交流信息的重要场所。随着科学技术的进步，交通和通讯系统的发达，同声翻译等新技术的应用,使召开科技会议变得越来越便利可行了。近20年来,科技会议日益增多。据《科技会议录索引》(Index to Scientific & Technical Proceedings)报道,全世界每年约召开上万个科技会议。1991年它收录会议录4,138种,包括有会议论文16万篇。另据《中国学术会议通报》报道,我国每年约召开300个科技会议,发表论文约14,000篇。仅以美国为例,每年用于科技会议的经费达5000万美元,占政府全部科技信息经费的1/8;仅应用科学方面的会议,平均每天就有3个。

1. 科技会议类型

科技会议的类型很多,名称也很多。如:大会、会议、学术讨论会、经验交流会、讲习会、座谈会、工作小组或专家小组会等等。它们的性质和内容有时也很难区分。综合起来,大体可以归纳为以下4个级别:

● 国际会议。由国际组织(政府间或民间组织)主持或安排的会议,会议参加国至少在2个以上。

● 全国性会议。一般由全国性的专业学会、协会(或有关的主管部门)发起和主持的会议。

● 地区性会议。由一个国家内某学会、协会的地区分会单独或联合举办的会议。

● 基层会议。由基层单位根据各自需要召开的专业会议。

从报道科研成果的速度而言,基层会议最快,地区性会议次之,全国性会议又次之,国际会议最慢;从其技术内容的成熟可靠程度而言,则一般与上述次序相反。

2. 会议文献

随着科技会议的召开,产生了各种会议文献。会议文献按出版时间划分,可分为:

● 会前出版物。包括会议日程表、会议议程、会议论文预印本和论文摘要等。

● 会后出版物。系指会议结束后,经主办单位(或其他机构）整理、编辑出版的正式文献。它的内容比较系统完整，但出版速度较慢。会后出版物的出版形式比较复杂，有会议录、论文集、图书、期刊特辑、科技报告、期刊论文、声像资料等出版形式。可见，会议文献与其他文献有非常密切的关系，交叉重复的现象也比较严重。

3. 科技会议和会议文献的特点和作用

它们的特点主要表现在：传递信息比较及时；传递的信息针对性较强；兼有直接交流和文献交流这两种交流方式的长处。

它们的作用则主要表现在以下几方面：

● 公布新研究成果的重要场所。许多最新发现或发明都是在科技会议上首次公布的，对本领域重大事件的首次报道率最高。

● 获得难得文献的重要途径。科技会议上宣读或散发的文件，有很多是不再在其他出版物上刊载的，即使发表也要耽搁较长的时间。

● 及时全面地了解有关领域发展情况的重要渠道。通过参加和听取会上专家的讨论和发言以及阅读会议文献，可以较及时地全面了解到本专业的发展现状和水平，掌握某些新发现、新成就和新动向。

因此，科技会议和会议文献一直受到科技界和科技信息界的高度重视，成为科技信息的重要来源之一。

查找科技会议消息和会议文献出版情况的专门工具见本书的附录Ⅰ"常用检索工具选目"中的第四部分。

第六节 专 利 文 献

"专利"的英文名称是"patent"。它是由"Royal letters patent"这一个词演变而成的，原义为"皇家特许证书"，系指由皇帝或王室颁发的一种公开的证书，通报授予某人某种特权。现在"专利"这个概念的基本涵义是指专利权。其派生义是指获得专利权的技术发明，或指发明人申请专利时提交并由专利局出版的有关某发明的技术说明书（即专利说明书）。

一、专利制度

专利制度是指在一定时期内，为了防止他人对某人明确提出的新发明的侵犯，政府机关用法律保护某人的发明独占权的一种制度。专利制度是随着资本主义经济的发展而逐渐形成的，至今已有数百年的历史。它的形成和发展大概可以分为3个阶段，即初创阶段、正式建立阶段和国际合作阶段。初创阶段的专利制度，在西方国家是以王室颁发免税经商的形式出现；在一些东方国家（如中国、日本），则以专卖制度的形式出现。最原始的一件专利是公元1236年英王亨利三世给波尔多一市民制作各色布15年的权利。第一个建立专利制度的国家是威尼斯，它的第一件有记载的专利是公元1416年2月20日批准的。具有现代特点的专利制度是在17世纪末和18世纪初逐渐形成的，它以西方各国相继颁布专利法为标志。颁布专利法较早的国家有英、美、法、荷、印度、德、日等国。到目前为止，全世界约有130多个国家和地区建立了专利制度（包括发明证书制度）。1980年1月14日，国务院正式批准在我国建立专利制度，并成立了中国专利局。1984年3月12日全国人大常委会审议通过了《中华人民共和国专利法》。1985年4月1日该专利法在我国正式开始实施。

为了避免因各国专利制度不统一而造成的种种问题，加强各国之间的协调和合作，从19世纪下半叶开始，就陆续缔结了多种专利条约和协定，并分别建立了相应的国际性专利组织。比较著名的有：保护工业产权巴黎公约和巴黎联盟(1883年)，伯尔尼万国版权公约和伯尔尼联盟(1886年)，世界知识产权组织(World Intellectual Property Organization，简称 WIPO)(1967年)，专利协作条约(Patent Cooperation Treaty)(1970年)，等等。这些国际条约和国际组织的出现，可认为是专利制度发展到国际合作阶段的重要标志。

纵观专利制度创立以来的历史,可以看出,专利制度对科学技术的发展和社会生产力的提高,是起着一定的推动作用的。专利制度的社会作用主要体现在以下诸方面:

- 公开新技术,使人类的发明创造得以广泛传播与利用。
- 保障回收技术开发的投资。
- 激励技术人员的创造才能,促进更多的新技术涌现。
- 有利于国家间的技术贸易和技术交流活动。

二、知识产权和专利的类型

知识产权(intellectual property),又称精神产权,系指人们脑力劳动所创造的无形或有形的知识产品的专有权。它分为工业产权和著作权两大类型。

1. 工业产权

系指技术发明的专利权,商标、工业品外观式样、服务业标志、商品产地标志和产品名称的专用权。

工业产权的主要形式就是专利权。专利权是指某项技术发明的所有者向本国或外国政府专利局提出申请,经审查批准后所获得的在法律规定的有效期限内对该发明的专有权,即使用该发明制造和销售产品的专有权利。这是专利制度所保护的主要对象(专利制度的保护对象包括各种工业产权)。

(1) 专利发明通常又可分为以下 5 种类型:

- 发明专利(patent)——指受到专利制度保护的、具有新颖性、先进性和实用性的新产品或新方法的发明。日本人称之为"特许"。新颖性、先进性和实用性通常是一切技术发明要取得专利权应具备的 3 个条件。所谓新颖性,系指申请专利权的发明从未公开发表、公开使用或以其他方式为公众所知晓,即非公知公用性。先进性系指该发明在技术上必须是先进的,或具有突出的实质性特征和显著的进步,本领域的普通专业人员不是很容易就能搞出来的,即非显而易见性。实用性系指该发明在工业中是可应用的,可以制成新的产品或改进现有产品的生产工艺或性能,并能产生积极的效果。

● 实用新型专利（utility model）——指对机器、设备、装置、器具等的形状、构造或其组合的革新改造。它的发明水平较低,一般都是一些小改革。有的国家称之为"小专利",日本称之为"实用新案"。

● 外观设计专利（design patent）——指对产品的外观、图案、色彩或它们的结合做出新颖独特的装饰性设计。日本称之为"意匠"。

● 植物专利（plant patent）——指用无性繁殖法培育出来的谷物、水果、烟草、花卉等植物的新变种。

● 防卫性专利（defensive publication）——指某项新技术的发明人认为此技术不值得（或不能）申请正式专利,但又怕别人拿同样的技术去申请专利,使自己受到限制,因此通过专利局在专利公报上公开此技术,使该技术失去新颖性,来防止他人取得专利权。用这种方法公开的新技术,就叫防卫性专利,亦称之为"防卫性公告"。

（2）商标（trademark）——指某种商品专用的标志,是区别不同生产者和经营者所生产或销售的同类商品的标志。商标经过注册取得专用权,这也是一种工业产权,一般只属于特定的制造商或售货商。商标的专用权用以保护一种商品标志,区别同类的其他商品。商标又分为商品商标和服务性商标。

（3）技术诀窍（know how）——指专利以外的技术资料、图纸以及专家和技术人员所掌握的经验知识。如：厂房设计、施工方面,设备安装、运转方面,产品制作方面的经验等。这是实现某项发明的一种附加技术,也是他人不易模仿的技术秘密或诀窍。

此外,还有商品原产地标志和原产地名称等,也属于工业产权的范围。

2. 著作权

系指文字著作和艺术品的印刷、销售、演出、摄影、录音等方面的专有权。

三、专利文献

一切与专利制度有关的各种专利文件统称为专利文献，包括发明说明书、专利说明书、专利局公报、专利文摘、专利分类与检索工具书、申请专利时提交的各种文件（如请求书、权利要求书、有关证书等）、与专利有关的法律文件和诉讼资料等。狭义的专利文献一般指专利局公布出版的各种发明说明书或专利说明书及其所派生的各种二次文献。它们是专利文献的主体。

1. 发明说明书

发明说明书是申请人为获得某项发明的专利权，在申请专利时必须向专利局呈交的一份有关该发明的详细技术说明书，说明该发明的目的、用途、特征、采用何种原理或方法及其效果，作为专利审查的主要依据之一。

专利申请提出后，一般要经过初步审查（形式审查）、分类归档、申请公开、实质性审查、审定公告、异议和复审等程序，最后才能确定是否授予专利权。在申请和审查过程的不同阶段，发明说明书可能以下列不同形式公布或出版：

● 申请说明书——申请人在申请专利时向专利局提交的发明说明书。

● 公开说明书——未经实质性审查而由专利局先行公开的发明说明书。适用于实行请求审查制的国家。

● 公告说明书——经审查批准并已授予专利权的发明说明书。又称专利说明书。

● 展出说明书——经实质性审查后向公众展出供提异议的发明说明书。西德曾采用过，1981年后渐不用。

● 审定说明书——经审查批准但尚未授予专利权时出版的

发明说明书。

2. 专利说明书公布级别代码

对上面几种说明书，人们往往把它们统称为专利说明书。为了加以区别，有关国际组织规定了各自的识别代码：

A——第一公布级别，申请说明书和公开说明书属此级别。

B——第二公布级别，展出说明书和审定说明书属此级别。

C——第三公布级别，公告说明书属此级别。

还可以在这些字母代码后面加上数字代码，表示出版次数，如"1"表示第一次出版，"2"表示第二次出版，等等。这些字母或数字代码通常出现在专利号尾部。值得注意的是，由于各国专利局的审查程序有差别，故各公布级别的适用范围或代码含义也会不同。例如，在实行即时审查制的国家，只有审查批准的发明说明书才公布出版，故其识别代码亦为"A"。

3. 基本专利与派生专利

按发明的申请范围或时间先后分类，又有以下不同类型。

● 基本专利（basic patent）——有两种涵义。一指专利局根据申请人提出的原始申请所授予的独立自主的专利，又称主专利或支配专利，与从属专利相对。二指某项特定发明最先在某国申请和获准的专利，又称原始专利，与相同专利相对。

● 改进专利——在改进他人的专利发明的基础上获得的专利，又称从属专利，与主专利或支配专利相对。

● 相同专利（equivalent patent）——同一发明在第一申请国以外的其他国家申请的专利，与基本专利相对。

● 同族专利（patent families）——同一申请人在不同国家申请和获准的发明内容基本相同的专利，包括基本专利和相同专利。广义的同族专利还包括某些法定相关专利，如接续专利、部分接续专利、分案专利、再颁布专利等。

● 接续专利（continuation application）——同一申请人以他已向专利局提交的前一项未决申请为基础，再向专利局提交的另一项主题相同的申请,目的是为了修改原申请中的权项或提供有关发明专利性的证据。美国采用。

● 部分接续专利（continuation-in-part application）——与接续专利相似，不同的是它还包括原申请中未曾公开过的其他内容，主要目的是对原申请的内容加以补充修改。美国采用。

● 分案专利（divisional application）——根据一发明一申请的原则从原申请案中分离出来的专利申请案。

● 增补专利（patent of addition）——专利权人在他所持有的某项发明专利的有效期内为该发明的改进而申请的专利。

● 再颁布专利（reissue patent）——专利权人为修正或增补原专利的技术内容而要求专利局授予的重新颁布的专利。

四、专利说明书

这里所说的专利说明书泛指各个阶段出版的各种发明说明书，也包括上面所列举的9种专利。各国的专利说明书都有固定的独特的出版格式。其结构通常由以下3部分组成：

1. 标识部分

内容为有关该专利的各种著录事项，共有八大项，即：文件证别项、国内登记项、国际优先项、披露日期、技术项、法律上有关联的文件、人事项及国际专利。每大项又分有若干小项。为了便于人们识别项目内容和计算机处理，每个著录事项前都标有一种国际上通用的数字代号。这种代号叫"巴黎联盟专利局间情报检索国际合作委员会数据识别代号"（ICIREPAT Number for the Identification of Data——INID）。经常出现在专利说明书中的各个代号的含义见下页的代号表。

专利说明书的标识部分著录事项相当复杂，包含着较丰富的信息，这是其他文献所没有的。它为我们检索同类专利或相关专利，提供了重要的线索。

[10] 文件证别	[50] 技术项
[11] 专利号	[51] 国际专利分类号
[19] 专利国别	[52] 本国专利分类号
[21] 专利申请号	[53] 国际十进分类号
[22] 专利申请日期	[54] 发明题目
[30] 国际优先项	[56] 已发表的有关文献
[31] 优先申请号	[57] 专利摘要或专利权范围
[32] 优先申请日期	[58] 审查时的核查范围
[33] 优先申请国家	[60] 法律上有关联的文件
[40] 披露日期	[71] 专利申请人
[43] 未经审查的专利说明书公布日期	[72] 专利发明人
[44] 经审查未获准的专利说明书公布日期	[73] 专利权所有者
	[81] 国际专利指定国
[45] 获得专利权的专利说明书公布日期	[86] 国际专利申请号、文别及申请日期

2. 正文部分

它的行文也有大体统一的模式,顺序描述发明所属技术领域、现有技术介绍、发明目的、发明内容、所具有的优点和积极效果、附图和最佳实施方案的说明。

3. 权项（claims）

它以正文部分为依据,用最简洁的法律语言归纳本发明的核心技术特征,明确划定要求保护的范围,具有直接的法律效力,是判定他人是否侵权的依据。

专利局将专利说明书审查后予以公布,目的是宣告某项新技术的专利权已归谁所有,同时把这项新发明的内容公诸于世。

可见,专利说明书无论在内容上和形式上都不同于其他文献。

在内容上，它除包含有具体实用的技术信息外，还包含有权利信息。所以，它是具有两重属性（技术性和法律性）的文献。在形式上，它的著录事项比一般文献丰富得多，且明显集中，行文也比较刻板。

从总体上说，以专利说明书为主体的专利文献还具有其他许多特点，如数量庞大，涉及的技术领域非常广泛，系统性完整性较好，重复量大等。本书将在第七章第二节结合检索方法来进一步分析阐述。

查找专利文献的专门工具和具体方法见第七章第二节。

第七节 标准文献

一、标准化

标准化是为了有关各方的利益，特别是为了达到最佳的经济效果，并适当考虑到使用条件和安全要求，在有关各方的协作下，进行有步骤的特定活动所制订并实施各项规则的过程。标准化既是一种经济活动，又是一种社会活动。标准化工作的对象早期主要集中工业生产方面：

● 产品质量标准化。产品质量要符合技术规定。

● 产品规格化和系列化。产品按型号大小来分档，成系列的发展，从而保证以较少的品种满足广泛的需要。

● 零部件通用化。同类机型零部件，特别是易损件要做到最大限度的通用互换性。

后来逐渐扩大到国民经济各个领域，包括科学技术、文化、经济贸易等领域中多次使用的技术条件、规格、定额、规则、要求、方法、名词术语、图形符号等对象。标准化的主要目的是：

● 简化产品品种及人类生活要求。

● 提高经济效益。

- 保障人类的安全与健康。
- 保护消费者的利益和社会公共利益。

标准化是组织管理现代化生产的重要手段。

二、技术标准及其类型

技术标准，就是在有关各方通力合作下，为了国民经济的整体利益，充分利用现有科技成果和实践经验，经过优选、统一、简化等过程，对多次重复性的课题提出技术上先进、经济上合理、科学上可靠的最佳解释，并得到公认的权威当局批准的标准化工作成果。

按内容划分，技术标准可分为：基础标准、产品标准、方法标准和安全卫生标准；按其使用范围划分，有：国际标准、地区性标准、国家标准、专业（部）标准和企业标准；按其成熟程度划分，有：正式标准、试行标准、指导性技术文件、标准化规定。

三、标准文献

经过公认的权威当局批准的标准化工作成果，可以采用文件形式或规定基本单位（物理常数）这两种形式固定下来。以文件形式出现的标准化工作成果，就是标准文献。它通常又称为"技术标准"或"标准"。广义的标准文献还包括与标准化工作有关的一切文献，如标准化期刊、标准化专著（图书）和标准化法规、条例、计划、会议录等等。

1. 标准文献的特点
- 制订、审批有一定的程序。
- 适用范围非常明确专一。
- 编排格式、叙述方法严谨划一，措词准确。
- 技术上具有较充分的可靠性和现实性。
- 对有关各方有约束性，在一定条件下具有某种法律效力。
- 时间性，有一定的有效时间，需要随着技术发展而不断修订、补充或废除。

● 技术内容的陈旧性，技术标准只是以某阶段的技术发展水平为基础，以标准化对象当时的技术水平为上限。所以，标准文献甚至一出版，其技术内容就开始过时。

2. 标准文献的用途

现代工业生产与制订和运用技术标准有着密切的联系。技术标准已成为各国执行技术政策所必需的工具。通过标准文献可以了解各国的经济政策、技术政策、生产水平、资源情况和标准化水平；先进的标准可供研制新产品、改造老产品、改进工艺和操作水平时借鉴；进口设备可按标准文献进行装配、维修、配制某些零部件；外贸方面的检验工作也需以标准文献为依据。在目前的国际贸易中，技术标准经常被某些国家作为阻挠别国产品进入本国市场的技术壁垒，而通过建立和采用国际性的标准，又可以排除上述的技术壁垒。总之，标准文献是现代化大生产和社会生活各方面不可缺少的参考资料。

目前，世界上已有的各类技术标准达 75 万件以上，与标准化活动有关的文献也有数十万件。其中，国际标准化组织（ISO）和国际电工委员会（IEC）颁布的国际标准分别有 7,500 和 2,000 多个。这两个国际组织每年还要印发近万件工作文件。我国到 1989 年底已制订国家标准 16,192 个，各部门发布的行（专）业标准 4,296 个，各省市发布的地方标准或地方企业标准 13 万多个。制订标准数量较多的国家有美国（10 万多个）、原西德（约 3.5 万个）、罗马尼亚（1.1 万多个）、英国（BS 标准 9,000 多个）、日本（JIS 标准 8,000 多个）、法国（NF 标准 4,000 多个）以及前苏联。

由于技术标准在国民经济和社会生活中的地位日益重要，人们对标准文献的需求量也越来越大。据 ISO 情报网估计，该网内每天交换的标准资料约达 1,500 件。另方面，标准文献数量大，种类多，一般检索工具又不收录它。因此，更有必要掌握它的检索工具和获取途径。

查找标准文献的专门工具见本书附录Ⅰ"常用检索工具选目"中的第五部分。

第八节 其他一次文献

一、政府出版物

政府出版物是各国政府部门及其所属机构所发表的文件。它的内容广泛，概括起来可分为行政性文件和科技文献两大类。行政文件包括国会记录、司法资料、方针政策、规章制度、决议、指示以及调查统计资料等。科技方面的包括各部门的研究报告、技术政策文件等。后者约占 30—40％左右。科技方面的政府出版物中，有许多在未列入政府出版物系统之前，往往已被所在单位出版过，因此跟其他文献类型（如科技报告）有重复。不过，也有一些是初次发表的。它的形式，既有图书，也有期刊和连续性出版物；既有印刷品，也有缩微品和声像资料。各国政府出版物的数量相当多。据估计，美、英、法、日等国的政府出版物每年多达几万种，且仍在逐年增加。政府出版物对了解一个国家的科学技术和经济政策及其演变情况，有一定的参考价值。

政府出版物的出版发行方法，各国都有所不同。大致可分为4种出版发行方法：

● 由政府专门机构统一印刷出版，如美、英、加、意、荷等国。

● 各印刷出版机构作为官方机构独立存在，各自分担印刷、出版工作，如印度、巴基斯坦等国。

● 只有专门的印刷机构，而出版则由官方机构自己负责，如澳大利亚、丹麦等国。

● 没有统一的印刷出版机构，由各官方机构自己负责。

查找政府出版物的专门工具见本书的附录Ⅰ"常用检索工具选目"中的第六部分。

二、学位论文

学位论文是高等学校学生为获得某种学位而撰写的科学论文,一般有学士论文、硕士论文和博士论文之分。论文的题目一般都比较长。学位论文的水平差别很大,有些论文有一定深度,或有独到的见解,有些学位论文后来就成为公开发表的文章或专著的基础。一篇质量好的学位论文可能成为一种有价值的信息来源。学位论文中除少数可能发表在期刊或其他出版物上,多数是不出版的。每篇学位论文有一复本保存在授予学位的学校的图书馆里,可供查阅和复制。

报道学位论文摘要的专门工具见本书的附录Ⅰ"常用检索工具选目"中的第七部分。

三、产品资料

产品资料系指国内外各厂商为推销产品而印发的商业宣传品,包括产品样本、产品目录、产品说明书、厂商介绍、厂刊或外贸刊物、技术座谈资料等。它图文并茂,形象直观,出版发行迅速,多数由厂商免费赠送。有些产品资料反映的技术较为成熟可靠,是进行技术革新、试制新产品、设计工作、订货工作不可缺少的技术资料。各国厂商为了掌握竞争对手的活动情况,加快新产品的试制和推销,加速产品的更新换代,提高本企业产品的市场竞争能力,都很重视产品资料的搜集和利用。

四、技术档案

技术档案是指在生产建设中和科技部门的技术活动中形成的、有一定的工程对象的技术文件的总称。其内容包括:任务书、协议书、技术经济指标和审批文件、研究计划、方案、大纲和技术措施、有关的技术调查材料(原始记录、分析报告)、设计计算、试验项目、方案、数据和报告、设计图纸、工艺卡片以及应入档的其他技术资料。它是生产建设和科研工作中积累经验、提高质量的重要依据，具有重要的信息价值。技术档案具有明显的保密性和内部控制使用的特点。

此外还有报纸、新闻稿件、科技译文、手稿、地图等等。

第九节 科技文献的发展状况

一、现状

科技文献的现状如何？它在发展过程中有哪些特点？这一直是某些文献学家所关心的课题之一。他们发表了各种议论，提出了种种假设和估计。本节中我们把国内外有关这方面的种种议论和估计概括为4个方面予以介绍。

1. 数量方面

近30年来，科技文献数量激增。对这一点，大多数人是不怀疑的。据有些材料估计，科技文献大约每10年左右翻一番，而且其倍增周期还在逐渐缩短。其中，图书出版量，每16年增长一倍；期刊种数（1800—1950年间）每16年增长一倍，1950年以后的年递增数是1500种左右；论文数量每年增长10%以上。以美国《化学文摘》的报道量为例，它从创刊（1907年）到1971年，总报道量为500万条；其中第一个一百万条，用了32年；第二个一百万条，用了18年；第三个一百万条，用了8年；第四个一百万条，用了56个月；到第五个一百万条，只用了40个月。倍增周期从18年缩短为12年零8个月。

文献数量的激增，增加了科技人员阅读文献的时间，影响了科技文献传递情报的功能，使得本来就比较拥挤的科学交流通道被淹没在文献海洋之中了。

2. 分布情况

（1）既集中又分散。引文研究已经证实，在任何特定的领域里，大部分论文集中在较少量的期刊中，而其余部分则分散在非常大量的边缘学科或其他学科的期刊中。这种离散规律首先被塞缪尔·布拉德福（Samuel C. Bradford）发现。后来，马丁和吉尔克里斯特两人在研究英国期刊时，也发现94%的引文出自9%的英国科学期刊，这意味着剩下6%的引文分散在非常大量的期刊中。他们在同一研究中还发现，世界科技方面的核心期刊估计在2,300—3,200种之间。另外，有人对美国《化学文摘》进行了类似的统计分析，发现在它所摘引的12,000种期刊和连续出版物中，有500种期刊提供了全部论文的62%；而要取得全部论文的90%，则需要摘引3,000种期刊；剩下10%的文章则来自9,000种期刊和连续出版物中。

（2）使用的语种增多。在第二次世界大战以前，西方科学家中曾经存在一种忽视非英语文献的倾向。他们认为，任何有价值的研究成果最终都将用英语发表。而今情况则大不相同了，出版科技文献使用的语言有几十种，比较通用的有12种。据英国情报学家霍森估计，目前全世界的科技文献有一半是用非英语发表的。

总的说来，英语文献持续上升。俄语文献也呈上升趋势。日语文献前几年上升，近年趋于平稳或有所下降。主要因为日本作者用英文发表文章的越来越多，日本出版的英文期刊也越来越多。德语文献和法语文献均呈下降趋势。为了克服语言的障碍，科技文献的翻译工作引起了人们的高度重视，各种翻译机构明显增多，规模也不断扩大。据有人统计，仅在科技信息部门每年就有20—30%的劳力从事翻译工作，因而使译文大量增加。

3. 内容方面

（1）重复发表。近年来，科技文献交叉重复的现象愈来愈多，同一篇文献常常由一种类型转化为另一类型。据调查，会议论文有40%发表在期刊上，而且比会议录还出得早。专利文献的重复率就更大了，一般达50—60%。科技报告与期刊论文的重复率也很大。例如，美国武装部队技术情报局60%的技术报告，美国科学基金会95％的技术报告，美国农业部80％的技术报告，既出单行本过后又发表在期刊上。美国政府出版物中的科技文献绝大多数也是来自科技报告。这种重复现象，有利也有弊。

（2）愈来愈专。科学技术领域的相互渗透，促使着自然科学中的学科愈分愈多，愈分愈细，研究工作朝着更加专门化的方向发展。这种现象反映到文献中，使有些期刊的报道范围愈来愈窄，一种期刊逐渐分为好几种。例如：1878年创刊的《美国机械工程学会汇刊》到1959年就分为7种季刊和1种评论性刊物。1971年，英国的杂志《自然》也一分为三。IEEE (Institute of Electrical and Electronis Engineers) 编辑出版的刊物，1975年为33个分册，1977年增加到36个分册。

（3）质量下降。这也是国际科技界公认的事实。主要是因为商业宣传性的刊物不断增加。这类刊物大多数水平很低，内容平庸陈腐。它们之所以能生存，与其说是需要，倒不如说是为了赚钱。因为它们所标榜的审稿标准是虚伪的。有人曾对科技期刊的利用情况做过统计，发现有35％左右的期刊文章从未被人引用过，49％的文章仅被引用过一次，被人多次引用的文章只有16％。

（4）寿命缩短。本世纪以来，科学技术发展的一个显著特点，就是其发展速度愈来愈快。从科学发现或发明到应用的周期愈来愈短。例如，蒸汽机从发明到应用、推广，用了85年；电动机用了65年；电话机用了56年；电子管用了33年，原子弹用了6年；晶体管用了3年；激光器用了1年。这就是造成文献寿命缩短，失效加快的重要原因。据有些材料估计，各类科技文献的平均寿命大概是：图书10—20年；科技报告10年；学位论文5—7年；期刊和连续出版物3—5年；标准文献5年；产品样本3—5年。不过，也不能一概而论。由于各国科技水平不同，各个学科的发展速度不同，所以相应的文献寿命也不会相同。

4．出版状况

（1）价格上涨。出版物的价格正在不断上涨，预订价格也是如此。例如，美国期刊的订价正以每年加价13％的比率上涨。其中化学、物理和工程等方面的期刊订价上涨最快。1972年比1971年平均加价20％左右，1973年又比上一年上涨22％。出版商出版的期刊比学术机构出版的要贵很多。

(2) 传递信息的速度越来越慢。因为期刊内容要经过编审，有时还不免要对原稿进行广泛与反复的修改，造成大量来稿积压。许多论文从投稿到发表，一般要耽搁3个月—2年左右。愈是重要的期刊，其稿源越丰富，论文滞留在编辑部的时间就越长。专利说明书的情况亦类似。滞留时间过长，出版速度变慢，会使科技期刊成为信息流程中的"瓶颈"，影响科技信息的快速传递。目前，这个问题动摇了科技期刊在科技信息交流中的地位。

造成科技文献今天这种状况的因素是多方面的。归纳起来，主要有下列这些因素：

● 科学技术活动发展到国家规模，甚至是国际规模，各国对科学技术的投资越来越大。

● 科学研究领域日益广阔和深入，新的学科门类在不断增加。

● 科研人员大量增加。据估计，1910年时，全世界从事科学研究的科技人员只有15,000多人，而现在已达300多万人。

● 科学技术新成果迅速增长。国外有人认为，60年代以来的新发现、新发明比过去两千多年的总和还要多。仅在空间技术领域中，就出现了12,000种过去未曾有过的新产品和新工艺。

● 科技界及整个社会越来越把发表著作作为衡量科技人员地位的重要标志。近年来国外流行的一句口头禅："publish-or-perish syndrome"（要么发表，要么毁掉），就是这种思想的反映。

● 第三世界国家的科学技术事业迅速发展。

● 造纸和印刷术的迅速发展。

二、发展趋势

1. 改进方案

上述种种问题的存在,促使人们提出许多改进科技文献体系(首先是期刊)的方案。其中有些方案已在实行或试行,例如:

(1) 出版"双版制"期刊。就是将一种期刊分两种形式出版:一种是全文版,专门供应图书馆和专业订户;另一种是节略版(缩编版),供应社会上一般订户。

(2) 出版"快报"类期刊。

(3) 实行"手稿寄存制"。即编辑部或情报机构将一部分现实意义较小、或篇幅过长、或读者面过窄的来稿,用寄存手稿的方法处理,只登文章的简介。读者若需要可来函要求复制。

(4) 辅助性资料储存制。只发表论文的正文,而将所有辅助性资料(如原始资料、参考文献等)存入辅助资料库中,随时提供给需要它的读者。美国情报学会已建立起一个全国辅助性出版物服务中心。

(5) 发表论文预告。用作者文摘的方式将准备发表的论文提前数月通报出来,叫预印文摘。

(6) 由某种"信息交换小组"代理发行论文预印本。

(7) 将新刊或剩余期刊重新"包装"成"用户期刊",供给特定的用户,以解决针对性问题。

(8) 实行发表费补助制。由政府部门或学术机构每年捐助一笔经费给所属的出版部门,以应付出版经费上涨,降低订价,扩大发行量。

(9) 利用计算机控制的光电照排技术和输出缩微胶卷技术加快印刷出版速度。

2. 发展趋势

90年代,科技文献将呈现出以下发展趋势:

(1) 电子出版物增多。据统计,1990年世界上已有2,237种期刊有联机版。此外，还有大量的电子辞书出版。

（2）期刊价格上涨幅度继续保持在 2 位数的水平。许多出版商实行双重价格政策（不同版本、不同地区和不同订户采用不同的收费标准）。著作权问题日益成为影响信息传播的关键性问题。

（3）出版商、发行商与图书馆之间利用联机通讯和交换光盘或磁盘的活动增多。许多出版商或发行商可以向图书馆提供高水平的业务支持，如联机订购、电传订购、提供采购自动化系统直至一体化的图书馆系统。

（4）电子化通讯和传播设施的改善，进一步提高了馆际互借的可靠性。人们从关心信息超载或过剩转向关心信息存取（from excess to access）。原文供应保障方面的重点逐渐转移到期刊文章的电子化存取，而不是建立期刊库藏。

主要参考文献

[1] А. И. 米哈依诺夫等：《科学交流与情报学》，徐新民等译，科学技术文献出版社，1980 年。

[2] K. Subramanyam：The Scientific Journal：Current Trends and Future Prospects. *UNESCO Bulletin for Libraries*, 1975, Vol. 29, No. 4, pp. 194—199.

[3] D. J. Grogan：Science & Technology；An Introduction to the Literature. 3rd ed., Clive Bingley, England, 1976.

第三章 检索工具及其编制方法

如前所述,科技文献数量不断增加,增长速度愈来愈快,这就给文献的管理和利用带来越来越多的困难。为了使文献便于管理和利用,人类通过长期的实践和摸索,先后创造了一些行之有效的管理方法。其中很重要的一种方法,就是将体积庞大的一次文献加工压缩成体积较小的二次文献,再编制成文献检索工具或建立文献检索系统。它使科技文献由博而约,以约驭博,并能根据用户的不同需要,定期把文献输送到各种用户手中。本章要介绍的,就是这种方法。

第一节 检索工具与检索系统

一、检索工具和检索系统的定义

检索工具(主要指文献检索工具)就是人们用来报道、存储和查找文献的工具。一般说来,检索工具必须具备下列 4 项条件:

● 对所收录的文献的各种特征(包括外部特征和内容特征)要有详细的描述。

● 每条描述记录(即款目)都标明有可供检索用的标识。

● 全部描述记录科学地组织成一个有机的整体。

● 具有多种必要的检索手段。

第一项条件是要求检索工具存储有一定数量的二次文献,是为了体现检索工具的报道和存储功能的。第二项条件是指存入的每篇文献均需经过主题分析或特征分析,取得检索标志,以便按某种方式将这些描述记录组织起来,为编制各种索引做准备。第三项条件是全部描述记录的组织编排工作，以便使这些记录存放有序，容易存取。最后一项条件是要求检索工具能满足用户从多种角度查找文献的要求。第二到第四项条件都是体现检索工具的检索功能的。

检索系统则是由一定的检索设备（如探针、选卡机、电子计算机等）和加工整理好并存储在相应的载体（如穿孔卡片、磁带、磁盘等）上面的文献集合（文档或文献库）及其他必要设备共同构成的，具有存储和检索功能的信息服务设施。

检索工具和检索系统的基本作用相同，都服务于信息检索，都是传播信息的重要媒介和实现情报检索的主要手段。二者之间没有绝对明显的分界线。任何具有信息存贮与检索功能的工具和设施均可称为检索系统。相对地说，检索工具通常指以书本或卡片集合形式出现、采用手工方式进行检索的设施，如检索期刊、各种书目索引和卡片目录等。检索系统则往往指由多个子系统或模块构成的，需借助专门机械进行检索的设施。检索工具属于传统的检索设施，今天仍发挥着重要作用。检索系统是在前者的基础上逐渐发展进化而成的，是信息检索实现机械化和自动化的必然产物，目前在信息检索中逐渐发挥着主导作用，占据支配地位。

它们之间的区别主要表现在内部结构、信息表示方式和匹配（比较）机制等方面。检索工具的结构较简单，以纸介质为记录材料和存贮设备，用自然语言或准自然语言描述信息特征，依靠人的智力和知识来进行信息比较选择，故功能也相对较弱。检索系统的构造通常较复杂，包含有多个功能子系统（如文献采集子系统、标引子系统、建库子系统、提问处理子系统、系统/用户接口、词表管理子系统等）和多种设备（如输入输出设备、数据库、中央处理机和通讯设施等）。它一般以非纸介质为记录和存贮设备，用机器语言或机器可读语言表示信息，依靠某种匹配机制来筛选相关信息。其功能强弱与构造和设备的先进性密切相关。例如，有些检索系统可以生产检索工具，提供多种服务和信息管理功能。

二、检索工具和检索系统的类型

检索工具和检索系统种类繁多。为了让大家先有一个总体的了解,以便识别它们的品种和名称,辨明各种工具或系统的用途、差异和联系,有必要先对它们进行分类研究。

人们常常依据不同的标准来划分检索工具或系统,所以划分的结果也就不同。而且,一种工具或系统可能因分类角度不同而分入不同的类。现将比较常见的分类标准及其划分结果介绍如下。

(1)按信息处理手段(即文献信息的存贮和检索设备)划分,检索工具或系统可分为以下3种类型:

● 手工检索工具或系统——用手工方式(即靠眼看手动)来处理和查找文献的工具或系统,如我们平时使用的卡片式目录和书本式检索工具。另外,单元词卡片检索系统(见第五章第二节)和各种手工穿孔卡片检索系统亦属此类。图3-1的边缘穿孔

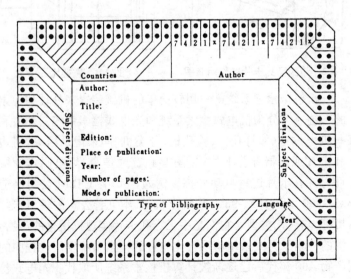

图 3-1 边缘穿孔卡片

卡片是手工穿孔卡片的一种。它通过在卡片边缘指定孔位进行轧口来表示信息特征（检索标识）。系统中的卡片可随机排列，然后用探针穿过指定孔位来检索相关文献（见图 3-2，挂在穿针上的为无关文献）。图 3-3 介绍的也是一种手工穿孔卡片。卡片左上角是主题词，中下部的网格用来穿孔，表示文献号。系统中的全部卡片按主题词字顺排列。检索时，先找出相关的主题卡片，重叠起来，找出透光的孔眼，它们就是欲查文献的号码（如图中的 0303 号、7161 号和 7198 号）。

 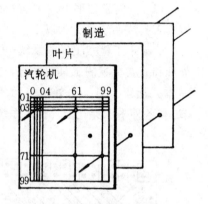

图 3-2　边缘穿孔卡片操作示意图　　　图 3-3　重叠比孔卡片

●机械检索系统——用较简单的机械装置来处理和检索文献的系统。又分为机电式检索系统和光电式检索系统。前者利用某些机电设备（如打孔机、验孔机、分类机等）来记录信息，用边缘穿孔卡片或机器穿孔卡片（见图 3-4）存贮信息，用电刷作为检视元件对穿孔卡片进行自动分拣。例如，50 年代 IBM 公司制造的 IBM-9900 型和 IBM-9310 型检索机，日本丸善公司的随机卡片检索机等，均属此类型。它们是手工穿孔卡片实现机械化的产物，是传统的检索工具或系统向现代化先进的检索系统发展过程中的中间产物，60 年代后已逐渐被计算机检索系统所取代。光电式检索系统以缩微胶卷或平片为载体，用缩微照相法记录一次文献，用位

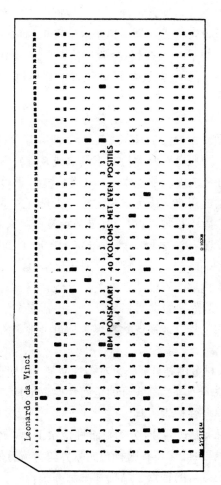

图 3-4 机器穿孔卡片

于载体边缘部分的长度数字、光点或黑白小方块的不同组合表示缩微画面地址,用光电检视器自动或半自动地寻找所需画面;或者在平片边缘轧口,用类似穿孔卡片的分拣方法来找出所需的平片。

● 计算机检索系统——用电子计算机来处理和查找信息的电子化信息检索系统,通常由计算机、数据库、检索软件、检索终端及其他外部设备构成,是在传统的检索工具和机械检索系统的基础发展起来的系统。它又包括脱机检索系统、联机检索系统、光盘检索系统等不同类型。这方面知识将在《计算机情报检索》讲义及有关课程中介绍。

(2) 按其服务对象划分,又可分为:

● 面向学科的检索工具(或系统),即以某学科(尤其指传统学科)的用户为服务对象的检索工具(或系统)。

● 面向任务或课题的检索工具(或系统),即以从事跨学科的研究开发活动的用户为服务对象的检索工具(或系统)。

前一种在实际中很常见。后一种是战后发展起来的,其中最有代表性的是《美国石油学会文摘通报》(Abstract Buileltin of the American Petroleum Institute),它分别从化学、数学、物理学等领域的检索工具中摘取与石油工业有关的文献,重新编排出版。

(3) 按其报道范围的宽窄划分,分为包括多个学科或全部学科的综合性检索工具(或系统)和仅包括单个学科的专业性检索工具(或系统)。

(4) 按其取材范围划分,分为对多种文献(如期刊、图书、科技报告、专利说明书等)都收录的全面性检索工具和仅收录其中某一种文献的单一性检索工具。

(5) 按其摘录方式划分,分为目录性检索工具、题录性检索工具和文摘性检索工具。这是我国科技文献界较为流行的划分方法,后面将详细说明各自的特点、结构和编制方法。

(6) 按记录二次文献的物质材料(即媒体)的种类来划分,因目前媒体种类繁多,故依据这种标准划分出来的检索工具(或系统)的种类也就很多(见下表)。

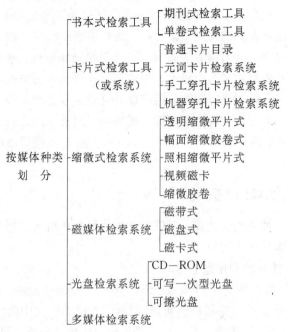

第二节 文摘性检索工具

文摘性检索工具是不仅通过描述文献外部特征,而且还要简明深入地摘录原文内容要点来报道新文献的一种情报出版物。它是检索工具的主体,二次文献的核心。

一、文摘的定义与作用

"文摘"(abstract)是指对一份文献(或称一个文献单元)的内容所做的简略、准确的描述,通常不包含对原文的补充、解释或评论。有些文摘与原文献刊登在一起,这种文摘又叫篇首文摘(heading abstract)。大多数文摘是离开原文献的,如检索工具中的文摘就是如此。

文摘是信息工作者处理和传递信息时经常使用的一种文体。它的用途可以归纳为如下诸方面：通报最新的科学文献；深入揭示文献内容，吸引读者去阅读原文；节约阅读时间，避免阅读那些无关紧要的原文；确定原文内容与查找课题的相关程度，帮助读者选择文献，决定取舍；帮助读者克服语言上的障碍；便于电子计算机进行全文检索；有助于提高标引质量（因为经过提炼的文摘，使主题更加集中和突出）；此外，文摘还是撰写述评文章的重要素材。

二、文摘的类型

有各种类型的文摘。可以按文摘的目的和用途来划分，也可以按其体裁格式划分。

1. 按目的和用途分类

（1）报道性文摘（informative abstract）——这是用来概述原文的内容要点（尤其是创新点），向读者提供原文中的定量信息（如：距离、最大值、最小值、平均值、中值、公式、可靠度等）和定性信息（如：发现、结果、新方法、新设备、结论等）的一种文摘（如例3-1）。报道性文摘是原文内容的浓缩，基本上能反映原文的技术内容，信息量大，参考价值高。读者通过阅读这种文摘，一般可以代替看原文。报道性文摘对帮助读者了解某些难得文献和克服语言障碍，作用更为突出。报道性文摘一般适用于那些主题比较集中、单一的，学术（技术）内容较丰富新颖的文献，如学术论文、技术报告、专利说明书等。报道性文摘的长度一般在200—300字左右，更长的可达500字以上。

【例3-1】 典型的报道性文摘实例

白薯线虫的控制

因为由根节线虫（nematodes）损害白薯，使得密西西比州的某些种植者难以生产适应市场级别需要的白薯。蔬菜收获分公司实验站于

1967年用杀线虫剂（包括熏蒸剂）进行了站外试验,在大批出现线虫的三或四排重复和任意的地块上使用了已知的和实验的杀线虫剂。在处理的垅行中,商用的熏剂 Vorlex, DOW W-85 和 DD 大大增长了收获量和垅行处理质量, Vorlex 或 DOW W-85 应该在播种前 14－30 天施 2.5 加仑/亩（DD9－10 加仑/亩）于行的中间深 8－10 英寸处,撒播烟熏（fumigation）也是有效的,但要求较高的熏剂水平,在实验的固体杀线虫剂中,拜尔（Bayer）68138 和达杀尼特（Dasanit）表明是有希望的,认为比起从单季大田试验中所获得的信息需要信息更多的。

天然气的贮存——一种新方法的原理

对于峰值削去来说,甲烷吸收法比起液化天然气法或干压贮存法更为经济。一般包含液化丙烷和/或丁烷的压力容器预冷到－76°F,用冷却的气相甲烷在峰外期间从供应线获得供应。甲烷被引入到桶的底部来避免较轻的液体（在丙烷中所吸收的甲烷）影响进一步的吸收。在峰值期间,一个阀是自动打开的,并且产生的压力降把甲烷通过"沃彼数"调节器带入供应线。在几个峰值处,液化天然气也是可以使用的。吸收法的最佳条件将是 3－11.4 百万立方英尺/贮存周期或直至 11.4 亿万立方英尺/季。

（2）指示性文摘（indicative abstract）——这是旨在把原文的主题范围、目的和方法概略地指示给读者的一种文摘（如例 3-2）。文摘内一般不包含具体的数据、方法、设备、结论等内容。它指示读者将在原文中发现什么,以不使读者对原文内容发生误解为限,帮助读者判断原文是否与自己相关以及是否需要阅读原文,故阅读指示性文摘不能代替原文。指示性文摘适用于那些篇幅过长、内容较散的文章,如泛论性或评论性的文章,以及其他不适于做报道性文摘的文献。它的长度一般在 100 字左右,有的甚至只有一句话,只起解题作用,故又称为"解题性文摘"或"简介"。

【例 3-2】 典型的指示性文摘实例

金相学如何有助于材料工程师

11 种事例的描述证实了在解决材料问题上金相学的应用,金相学有助于工程师去探索铜焊接头的细节,观察晶界区沉析物的细节,检验由高能级方法所形成的组分；调查应力腐蚀的状况；研究张力和蠕变是如何影响组分的；研究损伤了的轴承；检验在氮化的表面的"白层"；发现晶内偏析在铸铜中是如何发展的；用电子显微镜探伤；比较铸件中和不锈的锻件中碳化物并在极高的放大倍数下做研究。对照片的结构细节作了说明。

白薯线虫的控制

对密西西比州种植的白薯由根节线虫所引起的问题作了讨论，叙述了 1967 年由蔬菜收获分公司实验站所进行的商业和实验的杀线虫剂的实验。对行间插入和撒播的施用方法作了比较。对于包括商业的杀线虫剂 Vorlex DOW W-85、DD 和实验性的固态的杀线虫剂 Bayer 68138 以及 Dasanit 专门的熏剂列出了它们的结果。

(3) 报道-指示性文摘——当受到文摘字数或文献文体及类型的限制时，就采用报道性文摘和指示性文摘相结合的方法，即对文献的主要部分作详细报道，对其他次要部分则作简略介绍,这样做成的文摘就叫报道-指示性文摘（如例 3-3）。这种文摘在实际工作是很常用的。

【例 3-3】 典型的报道-指示性文摘实例
大型油船的装油系统的断油阀的配置研究

在断油阀中压力损耗的已有的研究被用作装载、卸载及压舱时计算定心阀和偏心阀中力矩的基础。列出了各类阀的节流曲线，尽管偏心阀可以减少扭转力矩，但它们对改变流向是敏感的，在大的液力扭矩中导致液流变化的系统中，对于速度、压力比和扭矩的效应，需作进一步的研究。

大船的面向生产的结构设计

诸如 240000 本尼威特（dwt）油船和 150000 本尼威特（dwt）石油、散货与矿石船的船舶设计为便于经济生产,而无船舶效率上的损耗。要包括简化、标准化、最小焊接长度以及易于生产与装配的观点选择船体构体与组件。对早期易于运输、贮存、装配、预制及拆装（fitting out）的想法作了讨论。

（例 3-1 至例 3-3 均选自《文献与情报工作国际标准汇编》）

(4)评论性文摘(critical abstract)——这种文摘插入有文摘员个人的看法或分析。评论性文摘的价值如何,主要取决于文摘员的专业水平。美国的《应用力学评论》(Applied Mechanics Reviews)和前苏联的《力学文摘》(P. Ж. Механика)曾采用过这种文摘(如例 3-4)。其他的文摘刊物一般不采用它。

【例 3-4】 评论性文摘实例

Theory for the ablation of fiberglass-reinforced phenolic resin. R. E. Rosensweig and N. Beecher. *American Institute of Aeronautics and Astronautics Journal* **1**, 1802-9 (1963). —— The theory of ablation of carbon-contaminated glass, extended from the char-layer theory, gives 38% underprediction of results of experiment. A thorough error analysis was not included. Spalding and Scala have treated similar problems.

(5)模块式文摘(modular abstract)——这是 F. W. 兰卡斯特(Lancaster)和索尔·赫纳尔(Saul Herner)1964 年设计出来的一种文摘。文摘员阅读并分析原文之后,做出一组文摘,包括注释、报道性文摘、指示性文摘和评论性文摘各一篇,然后供各种文摘刊物选用其中一篇。这种文摘在实际中很少见。

(6)专用文摘(special purpose abstract)——这是指各种文摘机构根据各自的专业特点和读者要求而规定的文摘形式。文摘中摘录的不是原文的全部内容,只是与本专业有关的那一部分.所以又称为专业文摘(selective abstract)或面向用户的文摘(user-oriented abstract)。

2. 按体裁格式分类

(1)电报式文摘(telegraphic abstract)——这种文摘象电文一样,文摘内容可以转换成机器可读的代码语言。编写电报式文摘主要为了使文摘本身便于计算机检索。美国金属学会曾编写过这种文摘,后因试验表明它难以使用,就被普通的文摘所代替了。

(2)统计(表格)式文摘(statistical or tabular abstract)——这种文摘用表格形式摘录原文的数据,它适用于特定的学科或专业，如热物理学、统计学等（如例 3-5，选自《美国统计学文摘》）。

【例 3-5】 统计（表格）式文摘

No. 105. Specified Reportable Diseases-Cases Reported: 1945 to 1967. Prior to 1960, excludes Alaska and Hawaii, except for tuberculosis. Figures should be interpreted with caution. Although reporting of some of these diseases is incomplete, the figures are of value in indicating trends of diseases incidence. See *Historical Statistics*, *Colonial Times to* 1957, series B 275-281, for rates of selected diseases.

disease	1945	1950	1955	1960	1964	1965
Amebiasis	3,412	4,568	3,348	3,424	3,304	2,768
Aseptic meningits	(NA)	(NA)	(NA)	1,593	2,177	2,329
Botulism	(NA)	20	16	12	23	19

Numbers are in thousands of cases

（3）逻辑文摘——这种文摘按照因果关系来组织文摘内容，将原文中分析出来的关键词按其性质分成 3 组：凡属描述研究对象及其属性的，分入内因组；描述条件、设备、方法的入外因组；描述结果的入结果组。这样就构成了一篇逻辑文摘。它适用于穿孔卡片检索系统。

另外，还有按照文摘撰写人的身份来划分的，将文摘分为作者文摘（主要以篇首文摘的形式出现）、专家（业余文摘员）文摘和专职文摘员文摘。直接采用作者文摘，可以节省人力和时间。但是，作者撰写的文摘容易按文章导言这种形式来写，因而常常不符合文摘的规格和标准。国外许多文摘机构多采取三结合的措施，即雇用少量的专职文摘员，同时聘请大批专家作为业余文摘员，并且尽量采用作者文摘再加以适当改写来解决文摘员不足等问题。

三、文摘款目的内容与格式

一个文摘款目是由题录、文摘正文和文摘员署名 3 部分组成。国内也称它为文献条目。文摘款目是文摘性检索工具中的基本元件,是检索的直接对象。下文分别介绍各部分的内容和作用。

1. 文摘款目的题录部分

题录部分是文摘款目中描述文献外表特征的部分,是向读者提供文献的书目数据的部分。由于检索工具中的文摘脱离了被摘录的文献,而且文摘本身包含的信息量有限(即使是报道性文摘,也不能详细摘录原文的内容,有些数据、图表、过程细节等还要阅读原著才能了解,如果是指示性文摘,那就更需要查阅原文了),所以题录部分在文摘款目中是必不可少的。它起着导向原文的作用。为了使读者能准确地判断原文的来源出处,题录部分的著录必须完整而准确。

题录部分一般应包括下列著录项目:

● 文摘号、入藏号(abstract number, reference number, accession number)。它是在文献处理完毕后,由文摘刊物的编辑人员统一为每个文摘款目编定的号码,起着排序和帮助读者识别特定文摘的作用。它可以是简单的顺序号,也可以是含有某种情报内容的代码符号。

● 文献名称(document title)。即文献的题目,如文章的篇名,图书的书名等等。大部分文献名称都有概括或解释原文中心意思的作用,含有重要的主题信息,是读者识别特定文献的重要标志之一。文献名称的著录方法一般是逐字照录,有时也可以对原来的名称进行加工,或删去某些引导性的词(如 An introduction to; A study of, 等),或对含义不清或不完整的名称加以改写、补充。补充部分要用括号括起,置于原名之后。外文文献一般要同时著录译名和原名,译名在前,原名在后。有些英文检索工具对非拉丁文字的文献(如苏联东欧出版的文献),一般不著录其原名,而著录原名的音译名。音译规则见书末附录 Ⅲ。

● 著者(author)及其工作单位(affiliation)。著者是科学信息的生产者,是读者迅速鉴别文献的依据之一。提供著者工作单位有助于读者鉴别和评价作者,还可以提供文献来源的线索。著录著者姓名可以用全称，也可以用简称。英文检索工具对非拉丁文姓名用音译法著录。音译规则见书末附录Ⅲ。

● 团体著者（corporate author）及原文献编号。团体著者是指负责发起、资助或监督管理某个研究项目（即被著录文献所报道的研究项目）的机构。这个机构要给该项研究活动所产生的技术文件编上自己的文件号码，即报告号。在处理科技报告或其他类似的文献时，一般要著录团体著者和报告号。

● 合同号（contract number）或拨款号（grant number）。如果该项研究是在某项合同或拨款的支持下进行的，那么，文献中一般都标明该项合同的编号或拨款文件的编号。著录合同号或拨款号可为读者判别和搜集某合同所出的全部文献提供便利条件。

● 原文出处。指刊载原文的地方。如果原文是某种期刊中的文章，出处就包括该刊的刊名、出版地点、卷号（或年份）、期次、出版日期和起讫页码。如果是图书或其中一部分，出处就是书名、编著者姓名、版次、卷号、出版地、出版者、出版年和起讫页码。科技报告的出处就是入藏号、订购号（order number）或原来的报告号。专利说明书的出处就是专利申请书或专利说明书的编号。原文出处的著录必须准确、完整，使读者能顺利地找到原文。

● 原文文别和译文来源。此项适用于外文著作。原文文别一般用某种语言的简称标明，或用"In…"，均用括号括起，放在文献出处之后，有的则放在文献的译名之后。若所摘录的文献是一篇译文，应给出译文的来源（即被译文献的出处），如"译自：某刊某卷某期某页"。此项的用处是使读者免得去找他所不能阅读的东西。

● 描述性注释。即给读者提供的与原文有关的补充性情报，帮助读者鉴别该文的用途，了解相关联的其他文献。较常见的注释内容有：对有关会议的名称、届次、会期及会址的说明，对有接续关系的文献的说明等等。

● 订购渠道（available from）和文献价格。此项主要用于非公开出版的某些难得文献，如科技报告、学位论文等。

● 主题词或索引词。指用来描述该文献的主题内容的若干个词或词组，一般放在题录部分的末尾、文摘正文的前面，自成一段。该项的用途很多，既可帮助读者了解原文主题，也可用以查找其他相关文献，或供计算机识别和进行逻辑组配检索，并可供某些单位或个人组织自己的检索档。

2. 文摘正文部分

文摘正文的内容、体裁见下节。

3. 文摘员署名部分

文摘员署名紧接在文摘正文之后，多以非常简略的形式表示。例如，对业余文摘员，有的署全名，有的只署其姓名的首字母；本单位的专职文摘员不署名；作者文摘则著录"Author"。有文摘员署名可以保证文摘的质量，避免差错，读者也可以通过它来鉴别文献内容的可靠性。

4. 文摘款目的格式

文摘款目中各部分的内容一般按下面两种方式组织编排起来，成为一种特定的款式（见图 3-5）。其中左边的款式更为流行。

题录部分各项的编排方式，不同的检索刊物之间都存在一定的差异。总的要求是，因为文摘款目包含的项目繁多，内容复杂，

图 3-5　文摘款目的一般格式

所以应该尽量把款目形式设计得项目清楚，逻辑性强，容易识别、阅读和理解，又要节省篇幅。如果在排版时能使用多套不同大小和式样的铅字，例如，把文献名称印成黑体字，把缩写刊名印成斜体字，这样既可以分别突出有关项目，又容易区别不同项目，达到醒目、易识别和易读的要求。

例3-6所显示的文摘款目实例是选自ERIC（美国教育资源情

【例3-6】 文摘款目实例

文摘号或入藏号	ED 013 371
法案代号	64
交换中心入藏号	AA 000 223
著者	Norberg, Kenneth D.
题目	Iconic Signs and Symbols in Audiovisual Communication, an Analytical Survey of Selected Writings and Research Findings, Final Report.
文献出版发行机构	Sacramento State Coll., Calif.
主持机构	Spons Agency—USOE Bur of Research
报告号或来源机构编号	Report No.—NDEA-VIIB-449
出版日期	Pub Date—15 Apr 66
合同号	Contract—OEC-4-16-023
注释	Note —Speech given before the 22nd National Conference on Higher Education, Chicago, Ill., 7 Mar 66.
订购渠道	Available from—Indiana University Press, 10th and Morton St., Bloomington, Indiana 47401 ($2.95)
EDRS定价	EDRS Price—MF-$0.75 HC-$5.24 129p.
叙词	Descriptors—*Bibliographies, *Communication (thought transfer), *Perception, *Pictorial Stimuli, *Symbolic Language, Instructional Technology, Visual Stimuli.
专用叙词	Identifiers—Stanford Binet Test, Wechsler Intelligence Scale; Lisp 1.5; Cupertino Union School District.
报道性文摘	The field of analogic, or iconic, signs was explored to (1) develop an annotated bibliography and (2) prepare an analysis of the subject area. The scope of the study was limited to only those components of messages, instructional materials, and communicative stimuli that can be described properly as iconic. The author based the study on a definition of an iconic sign as one that looks like the thing it represents. The bibliography was intended to be representative and reasonably comprehensive and to give emphasis to current research. The analysis explored the nature of iconic signs as reflected in the literature and research.
文摘员缩名	(AL)

报中心）的文摘款目。它是一份技术报告文摘，其中有个别项目（如著者）的位置跟一般的检索工具的位置不同。但是，它包含的著录项目比较齐全，整个款目的格式具有一定的通用性。因此，这里采用它做范例。

四、文摘性检索工具的结构

一种结构完善的文摘性检索工具通常由以下5个部分构成：

● 编辑说明与凡例。以简明易懂的文字和实例介绍检索工具的编辑方针、学科范围、选题原则、出版沿革、总体结构、各部分的功能和体例及使用方法等方面。其作用是宣传该工具的服务宗旨和用途，也可供用户初步了解该工具的使用方法以及对特定检索课题的适用性。

● 文献分类表和主题词表。是编制或使用检索工具时必备的辅助工具。文献分类表用于文摘编排和浏览检索。它通常和目次表结合在一起。主题词表用于主题标引和检索，为之提供该检索工具许可使用的词汇以及每个词的自然信息和词间关系信息。其目的是保证标引本身的一致性以及标引与检索的一致性。

● 文摘部分。即检索工具的正文部分，由一批文摘款目按一定次序编排而成。整个文摘部分（包括各卷各期的文摘）的作用是报道当时出版的文献，提供这些文献的内容梗概和详细的书目信息，供用户浏览选择，借以了解有关领域的新发展，或了解原文的具体出处。不同的检索工具，所用的文摘排序方式也可能不同。目前，大多数检索工具都采用简略分类排序，还有一些工具采用细密分类排序，或按字顺分类表排序，或按主题词字顺排序。

● 辅助索引。包括期索引和各种累积索引，是辅助用户查阅文摘的主要工具。由于文摘部分的内容一般都是线性排列的，类分得较粗。故用户只能从一种角度去检索文摘，且难以快速准确地确定相关文献的位置。设置辅助索引就是为了给用户提供多种检索途径,提高检索速度和准确性,免除逐页翻阅和逐条查看文摘的苦恼。可以说,检索工具若没有索引,就不成其为检索工具。辅助索引按时间范围划分,有期索引、卷索引、年度索引、多年累积索引;按内容性质划分,有主题索引、著者索引和各种专门用途的索引。

● 资料来源目录和附录。资料来源目录是被检索工具摘引过的一次文献清单,又称资料来源索引或引用期刊目录。它详细描述每种出版物(主要是期刊)的简称和全称、代号、编辑出版机构、出版沿革、出版周期和收藏单位等事项,供用户了解检索工具的收录范围及其完备性,准确鉴别文摘来源出处和其他有关事项,以便顺利地获得原文。附录一般包括有缩略语表、代号表和字母音译对照表等,目的是帮助用户识别理解工具中使用的各种缩写词、代码符号和音译名。

通过上面的介绍和分析,不难看出各组成部分之间的相互关系。第一部分对其他各部分起一般指导作用。第二部分是文摘编排和主题词选取的依据。第三部分是主文档,要受第二部分的控制,又是第四部分的索引对象。第四部分是第三部分进一步分析和压缩后的产物,又是帮助用户从第三部分获取相关文献的主要渠道,并且也要受第二部分的约束。第五部分补充第三、四部分的内容,是这两部分内容的合理延伸。

第三节 文摘编写方法

撰写文摘是一种再创作活动,难度较大,需要多方面的知识和修养。下面仅介绍文摘工作最基本的方面,即文摘编写规则和编写文摘的一般方法。

一、文摘编写规则

1. 文摘工作标准化

一种文摘刊物所需的文摘,主要是靠广大业余文摘员编写的。

有些文摘机构往往聘请成千上万的人为其撰写文摘。这么多人参与这项工作,没有一套统一的编写规则,就难以保证文摘的质量。因此,凡文摘机构都制订有自己的一套文摘编写规则,以便给所有的文摘员提供一种指导和规范。

例如,美国化学文摘社(CAS)编辑的《文摘员指南》(Directions for Abstractors),这一手册中就收录有该社所制订的文摘编写规则。该《指南》中规定:《化学文摘》(CA)中的文摘一般应该是报道性文摘,但对评论性文章,史料性、书目性和教育方面的文献则采用指示性文摘。文摘应摘录原文中这样几方面的内容:

- 著述目的和范围。
- 新的化合物,新材料,新的反应和新的工艺。
- 新的应用。
- 结果与结论。

此外,对文摘的内容、文体、格式,包括文摘字数,标点法,大写字母、斜体字、缩写字、上标及下标的使用规则,外国文字的表示方式等等,都作出了相应的详细规定。

进入60年代以后,各文摘机构处理的文献量越来越大,用户对文摘质量的要求也越来越高,致使文摘的数量和成本不断增加,加重了文摘机构的负担,于是,就提出了文摘标准化的问题。文摘标准化使各种文摘机构所制订文摘编写规则趋于统一,使一篇文摘可以同时为多个文摘机构所采用。这样,既节省了人力和经费,又可以扩大文摘的收录范围,加快文献的传递过程,读者查阅起来也更为方便。

1970年,美国国家标准学会(ANSI)颁布了文摘工作的国家标准。该标准规定,文摘应包含下列内容要素:目的、方法、结果、结论、附带结果及其他情报。以上各要素"最佳的排列次序可依读者需要而定",但它倾向于在文摘中突出新发现,把原文中最重要的结果和结论放在文摘开头,接着提供证据性的细节以及其他发现与方法,以便读者更快地得到情报。这就是所谓"面向发现排列法"。对于文摘的文体,该标准建议文摘员用一个能概括文章主题的句子来开头,但又要避免与原文题目相重复。

同年,前苏联也制订了这种标准,称为:ГOCT 7.9—70《情报与书目文献体系、文摘与提要》。1977 年,又对上述标准进行了修订,颁布了新的国家标准:ГOCT 7.9—77《文摘与提要》。新标准规定了文摘应包含下列内容:

- 著述的主题、对象、性质和方法。
- 进行工作的方法。
- 具体的结果。
- 结论、假设。
- 应用范围。

要求文摘的文体要简洁、明白、准确。文摘的长度主要取决于原文的内容、情报量及其科学价值。

内容较为详细与全面的文摘工作标准,可能是国际标准化组织 (ISO) 1976 年颁布的一项国际标准了。这项标准的名称是《文献工作——出版物的文摘和文献工作》,标准号码是:ISO 214—1976 (E)。它已经得到了美、苏、英、法等 28 个国家标准机构的认可。该标准的内容包括 4 个部分:应用的范围和领域;文摘的目的和使用;文摘内容的处理;格式和文体。下面介绍其中的后两个部分,作为对文摘编写规则的归纳和总结,供大家学习参考。

2. 文摘的要求

(1) 对文摘内容的要求

特别是报道性文摘,应说明原文所包含的研究目的、方法、成果、结论以及其他必要的附加信息。

研究目的是指研究的对象、范围及著述目的。除非文献的题目已一目了然,或者从文摘的其他部分能够反映出来的,一般要写出研究目的。

方法就是原文所介绍的技术或方法。文摘要尽可能将该方法的基本原理、所用材料、环境条件等叙述到一般专业读者能理解的程度。如果文献所反映的不是实验性的研究工作，则应说明数据来源和数据是如何处理的。

成果是指实验成果或理论成果，如观察到的效应、测得的数据、对某些关系的说明等。叙述应尽可能简明扼要且带报道性。要分清数据是原始的、还是推导出来的，是一次观测到的、还是反复测量得到的。如果全面反映上述内容会使文摘篇幅过长，就优先摘录新的或证实了的事实，有重大价值的发现或发明以及与原先的理论相矛盾的那些发现等。另外，还应指出其精确度、可靠性和有效范围。

结论是指文献作者对整个试验或研究经过全面和周密的分析后所得到的结论。它可能是某个证实或否定了的假设，某种建议或者是评价、推荐或应用等等。这些内容一般包含在文献最后部分的讨论中。文摘作者应对这部分内容进行加工，使之更为概括和精炼。为了避免冗长，成果和结论可以一起摘录，但必须区别假想与事实。

附加信息是指附属于主要研究成果的某些信息。例如方法的改进，新测得的物理常数，新的化合物，新发现的文献（或数据）来源等等。这一部分应当用非常简洁的文字报道出来，不要喧宾夺主（即不要超过研究目的、方法、成果和结论部分）。

（2）对文摘体裁的要求

要尽量保持原文的基本内容和风格，在满足文摘内容要求的同时，文笔也应简洁易懂。最好采用开门见山、一语破题的笔法，开头立即指出原文的关键所在，然后再写出那些阐述性的内容。例如，首先叙述原文的主要成果和结论，再交代研究对象、所用的材料、方法、研究的环境条件等，即所谓"面向发现排列法"。短小的文摘不分段，长文摘可以分段。要用完整的句子来书写文摘。尽量使用主动语态，力求使叙述更为清楚、简洁、有力。当需要强调动作承受者时，则应使用被动语态。在一般情况下应使用第三人称，如果只有使用第一人称才能使句子简练时，也可使用第一人称。使用的名词术语要力求规范、通用，避免使用读者不熟悉的术语、缩写词或代号，必须使用时，文摘中对它要加以限定。

对大部分论文和一部分专著来说，文摘的字数以不超过250字为宜。对札记和短讯，100字以内就已足够了。对编辑部文章和读者来信，通常只要求单句文摘。对长篇文献，一个单页的篇幅就够了。在考虑文摘长度时，文献内容常常比文献篇幅更重要。

二、编写文摘的步骤和注意事项

在撰写文摘之前，文摘员应当熟悉有关的标准和规则，并且自始至终按照它们来做文摘，以保证文摘的质量。

接到待摘文献后，先通读全文，进而分析原文内容，掌握其主题内容。可以根据题目了解原文的主题概念；通过序言、结束语掌握其内容梗概；根据各章节或段落，掌握原文的结构；阅读原文中有关研究背景、经过、目的、主题范围、方法、结果和结论等方面的内容，以便抽取其内容要点。

抽取内容要点时，要善于将那些不重要的内容排除在外，如历史背景、导言、过时的信息、累赘的话、过程细节等等。这些东西常常占去原文很大的篇幅。文中的数据也不能全部摘录，只能摘录其中的重要数据或数据的样品，如最大值、最小值、平均值、中值等等。应紧紧抓住原作里新颖的东西或有创见的地方。对作者准备做而未做的工作，即使它是相当重要的，一般也不予摘录。抽出内容要点之后，下一步就是把这些内容组织起来，构思文体，写出文摘。

如前所述，撰写文摘时最好采用一语破题的笔法，首先指出原文内容的关键所在，然后再写出那些阐述性的内容。例如，先写出原文的结论，再交待研究对象，所用材料、方法、研究的环境和条件，研究期限，研究的主要结果。写完以后，再回头检查是否有错误或重要遗漏，是否符合规定的标准，然后修改定稿。

要写好一篇文摘，一般应该注意以下几点：

● 注意文摘内容的真实性和客观性。应如实反映原作的主要内容，不夸大也不缩小原作的成就，不添加文摘员本人的意见和看法（评论性文摘除外）。若发现原文有错误，可用附注方式指出，供编辑人员参考。这就要求文摘员必须认真阅读和分析原文，根据全文的内容来做文摘，不要把做文摘变成简单地抄录原文的序言、结论或章节标题的过程。

● 摘录要突出重点，把原文中新颖的东西和重要数据摘录出来。凡是本专业领域内人所共知的基础知识和事实，一律不予摘录。真正做到：揭示精华，指出关键。

● 叙述要简明扼要，主语和主体要明确，文笔简洁，语言精炼，既无赘词，又不遗漏重要内容。尽量做到用最短的篇幅表达最丰富的内容。文摘的长度不能规定太死。在不违反有关规定的前提下，应根据原作的篇幅、信息含量及其科学价值来决定文摘的字数。

● 用词要准确，符合规范。尽量使用原作中的词汇术语。当原作中某些术语含义不清时，可用通用的科学词汇和专业术语取代之。文摘中切忌使用土语、俚语或方言。没有确切译法的外来语，可注出原文。

● 简称、缩略语和代号一般采用原文的形式。对非惯用的简称和缩略语，要采用其全称。年月日的表达方法也要力求简短和规范化。

● 原文的计量单位应保留。为了便于读者理解，可在原计量单位后面注明它与国际单位的换算关系。

三、文摘工作自动化

文摘工作自动化（automatic abstracting）系指利用计算机自动编写文摘。它与自动标引（automatic indexing）和自动分类（automatic classification）是密切相关的。用计算机编写文摘，一般分以下 4 步来进行：

● 将待摘文章输入计算机，转换成机读形式。

● 确定抽取"文摘句"的标准，建立一套计算文章中词和句的"重要性"(significance)或"代表性"(representativeness)的方法和计量单位。

● 计算机根据各个词和句子所具有的"重要值"或"代表值"分析原文，并且按预定的文摘长度（句子数量）和抽取线选出一批"文摘句"。

● 将文摘句加以润色和组织，以构成一篇完整而连贯的文摘，然后打印输出。

可以看出，其中最难最关键的一步是第二步。必须建立科学的计算方法，才能使抽取标准定得合理和保证文摘的质量。自50年代后期开展文摘工作自动化研究以来，人们先后发明了各种不同的计算方法。下面简略地介绍其中几种比较重要的方法。

1958年，卢恩首先提出用频率统计方法来确定词的重要值和句子的可选性。他将文章中的词分为功能词(function word)和内容词(content word)。所有功能词均取零值。对每个内容词的频率（在文中出现的次数）进行统计，凡超过预定的V值的词，就可以看作是文章内容的"代表"(representative)。然后按公式

$$r_i = p_i^2 / q_i^2$$

计算句子的代表值。式中：r_i 表示第 i 个子句(substring)的代表值，p_i 为该子句所含"代表"词的数量，q_i 为该子句所含的总词数。凡 r_i 值高于预定抽取线的子句，就被抽出来做文摘句。后来，IBM公司的研究人员对卢恩的方法进行修正和扩充，提出了一种新的抽取技术。他们先把文章区分为标准的(normal)、浮夸的(blah)和过细的(detailed)，各类文章按不同的取值范围确定代表词。句子的评分方法也有所不同，一个句子的分值等于所含代表词的分值与非代表词的分值之和。

同年，P. B. 巴森代尔(Baxendale)提出另一种方法，即根据句子在文中的位置来确定其重要性。

1969年，H.P.埃德蒙森（Edmundson）提出了以下4种加权抽取方法：

● Cue（提示词）加权法。它将某些句子中所含的提示词（如"significant"，"impossible"等）看作是与值得抽取句之间有某种正联系或负联系的词，赋予它们适当的权数（正的或负的），句子的重要值等于所含 Cue 权之和。

● Key（关键）加权法。它与卢恩的词频统计方法相似。

● Title（标题）加权法。它根据某个词是否出现在文章的题目或小标题中来加权，赋予题目中的词以高权数，赋予小标题中的词以较低的权数，句子的重要值等于所含 Title 权之和。

● Location（方位）加权法。它根据句子所在部分（如导言、目的或结论等部分）和段落（首段或末段，段首或段末等）位置来加权。

上述方法既可单独使用，也可以综合起来使用。效果最好的是将除 Title 加权法外的3种方法结合起来使用。

1964年，洛克希德公司的洛依斯·厄尔（Lois Earl）等人开始研究从句法结构来区分文章中的代表句与非代表句。通过试验，发现不能单靠句法结构来区分它们，于是改用句法分析与频率统计相结合的方法。此法先用句法分析程序将全部短语识别出来，再计算短语中每个内容词的频率，将低于某一频率的词舍去。若某句含有3个或更多的高频词，或者虽然仅含2个高频词，但它们不是共现的，该句就抽出来做文摘句。

70年代初，俄亥俄州立大学的詹姆斯·拉什（James A. Rush）和他的学生 B.A. 马西斯（Mathis）等人建立了 ADAM（Automatic Document Abstracting Method）生产系统。这个实验性的自动化文摘系统由称为 Word Control List 的词典和一套供识别和排除非文摘句的规则和程序两部分构成，其重点放在确定排除标准而不是抽取标准上。句子加权方法除采用修正过的"Cue"加权法和"Location"加权法外，还增设了频率标准和连贯性标准。频率标准用来调整某些词或短句的权数,减少句子被不适当地接受或排除的可能性。连贯性标准是为了使机编文摘连贯而流畅。据说,该系统生产的文摘质量最好,最接近于手编的文摘。

此外,还有其他人提出的一些方法。例如,E.F. 斯科拉霍得科（Skorokhod'ko）1972 年曾提出一种新的方法,即从语义角度来分析词句,凡跟其他许多句子在语义上有关系的,删掉它将会严重破坏文章的意思的句子,就被赋予高的权数并作为文摘的候选句。C.D. 佩斯（Paice）1977 年提出根据各种"指示性短语"（indicator phrases, 例如:"Our paper deals with…","The present report concerns…","The following discussions is about…"等）的重要程度来选择文摘句的方法,等等。

总之,目前计算机还很难模拟人工编写文摘的复杂思维过程,各种自动化文摘生产系统或方法生产出来的"文摘"一般都很粗糙,很难称得上是真正的文摘,仅仅是一种"摘录"（extract）。

四、文摘编写质量评价

为了能合理地衡量一篇文摘（人工编写或机器编写的）的质量和可接受性,有必要研究评价文摘质量的方法,建立相应的评价指标。

文摘质量评价是一项很复杂的工作。文摘服务机构通常只是根据某种编写规则或标准来判别文摘的可接受性。用户或读者则往往着眼于文摘的信息量、准确性和可读性。1961 年,H. 博科和 S. 查特曼曾调查了美国 315 个文摘机构,通过分析返回的 130 份有效的调查材料,把各文摘机构采用的规则或标准内容分为 3 类:功能、内容和形式。其中:

● 功能方面包括文摘的作用、定义和类型。

● 内容方面普遍反映出大多数规则或标准都要求一篇文摘必须包含有目的、方法、结果、结论以及本专业所特有的其他信息。

● 形式方面则涉及到文摘的风格、措词、长度等要素。

他们的调查结果为后来制订有关的技术标准或规则提供了可靠的依据,但尚不是一种系统的和可操作的评价指标体系。

1. 定性评价指标

人们普遍认为,一篇高质量的文摘应具备有下列特性:

● 及时性。文摘员应尽快地得到原文并写出文摘,文摘应在2—4周内报道出来。

● 准确性。文摘的内容和来源文献数据都必须准确。

● 完整性。不遗漏原文中的重要信息和必摘的内容。

● 简明性。文摘必须简洁明确,无歧义,对商用名、行话、代号及其他类似成分须加适当解释或根本不用。

● 可读性。文摘语言应连贯流畅,标点要正确,风格要简洁而不呆板晦涩。

● 经济性。尽可能以最低的代价获得符合质量要求的文摘,如充分利用作者文摘或原文提供的其他类似材料。

● 选择性。正确而恰当地选择原文中有价值的东西加以摘录,略去那些显而易见的东西。

● 代替原作的能力和提供标引词的能力。

2. 定量评价指标

建立一套科学的量化指标来评价文摘,难度很大。目前采用或已提出的定量评价方法一般都比较简单粗糙。常见的定量指标有:错误率、时差等。70年代初,马西斯提出了一种定性评价与定量评价相结合的"两步评价法",把定量评价研究推进了一大步。

马西斯评价法的第一步是鉴定文摘是否符合现行的某项国家标准或国际标准,并规定了10个定性指标,即

● 最大长度   ● 文体

● 最小长度   ● 句子完整性

● 题录格式   ● 结构格式

● 主题适应性   ● 文摘类型

● 错误率   ● 及时性

第二步是确定文摘的"数据系数"(data coefficient,简称DC),提出计算数据系数的公式

$$DC = C/L$$

式中:C=数据保留因子=文摘中的数据总量/原文中的数据总量;L=长度保留因子=文摘长度/原文长度。

如何计算数据的数量呢?Mathis 定义一个数据元素(data element)等于一个概念,并用"名词-关系词-名词(Name-Relation-Name)这种形式来表示它。一个简单句就相当于一个数据元素,复合句可以分解为简单句。而文摘和原文的长度是根据它们所包含的词数量来计算的。这样,公式中的全部变量都可以计算出来了。文摘的 DC 值算出来之后,就可能出现下面几种情形:

● 若 DC<1,表示该文摘不能接受。

● 若 DC=1,表示该文摘达到可接受的最低限度。

● 若 DC>1,表示该文摘可以接受。DC 的值越大,文摘的质量越好。

马西斯曾经用此公式去评价她们所建立的 ADAM 系统,结果发现该文摘生产系统所产生的平均数据系数是 1.063。这表明该系统所生产的文摘是可以接受的,但质量不算好。

目前,这种方法大概是衡量文摘质量最准确的方法了。特别是在测量机编文摘的有效性方面,它具有特殊的作用。

第四节 文摘刊物的编制

编制一种为广大科技人员欢迎与信赖的文摘刊物,决不是一件轻而易举的事。这是一项长期性、流水性和累积性的工作,它需要投入大量的人力、物力,处理好各种各样的矛盾和问题。但是,在今天这样的信息化社会,编制高质量的文献检索工具或建立完善的信息检索系统,是科技信息工作的百年大计。许多国家对这项工作都非常重视。

一、编制步骤（程序）

一种文摘刊物从筹办到发行使用，一般要经历以下步骤：

（1）调查研究。决定编辑文摘刊物以前务必要做好调查研究。需要调查的项目有：
- 有关学科或专业的文献量。
- 文献的利用情况及存在问题。
- 现有检索工具满足读者需要的程度。
- 读者对检索工具的要求。
- 国内外的经验教训。
- 编制文摘刊物的条件是否具备等等。

这一步要回答好两个问题：为什么要编？能不能编？做好这一步工作，对明确任务、目标很有意义。

（2）分析设计。将调查得来的各种材料加以分析综合，然后根据需要与可能提出工作目标，制定编辑方针和要求。其中最重要的编辑方针包括以下方面：

- 学科范围的确定。在科技文献急剧增长、学科之间相互交叉相互渗透日益深化的形势下，一个文摘刊物的报道范围要想做到十分全面，是非常困难和费钱的。因此，需要对文摘刊物的学科范围作出合理而必要的限制。

- 文献来源的确定。是包括各种文字和所有国家的出版物呢，还是有所选择？收录哪些文献类型？学术刊物当然要摘，但是，一般的科普性刊物呢？还有，专利说明书、会议文献、教科书、小册子呢？都需要作出明确的规定。

- 期刊文章类型的选择。比如期刊中登载的简讯、通信、编辑部文章、传记资料等东西，到底摘录不摘录，也需要明确规定。

- 确定摘录方式、出版周期、报道量等。

以上属于文摘刊物的基本设计工作。接着还要详细设计检索工具的著录规则与格式，索引语言，标引规则，索引种类及形式，符号代码，等等。

这一步要回答的问题是：准备编一种什么样的文摘刊物？怎么编？设计时，应认真考虑成本的经济性，任务的现实性，质量的可靠性，内容的实用性。设计工作的好坏直接关系到目标能否实现和文摘刊物的质量。

在进行设计工作的同时，还要为实现目标创造好各种必要条件，包括情报源供应，技术力量、设备和印刷发行条件等等。

（3）文献收集与登录。由资料部门负责，根据收录范围，全面而及时地搜集各种有关的出版物，收登完毕后交下道工序。

（4）选题及分类制卡。选题，就是根据编辑方针去选择适于摘录的文章及其摘录方式。这是一项非常重要的工作，直接关系到文摘刊物的质量。选题内容应结合我国科学技术和工农业生产的当前需要和长远发展，多选用对科研、生产有实际意义的有关新技术、新工艺的文章和有关尖端技术和基础理论方面的指导性文章。适于做成文摘的文章一般包括：

- 与本学科范围密切相关的。
- 对本领域有创造性贡献的。
- 有重要学术（技术）价值的。
- 被本文摘编辑部确定为"全摘期刊"上发表的。

对评论性文章，一般可做成简介或题录，并注明评论的范围和参考文献数量；对新书，一般只做成题录；但对报道新的研究成果的图书或专著则可做成文摘，或分别将其中的若干章节做成文摘；对更次要的那些文章，一般做成题录就够了；对下列几类文章，文摘刊物不予摘录：

- 模仿、抄袭别人的。
- 与本领域关系不大的。
- 参考价值不大的。
- 初步进展报告。
- 质量低劣的刊物上发表的。

● 被本文摘编辑部确定为不摘刊物上发表的。

为了协助选题编辑做好选题工作，统一选题标准，可以将属于收录范围内的全部期刊分成 3 类：全摘期刊；经常要浏览和选摘的期刊；偶而刊载有相关文章的边缘学科期刊。第一类期刊收到后，可以立即分类制卡，然后分发给文摘员做文摘。其余两类期刊则需要经过高级编辑或文摘员勾选。

这里的分类是指对被摘文章粗分大类，确定它应归入文摘刊物正文的哪一个分册、部分或大类。然后制成文摘工作单。

(5) 选择文摘员，并将文摘工作单和复制的原文分发给文摘员做文摘。分发时要考虑文摘员的语言能力、专业知识、特殊要求以及以前的工作量等情况，尽量使分配的任务与文摘员的能力相适应。为了随时能掌握文摘员队伍的情况，需要建立 3 种卡片档案，即文摘员档案、语言档案和主题档案。文摘员档中的每张卡片记录文摘员的名字、地址、专业范围、职称、语言特长、特殊的限制等内容，按文摘员名字顺序排列。语言档按语言名称排列，帮助分发编辑迅速了解谁能处理什么语言。主题档按主题排，帮助分发编辑迅速了解谁能处理哪一方面的文章。

(6) 文献标引和编制各种期索引（具体方法见第四章）。

(7) 编辑加工，审阅定稿。文摘编辑负责将文摘员送来的文摘稿件进行编辑加工。索引编辑则负责将标引人员所编制的全部索引款目进行编辑加工。然后分别交主编审核定稿。

(8) 分类、排档。既包括对文摘款目按分类（目次）表进行分类编排，也包括对索引款目进行排档，然后配制成文摘杂志。

(9) 发排、印刷、装订。

(10) 发行与储存（包括一次文献和二次文献的储存）。

(11) 着手编制各种累积索引。

(12) 对用户进行宣传和培训，并征求用户意见。

(13) 对文摘刊物的质量进行评价，找出问题，加以改进。

整个文摘刊物的生产流程如图 3-6 所示。

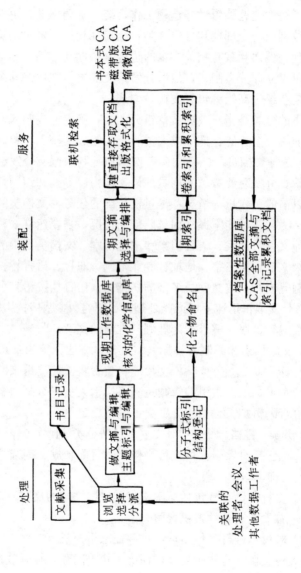

图 3-6 美国《化学文摘》生产流程图

二、文摘刊物编制技术和设备的进步

文摘刊物的报道量越来越大,传统的编制技术和设备早已不能满足需要了,因为它往往造成出版迟缓,成本增大,严重影响文摘刊物传递信息的功能。于是,从 60 年代初,文摘服务机构就开始利用计算机和办公自动化技术对文摘刊物的生产流程和设备进行了不断的改造。

1. 文摘编辑出版的电子化

1964 年,美国国家医学图书馆建成医学文献分析与检索系统(MEDLARS),是文摘刊物生产开始告别手工操作,进入计算机化时代的标志。目前,国外所有重要的文摘刊物和国内的大部分文摘刊物的编辑出版工作均已实现电子化。

当文摘工作单填写好并经过审核后,交录入员把上面的数据录入计算机中。编辑人在终端上对这些数据进行编辑修改,然后生成文摘数据磁带。以这种原始磁带为基础,可以派生出多种信息产品。首先,可以直接拷贝成用户所需要的文摘磁带或软盘投放市场;其次,可以将这种磁带装入某种电子出版系统,在文摘编排软件、照排控制机、精密激光照排机等设备的控制和处理下,制成印刷文摘刊物所需要的印版(如 PC 版、树脂版或氧化锌版),最后印出书本或文摘刊物;另外,还可以将这种磁带数据传送到某个情报检索服务系统,在数据库管理系统的控制下,生成可检索的数据库或文档,供用户查询和检索。

文摘数据处理、传输和出版电子化的实现,不仅大大加快了文摘刊物的印刷出版速度,而且还使文摘数据得到更充分的利用,可以制成多种不同产品,向用户提供多样化的信息服务。

2. 出版机构之间加强合作

首先是文摘刊物出版机构与一次期刊出版机构开展了合作。文摘刊物想加快出版速度,就需要尽快得到现期期刊。一次期刊的内容要便于查阅,也需要编制索引。这样,两者就有了合作的基础。合作的方式有：文摘机构为某种一次期刊编制索引，一次期刊出版者除优先保障供应最新出版物之外，还向文摘机构提供著者的文摘和关键词；直接交换文献数据（以磁带、软盘或远程数据传输等方式）以及著录格式标准化等。随着电子出版系统和数据通讯技术的普遍应用，文摘机构与一次期刊出版者之间的联系将进一步加强。

文摘机构之间的合作活动开展得更早。例如，70年代初，美国三大专业文摘机构——生物科学情报社、化学文摘社和工程索引公司就对它们出版的3种文摘刊物（即BA、CA和Ei）的编辑方针、作业流程、记录格式、标引规则以及相互之间重复情况和兼容性问题进行了联合研究，为以后的合作奠定了基础。后来，生物科学情报社和化学文摘社便开始合作出版一系列的专题资料快报，统一命名为BIOSIS/CAS Selects，内容涉及横跨这两大学科的各种具体研究课题，取材于BA和CA，目前已增加到20多个专题分册。此外，一些文摘机构还在收录范围、记录格式、文摘或其他数据的交换、产品销售和原文提供等方面开展了不同形式的合作和协调。

3. 一体化信息系统

仅靠采用某种先进的出版技术和加强合作来提高效益是不够的。还需要解决如何充分利用文献加工成果的问题。如果一次加工出来的信息能供多次利用和反复利用，就可以节省大量费用，并可以获得更大的经济效益和社会效益。因此，人们提出了建立一体化信息处理系统（图3-7）的设想。

何谓一体化信息系统？前苏联情报学家 А.И. 切尔内(Черный)曾将它定义为："一种多功能的自动化信息系统，在这个系统里，一条信息一旦输入其中，系统就在完成各种信息处理任务过程中重复使用该信息；系统担负着收集、分析-综合处理、存贮、检索和传递科技信息的任务，以充分满足科学家和专家的各种信息需求。换言之，有关各篇科学文献内容和形式的详尽数据

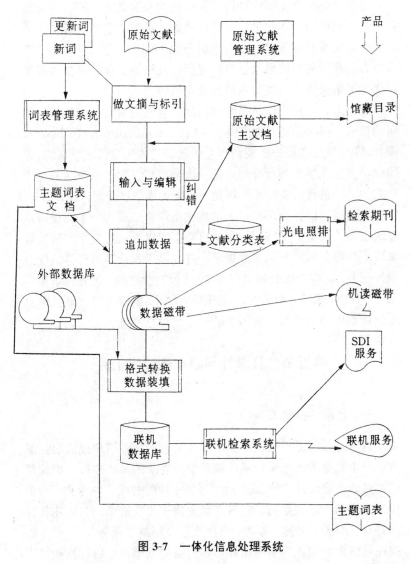

图 3-7　一体化信息处理系统

一次输入和存贮在这种自动化系统中,作为生产各种印刷型检索工具和开展各种信息服务的基础。"

根据上述定义,国内外许多文摘机构和信息中心早已成为或者正在发展成为一体化信息系统,例如前苏联的全苏情报所、美国的化学文摘社和国家技术信息服务处(NTIS)等、日本科技情报中心、我国的中国科技信息研究所以及机械工业部科技情报所和化工部情报所等一些专业科技信息机构。

近年来,一体化信息系统的内涵已有发展变化,出现了一些新的模式。例如,美国物理协会(American Institute of Physics,简称AIP)早已建成一次期刊和文摘刊物一体化编辑出版系统。美国化学会与化学文摘社合作,把一次期刊和二次信息产品的生产合并为单一过程,实现了一体化。美国工程信息公司(Ei, Inc.)则提出要通过国际合作和扩大信息交换使自己成为一个工程信息超级市场,除生产文摘刊物和书目数据库以外,还要生产数值数据库、指南数据库和全文数据库,并提供工程计算和计算机辅助设计服务。而联合国教科文组织70年代初建立的"世界科学信息系统"(UNISIST)和美洲国家组织(OAS)制定的拉美地区信息系统计划则是属于另一种形式的一体化信息系统。

第五节 目录性与题录性检索工具

一、目录性检索工具

目录是按照某种明白易懂的顺序编列的文献清单或清册,通常以一个完整的出版单位或收藏单位为著录的基本单位。也就是说,目录一般是按"种"或"件"(如一种图书或一件专利)为单位来报道和记录文献的。它对文献的描述比较简单,只记述其外部特征(如图书名称、著者、出版事项及稽核事项等)。一种出版物经过这样的描述(图书馆界称之为描述性编目)后,就获得了一个目录款目，然后将一个个的款目按某种方法组织起来，就成了目录。与其他检索工具相比，目录的历史最为悠久，它可以说是一切检索工具的鼻祖。

目录是进行出版物的登记、统计、报道、指导阅读和科学管理图书资料的工具，也是"辨章学术，考镜源流"，鉴别图书真伪异同的重要依据。

并非一切目录都可以称为检索工具。例如有些活页式的目录，或包含在某一文献内的片断式的目录，只具有报道功能，很难称作检索工具。因此，本文所说的目录性检索工具仅指那些既具有报道功能又具有检索功能的目录，或指一切可供检索用的目录。不过，为了叙述方便，下面一律将目录性检索工具简称为目录。

按职能划分，目录有出版发行目录、馆藏目录、资料来源目录等；按收录的文献种类划分，有图书目录、报刊目录、标准目录、资料目录等；按物质形式划分，有卡片目录、书本式目录、磁带式目录（即机读目录），等等。

1. 出版发行目录

包括登记性的国家书目和商业性的出版商书商目录。国家书目是出版物的国家登记制度的产物，是有关一个国家全部出版物的现状和历史的记录。它的主要作用是如实记载某一国家（或地区）某一历史时期的图书出版状况，便于统计分析出版物的质量和协调出版发行计划，并能从一个侧面反映该国的科学文化水平。对图书情报部门来说，国家书目为我们提供了最全面最权威的图书出版情况，是有效地进行图书采购、整理、利用及开展参考咨询服务的重要工具，并且为实现信息资源共享创造了条件。我国是实行出版物登记制度的国家。现在我国的国家书目有两种：月刊性的《全国新书目》和年刊性的《全国总书目》。国外较常见的国家书目有：《英国国家书目》（British National Bibliography）、《法国国家书目》（Bibliographie de la France）、《苏联图书年鉴》（Книжная Летопись СССР）（周刊）和《苏联图书年刊》（Ежегодник

Книг СССР)、日本《纳本周报》和《全日本出版物总目录》,等等。出版商书商目录是预告图书出版消息,进行图书贸易的工具,也是图书情报部门了解图书市场动态、搜集图书资料的重要依据。这类目录种类繁多,数量很大,其中有很多是活页式的。

2. 馆藏目录

包括反映单个图书馆图书收藏情况的图书馆藏书目录和反映某一地区或系统甚至全国的图书收藏情况的联合目录。它是图书馆收藏情况的真实记录,是读者到图书馆查找和借阅图书的重要工具。在开展检索服务过程中,最后往往要归结到提供原文这一步。馆藏目录就是查找原文和获得原文的必备工具。在这方面,联合目录的作用尤其重要。我国近几年来编辑出版的全国性的联合目录主要有:《1978年全国预订外文科技期刊联合目录》及1979年度的补编本;《1974—1978中文图书印刷卡片累积联合目录》等。另外,各地区、省或专业系统也编有不少联合目录。

3. 资料来源目录

是指附属于某一检索工具或检索系统的"引用出版物目录",有的亦称"资料来源索引"。例如:美国《化学文摘社资料来源索引》(Chemical Abstracts Service Source Index),美国《生物科学情报社数据库连续出版物来源目录》(Serial Sources for the BIOSIS DATA BASE)等等。资料来源目录是供读者了解某一检索工具的文献收录情况和期刊演变情况,准确鉴别文摘或题录的出处的辅助性工具。

二、题录性检索工具

题录是用来描述某一文献的外部特征并由一组著录项目构成的一条文献记录,利用它可以相当准确地鉴别一种出版物或其中的一部分。题录通常以一个内容上独立的文献单元(如一篇文章,图书中一部分,但有时也可以是整本出版物)为基本著录单位,这是它与目录款目的主要区别。两者的相同点是它们都只限于描述文献的外部特征。题录实质上是一种不含文摘正文的文摘款目。在揭示文献内容的深度方面,题录比目录做得深入一些,但又比文摘款目浅。信息工作者在处理和报道文献时,也经常使用题录这种文体。

主要采用题录方式来摘录和报道文献的检索工具,都属于题录性检索工具。我国文献界过去习惯于把这类检索工具称为"篇目索引"、"论文索引"、"目录快报"或"索引"。近年来又有人主张以"目录"、"资料目录"这样的名字来称呼它们。为了避免命名上的混乱,并使它们和真正的索引或本来意义上的目录明确区别开来,我们在这里一律称之为题录性检索工具。

虽然题录性检索工具对文献内容的揭示深度不如文摘性检索工具,但是它却具有后者所没有的优点。例如:它加工容易,可以大大减少智力劳动,因而也容易实现自动化;它的文体简短,可以大大增加检索工具的容量(即报道量)或减少检索工具的体积;它出版迅速及时,可以缩短检索工具的时差,加速文献的传递和利用。特别是近几十年来,文献量迅速增长,文摘索引机构在加快报道速度、增加报道量及提高文摘质量方面,面临着愈来愈大的社会压力。在这种形势下,题录性检索工具就有它独特的作用和强大的生命力。它的作用主要体现在如下两个方面:

● 迅速、定期地把科技文献中最新的重要的部分报道出来。

● 尽可能完全地收录全世界出版的有关某一领域的文献以备检索和利用。它可以弥补文摘性检索工具出版不够及时、收录文献难以全面及编制技术比较复杂等方面的缺陷。所以,它往往是文摘性检索工具的先导和重要补充,值得我们重视和很好地加以利用。

由于编制技术不同,因而出现了各种各样的题录性检索工具。归纳起来,大致有如下 4 种类型:

1. 最新期刊目次页汇编

这是直接采用刚出版的重要期刊的目次页或其校样加以简单

编辑和制作，然后照相排印而成的一类题录性检索刊物。其典型代表是美国费城科学情报社编辑出版的《最新目次》(Current Contents，简称 CC)。这套检索刊物以周刊形式出版，共有下面 7 个分册：

- CC/Agriculture, Biology & Environmental Sciences
- CC/Arts & Humanities
- CC/Clinical Practice
- CC/Engineering, Technology & Applied Sciences
- CC/Life Science
- CC/Physical, Chemical & Earth Sciences
- CC/Social & Behavioral Sciences

每个分册的目次页按学科分类编排，并附有篇名关键词索引、著者索引和缩写刊名目录。读者可分别从刊名、分类、关键词和著者等四种途径去浏览目次页或查找有关文章。这种检索工具的突出优点是编辑方法简单，容易实现机械化自动化制作，报道速度快（从收到新的期刊目次页到编印出版，一般仅需 2 周时间），出版周期短。它的主要用途是供读者及时浏览新文献，了解科技动态，及时获得有用的文献。目前，期刊目次页汇编已被国外广泛使用。前苏联和西欧一些国家的图书情报部门都在编辑出版这种检索刊物。

这种检索工具的主要缺点是：对文献特征的描述不够全面；著录格式不规范；对目次页中反映的文章不加分析地全面收录；报道的文献量少且分散，读者难以得到较完整的专题资料。这些缺点影响了它的情报效能，决定了它只能作为一种临时性过渡性的检索工具，不能供回溯性检索使用。一俟那些较正规的收录文献较全面（包括目次页汇编上报道过的文献）、加工较精细的检索工具编印出来，它的使命也就完成了。因此，笔者认为，对国外出版的这类检索工具，国内引进少量的样品参考研究是必要的。但是，目前某些出版部门大量印行这种出版物，图书情报部门也大量订购它，甚至将它装订好保存起来，实在是不必要的，是一种很大的浪费。

2. 期刊论文题录

它是由计算机将期刊文章按篇名关键词轮排而成的一种题录性检索刊物，所以又可以称为轮排索引型题录刊物。其典型代表是美国化学文摘社编印的《化学题录》(Chemical Titles)。该刊为双周刊，摘录化学领域的重要期刊 700 余种。整个工具由 3 部分构成：第一部分是上下文关键词索引（Keyword-in-Context Index），简称 KWIC 索引，是一种由计算机从篇名中自动选词轮排的关键词索引；第二部分是当期收录的各种重要期刊的论文目录（Bibliography），按刊名代码字顺排列，每个刊名代码后面给出该刊的全称和年卷期号，下面依次列出该期文章的篇名和著者，以便查阅文章的来源出处；第三部分是著者索引。

这种题录刊物的优缺点和用途跟期刊目次页汇编型基本相同，但其检索性能比后者要好。

3. 分类型题录性检索工具

这类检索工具是按某种分类体系来组织全部题录款目的，故得此名。由于它的编排原理与普通的文摘性检索工具相同，所以又可以称为普通型。例如，前苏联全苏情报研究所编印的《信号情报》(Сигнальная Информация)，共 104 个分册，每分册每年出 24 期，期末附有著者索引、专利索引等；美国血液研究情报服务社编印的周刊《近期血液研究文献》(Current Literature of Blood)；美国得克萨斯大学研究医学图书馆编印的周刊《近期癌形成文献》(Current Articles on Neoplasia)；英国电气工程师学会(IEE)编印的双周刊《近期物理学论文》(Current Papers in Physics)、《近期电工与电子技术论文》(Current Papers in Electrical and Electronic Engineering)和《近期计算机与控制论文》(Current Papers in Computers and Control)；等等。它们的用途与前两类检索工具基本相同。

国外将以上3类题录性检索工具合称为：Current Awareness（最新资料报道）或 Alerting Services（最新资料快报）。

我国也编印有许多分类型的题录刊物，如《国外科技资料目录》和《中文科技资料目录》等。不过这些资料目录一般分类较粗，而且刊期较长，报道速度较慢，很难起到快速通报新文献的作用。日本国会图书馆编印的月刊《杂志记事索引》1965年以后也改按分类编排，所以也可归入这一类型。但在功能上则与上述工具有差别，它既能起通报新文献的作用，又可以供回溯性检索使用。

4. 索引刊物

索引刊物（Indexing Journals）是一类比较正规的、质量也比较高的大型题录性检索工具。它的特点是收录文献比较全面，报道量比较大，编辑加工比较精细（主要靠手工编制），全部题录按主题词字顺组织排列。主题词由标引人员分析文献内容后根据较规范的词表给出。所以，它的索引比较完善，检索性能较好，但报道速度也相对放慢了。索引刊物既可以比较迅速地通报新文献，更适用于全面的回溯性检索。属于这种类型的检索工具有：美国医学图书馆编印的《医学索引》(Index Medicus，月刊)，英国图书馆协会编印的《英国工艺索引》(British Technology Index，1981年3月起改名为 Current Technology Index，月刊) 等。日本国会图书馆1964年以前编印的《杂志记事索引》也属于这一类型。

第六节 检索工具的质量评价

这一节主要讨论检索工具的质量标准问题和报道与检索的关系问题。

一、检索工具的质量评价

正确评价一种检索工具的质量，对提高现有检索工具的质量和合理选用检索工具,具有重要的意义。检索工具类型很多,出版形式也很多。但是,不管它属于哪一类,以哪一种形式出现,都必须具备报道(存储)和检索文献的功能。所以,我们评价一种检索工具的质量如何,最根本的是要看它的功能如何,是强还是弱,完善还是不完善。有的同志曾把检索工具的质量标准归结为三个字:"全、快、便"。这种提法具有通俗、简洁、易记等优点,但在全面性和准确性方面则有欠缺之处。我们认为,衡量一种检索工具的质量,一般应从以下 5 个方面去考虑:

(1) 收录范围是否明确、全面。检索工具的收录范围系指它所覆盖的学科面、所摘录的出版物类型及数量。收录范围明确、全面,是衡量一种检索工具质量优劣的首要标准。符合此标准的检索工具,所传递的信息就全面、准确、可靠。反之,所传递的信息就不全面、不准确,就会浪费读者的时间甚至贻误科研工作。

(2) 报道量大不大。所谓报道量,系指某种检索工具每期或每年所报道的文摘(或题录)的条数。报道量的大小是相对的。它取决于有关学科的文献的实际出版量,还取决于检索工具的收录范围。如果是全面性的检索工具,它的报道量应与近期的有关文献的出版量相适应(或相称)。如果是单一性的检索工具,则应与相应文献类型中有关文献的出版量相适应。

(3) 摘录质量高不高。这一条又包括 4 个小方面:
● 是文摘性的检索工具,还是题录性的?
● 重要文章是否都作了文摘?
● 文摘的质量如何?是报道性文摘,还是指示性文摘?
● 对文献特征的著录是否详略适当并符合标准化。

(4) 报道速度快不快。检索工具的报道速度一般用"时差"这个指标来衡量。"时差"系指从一次文献发表到相应的二次文献发表之间的文献滞留时间,即从原始文献发表到它在检索工具反映出来,这中间的时间间隔。今天,科学技术发展迅速,日新月异,科技人员对情报传递的及时性,要求越来越迫切。另一方面,义献出版量庞大,增长速度很快,造成编制检索工具所要处理的文献量越来越大,花费的时间越来越多。这两方面的矛盾十分突出。因此,检索工具的报道速度是一个很引人注目、很敏感的问题,国际上各个文摘机构在这方面都颇为重视,竞争也很厉害。

(5)检索功能是否完善。上面讲的4个方面都是跟报道功能有关的。检索工具除了必须起报道作用外,还必须起检索作用。所以,检索功能是否完善也是衡量检索工具质量的非常重要的标准。它又包括以下3点:

● 正文的编排组织是否科学。

● 辅助索引是否完备、及时和好用。

● 版面是否清晰,各种著录项目是否容易识别。

总之,要全面衡量一种检索工具的质量,应该将以上5个方面综合起来考虑,进行综合评价。同时,又要看到这5个方面是相对的,相比较而言的,不是孤立的和一成不变的。人们对检索工具的要求会随着编制技术水平和客观需要的提高而提高。

二、报道与检索的相互关系

二次文献的报道和检索工具的编制,是一项工作的两种表现形式,起着两种不同的作用:前者以报道现期文献为主要目的,后者以查找现期和过去的文献为主要目的。二次文献的报道过程就是实现报道功能的过程,也是二次文献在检索工具(或检索系统)中的存储过程。检索工具的编制过程也是上述两种过程的体现,又是实现文献检索的前提。可以看出,报道与检索同寓于一身,两者的关系十分密切,又存在一定的矛盾,是一种对立统一的关系。具体体现在很多方面。

比如,报道速度与检索手段之间就呈对立统一关系。在一定条件下,索引愈完备好用,报道速度就愈慢。在报道量不大的情况下,即使索引种类少一些,粗糙一些,使用起来也不会太困难。但是,在报道量大的情况下,对索引的要求必然很高。否则,就会使存入的文献"石沉大海",难以检索出来。

总之,报道方面可能会过分强调报道而忽视检索,强调为当前服务而忽视为长远服务。检索方面则可能会过分强调好查,查得准,查得快,查得全。这两方面如果协调不好,就会严重影响检索工具的质量。

如何协调和处理好这两者的关系呢?

首先,应当认识到这两者都是检索工具必须具备的功能,二者不可偏废。没有报道(或存储)就谈不上检索;反之,报道出来的东西,如果检索不出来,报道也就失去了意义。报道是手段,检索利用是目的。报道应为检索打好基础,而检索则要长期服务于报道。在编制检索工具时,既要防止片面求快,忽视质量的倾向,也要防止片面追求报道量大和索引多而忽视其他的倾向。两方面要统筹兼顾,全面考虑。

其次,应该针对某些薄弱环节,从编制技术、设备和组织管理等方面采取某些改革措施,促使报道与检索二者协调起来,提高检索工具的质量。比如,有些文摘机构曾采取加强文献收集环节,或者增加题录,减少文摘这样的措施来兼顾检索工具的快和全。有些文摘机构曾采取加强协作,分工协调,尽量减少重复报道的措施,以扩大报道量和加快报道速度。有些文摘机构则把检索工具的报道功能分出一部分去,由快报性的题录刊物去承担,而让文摘刊物主要承担回溯检索的任务,即实行所谓的"双轨制"。

另外,加强与一次文献出版机构的合作,鼓励作者按一定规格自编文摘随原文一起发表,也是加快检索工具的报道速度,提高其质量的一些有效措施。当然,要想比较圆满地、一劳永逸地解决好检索与报道之间的矛盾,全面提高检索工具的质量,根本的出路是机械化和自动化,使检索工具的编制工作从落后的手工方式过渡到全面机械化和自动化的生产方式。目前,在国外,这种过渡已经基本实现了。我国大部分检索刊物也已实现电子化编辑和出版。

主要参考文献

[1] Harold Borko and Charles L. Bernier: Abstracting Concepts and Methods, Academic Press Inc., 1975.
[2] R. N. Oddy, et al.: Information Retrieval Research, Butterworths, 1981.
[3]《文献与情报工作国际标准汇编》,科学技术文献出版社,1980年.
[4]《国外科技文献资料的检索》,中国科学技术情报研究所编,科学技术文献出版社,1977年.
[5]《科技情报工作概论》,高崇谦编译,科学技术文献出版社,1980年.

第四章 索引和索引法

索引是日常生活中必不可少的工具。没有索引的帮助,人们无法便利而迅速地寻找到所需要的信息(如图书资料、地理位置、机构、材料、产品、电话号码等)。它与文献检索的关系尤为密切,可以说,索引和索引法是文献检索的核心。由于它的地位重要且内容丰富,本书准备分两章来介绍。本章介绍索引和索引法的一般概念、原理和方法,下章介绍文献检索中几种主要的索引和索引方法。

第一节 索引导论

什么是索引?它有何用途?你能确切地回答这些问题吗?下面让我们逐个地探索上述两个问题。

一、索引的定义与性质

1. 索引的定义

"索引"一词来自英文单词"index",而后者又起源于拉丁文单词"indicare",含有"指出"或"指示"的意义。英国人使用 index 这个词,起初是指"目次表"(table of content)或"著作指南"(literary guide),而且常常可与 table 这个词通用。但是在现代英语中,索引是指"一种通常按字顺排列,包含特别相关且被某著作(如图书、论文或目录)所论述或提及的全部(或几乎全部)项目(如主题、人名和地名)的目录,它给出每个项目在著作中的出处(如页码),整个目录通常放在著作的后面。"(见《韦氏三版新国际英语词典》);而 table 则保留着"初步指南"的意义,如放在出版物前面的标明章节页码的目次表等。我国著名辞书《辞

海》(1979年版)对索引的详细解释为:

"将图书、报刊资料中的各种事物名称(如字、词、人名、书名、刊名、篇名、内容主题名等)分别摘录,或加注释,记明出处页数,按音顺或分类编排,附在书之后,或单独编辑成册,称为索引,是检寻图书资料的一种工具。旧称'通检'或'备检',也有据英文index音译为'引得'的。"

近些年来,索引的应用范围日益广泛,除文献工作以外,其他一些领域(如商业、管理等)也经常使用它。对索引这个概念,不同领域的人可能有不同的理解,即使在文献工作领域里,也往往有不同的解释,产生了各种不同的定义。为了消除术语上的混乱现象,方便学术交流,某些国家或某些国际组织先后制定了有关索引的技术标准,试图对索引的定义、用途、形式等方面进行统一和规范。例如,美国国家标准学会1968年颁布了《索引的基本标准》(ANSI Z39.4)。该标准将索引定义为:

"某一文献集合(collection)包含的文献单元(item)或概念的系统性指南。这些文献单元或概念分别被描述在按某种公知或规定的可查顺序(如字母顺序、年代、数字等)排列起来的款目上。"

这里所说的文献集合泛指任何被标引的文献资料(如期刊、专著、论文集、地图集、图表等),文献单元浔指任何独立的文献单位或文献集合的一部分(如某一种图书,某一篇文章、报告,某一条文摘等等)。

国际标准化组织(ISO)1975年也颁布一项有关的标准,名为:《文献工作——出版物索引》(ISO 999-1975)。该标准对索引作了更加详细严密的定义:

"出版物索引:按照第3.1条款中所提及的一种方法,即按所处理的主题、人名、地区名与地名、事件以及其他项目排列的一种详细目录,并指出项目在出版物中的位置。

"3.1 索引可以全部地或主要地采用下列三种方法编排:
a) 款目(主题、人名等)按字顺排列。
b) 款目(主题、人名等)按分类次序排列。

c) 款目（历史事件、姓名、专利、标准、报告、UDC 号码等）按年代、号码、字母加号码等分别排列。"

比较上述两种定义可以看出，ISO 标准侧重于从索引的结构方面来给出定义，美国标准则着眼于索引的功能。虽然两者在文字上差别甚大，但内容实质是基本相同的。因此，综合上述各种解释，可以将索引的定义扼要归纳为：索引是按某种可查顺序排列的，能将某一信息集合中相关的信息（文献、概念或其他事物）指引给读者的一种指南或工具。

2. 索引的性质

正如"index"一词在一般意义上是数量或程度的指示物那样，"索引"在信息检索的意义上则是信息及其物理位置的指示物。它通常不提供信息或知识内容本身，只提供一种指示系统，使读者或用户能准确地找出文献或信息集合中的特定信息。所以，它不同于文摘性和题录性检索工具。文摘性检索工具的主要特性之一就是摘录文献的内容要点和各种书目信息，即能直接提供信息内容。它与索引之间的区别是非常明显的。题录性检索工具则不然，易被人们把它与索引混为一谈。不过，若将二者加以深入分析比较，也不难发现它们之间至少存在以下差异：

	索 引	题录性检索工具
揭示对象	文献或记录的某一特征信息	文献的各种书目信息
深度与广度	专、深、具体	泛、浅、抽象
主要功能	检索	报道为主，检索为辅
追求的目标	详细、准确、方便	新颖、快速、全面
独立性	差，通常从属于某种出版物或文档	强，信息自足，可独立使用，还可附有索引

二、索引的用途与种类

1. 索引的用途

索引具有便于查检，揭示事物比较深入、全面、明细等方面的优点。索引以具体的主题、观点、事物、概念、名称、语词、符号等为对象，对文献内容作深入的发掘和全面的揭示，给使用者提供明细的指引。索引的组织排列方法一般也比较易懂易查，使用者无须经过专门训练就可以使用它。由于索引具有这些特性，所以它的用途非常广泛。它可以作为一种记忆的工具，帮助人们查考特定的文章或事实，或帮助人们回想起那些容易遗忘或忽略的东西。它也可以作为管理的工具，帮助人们管理数量多品种复杂的事物，并揭示事物之间的联系。它还是科学研究的得力助手，帮助研究者快速了解某一领域的概貌，或解决研究中遇到的疑难问题，缩短研究时间，促使科研工作更快地取得成果。

索引的用途在文献检索中体现得尤为突出。科学文献数量庞大，内容复杂多样，使用面广且频繁。虽然人们已将其中绝大部分加工压缩成文摘或题录，比较便于传递和管理了。但是，如果没有索引，查检起来还是很不方便的。因而有人将索引的作用喻为"行舟之舵"。的确，船没有舵就不能航行，文献资料离开了索引很快就会成为一堆废纸，甚至不成其为检索工具。

总之，索引在许多方面可以给人们提供某种系统的指引，起着"向导"或"指路人"的作用。

2. 索引的种类

虽然索引的基本性质和功能都是指示信息内容及其物理位置，但在应用范围、用途、编制技术、内容及形式等方面则有或多或少的差别。所以，索引可以按不同标准划分为许多不同的类型。例如，按应用范围可分为通用索引和专用索引。最通用的索引是主题索引和著者索引。按用途可分为文献索引、名称索引、词语索引和事物索引。按编制技术可分为手工索引和机编索引。按揭示对象可分为内容索引和非内容索引。按排列方式可分为字顺索引、分类索引和时序索引。按存贮媒体可分为书本式索引、卡片式索引。这样划分出来的索引类型一般还可以细分，且相互之间有一定交叉。例如：文献索引又可分为图书索引、报刊索引和面向文档记录的索引。内容索引则可以分为主题索引、分类索引、关键词索引和引文索引，这些子项还可以进一步划分。

第二节　索引的结构

一种索引通常由一批索引款目和参照系统构成。

一、索引款目

索引款目（index entry）是描述所指示的某个主题或事物及其在信息集合中的物理地址的一条记录。它是索引的基本元件。索引款目只是一种指示物，不是文献或其他事物的代用品（代替物）。它一般只起指示特定信息内容及其存贮地址的作用，不起报道原文内容的作用。一个索引款目通常包含有三项内容，即标目（标识）、说明语和存贮地址。下面分别加以介绍。

1. 标目

标目（headings）是用来表达索引款目所指示的主题或事物，并控制款目在索引档中的排档位置的语词符号。它又可以称为索引词。标目可根据需要分设1—3个等级，即主标目、副标目或副副标目。标目在款目中位于最显眼的地方（如款目的开头），是识别特定款目的主要标志，故又称为标识。它的作用和日常生活中碰到的"路标"的作用很相似。

有了标目，读者在查阅索引时就可以迅速而准确地发现查找目标（有关的款目）。标目的形式很多，有主题词、概念、关键词、著者姓名、文献名称、事物名称、文献代号或其他代码符号，等等。因为它们各自代表了文献（或事物）某方面的特征，可以作为区别不同文献（或事物）的标志，因而具有一定的检索价值（或指示作用）。因此，它们都常常被人们用来做索引款目的标目。

每一种标目形式的全体就构成了一种标识系统。有多少种标目形式，就可以构成多少种标识系统。这个标识系统通常又称为索引语言。用不同的标识系统（索引语言）去描述文献（或事物）的特征并作为索引款目的标目，就形成了不同类型的索引。例如，用主题词作标目的索引就是主题索引，以著者姓名作标目的索引就是著者索引，以分类号作标目的索引就是分类索引，其余的依此类推。需要注意的是，选用什么样的标识系统做标目，不仅直接决定索引的性质，而且直接影响索引的质量和使用效果。

2. 说明语

索引款目中的说明语（modifications）是指放在标目后面（或下面），指示所查信息的特性，或解释（限制）标目含义的词、词组或短语。说明语在款目中的作用主要有4点：一是可以更具体更准确地解释标目的含义；二是可以补充被标目忽略的相关材料；三是能够划分同一标目下的全部材料，防止它们散乱地堆积在一起；四是便于读者决定款目的取舍。

说明语与标目的关系很象形容词与名词的关系。标目和说明语结合在一起，就可以更准确地表达所描述的内容。说明语的形式通常有以下几种：

● 以文献名称为说明语（如例4-1，选自《中国药学文献》试刊）。索引中这种形式的说明语较多。

【例4-1】 文献名称为说明语

冬虫夏草 ←（标目）
冬虫夏草和人工培养虫草菌丝的药理作用比较　　0383
　　　　　（篇名）　　　　　　　　　　（文摘号）

● 以改写或压缩过的文献名称为说明语。当有些文献篇名过于冗长或笼统时，很适于采用这种形式的说明语。英国德温特出版公司编辑出版的《世界专利索引》（WPI），就采用改写过或另拟的题目做其分类索引和专利权人索引中的说明语，以代替原来过于笼统的专利说明书题目。

● 以自编的短语或短句为说明语，如例4-2和例4-4中使用的说明语(其中例 4-2 选自我国的《化学文摘》第四分册分析化学 1963 年度主题索引)。这种说明语内容凝炼,与标目关系密切,修饰效果好,还可使相同或相似的说明语聚集在一起。采用该说明语的索引也较多,尤其是化学化工领域的检索工具用得更为普遍。

【例 4-2】 自编短语为说明语

  酞络合物
    用为碱土元素络合滴定的指示剂 11.457
  酞酸二甲酯
    分析,近红外光谱法测定 H_2O 8.323
  酞酸氢钾
    滴定,电位法,应用组合电极 7.529
  酞紫
    用于分光光度法测定水溶液中的 Be 12.325

  ● 以若干个关键词或重要的概念名称做说明语。有些索引采用几个关键词的简单组合来做说明语,如荷兰《医学文摘》(Excerpta Medica,简称 EM)的主题索引即如此(见例 4-3)。有的检索工具则采用重要的概念名称(major concept)作为索引款目的说明语(详细情况和实例见本书第六章第三节美国《生物学文摘》)。

  ● 以有关机构的名称做说明语。这种形式的说明语只适用于某些专用索引。例如,某些合同号索引就是以合同户的名称做标目(即合同号码)的说明语。

  另外,有些索引可能用副标目(subheading)代替说明语,或两者兼而有之。副标目与说明语是有区别的。副标目和标目一样,通常都是来自某种词表中的经过规范化的词。说明语一般来自所标引的文献的原文,或来自标引时所拟的标引语句,是一种自然语句。有的索引根本没有说明语这一项内容,标目后面直接给出信息存贮地址。对后组式索引(如元词索引等)来说,却根本不能带说明语,因为它会成为组配检索的累赘。

【例 4-3】 EM 主题索引片断

artificial **kidney**, complement activation, phagocytosis, 765
artificial **liver**, 1279
 - device, extracorporeal circulation, liver failure, 1880
 - intensive care, liver cell culture, 2341
 - medical instrumentation, 1851
artificial **membrane**, biomaterial, bone defect, bone regeneration, polyurethan, 1028
artificial **organ**, 1275, 1278
 - bladder sphincter, cancer radiotherapy, 1569
 - bladder sphincter, cuff, 1568
artificial **pancreas**, biocompatibility, biomaterial, blood vessel graft, 486
 - experimental diabetes mellitus, pancreas islet transplantation, pancreas resection, 2112
 - glucose, insulin, pancreas islet transplantation, 1297
artificial **ventilation**, airway pressure, intensive care unit, manometer, ventilator, 1984
 - anesthetic equipment, 679
 - calorimetry, carbon dioxide, endotracheal intubation, endotracheal tube, oxygen, 1982
 - computer system, oxygen, oxygen therapy, 2636
 - endotracheal intubation, medical decision making, postoperative period, respiratory failure, 447
 - expert system, intensive care, 250
 - gas transport, 592

3. 存贮地址

存贮地址（reference；location）是指索引款目中所指示的主题或事物在特定信息集合中的物理地址，如图书正文中的某页，检索工具文摘部分或题录部分中的某条文摘或题录等等。

表示存贮地址的形式通常有两种：一种是流水号性的地址处，如页码、文摘或题录的顺序号等等。这种形式的地址最简单也最常用。另一种是报道性的地址，即地址本身就披露了原文中的某种信息内容，如文献所属的学科门类（以分类号＋文摘序号等形式出现），或文献的发行机构及发行日期（以机构名称缩写＋发行年份＋文献流水编号等形式出现）。表示存贮地址的文字或符号放在说明语之后。

二、索引的参照系统

索引的参照系统（syndetic system）包括各种参照、标目注释、索引使用说明与凡例等内容。它们不但可以指引读者进行同义词之间的优选、相关词的选择，告诉读者某个标目下面放置一些什么内容、标目的组织方法、索引的收录内容范围、命名规则及某些例外情况，而且还能给标引员选取参照提供准确全面的指引。

对检索工作来说，参照系统的作用在于方便读者进行全面的检索，防止遗漏，节省查找时间。没有参照的指引，类似的款目，甚至完全相同的款目就可能毫无控制地分散在多处。参照系统将相关的标目联系在一起，使它们在索引中汇集成"族"。所以，参照系统就是一种隐含的分类因素。

1. 参照

"参照"（cross-reference）是索引参照系统的主要部分。从本质上讲，参照是反映标目之间语义关系的一种指示物，也是连接相关款目的一种媒介物。它把读者从现在查的地方指引到应该去查的地方，或者指引到同样应该去查的地方，以便查出相关的全部标目和款目。

索引中常用的参照有2种，即"见"项参照和"参见"项参照。另外，还有3种不太常用的参照，即"见至"参照、说明性参照和反参照。

(1)"见"（see）项参照

"见"项参照是指示标目与非标目之间的等同替代关系的一种参照，由非标目指向标目。它的用途如下：

● 主要用于控制同义词之间的分散现象。索引者从若干同义词中间选出一个较通用较规范的词做标目，然后让其他同义词去"见"该词，指导读者对同义词作出恰当的选择。例如

　　　　土豆　见　马铃薯
　　　　Corn sugar（玉米葡糖）see Glucose（葡萄糖）

    Dextrose（右旋糖）see Glucose

    Grape sugar（葡萄糖）see Glucose

● 有时也用来指引读者查反义词（这种用法不普遍）。例如

    电阻　见　导电性

    不透明性　见　透明性

    粗糙度　见　光洁度

● 用来处理某些太专指的词。指引读者从一个太专指的词查一个较泛指的词，但不能反过来。在某些专业性索引中，当有些材料虽不属于该专业范围，但与该专业有密切联系时，常用这种参照方法。例如，在化学专业的索引中，就可能出现下述参照：

    计算　见　数学

    自传　见　传记

● 有时还可以从一个标目指引到一组同类型的标目。这时，"见"项参照就称为"说明性参照"（supergeneral cross-reference）。例如

    合金　见　各种金属元素名称下面的合金标目

（2）"参见"（see also）项参照

  "参见"项参照是指示内容相关的标目或款目的一种参照。它可以将读者指向那些按理不能集中在一个标目下的相关材料。它通常应用在下列几种词间关系中。

● 等级关系，例如

    艺术　参见　绘画

    错觉　参见　形重错觉

● 整体与部分关系，例如

    血液　参见　红血球

    混凝土　参见　水泥

● 产品与应用关系，例如

    汽车　参见　运输

● 因果关系，例如

    病毒　参见　疾病

● 反义关系,用"参见"指引比用"见"更多一些(见前例)。

此外,还有许多种词间关系可以用"参见"来指引。可以说,"参见"项参照能够应用到索引者认为有助于读者发现相关标目的一切场合。

(3)"见至"(see under)项参照

它指引读者从一个下位概念去查它的上位概念,表示有关前者的材料放在后者的下面,前者不作为正式标目使用。例如

  Ornipressin(鸟氨酸加压素)see under Vasopressins(加压素)

  Incus(砧骨)see under Ear ossicles(耳朵听小骨)

可以看出,"见至"项参照实际上是从"见"项参照中分离出来的一种参照。

(4)反参照(inverted cross-reference)

反参照是按照与上述几种参照相反的方向来指引有关标目或索引词的一种参照。它一般不出现于索引中,仅出现于索引公务档或词表之中,主要供索引工作者使用。反参照的用途是:供索引工作者随时查考索引中设立了哪些参照款目,以便全面了解和控制参照设置情况,防止索引中出现"垂悬参照"(dangling reference)、"循环参照"(circular reference)以及其他错误或遗漏。所谓垂悬参照,就是指向实际上不存在的标目或索引词的一种参照,又称"盲参照"。而循环参照则是指一种无效的往返指引(如:A见B,B见A),对读者毫无帮助。

"见"、"参见"和"见至"项参照分别都可以设立相应的反参照,它们分别是"见自"、"参见自"和"见至自"。例如

  马铃薯 见自 土豆   水泥 参见自 混凝土

  导电性 见自 电阻   加压素 见至自 鸟氨酸加压素

  绘画 参见自 艺术   听小骨 见至自 砧骨

2. 标目注释

标目注释(或索引词注释)包括范围注释和涵义注释两种,它们是指导读者和提醒索引工作者的一种有效措施。

(1) 范围注释 (scope note)

范围注释是指从时间、地域、学科、特征等任何一方面对标目（或索引词）的概念范围进行说明或限定。它主要用于区分同形（音）异义词，阐明某些涵义不明确的词在索引中的特定涵义。因为同形（音）异义词在字面形式（或读音）上完全相同，但在不同的领域或场合中，它们的涵义却完全不同。所以，要在索引中为这一类标目设立范围注释，以便使标目的涵义明确而专指。

最常用的注释方法是使用带括号的限定词，并把这种限定词看作标目的一部分。例如

  环（代数）   铜合金
  环（化学）   （以铜做主要成分的合金）
  环（构件）   微波频率
  Mercury (Metal)   （1—300 千兆赫）
  Mercury (Planet)   魏国（公元 220—265 年）
  哺乳动物   道奇方案（美国）
   （专指陆上品种）

另外，也有用修饰词或词尾变化等措施来限定标目范围的。

(2) 涵义注释 (definitional note)

涵义注释是指从用法或涵义上对标目（或索引词）作出必要而简略的说明和补充，以消除标引和检索过程中可能出现的误差。它又可分为指示性注释和定义性注释。指示性注释指导人们如何使用该标目，告诉某标目之下包含（或不包含）什么材料，某标目的特例是如何处理的，某标目的排序方法，或者建议人们使用其他更合适的词等等。定义性注释是一种辞典式注释，用来解释某些疑难词或外来语。总的来说，涵义注释用来区分某些多义词或概念上混淆不清的词。注释方法既可用简短的说明文字，也可以加限定词，不过，这里的限定词不属于标目的一部分。例如

  磁镜
   （包括最小 β 位形系统）
  低压锅炉

(13 公斤/厘米² 左右)
低压计量
(500 毫米水柱以上——100 千克力/厘米²)
阿比特法（湿法炼钢）
白化（遗传学）
十三行
　　注：鸦片战争前广州港口官厅特许对外贸易的商行。
Abstracts journals (abstracting organization and services)
Finland (including periods under Sweden and the Russian Empire)

在实际工作中，也有把标目注释直接称为范围注释的。这时的范围注释就包含有涵义注释的内容和功能。

三、索引档的组织方法

全部索引款目和参照款目先按标目排序，标目完全相同的款目再按说明语排序。

由于标目有不同的形式，所以也有不同的排序方法。以普通语词或事物名称做标目的索引，一般按字顺排列。字顺排列法又可分为字母顺序排列法、音序排列法（如例4-2）和笔划笔形排列法等。字母顺序排列法里又有逐字排列（letter-by-letter）法和逐词排列（word-by-word）法。以某种代码(如分类号、报告号等）做标目的索引，则按代码的字顺和数顺排列。由于说明语

【例 4-4】 索引款目说明语编排格式
Information systems, automated intelligence，645
　　for automated on-the-job training，3294
　　automated or mechanized，1001
　　　bibliography on，67
　　　Classification and，2145
　　　effect on authors，1007
　　　library education and，3213
　　for automatic abstracting, indexing and
　　　retrieving technical documents，252
　　automatic equipment for，211

一般都由词或短语组成，所以也按字顺排列，但位于说明语开头的介词或冠词一般不参加排序（如例 4-4）。

第三节 索引语言

上节曾提到标目的选取直接关系到索引的质量和使用效果。为了控制标目的质量，使它更适用于检索，索引工作者先后建立（或采用）了各种不同的索引语言。

一、索引语言的定义和作用

索引语言（index language）就是索引款目所使用的标识系统，是由给定领域中一切可用来描述信息内容和信息需求的词汇或符号及其使用规则构成的供标引和检索用的工具。它的基本成份是"索引词"（index term）。这里所说的索引词是一个广义的概念，既包括表示概念的名词术语，也包括表示概念或表示其他意义的代码符号。索引语言在检索工作中也称为检索语言，而在标引工作中又称为标引语言。各种分类法、标题表、叙词表等都属于索引语言的范畴。

语言是一种最重要的社会交际工具。任何语言都是为适应交际的需要而产生，并在全社会成员的交际过程中逐步发展和丰富起来的。同时，不同行业或专业的人们分别都有自己的行业语言。可以说，没有一种通讯（交流）活动能对语言问题避而不谈。信息检索也是人类的一种通讯活动，它也必须有自己的语言，即索引语言。因此，我们也可以这样来定义索引语言，即：索引语言是信息检索领域中人们用来描述文献主题（或外部）特征和信息提问的一种专用语言。

索引语言的基本功能和普通语言的功能相同，都是用于交际。不过前者的应用范围很窄、很专，仅仅在标引者与检索者之间、人与检索机器之间使用，是它们之间交流信息用的一种工具。

索引语言在信息检索中的作用主要有以下3点。

（1）表达，即描述信息内容和信息需求。

(2) 组织，即把各种信息组织成为一种便于检索利用的良序信息集合。

(3) 控制，即对索引或检索系统中的索引词加以规范和控制。

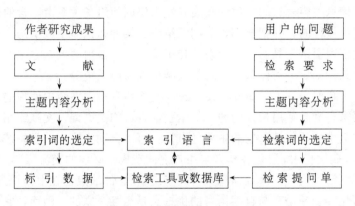

图 4-1　索引语言作用示意图

二、索引语言的分类

人们可以根据索引语言的各种不同特征来对它进行分类。例如：按索引词的形式来划分，可分为语词型索引语言、分类型索引语言、代码型索引语言和引文型索引语言；按其内部组织方式来划分，可分为知识体系型索引语言、字顺型索引语言以及二者结合型索引语言（即分类主题一体化语言）。不过，还有两种更重要的划分方法，即按索引词的规范化程度和组配程序来划分。

1. 受控语言与自然语言

受控语言（controlled languages；controlled vocabulary）是指索引词来自文献或用户提问并受到信息检索系统控制（规范和管理）的一类索引语言的总称，又称为规范化语言。由于文献用语和用户提问用语非常丰富、复杂和多样化，词与概念之间常常存在一对多或多对一的交混状态（如同义词、近义词和同型异义词问题）。当特定的词脱离上下文以后，它的歧义性会增大，难以准确地指示信息内容。此外，直接来自文献或用户提问的词汇之间的语义关系往往是隐含的，不能为信息检索提供天然良好的知识组织机制。控制索引词汇的目的是消除或减少它们的歧义性，保证信息内容表达的一致性和准确性，使词间语义关系由隐含的转变为显性的，并把全部索引词汇组织成某种知识体系或结构，以便使索引语言具有良好的表达和组织功能。常用的控制方法有建立某种知识分类体系、概念等级结构或参照系统等。

自然语言（natural languages）是指信息检索系统中使用的直接来自文献或用户提问的一类索引语言，如关键词、文献或用户提问中的语句等。它的主要优点是：可以自动生成，节省系统成本，表达自由，避免在作者与用户之间造成不必要的交流障碍，索引词汇可与数据库或信息集合同步更新。它的缺点已在上面谈到。可见，受控语言与自然语言的优缺点是相互对立的，因而，它们的作用是互补的。

2. 先组式语言与后组式语言

按组配程序来划分，则可分为先组式索引语言和后组式索引语言。所谓先组式索引语言，系指在实施检索前，索引词已被（标引者）预先组配好了的一种索引语言。检索时，检索人员只能直接利用预先给定的索引词去检索文献。先组式索引语言又可分为定组式和散组式两种。定组式是指在编制词表或分类法时，将所有索引词一一列举出来，将需要组配起来使用的索引词事先固定搭配好而形成的一种索引语言。标引者在标引文献时直接用表中所列的词标引，不必再进行组配。所以也有人称定组式索引语言为枚举式索引语言。散组式则与定组式相反，编表时先不把全部索引词一一列举，而是只列举一些组配性能较强的基本词汇，并把它们分成若干个类目或组面。标引时，标引者必须将若干个索引词（指基本词汇）组配起来使用，表达比较复杂的概念。

所谓后组式索引语言，系指实施检索前，索引词在索引或检索系统中并未预先组配好，而是以单元词或概念因子的形式出现，直到检索时才将其中某些索引词组配起来使用的一种索引语言。后组式索引语言的基本思想是：具体的概念可以通过一般概念的组配而得到。例如："图书馆自动化"这一概念就可以通过"图书馆"和"自动化"这两个一般概念的组配得到。把这个原理应用到索引或检索系统中，就是不直接使用"图书馆自动化"做索引词，只使用"图书馆"和"自动化"做索引词。检索时，只要把它们加以组配，就可以检出有关"图书馆自动化"的文献。

以上各种分类方法可综合示意为：

```
                                         ┌─体系分类语言
                       ┌─先组式索引语言─┬─定组式索引语言─┤
                       │                │                 └─字顺标题语言
                       │                └─散组式索引语言：组面分类语言
                       │                 ┌─元词索引语言
索引语言    ├─后组式索引语言─┼─叙词索引语言
  分  类    │                 └─语义代码
                       ├─分类主题一体化语言（如分面叙词表或分类叙词表）
                       ├─关键词索引语言
                       ├─代码语言（如化学分子式、文献识别代号等）
                       └─引文索引语言
```

三、索引语言的建立

索引语言一般都以普通的书面语言或科学分类为基础。由于索引语言有自己的专门使用范围和特殊要求，所以它又不能照搬普通书面语言或科学分类。

（1）信息检索对索引语言的要求

● 含义明确。因为每个索引词一般都脱离了原来的语言环境，所以，它们必须是单义的，与概念一一对应的，应尽量消除普通语言中的混乱现象或不规范之处。

● 专指性和概括性好。索引词必须具有良好的专指性和概括性。专指性（specificity）系指揭示文献主题内容的精确程度，也就是与文献主题概念的内涵和外延相吻合（接近）的程度，又称专指度。它是衡量一种索引语言或索引的性能的主要指标之一。索引词的概括性是指它概括文献主题或同类事物的能力。

● 灵活性和兼容性。索引词应能灵活地组合，以表达复杂概念或新概念；能适应各种文献类型和各种检索要求（如特性检索、族性检索、扩检、缩检等）；适应新学科、新领域发展的需要，容易更新和扩充；适用于现有的检索设备和先进的检索设备；能与其他索引语言兼容或互换，或在较大范围内通用。

● 能准确全面地反映索引词之间的逻辑关系。目前国际上常借助于概念之间的各种逻辑关系，将索引词之间的逻辑关系归纳为3种关系，即等同关系（即词义相同或相近的索引词之间的关系）、等级关系（即包含与被包含、上位类与下位类的关系）和类缘（相关）关系（即除上面两种关系以外的其他逻辑关系，如交叉关系、反对关系等），并据此来设计索引语言的参照系统，将具有这样或那样关系的索引词联系起来。

● 语法（或使用规则）简单易懂，组织方法和展示方法比较科学，便于人和机器掌握与使用，有助于加快标引速度。

(2) 建立索引语言的过程

● 确定索引语言的学科范围；

● 搜集可作为索引词的一切词汇术语，加以选择、审定；

● 对词汇进行规范，建立词间参照关系；

● 采用某种科学方法组织和展示全部索引词；

● 试用，并根据试用结果进行修改、增删或调整其专指性，然后定稿出版；

● 管理和维护。

(3) 建立索引语言的方法

● 经验法。通过标引一批有代表性的文献（或日常的标引工作）逐步积累索引词，然后加以审定、归并和精选，最后形成一个索引词汇系统。用此法选出的索引词一般较实用，具有较充分的文献基础,但编制速度较慢,选词的全面性难以达到。

● 汇编法。通过有关方面的专家和现有的索引语言、辞典、手册、百科或其他出版物来选词,经过专门小组讨论审定,再由编辑人员精选而成。这是一种比较常用的方法:其优点是收词比较广泛全面,有一定的权威性和实用性;但其词汇搜集、选择和审定的工作量比较大,牵涉面较广,索引词的文献基础较薄弱。

● 转换法。将某种现成的索引语言加以改造,转换成一种更适用的索引语言。此法较简便易行,但易受原索引语言的限制,难以容纳新的合理的东西。

值得指出的是,不管采用哪一种方法,都必须使索引语言具有较充分的文献基础和用户基础。所谓文献基础,是指选词应有文献作依据。对于一个词,如果已知有一定数量的符合该词表达的主题概念的文献存在,那么这个词就算有充分的文献依据,选它做索引词是合理的、有效的,反之则不然。所谓用户基础,是指索引词在检索中是否被用户经常使用。文献基础和用户基础是保证索引语言质量的重要条件。

第四节　索引编制方法

本节以书本式主题索引为例,并假定文献采集、选择、摘录和著录工作已经完成,介绍编制索引的一般方法和步骤。关于某一种具体的索引的编制原理,则放到第五章摘要加以介绍。

一、索引编制程序

编制一部索引,一般要经过标引、编写说明语、做参见注释、编辑加工、印刷发行等5道大的工序。

1. 标引

标引(indexing)是指在分析文献内容的基础上,用某种索引语言把文献的主题以及其他有意义的特征标写出来,作为文献储存与检索的依据的一种文献处理过程。从技术上讲,标引工作就是分析文献内容并给出标识的工作。从索引工作流程来说,标引工作是建立索引档的前提,它使索引款目获得标目。标引工作又正好是查找工作的逆运动。标引工作的程序:

(1) 分析文献内容

全面准确地分析所标引的文献的内容,是标引工作的基础。分析方法可以借助已提出的某些分面公式或文献主题结构模式,通过阅读或浏览文献的篇名、目次、摘要、引言、结论和正文等材料,找出该文所论述(或描述)的对象,处理对象时所用的方法、设备、手段,以及其他有关的因素。分析文献内容必须主要依据原文或文摘,不能只根据题目就望文生义,更不得超越原文内容加以臆断。

(2) 确定主题,形成概念

主题是一部著作所表达、讨论或处理的中心思想或核心概念。不能把著作中所反映的全部概念都当作主题,因为其中有一些可能只是在文中简单提及,或者只用来做例子。标引人员的首要任务,就是从著作中反映出来的全部内容和概念当中正确地选择出主题来,在头脑中形成反映该著作主题的一个完整概念。这也应当是分析文献内容的出发点和必然结果。

在确定某一著作的主题时,应该考虑该著作的学科性质、索引的专业要求和所用的索引语言。尤其要使自己确定的主题与原文的主题完全一致。如果一篇文献有多个主题,标引时也应归纳出相应数目的主题。

(3) 编写标引语句

将文献的主题确定下来后,接着就用适当的词语去描述主题,编写出表达主题的标引语句。标引人员可以自己创造标引语句,也可以从正文、文摘或题目中摘取合适的语句做标引语句。无论用什么方法编写的标引语句,都要含义明确、措词精炼,专指性强。

标引语句可以是带语法结构的结构性语句。例如

　　　　　"光的能量、质量和速度的均衡"
　　　　　"食用尿素对水牛血液成分的影响"
也可以是没有语法结构的非结构性语句：
　　　　　"光　能量　质量　速度　均衡"
　　　　　"尿素　水牛　血液成分　影响"

　　当一个标引语句不足以表达文献的全部主题时，可以多编写几个语句，以便使标引达到更高的详尽性。衡量标引详尽性的指标是标引深度（indexing depth），又称为网罗度（exhaustivity）。它的具体含义是：每篇文献所含主题（要素）在标引过程中被确认和转换成索引词或索引款目的数量。标引深度也是衡量索引质量的主要指标之一。

　　（4）选择标目

　　因为标引语句的开头词或其他词不一定都适于做索引款目的标目，即不一定都有检索意义。所以，编写好标引语句之后，接着就要做选择标目的工作，选出若干个有检索意义的词来做标目。如果标目是一个词组或短语，则还要考虑标目的词序问题，即要选好标目的导词（guide word）。什么样的词最适于做标目呢？一般来说，能够最具体明确地导向原文主题的词，最适于做标目。当然，究竟选择什么词做标目和导词，选择几个标目，还需要根据索引的专业领域、对标引详尽性的要求、文献的主题特点和每个词的检索意义等因素来确定。

　　选出标目以后，如果该索引是使用自然语言做索引语言的，那么前面选出的词就可以直接作为标目使用了。如果该索引使用某种受控语言，则还需要将这些词转换成为规范化的索引词，再作为标目使用。这种转换的目的，是使索引词规范化，避免同一标目或内容密切相关的标目分散在多处，增加读者的负担。转换工作要按照所用的索引语言和标引规则来进行。转换成的标目必须能忠实地准确地表达原文的主题。诸如同义词的选用，名词单、复数的选择，动词转换成动名词，副词和形容词转换成相当的名词或名词短语,词序的倒装等等,都属于转换工作的范畴。

2. 编写说明语

说明语可以来自标引语句,也可以来自题目。从标引语句中选出一个词做标目以后,语句的剩余部分就可以用来做说明语。不过,一般还要对标引语句的剩余部分进行某种文字加工工作,例如,选择其中与标目关系最密切的词,或者比较独特、显眼的词做说明语的开头词,以便立即抓住读者的注意力。

要编写好说明语,需要制定一些句法规则,供标引人员共同遵守,以保证编写的说明语前后一致。下面以编写英文说明语为例,介绍几条句法规则,供查阅英文检索工具时参考。

● 尽量使用标引语句中的词语。

● 若标目是表示某种行为或动作涉及的对象,就以表示该行为或动作的词做说明语的导词。例如

Paper, preservation by ammonium carbonate, 1234

● 若表示动作的词不直接作用于标目,则往后放。例如

Paper, ink spreading on, 4321

● 若标目是源于一个表示动作的词,说明语就应当先列出该动作所涉及的事物的名称。例如

Preservation, of paper by ammonium carbonate, 1234

● 说明语中保留一切必要的介词。例如

Salt, purification of, 3421

而不是

Salt, purification, 3421

● 避免累赘和重复,删去冠词、代词、副词和动词。

● 说明语中并列出现的词,可按字顺排列,例如

Shakespeare, Bacon vs. Marlowe as author of works of, 1423

也可以按某种逻辑顺序排列。例如

Copper ores, mining, grinding, screening, pulverizing and floating, 3214

说明语中并列出现的词按上述两种次序排列,有助于区分标

目下面的材料，也有助于索引编辑合并同一款目或把相关的款目归并为一组。

说明语的标点法比较简单。标目与说明语之间用逗号(指标目不提行时)，说明语的结尾也用逗号。倒装词用逗号或圆括号表示。说明语通常不用引号，开头词一般不大写。缩格排列的说明语，表示省略了标目；双重缩格则表示省略了说明语的开头词。拉丁文斜体字用来表示生物体的属名或种名，也可用来表示拉丁文缩写词。

编写好说明语之后，将包括有标目、说明语和出处等项内容的款目打（或写）在卡片上，以便排序和进一步加工。

3. 做参照注释

首先确定本索引准备使用哪几种参照注释，并制定使用规则。然后根据规则和需要做出全部参照和注释。可以将它们单独著录在索引卡片上，也可以附在相应的款目中，视具体情况而定。具体方法参见本章第二节的参照系统部分。

4. 编辑加工

编辑加工是消灭错误、提高索引质量的不可缺少的一道工序。编辑加工的任务是：

● 审核标目，删去不必要的标目，纠正错误的标目，合并某些标目以限制相关材料的分散性，改善某些标目的专指性等。

● 审核说明语，重新安排说明语以减少相关材料的分散性，消除标目下面说明语排列的混乱性，改善说明语的专指性等。

● 审核参照注释，补上漏掉的参照注释，纠正其中的错误。

● 发现并纠正格式、拼写法、标点法、出处、款目排列次序等方面的错误。

完成这些任务以后，为慎重起见，付印前索引总编辑（或主编）一定要将整个索引档浏览一遍，特别要对排档顺序仔细检索一遍，然后再交付排版、印刷。

5. 印刷、发行

印刷时，索引的排版格式通常有3种，即行式、段落式和混合式。行式索引排版时，每个索引款目都单起一行，在同一标目下面，每个副标目和每条说明语都单起一行。段落式索引排版时，每个标目都单起一行，但对同一标目下的副标目和说明语则采用连排方式，排成一个段落。混合式索引是同时采用上述两种排版格式。行式索引中的副标目和说明语导词醒目、突出，便于识别和检索，故检索工具中的索引多数采用这种排版格式。段落式和混合式常应用于书末索引中。

【例4-5】 行式索引片断（选自82年《中目：医学》）

黄曲霉毒素　01014　04929　04959　14655
　　—代谢　　15455　18144
　　—毒性　　00216　04926　04961
　　　　　　　……　　……　　……
　　—分离和提纯　　14666　14669
　　—分析　　00214　00215　04965
　　　　　　　……　　……　　……
　　—尿　　　08031　15576
　　—致病力　12965　14643　17959

【例4-6】 段落式索引片断（选自82年《外目：医药卫生》）

黄曲霉毒素　6170　6172　9559　15801　15805　51556　65997　代谢　15731　27372　27392　分析　21822　34530　65998　生物合成　6173　血液　5071　致癌作用　34666　39773　39783　51922　51925　58570

二、索引质量评价

为了提高索引工作水平和索引质量，需要对索引的性能进行科学的鉴定和评价。多年来，人们一直在研究索引质量和评价标准和方法。目前，调查法、比较法、统计法以及它们的有机结合，是

人们较常采用的评价方法。现将索引质量的评价标准和方法概括介绍如下:

1. 总体质量

先衡量总体的质量,可按下列5个方面来衡量:

● 索引所属类型。是主题索引,概念索引,还是关键词索引?主题索引给读者指示相关主题的文献,加工较精细,检索性能较好。概念索引仅反映文献所涉及的概念,专指性比主题索引差。关键词索引只给读者指示文献(题目)中出现的重要名词术语,专指性更差一些。另外,还有无与学科特点相适应的索引?

● 索引语言的质量。是否符合索引语言的一般质量要求?

● 标引深度。可以通过计算每篇文献或每页书所拥有的索引款目平均数,或计算索引页数与正文页数的比值来衡量。

● 出版速度与周期。包括从出版速度的快慢,更新周期的长短,有无各种累积索引(半年度、年度、多年度的)等方面来衡量。

● 总差错率。包括标目、说明语、出处地址、拼写及格式等各种错误的比率,可以通过计量各种错误的数量或计算总错误数与总款目数的百分比等方法来衡量。

2. 索引款目的质量

● 标目的正确性和规范化程度。

● 说明语及其质量。可以从有无说明语,说明语是否简洁并确切地解释或划分了标目等方面来衡量。

● 索引款目的有效性和全面性。看其是否有效地指向了相应文献的主题,是否遗漏了必要的款目(遗漏率一般应控制在1%以内)。

● 索引款目的专指度。包括标目的专指度,标目和说明语相结合是否能达到最大的专指度,缺乏专指性的款目的数量(可通过抽样方法获得)。

● 索引款目的离散性。看其是否解决了同义词(或准同义词)分散、相同或相似的说明语分散及其他不适当的分散的问题。

3. **参照系统的质量**

● 所使用的参照类型和数量。

● 参照的正确性和有效性。看其所反映的词间关系是否正确，是否消除了垂悬参照和循环参照。

● 必要的标目注释的数量和质量。

● 使用说明和凡例的编写质量。

4. **印刷质量**

主要指索引的开本是否便于使用，纸的耐用性和不透明度是否好，栏目是否清晰，字体是否多样且好看，排版格式是否正确、易读，装订是否牢固，封面设计是否美观大方等等。

总之，索引的编制是一种复杂的判断过程和流水性作业。索引的质量主要取决于标引人员和编辑人员的水平，取决于索引语言的质量和编制技术及设备。目前，需要标引的文献数量越来越大，读者对索引的要求也越来越高。因此，要编制出高质量的索引，除了要提高索引语言的质量和改进编制技术设备以外，还要提高索引工作者的素质。合格的标引人员和索引编辑一般应具备较广博的文化科学知识和一定深度的专业知识，较强的阅读能力（包括阅读外文资料的能力）；较强的判断能力和分析综合能力；热爱文献工作；熟悉文献检索的技术方法和读者查找文献的习惯，等等。

主要参考文献

[1] Allen Kent & Harold Lancour: Encyclopedia of Library and Information Sciences. New York, Dekker, 1966— , Vol. 1, pp. 169—201, Alphabetic Indexes; Vol. 5, pp. 632—655, Content Analysis; Vol. 11, pp. 286—299, Index, Indexing.

[2] Harold Borko & Charles L. Bernier: Indexing Concepts and methods. Academic Press, Inc., 1978, Ⅱ. Structure; Ⅲ. Indexing and Editing Procedures; Ⅴ. Index Evaluation and Professionalism.

第五章 索引的类型

索引的种类繁多，编制方法也各不相同。为了使大家进一步了解各种索引的特点和性能，有效地利用它们查找文献，本章择要介绍一些比较通用的或具有一定特色的索引及其编制方法。其他的索引则尽量放到有关的检索工具中去专门介绍。由于编制索引一般都离不开某种索引法和索引语言，使用索引时也需要了解有关的索引法和索引语言，所以，在介绍某一种索引之前，一般都先介绍相应的索引法和索引语言。

第一节 先组式字顺主题索引

广义的主题索引包括以描述文献主题内容的各种索引词为标目的一切索引，如分类索引、字顺主题索引等等。分类索引以分类号码为标目，按某种分类法的类目体系组织索引款目。字顺主题索引以主题词为标目，按主题词的字顺（字母顺序、音序或笔划顺序）组织索引款目。主题词是一个比较泛指的概念，它包括标题词、元词和叙词。所以字顺主题索引又可以分为先组式字顺主题索引和后组式字顺主题索引。先组式字顺主题索引是采用预先组配好的主题词做索引款目的标目的字顺主题索引。它在检索工具中使用得最普遍。后组式索引则是按照"后组配"原理编制，以单元词、叙词或概念单元做标目的字顺主题索引或检索系统（如元词索引、叙词索引等）。先组式主题索引所采用的"预先组配"原理主要来自标题法和标题索引语言。

一、标题法和标题索引语言

"标题词"（Subject Heading）的含义是"主题标目"，即以某种主题词为索引款目的标目或标识。在索引工作中，标题词这个概念的确切含义是指来自普通语言中那些比较定型的事物名称，而且经过规范化，用以表达文献主题内容的词、词组或短语。简而言之，标题词就是比较定型的事物名称。有时也简称为标题。

由这种标题词组成的索引标识系统，就称为字顺标题语言，简称标题语言。使用标题语言来处理文献和编制主题索引或其他检索系统的一整套方法和程序称为标题法。标题语言和标题法大约创始于19世纪50年代，是比较古老的索引语言和索引方法。后经查尔斯·安米·克特（Charles Ammi Cutter）和J.凯泽（Kaiser）等人的不断整理和发展，逐渐成为文献工作中应用较广泛的一种索引语言和索引法。标题法的基本思想是：按事物集中相关文献，用定型名词表示文献主题（事物），按字顺组织索引或检索文档。

标题法的原理和标题语言的构造及语法规则集中体现在"标题表"中。标题表是收录有全部标题词及其使用规则的一部标题词典。它的主要功用是：对标题词进行规范和管理，包括词义规范（如同义词的优选和多义词的限定）和词形规范（如拼写法、单复数等）；显示词与词之间的逻辑关系；作为标引和检索文献的基本依据或参考工具。

一部标题表通常由下列部分构成：

（1）编制说明与使用指南：内容大致包括编表经过，收词范围，选词原则，标题类型，词目的著录事项，各种符号的意义，词目的组织排列方法及使用方法等。

（2）主表：是标题表的正文，收录有全部标题词和非标题词，以及各种参照和注释。标题词词目的著录内容和格式见例5-1。

【例 5-1】 LCSH 标题词目著录格式

Information storage
    See Information retrieval
Information storage and retrieval
    See Information retrieval
Information storage and retrieval systems
        Subdivided by subject, e. g. Information storage and retrieval systems—Electronics; Information storage and retrieval systems—Metallurgy.
  sa AIS (Information retrieval system)
      Automatic classification
      …………………………
      UNDIS (Information retrieval system)
  x Automatic data storage
      …………………………
      Mechanized information storage and retrieval system
  xx Abstracting and indexing services
      …………………………
      Library science
—Aeronautics
    x Aeronautical literature searching
    xx Aeronautical libraries
—……………………………

标题表中常用的参照有:"见"(see)、"参见"(see also,或简写为 sa)、"见自"(x)和"参见自"(xx)。主表中的全部词目按每个词目的开头词(entry word)的字顺组织排列。

(3)副表:包括子标题表、标题等级表(或范畴表)、标题增删表,等等。它们分别从不同角度来显示标题词,反映标题表的变化情况。

国外目前仍在使用的标题表主要有美国《国会图书馆标题表》(LCSH)、《西尔斯标题表》(Sears List of Subject Headings)、

《工程标题表》(Ei's SHE)、日本的《基本件名标目表》和《国立国会图书馆件名标目表》。我国在50—60年代也编制过几种标题表，如程长源的《中文图书标题法》中所附的标题表和航空部编印的《航空科技资料主题表》。

标题表的选词原则是比较严格的，它要求标题词应具有直接性、专指性和通用性。所谓直接性，是要求标题词直截了当地表达文献所论及的主题或事物。这是它与分类法以及后组式索引语言的主要区别之一。分类法用人为的分类代码描述文献主题，后组式索引语言通过词的后组配来描述文献主题，它们都具有间接的性质。标题词的直接性决定了标题语言是一种先组式索引语言。专指性是要求标题词必须能确切无误地表达文献所论及的主题或事物。有关领域内的一切事物，只要有成为研究对象的可能性，它们的名称原则上都可以作为标题词收入表中。所谓通用性，是要求选用读者最熟悉的或在其他书目工具中最常用的词做标题词，包含有对词进行规范和控制的意思。

为了在选词过程中体现上述原则，一般的做法是：直接采用事物名称做标题；把可能成为研究对象的一切事物的名称都列举出来，加以选择和规范；大量采用复合词、词组和短语做标题词，以保证标题词的直接性和专指性；利用标题表对词汇加以控制和管理等等。

二、用标题法编制的主题索引

标题语言和标题法主要应用于图书或期刊文献的标引，编制书本式的字顺主题索引。具体的方法步骤请参看第四章第四节。许多检索工具的主题索引都是用标题法编制的。例如，比较常见的就有：美国的《工程索引》(Ei)、《医学索引》(Index Medicus)、《化学文摘》(CA)及Wilson出版公司的一系列索引刊物，德国《国际期刊论文题录》(IBZ)，我国"文革"前出版的《化学文摘》、《农业文摘》、《科学技术文献索引——医学（期刊部分）》等等。但是,各种检索工具出于不同的习惯和目的,采用了不同的标题形式和编制方法,形成了不同类型的主题索引。概括起来主要有以下两类:

1. 采用单级标题的主题索引

这是只采用一个标题级别为索引标目的方法。全部标题词只有一个概念等级,不管标题词含义宽还是窄,一律不再细分;所有标题词在索引中都是平等的,没有等级从属之分(如例5-2)。

【**例5-2**】 《科学技术文献索引——医学》(1965年)片断
    牙
      参见:23279 24175 24440
      24161 早产儿童服氧四环素引起变色
          Zegarelli, E.V. et al., J. Dent. Child. 30/2:69,1963
    牙外科手术
      24180 用于快速舰和其他小船的轻便牙科手术
          Johnson, K.A., J. Roy. Nov. Med. Ser. 50/4:210,1964
    牙修复术(参见:口腔各科手术;牙外科手术)
    …… ………………………………………

前面刚提到的德国《国际期刊论文题录》的主题索引也是一种典型的单级主题索引。另外,一些采用所谓"叙词法"或"主题法"(特指国内近几年采用的兼有标题法和叙词法特点的一种主题索引编制方法)编制的主题索引中,也有一些单级主题索引。例如,后面将要陆续介绍到的英国《科学文摘》(SA)、美国《政府报告通报与索引》(GRA&I)、《宇航科技报告》(STAR),我国出版的《国外电子科技文摘》、《兵工资料通报》、《中国物理文摘》、《地震文摘》、《中国石油文摘》等。

单级主题索引编制方法比较简单,标目的直接性好,查阅时比较容易找到所需的标目。缺点是:不少主题词下面集中资料太多,不能进一步加以划分,不适于特性检索(specific search,指对特定的具体的主题进行检索);其次,属于同一个较大主题的资料又可能分散在多处，不适于族性检索（generic search，指将与某主题及与该主题有类属关系或类缘关系的其他所有主题相关的文献都检索出来）。补救的方法是：将有些主题词进一步细分，这就势必要采用更多的词组或短语做标题词，使过多的资料适当分散，提高索引款目的专指性；或者采用倒置标题（如例5-3），即在必要时放弃原来的语言形式，按含义的主次关系来重新构造某些标题词，将修饰词倒置于被修饰词之后，故国外又称它为重构标目（structured headings）。词组或短语式标题词经过这样处理之后，既可以突出其中的主要词，提高标题词的直接性，又可以使含有同一主要词的标题词在字顺序列中集中在一起，从而达到相对集中有关资料，提高族性检索功能的效果。

【例5-3】 倒置标题

　　Aircraft，Military（飞机，军用的）
　　Aircraft，Transport（飞机，运输）
　　Aircraft，VTOL/STOL（飞机，垂直起落/短距起落的）

上述两种补救方法相互之间有内在联系，而且还会产生某些新的问题，如标题词比较冗长，词序不明确等。另外，这两种方法也不仅仅适用于单级主题索引，同时也适用于多级主题索引。

2. 采用多级标题的主题索引

这是一种除使用一定数量的单级标题以外，还采用了大量的多级标题的主题索引。所谓多级标题，是指根据概念之间的等级层次关系，在标题词之间设立若干个等级，将标题词分为一级标题（主标题）、二级标题（子标题）、三级标题（次子标题），……。下一级标题是上一级标题的某一部分或方面。采用多级标题的主题索引也将一些标目相应地划分为一级标目、二级标目，或者还有三级标目，这就成了多级主题索引。很多检索工具的主题索引都属于多级主题索引，如美国的《工程索引》、《化学文摘》、《地质学文献题录与索引》（如例5-6）和我国的几种检索刊物的主题索引（如例5-4、例5-5和例4-5、例4-6）等等。

【例5-4】 我国《化学文摘》第四分册1963年度主题索引片断

肽[①]
　　测定,三氟乙酸红外光谱法[④] 4.424[⑤]
　　分离,离子减速树脂除去无机盐类 10.538
　　分析,伯氨基的测定,硼氢化钠还原光度法 3.532
　　检定,色谱法 6.508
　　数据,色谱法 11.548, 12.484

苯酯基肽[②]
　　分离检定,薄层色层法 10.583

母体氨基酸缩合成的肽
　　数据,色谱分析 9.522

游离 NH_2 基的肽
　　分离检定,薄层色层法 10.583

肽类
　　测定,质谱法 4.532
　　分离,纸上色层法 8.408
　　分析,异羟肟酸比色法测定酰基 9.544
　　数据,色谱分析 9.522

促肾上腺皮质激素系的肽类
　　数据,色谱分析 9.522

【例5-5】 《机械科学技术资料简介》年度主题索引片断

阿尔及利亚[①]——螺旋焊管[②] 15812[⑤]
安全阀,钻井泵用[④] 13307
安全装置,木工刨床 13970
铵盐镀锌液 15700
奥地利——潮汐发电机组 13368
　　　——连铸机 14307
奥氏体钢——焊接,与珠光体钢 13095

【例5-6】 美国《地质学文献题录与索引》主题索引款目

Clay[①]-properties[②]
　　experimental studies[③]: The freeze
　　test for clays[④], 02570[⑤]

在例5-4至5-6中：① 一级标题；② 二级标题；③ 三级标题；④ 说明语；⑤ 文摘（题录）号。

多级主题索引使同一主题下的资料得到了合理的划分，提高了标题词和索引款目的专指性，满足了特性检索的要求。其次，它还使同类资料在等级关系的控制下相对集中（即按一级主题集中），从而在一定程度上满足了族性检索的要求。但是，与单级主题索引相比，多级主题索引的直接性较差。查阅时不能直接从字顺序列中找出有关的二级主题或三级主题，必须先查出它们的一级主题。因此，使用多级主题索引查文献，往往需要正确判断检索入口，不然就会失败。

可以看出，标题语言和标题法具有较好的性能。例如，采用经过规范的事物名称做索引词，使它的直接性和专指性较好，较适于从事物出发进行检索，较能满足特性检索的要求；设立参照系统和采用等级控制措施，从而在一定程度上满足了族性检索的要求；用普通语词做索引词，按字顺组织款目，使它具有直观、易懂、易查以及较便于扩充等优点。其主要缺点是：灵活性差，不能通过索引词的灵活组配来表达文献主题或检索要求；系统性差，内容相关的文献容易分散在多处，不便于族性检索；参照系统不够完善，词间关系揭示得较肤浅；此外，它广泛列举事物名称，易使标题表体积庞大，难以管理。

三、采用复合标目的主题索引

复合标目（compound headings）系指由两个或两个以上的主题词按特定规则组配起来做索引款目的标目，表述一个复杂的主题概念，也可以称为复合主题词。这种主题词也属于先组式索引语言的范畴，但又不同于传统的标题语言。如前所述，标题语言一般是定组式（枚举式）的，标题词的成分和次序固定，标引时只要将恰当的标题词原封不动地搬来做标目就行了（不排除使用一些通用的副标题）。复合主题词则是散组式的，是标引时才根据文献内容临时配制成的主题词词串。下面以英国图书馆协会出版的《英国工艺索引》(British Technology Index, 1962—1980, 以下简称BTI)为例，介绍复合标目的使用方法。

BTI 是一种月刊性的技术文献索引，摘录技术杂志400种左右，每年报道题录约3万条。它的主编 E.J.科茨（Coates）在标引中引进了分面分析组配方法，在索引中使用了大量复合标目。标引员根据某篇文献的主题要素构成情况，从一部开放性规范化词表（名叫标准名称档）或文献中选出若干个贴切的主题词，按规定的组配公式（即科茨发明的"显著性次序"公式）配制成一个复合标目，描述该文献的主题内容。这种标引方法和它产生的标目比传统的标题法专指度更高。

由于 BTI 的复合标目是一种多元标目，而且一篇文献只标引在一个复合标目下面（即在主题索引中仅出现一次），所以，标目的词序安排是一个非常重要的问题。词序不统一，很容易造成相同标目分散在多处，进而造成同一主题文献的分散。科茨提出的"显著性次序"公式就是为了控制标目中各个主题词的排列次序，保证标目选取的一致性。所谓"显著性次序"，就是按每个词在人心中产生的内心形象的清晰度来安排标目中各个主题词的前后顺序，最显著的放在标目之首，不显著的次之，以下依此类推。该公式最完整的形式是："事物∶部分∶材料∶行为∶性能"。标引时根据文献所含主题要素的数目，可以增加或减少公式中的组配成分，也可以变换其中的个别成分。一篇文献的主题就由成分最完备且依公式排序的复合标目来表述，该文献的题录只放在这个标目（用黑体字排印）的下面（如例5-7）。

【例5-7】 BTI 索引款目格式

标目 { **COMPUTERS，Times sharing∶Programs∶Queueing∶ Waiting times∶Distributions，Conditional**

文献题录 { Conditional distribution of waiting time given length in a computer system[IBM 360-91∶Princeton University] J.G. Turner. Computer J., 22(Feb 79) p.57—62. refs.

标目的词序问题又影响到参照设置，必须有一连串的参照来支持这种标引方法，否则读者就难以查到所需要的文献。BTI根据阮岗纳赞的链式索引法设置各种参照，主要有两种参照："See"、"related headings"。这两种参照在BTI中的用法都有些特殊。"See"除用来控制普通的同义词（如CEREALS *See* Grain；或CELLS, Solar *See* Solar cells）外，更主要的是用来控制复合标目的词序。在后一种场合，"See"又称为反向参照（inversion reference），即按照与"显著性次序"相反的方向（从右到左）设立的参照（如例5-8）。反向参照可以保证读者无论从复合标目的哪一部分入手，都能查到或被指引到BTI正式使用（即著录有相关文献的题录）的标目上去。

【例5-8】 BTI的反向参照

PROGRAMS:Time sharing computers. See COMPUTERS, Time sharing:Programs

* * *　　* * *　　* * *　　* * *

QUEUEING:Programs:Time sharing computers. See COMPUTERS, Time sharing:Programs:Queueing

* * *　　* * *　　* * *　　* * *

WAITING TIMES:Queueing:Programs:Time sharing computers, See COMPUTERS, Time sharing:Programs:Queueing:Waiting times

* * *　　* * *　　* * *　　* * *

DISTRIBUTIONS: Statistic, Conditional:Waiting times:Queueing:Programs:Time sharing computers. See COMPUTERS, Time sharing:Programs:Queueing:Waiting times:Distributions, Conditional

"related headings"这种参照则用来指引其他具有一般相关关系的标目。

1969年BTI实现计算机化生产以后，在标目中使用了几种功能字符（function character），表示不同的词间关系。例如：冒号表示主谓关系或谓宾关系；逗号表示后者对前者的限定关系；双逗号（,,）表示双重限定关系，即不但表示它后面的词对前面的词的限定关系，而且还表示对逗号前面的词的限定关系；分号表示前者与后者是对象与材料的关系；双句点（..）表示场所；连字符或破折号表示组合或合成关系。例如

    Files, sequential,, Indexed
     （原次序为：Indexed sequential files）
    Pipes；Iron
    Copper—Silicon

  1981年起，BTI 主编易人，刊名改为 Current Technology Index（以下简称CTI），收刊数量增加，参照、索引词和版面设计等方面也都有变化。在索引词使用方面，它努力使自己所用的词汇与技术文献更加一致起来。在参照方面，它改变了过去设置参照太多的做法，减少了一些不必要的参照，规定某些词不设参照，并将这类词编入"停用词表"（stop list of term）中。对反向参照，原先BTI的做法是：将与显著性次序公式的顺序相反的非正式标目整个显示在索引中，而CTI则仅仅显示该标目的第一个成分，其余省略。例如

    PROGRAMS
     See
     COMPUTERS, Time sharing：Programs

如果在某一期CTI中该词既单独作为正式标目使用，又与其他词一起构成复合标目，但它在复合标目中位置靠后。这时，就设立"see also"参照（如例5-9），用以指引具有等级从属关系或其他密切关系的正式标目，并兼有反向参照的作用。

【例5-9】 CTI 的参见参照
    COMPUTERS
     See also
    Architecture；Drawing；Computers
    Engineering；Drawing；Computers
    Foundations；Analysis；Computers
    ··························

另外,每个参照点上并不提供全部有关参照,一般只指出直接有关的词汇,然后再由该词引出其他参照。

功能字符的种类也简化了,取消了双逗号和分号,用普通逗号代替之。版面设计也有改进。

最后需要说明一点,检索工具中出现的主题索引种类非常多,而且有些还在变化之中。这里仅仅列举了很少的几种,有一些放到后面有关章节去介绍,更多的则要靠大家自己去摸索、去认识。

利用主题索引查找文献,比较直接、快速和灵活,比较容易查准,但难以查全有关资料。如果要取得较好的检索效果,使用者应具备较高的专业素养和语言能力,并且对有关的索引语言和索引方法有比较全面深入的了解。

第二节 元词索引

本节介绍一种后组式的检索系统,包括有元词索引、单元词卡片检索系统等。为了叙述方便,这里统称它们为元词索引。元词索引是根据元词索引语言和元词法编制出来的。虽然这种索引在检索工具中较少出现,但是元词索引语言和元词法在情报检索发展中卜占有重要的地位,而且对后来的检索工作影响很大。

一、元词索引语言和元词法

元词(uniterm)又称单元词。它是从文献中抽取出来的、能表达文献主题的最小和最基本的词汇单位。如氢、铁、水、隔音、强度、污染等等。它与普通语言中仅由一个词素构成的词(即单纯词)有相似之处。作为元词,它们在字面上一般已不能再分解,否则就会使分解后的词在专业领域内不再具有独立意义。

所有能表达文献主题的元词集合在一起,就构成了元词索引语言。它最初只是从文献中直接提取出来的单词集合体,未曾建立词汇控制机制。后来,为了解决组配错误和歧义问题,逐步增加了一些词汇控制措施,并采用了一部分多元词。使用元词索引语言来处理文献、编制检索系统的一整套方法和程序就称为元词索引法,简称为元词法。元词法是在穿孔卡片检索原理的启发下,由美国文献公司的陶伯(M. Taube)在1951年发明的,其目的是企图克服传统的索引语言的缺点和便于实现检索机械化。

  元词法的主导思想是:尽量避免选用词组或短语去表达复杂概念,尽量选用最基本的词汇单位(即元词),并通过若干个这种词的组配(逻辑积)去表达复杂概念,这是它与标题法的主要区别。例如,对于"图书馆自动化"这一概念,按标题语言和标题法原理,可直接选用"图书馆自动化"这个词组表达它,即直接选用该词去描述某篇文献的主题或情报提问。按元词语言和元词法原理,则是通过"图书馆"和"自动化"这两个元词的组配去表达该概念。在元词语言中,一般是不允许有"图书馆自动化"这种词组做元词的,只收录诸如"图书馆"和"自动化"这样的单元词,但通过这两个元词的组配就产生出"图书馆自动化"这个新概念。而且这两个元词还可以分别跟其他一些元词组配,产生出更多新的概念。

  采用元词法编制元词索引或元词卡片检索系统的步骤为:

  (1)单元词选取。根据元词法的主导思想,确定单元词的选取规则和范围。必要时,选择和积累一批常用的单元词,编成元词表,以便向有关人员提供规范化的元词,保证检索系统用词的统一。

  (2)设计并制成元词检索系统所用的情报载体(如设计并制成标准的单元词卡,见图5-1)。

  (3)著录新到文献。包括著录文献篇名、出处等项目,给每篇文献编上顺序号码,并按文献序号组成顺排文档。

  (4)标引文献。元词法称标引为"登录"(posting),就是在分析文献内容的基础上,选择若干个元词标引该文献,并且分别为被采用的元词制一元词卡片,在卡片上登上该文献的序号,然后再把这些元词卡片按元词的字母顺序排列起来,就组成了一个检索系统,叫元词卡片检索系统。

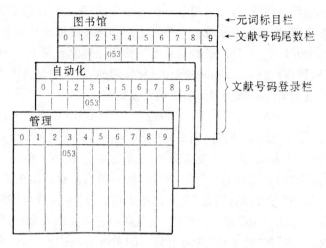

图5-1　单元词卡片及053号文献标引实例

（5）检索。根据读者的检索要求,选择若干个合适的元词作为检索词,查阅元词卡片检索系统,把标有所选元词的卡片抽出,比较这几张卡片上所标的文献序号,找出同时出现在这几张卡片上的那些文献号,那么,这些文献号所代表的文献就是跟前面所用的若干元词进行逻辑组配后所表达的主题有关的文献,即符合检索要求的文献。

二、元词索引

上面介绍了用元词法编制单元词卡片检索系统的基本原理。书本式的元词索引的编制方法也和它一样,只是索引的载体不同而已。例5-10a 至5-10d 就是一种书本式元词索引的实例[选自贝克尔(J. Becker)和海斯(R. M. Hayes)合著的 Information storage and Retrieval: Tools, Elements, Theories, 1963年版, pp. 50—51]。其中,例5-10a—c 这3个片断是从元词索引的倒排档中截下的3个片断;例5-10d 则是从元词索引的顺排档中截下的一个片断。如果要检索有关某一种代码符号式检索语言的文献,就可以从倒排档中选出"Retrieval"、"Languages"和"Symbols"3个元词,比较它们下面的文献号码,发现"68467"号同时出现在上述3个元词之下,我们就可以初步判定68467号文献可能是相关文献。

【例5-10a】 书本式单元词索引片断

```
LAMINATES
   68150        69472        67224        68226
LANDING
   68080 68081 67652 68333 67284 67885 68326 67227 67518
   68090 68091        68873 68334 68495 69076 68217
         68111              69524 69075
LANDING GEARS
                                              67968
LANGLEY RESEARCH CENTER
                                  68326
LANGMUIR
   67500
LANGUAGES
         68101        67495 69384    67796 68467 68468
         68271                        67956
```

【例5-10b】 书本式单元词索引片断

```
RETRIEVAL
              67942                  67796 68467 68468
              68102                              69388
REVERBERATION
                          68115
REVERSAL
                              68296 68167
REVOLUTION
                              67436        67418
REYNOLDS NUMBER
   67851 68012
   68801 69222
RIEMANN
                  68294
RIGIDITY
   68550        69563
```

137

【例5-10c】 书本式单元词索引片断

```
SUSPENSIONS
 69320 69321 69322        69564              67547 69348  69139
                                             68897        69359
SWEEP
                      68013                               67819
SWITCHES
 67280 67531 68132 67933 69484 67785 68256 67377 67588 68259
 68260 68151 68262              68075 68736 67677 68278
       68671 68522              69455 69276 68257 69278
SYMBOLS
       68271 67492 69003              68467
SYMMETRY
             68422 69183 67244        67836        69128 68119
             68952
SYNCHRONIZERS
                   69443
SYNCHRONIZING
 67250       67782              68325
             68872              68565
```

再用这个号去查顺排档,就可以看到该文献的出处是1962年1月出版的 Association of Computing Machine Communication,篇名为:"COMIT as an IR language"(作为一种检索语言的COMIT代码),从而得知该文献确实是相关的文献。

公开出版发行的书本式元词索引数量极少,过去美国 IFI/Plenum Data Co. 出版过《美国电子学专利单元词索引》(Uniterm Index to US Electronics Patents)和《美国化学专利单元词索引》(Uniterm Index to US Chemical Patents)。目前,前一种索引已停刊,只有后一种索引仍在出版。

《美国化学专利单元词索引》是查阅美国化学工业专利的重要工具之一,每年收录的 专利件数约占美国专利总数的30%。该工 具分为两大部分:文献部分和辅助索引部分。编制时,平均每件

【例5-10d】 书本式单元词索引片断

> MISSILES & ROCKETS, Feb. 12, 1962
> 68464. Centaur slippage drag on Apollo. Taylor,
>   Hal. p. 13—14. APOLLO—CENTAUR
> 68465. Pogo—Hi bcosts sea—Launch stock. Wilks,
>   Bill. p. 24—25. LAUNCHING—POGO—HI—WATER
> 68466. Device will keep watch on astronaut's
>   telltale eyes. David, H. M. p. 27. EYES—
>   OPTHAIMOSCOPES
> ASSOC COMPUTING MACH COMM, Jan. 1962
> 68467. COMIT as an IR language. Yngve, V. H.
>   p. 19—28. bibliog. LANGUAGES—SYMBOLS—
>   INFORMATION—RETRIEVAL
> 68468. Language problems posed by heavily
>   structured data. Barnes, R. F. p. 28—34.
>   bibliog. INFORMATION—RETRIEVAL—LANGUAGES
> MATEBIALS IN DES ENG, Feb. 1962
> 68469. Stainless steel rolled ultra—thin for
>   B—70 bomber skin, p. 87. STAINLESS—STELL—
>   B—70—SKINS—THICKNESS—STRENGTH

专利标引30—35个单元词,编入单元词索引。索引部分原来包括有单元词索引、人名索引以及文摘号与专利号对照表。其中,单元词索引又分为两部分,即主词(major term)部分和罕用词(minimal term)部分。主词部分是单元词索引的主体,每个主词(即元词)下面排列着一批相关的文摘号,排列方法与例5-10a—c 中的3个片断一样。罕用词部分主要是各种具体的化合物名称,每个名称下包含的专利文献数量不多,文摘号登录方法不同于元词索引,只是简单地按从小到大的次顺排,检索时也不必采用比号组配方法,只要直接查出相关标目下的文摘号就行了。

1972年以后,它的辅助索引发生了较大的变化,索引种类增加到5种:单元词索引、分类索引、公司索引、发明人索引和专利号索引。单元词索引是主要索引,它分为3个部分:第一部分是普通名词部分(general term section),包括有关性能、用途、过程、反应、普通化合物的类、聚合物、聚合物的类、天然物质和商品混合物等方面的词汇；第二部分是化合物名称部分（compound term section），包括已知具体结构的化合物和由化合物登记系统控制的化合物；第三部分是原子团名称部分（fragment term section），包括功能团、单个环、金属元素周期族、卤素等的名称。每部分的排档方法和文摘号登记方法跟前面介绍的元词索引相同。检索时，可以根据检索课题内容分别选用其中一、两部分，或者同时综合利用三部分。下面以查找"三氯化钛与丁基二乙基铝在制备聚乙烯时的作用"这一课题为例，简述该索引的用法。

ALUMINUM, ORGANIC

4240	3681	2552	3683	944	4565	1266	9377	3658	939
11330	4241	3962	5183	1264	6905	3876	9437	5978	4939
		4272	11313	1294	**8805**	4566			
		6902	12543	**2804**	13835	6906			
		7192	13863	4244		7836			
				5644					
				8804					
				11924					
				13864					

POLYETHYLENE

300	301	4242	293	974	1265	3086	3987	4938	599
2550	941	7732	943	**2804**	1295	4586	6197	7438	5629
3660	5631	10702	973	**13864**	7205	6496	11937	12228	6599
4940	7221	11652	2803		8505	7836	13217		
12880	12861		4273		**8805**	9116	13437		
	13861		5183			10616			
			5513			11316			
			8503						

TITANIUM CHLORIDE, TiCl$_3$

11330	1551	3962	7203	**2804**	6905	1266	317	3088	599
	3681	4272	10613	7564	7835	2196	9437	3658	4969
		4842	13043	8804	**8805**	3375		9298	
		7192		**13864**	9955	3876			
		13042			4566				

根据该索引的名称术语划分原则,得知聚乙烯属于普通名词部分,三氯化钛属于化合物名称部分,丁基二乙基铝属于原子团名称部分。分别从单元词索引的3个部分选出 Titanium Chloride, $TiCl_3$、Polyethylene 和最能表达丁基二乙基铝这个原子团特性的词 Aluminum, Organic(或 F M METAL FG 等),比较它们的文摘号,找出3个词共有的文摘号(2804,8805和13864)。

由此可知,这3个文摘号所代表的3件专利说明书就是符合查找要求的文献。可以按文摘号到文摘部分查阅文摘,或者直接利用专利号索引将这些文摘号转换成相应的专利号,以便借阅专利说明书。

三、联号与职号

联号和职号是用来防止产生组配错误的两种符号系统。

1. 联号

(1) 联号(Links)产生的背景

当一篇文献含有两个以上的不同主题时,用元词法标引和检索文献就容易产生一种虚假的逻辑关系。例如,设有一篇关于"钢的抗拉性和铝的硬度"的文章,文献号为016。标引时选用"钢"、"铝"、"硬度"、"抗拉性"等4个单元词做标目:其中,"钢"与"抗拉性"这对元词和"铝"与"硬度"这对元词的内部都存在真实的逻辑关系(即该文献中实际存在的关系);而"钢"与"硬度"这对元词就不存在这种逻辑关系;"铝"与"抗拉性"这对元词也是如此,但它们都包含在同一篇文献中,在索引中被这篇文献的文献号联系在一起,其实它们在文献中可能没有任何联系。检索时,因为元词款目既无标目修饰词,又无说明语,只有元词和文献号,读者就无法识别它们之间的真实关系如何,当检索"钢的硬度"或"铝的抗拉性"的文献时,也会把016号文献检索出来。这种现象就叫假联系(false drops)。另外,当一篇文献虽只有一个主题,但组成主题的因素比较多时,也容易造成这种"假联系"。

例如，设有一篇关于"空气压缩机减速器尼龙轴承的磨损"的文章，至少可以用6个元词标引，而有些元词之间就容易产生这种假联系（如"压缩机"与"尼龙"）。

(2) 联号的定义和用法

联号就是用来防止这种假联系的一种专用标引符号，它的确切定义是：后组式索引语言中表示不同索引词之间在同一篇文献中联系程度强弱的一种符号。

设数字1,2分别为联号，其中"1"代表"钢"与"抗拉性"这两个元词在016号文献中有密切的联系；"2"则代表"铝"与"硬度"二者之间在016号文献中有密切的联系。标引时，分别在"钢"与"抗拉性"下面的"016"号后面加标联号"1"，在其他两个元词下面的同一号码后面加标联号"2"，变成

　　　　　钢　　　　016-1,　　　铝　　　016-2
　　　　　抗拉性　　016-1,　　　硬度　　016-2

联号相同的元词之间关系密切，反之则不然。这样，检索过程中就不容易产生组配错误了。

2. 职号

(1) 职号(Roles)产生的背景

有时两个以上的元词任意组配在一起，会产生歧义或多义现象，这也是造成组配错误的主要原因之一。例如：设有一篇关于"以铂作催化剂用氨制造硝酸"的文章，文献号为069，用"铂"、"氨"、"制造"、"硝酸"等几个元词标引。检索时用"氨"、"制造"和"硝酸"这三元词组配起来，就会产生两种不同的含义："用氨制造硝酸"、"用硝酸制造氨"。希望找到有关后一个主题的文献的读者也会检出069号文献，这样就产生了误检。为了避免这种现象，保证组配达到专指性，就需要使用"职号"。

(2) 职号的定义和用法

职号是后组式索引语言中用来解释或限制索引词职能和表示词间句法关系的一种符号。

分别设字母 A 表示最终产品，C 表示原料，K 表示催化剂。标引时将它们分别标在相应的元词之后，变成

  硝酸-A 069， 氨-C 069
  铂-K 069， 制造 069

  经验表明，设立10—15个不同的职号，就足以表示元词的各种职能，使它们组配后不致产生歧义现象了。实际上职号就相当于普通主题索引中的标目注释。所以也可以把职号换成修饰词（或限定词）的形式，加标在标目后面，所起作用也基本相同。

  元词语言和元词法有许多比较突出的优点和特性。例如，它采用单元词组配的方法，表达概念的灵活性大；词汇控制的工作量较小，词表的体积较小（比同类的标题表约少3/4的篇幅），但表达的概念却比相应的标题表多；简化了文献的标引工作和著录工作，可以达到极高的标引深度而基本不会增加标引工作量和索引的体积；通过单元词组配来表达情报提问，可以使检索达到任意的专指度（至少理论上是如此）；适用于各种载体的检索工具和检索系统，尤其适用于机械化和自动化的检索系统。但是，它本身也存在着一些不容忽视的缺点。例如，过分强调索引词的单元化，否定词组的作用；组配方法仅限制于对词进行字面上的分解和组配，在实践上容易带来一些难以解决的问题（有些词在字面上无法实现单元化)，容易造成组配错误，增加误检率；虽然使用联号和职号可以防止组配错误，但它又增加了标引和检索的复杂性，需要标引人员具有较高的预见性和判断能力，进而造成标引时间延长，成本增大；另外，由于单元词在系统中相互平等独立，未设立参照系统来反映单元词之间的逻辑关系，没有从多方面来控制和显示单元词，使它较难满足族性检索的要求，容易造成漏检。

  因此，一些比较大型的索引或检索系统，一般不采用元词法，而采用功能更强的叙词语言和叙词法。元词法自50年代初创立以后，为了适应文献检索工作的实际需要，经过了不断的变化和改造，逐步吸收了标题法的某些成分（如采用多元词等）。到60年代，

它已逐步演变为叙词法，或者说向叙词法靠拢，早期的本来意义上的元词法已基本被淘汰了。但是，元词语言和元词法的出现，开创了一种新型的索引语言和索引方法——后组式索引语言和组配检索法，成为大多数联机检索系统的基础，它的这一功绩是不应抹杀的。

第三节　叙词法及其在索引中的应用

叙词法是在元词法及其他一些索引方法的基础上发展起来的一种新型的索引方法，目前已广泛应用于索引工作和信息检索系统中。

一、叙词索引语言和叙词法

叙词（descriptor）系指来自文献和用户并经过严格的多方面控制、用以表达文献主题或信息需求的单义词或代码。美国人穆尔斯（C. Mooers）1950年在信息检索论文中首先使用这个术语，并给它下了一个严格的定义：叙词是一种带定义的索引词——而且定义更为重要，被标引系统恰当地定义了的任何标记符号都可以用作叙词。

1. 叙词索引语言

由于元词索引语言绝对强调词的单元化，否定词组的作用，词的组配也仅限于字面组配，词与词之间未设立任何参照。它虽然在表达概念的灵活性和专指性方面比标题语言有很大的进步和突破，但它又象倒脏水连小孩也一块泼掉那样，把标题语言及其他先组式索引语言的长处都统统抛弃掉了。这就使它在检索工作中的作用受到了很大的限制，一直未能得到广泛应用。因此，随着信息检索的迅速发展，在60年代初产生了一种新型的索引语言——叙词索引语言。

叙词语言是专门为文献标引与检索而设计的人工性后组式语

言。叙词语言的基本成分是叙词。叙词的概念性比标题词更强,它的规范化程度也比标题词高,在选取叙词的过程中,对叙词进行了严格的同义规范（优选）、词义规范（词义限定）、词类规范（指限制在具有实在意义的名词或动名词的范围内选择叙词）及词形规范（如词序、繁简体、标点符号、字母数字符号等方面的规范）。叙词和元词一样,也具有组配性,但叙词的组配是概念组配,而不是字面组配。两个或两个以上的叙词组配在一起,就能形成一个新概念,数量不多的叙词可以组成许多概念。叙词之间的关系反映概念之间的关系（如：同一关系、属种关系、体分关系、并列关系、类缘关系等）,通过显示这种关系可以使叙词的含义得到更有效的控制。

2. 叙词法

叙词法是建立在叙词语言及其性质的基础上的一种新的处理文献的方法。叙词法的基本原理,概括地说就是通过概念组配（分析与综合）来表达主题,以提高标引的专指性和检索的灵活性。这是它与元词法的主要区别。前面已提到,元词法只限于字面形式上的组配,这对有些问题是处理不了的。例如,当一个概念由几个概念构成,而这些概念所用的词不一定就是原概念所用词的一部分时,用元词法就无法对它进行分解或组配。如

$$\text{Trade Wind（信风）} \neq \text{Trade（贸易）} + \text{Wind（风）}$$
$$\text{信风} \neq \text{信} + \text{风}$$
$$\text{数控车床} \neq \text{数控} + \text{车床}$$

在上面3例中,不等号左边的概念既不能分解为不等号右边的概念,也不能用右边概念的组配而得到。按元词法就无法处理这类的分解或组配问题。那么怎么办呢？如果不搞分解组配,直接采用左边的复合词做索引词,这又违背了元词法的基本原则而退回到标题法上去了。在这方面,元词法走进了死胡同；叙词法则主张搞概念组配,为元词法开辟了新天地,使上述问题得到解决,即

$$\text{Trade Wind} = \text{Meteorology（气象学）} + \text{Geography（地理学）}$$

$$数控车床 = 数控机床 + 车床$$

另外,叙词法还在一定程度上采用了标题法的先组原理,在概念组配能否严格、全面地反映概念的含义有疑问时,就采用词组作为叙词。这样处理既可以提高叙词的专指性,又可避免因组配产生的假联系或歧义现象。

3. 叙词表

叙词语言的结构和叙词法的基本思想集中体现在叙词表中。从结构方面说,叙词表是一部规范化的与动态的词汇表,其中包含有特定学科领域的在语义和类属关系上相关的许多词。从功能方面说,叙词表则是一种把文献中和标引人员与检索人员使用的自然语言译成更为规范化的"系统语言"(索引语言)的工具。

一部叙词表通常由下列几部分构成:

(1)叙词字顺表

一般是叙词表的主表,收录全部叙词与非叙词,按字顺排列。它的基本单位是叙词(或非叙词)词目(如例5-11至5-12)。每个叙词词目一般著录有叙词、分类号、注释及各种参照事项。

【例5-11】《汉语主题词表》主表叙词词目

```
                Xianxiangguan  ←── 汉语拼音
                显像管  [56CE]       叙词及其范畴号
               ┌ Kinescope    ┐
               └ Picture tube ┘ 英文译名
             ┌     电视显像管 ┐
             │ D            ├ 代项(同义词)
             │     监 视 管 ┘
             │     彩色显像管 ┐
             │ F   固体显像管 ├ 分项(下位叙词)
   参照结构 ─┤     黑白显像管 ┘
             │ S   电子束管  ←── 属项(上位叙词)
             │ Z   电子管*   ←── 族项(族首词)
             │     显 示 管 ┐
             │ C            ├ 参项(相关叙词)
             └     指 示 管 ┘
```

【例5-12】 INSPEC THESAURUS 主表叙词词目

```
     information analysis
UF   citation analysis
NT   abstracting
     cataloguing
     classification
     indexing
BT   information science
TT   computer application
RT   information centres
     information retrieval
     information services
     information storage
     information use
CC   c7240         ←——分册号和分类号
FC   c7240+j       ←——数据库的完整分类号
DI   July 1973     ←——采用起始时间
PT   information science   ←——前用词
```

表5-1 叙词表参照系统常用符号表

语义关系	符号词类	叙词表		标题表	
		中文	英文	中文	英文
等同关系	叙词	Y(用)	Use	见	See
	非叙词	D(代)	UF 或 includes	见自	See from
		ZD(组代)	UFC 或 RC		
等级关系	上位叙词	S(属)	BT 或 specific to	见至	See under
	下位叙词	F(分)	NT 或 generic to	参见	See also
	族首词	Z(族)	TT		
类缘关系	相关叙词	C(参)	RT	参见	See also
	范围注释	注	SN		

(2) 叙词等级索引

也称族系索引、族系表或词族表。它按照概念的等级关系将叙词汇集成若干个"叙词族",每一族内从外延最广的词或叫等级最

147

高的词(族词首)一步步指引到内含最深或等级最低的词(如例5-13)。

【例5-13】 叙词族片断

   电子管 ← 族首词
   ·电子束管
   ··显示管
   ··显像管
   ···彩色显像管
   ····苹果管
   ····香蕉管
   ···固体显像管
   ···黑白显像管
   ··指示管
   ······

(3) 叙词分类索引(范畴表)

这是将叙词按其所属的学科分门别类,按类汇集叙词,同一类下面再按叙词字顺排列(如例5-14),形成一种概念分类系统,供使用者按类选择叙词。一般只采用分致二级类的粗分大类的方法。

【例5-14】 叙词分类索引片断

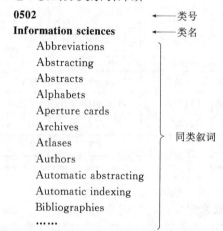

(4) 叙词轮排索引（轮排表）

这是利用错位、倒置的方法将那些由两个或两个以上单词构成的叙词按每个单词的字顺加以轮流排列而形成的一种辅助表（如例5-15），目的是为了增加检出叙词的机会。

【例5-15】 叙词轮排索引片断

  Automatic **indexing**

  Coordinate **indexing**

   KWIC **indexing**

       indexing theory

此外，有些叙词表还附有"叙词双语种对照索引"、"专用叙词索引"以及显示叙词间相互关系的各种族系图，这里不再介绍。

4. 小结

从叙词的性质和叙词表的结构来看，叙词语言吸取了多种索引语言的原理和方法。例如，它合理地吸收了标题语言的先组原理，采用了许多复合词或词组做叙词，以避免造成假联系或产生不正确的词间关系。它发展了元词语言的组配技术，摈弃了元词语言的某些不合理成分，并代之以组配分类法的概念组配原理。在参照的使用方面，叙词语言吸收并进一步完善了标题语言的参照系统，使词间关系反映得更加全面和准确。在词表的结构方面，更体现出叙词语言对其他多种索引语言的继承和发展。它除拥有字顺结构以外，一般还拥有等级结构、学科分类结构、关键词轮排结构和相互参照结构等多种结构。这种比较完善的构造方式使读者在检索时能注意到有关的全部词和对表达检索要求最合适的词。

二、叙词语言和叙词法在索引中的应用

由于叙词语言吸取了多种索引语言的特点和长处，所以它的适应性比较强，可以广泛地应用于各种主题索引和检索系统中。

1. 作为标题词使用

可以把叙词当作标题词使用，用来编制先组式的主题索引或

主题目录。目前,有许多检索工具的主题索引就是用叙词语言编制的。例如:英国《科学文摘》各辑的主题索引,美国《政府报告通报与索引》的主题索引,《宇航科技报告》的主题索引,等等。

2. 作为元词使用

可以把叙词作为元词使用,编制书本式的概念组配索引或检索系统。例如,《美国政府研究报告》(U. S. Government Research Report)1961年曾用叙词法编过"叙词索引",其形式如例5-16。

【例5-16】《美国政府研究报告》的叙词索引片断

AD	TAB	DIV	AD	TAB	DIV
BLOOD CIRCULATION			DEXTRAN		
247162	6113	16	248326	6115	16
………	……	…	249655	6115	16
251978	6123	16	251978	6123	16
252892	6124	16			
252930	6124	16	DRUGS		
			245283	6111	16
BLOOD PROTEINS			251978	6123	16
250127	6121	16	252930	6124	16
250965	6121	16	262162	6143	16
251978	6123	16			
252892	6124	16	KIDNEYS		
			245901	6111	16
BLOOD VESSELS			247461	6113	16
245259	6111	16	248831	6115	16
251978	6123	16	248832	6115	16
			251978	6123	16
BLOOD VOLUME			259995	6136	16
246203	6112	16			
247461	6113	16	PROTEINS		
248831	6115	16	245576	6111	16
248832	6115	16	251978	6123	16
250965	6121	16	263245	6145	16
251978	6123	16			
252892	6124	16			

美国石油学会文摘索引工作总局（American Petroleum Institute's Central Abstracting and Indexing Service）1965年前后编辑出版的"Dual Dictionary"（主题/入藏号对照索引）也是一种后组式的叙词索引。另外，美国《生物学文摘》的"CROSS（Computerized Rearrangement of Special Subjects）Index"（如例5-17）虽然不是采用叙词做索引词，而是选用一些较泛的生物学概念做索引词，但是它采用了概念组配的原理。因此，我们也可以把它看作是与叙词法有密切关系的一种后组式索引。

【例5-17】 CROSS 索引的形式

Digestive system—pathology
12640　13851　　　　12634　12965　12636　12777　12628　11829
12960　　　　　　　　　　　12654　　　　　　　　　　　12818
Neoplasms and neoplastic agents—therapeutic agents, therapy
12960　13851　12963　　　　　　12636　12777　　　　　12939
Pharmacognosy and phamaceutical botany
12960　13851　12962　　　　12965　12636　12777　12968

应当看到，随着计算机检索的日益增多，利用计算机进行组配检索或比号检索，比人工更容易更有效。所以书本式后组式索引的数量也变得越来越少了。

3. 用叙词语言标引和检索机读数据库中的文献

这是叙词语言应用的最主要方面。叙词语言只有应用在计算机化的文献检索中，才能充分发挥它的全部功能。

在索引工作中，叙词语言主要用来控制索引词（标目）的选取，使标引人员和检索人员（或检索机器）能够更便利、更全面、更准确地选择标引词或检索词，达到最佳的检索效果。利用叙词语言编制的索引或检索系统，它的索引词（或检索词）得到了下列诸方面的控制。

（1）词义控制。这一点是通过词的严格规范化而获得的。它使索引词与概念一一对应，有效地改善了索引款目的专指性，避免同类材料分散在多处，从一方面满足了特性检索的需要。

(2) 词形控制。通过对索引词的词序、繁简体、标点符号等的规范处理,使标目形式高度统一、含义明确。另外,通过叙词表的轮排索引,有效地控制了叙词的所在位置,用户可以从叙词的任何一种字面形式入手查找叙词,从一方面满足了族性检索的需要。

(3) 范畴控制。利用分类索引从概念的学科类属方面控制索引词,使查用者可以从学科分类入手选用索引词,从另一方面满足了族性检索的要求。

(4) 等级控制。利用等级索引和显示等级关系的其他措施,从概念的等级从属关系方面更有效地控制了索引词,使它含义更明确,上下左右关系清楚,上位概念、同位概念和下位概念能汇集在一起,弥补了字顺排列法所造成相关叙词不能集中在一起的缺陷。从等级关系上控制了索引词,就使查用者可以根据需要随意调节选词的范围和宽窄度,既满足了族性检索的需要,也满足了特性检索的需要。

第四节 关键词索引

关键词(keyword)又称键词,它是直接从文献的题目、正文或文摘中抽出的具有实际意义的语词。用这种关键词做索引款目的标识系统,就称为关键词索引语言(简称键词语言)。键词语言是一种未经优选和规范化的自然语言。用人工或机器从文献中抽取关键词来作为索引款目的标目和编制索引的方法,就称为关键词索引法或抽词标引法,简称为键词法。

文献工作者很早以前就曾使用过键词法编制索引或目录。据说,一百多年前德国的图书馆就用一种叫"schlagwort"(导词、关键词)的词来编制字顺目录。1856年伦敦出版的《图书馆编目技术》(The Art of Making Catalogue in Library——克里斯塔多罗著)也曾经提到过关键词轮排这个概念。但在检索工具中广泛使用键词法编制索引,那还是近20多年的事。

战后文献量急剧增长,传统的手工标引方法越来越不适应情报工作的需要。随着计算机技术和信息处理技术的应用范围不断扩大,启发人们考虑能否借助计算机来编制索引,以缩短索引的编辑出版时间,加快文献的报道速度。

一、KWIC 索引

1958年,卢恩等人利用计算机自动抽词标引,生产出一种称为"KWIC(Keyword-in-Context)Index"的关键词索引。我国图书情报界通常称作"上下文关键词索引"或"题内关键词索引"。

KWIC 索引的设计者用文献篇名为基本素材,以篇名中的关键词做索引款目的标目,以关键词的上下文做说明语。这样设计的主要依据是:① 文献篇名一般能够概括或披露文献的主题内容;② 从篇名中抽出的关键词有可能指引读者找到相关主题的文献;③ 关键词的上下文有助于定义或解释该词的含义。

1. 编制方法和过程

(1)根据对词的频率和表达文献内容功能的统计和分析,编制一个"停用词词表"(stoplist of word),以便计算机自动抽取文献中的关键词。"停用词"(stopword)就是不适于用作标目的非关键词,如介词、冠词、代词、连接词、某些形容词和副词以及在一般文章中非常通用的某些词(如"方法"、"问题""报告"等等)。这一类词既不能反映文献的实际内容,人们一般也不用它们来查文献,故在编索引时要把它们排除在外,禁止计算机将它们作为关键词抽取。各种 KWIC 索引都根据它们的专业特点或其他特殊要求来编制自己的停用词词表。例如,当时卢恩只用了16个停用词。而 CT 所用的停用词表含有750个词,后来又增加到1500个。

(2)对篇名中出现的化学符号、希腊字母和某些复合词进行预先处理。例如,将化学元素符号、基符号和化合物符号拼写成相应的英文单词,以免混淆;将希腊字母 α、β 等转换成 alpha、beta 等,或分别用 A、B 等字母表示;将某些复合词分解成两个关键词

153

(如将 thiourea 分解为 thio 和 urea)，使读者无论从该词的前部或后部均能查到它，增大检出有关文献的可能性。

(3) 设计索引的格式，规定标目(卢恩称之为"indexing window")的位置和出处的表示方法。KWIC索引的版面通常是排成两栏，每一栏中每个款目占一行(即单行式)，每行规定60多个字符(也有一行90多个字符或100多个字符的，但出处代码除外)。标目位于每个索引行的中央(即所谓"center window")，标目左右两侧是关键词的上下文，起说明语的作用。表示文献(篇名)出处的代码位于索引行的右端。

(4) 定期将一批新文献的篇名及其出处代码输入计算机。计算机将篇名中的每个词与停用词词表进行比较，排除那些不适于做标目的词，也就等于找出了可以作为索引款目标目的关键词。

(5) 计算机在KWIC程序的控制下将全部关键词按字顺依次移至索引行的中央(即标目的位置上)，关键词所在的篇名整个随着一起移动，使关键词与上下文的相对位置基本保持不变，即尽量保持原篇名的词序。这就是通常所说的"轮排"(permute)。所谓轮排，就是按照既定格式使任一关键词按字顺在标目位置上出现一次，并对除当前关键词以外的其他文献数据(如上下文、地址号)作相应的编辑处理。这种轮排方法还不是一种严格的数学上的排列方法，因为篇名中的禁用词未参加轮排，出处代码也不参加轮排，一律固定排在索引行的右端。

(6) 计算机将按字顺组织好的全部索引款目制成磁带输出，供照相制版和机器检索。这种关键词轮排文档经过光电照排和印刷，就成了书本式的KWIC索引。

2. KWIC索引举例

美国化学会1961年创办的《化学题录》(Chemical Titles，简称CT)就一直采用这种方法来编它的关键词索引。例5-18给出这种索引的3个小片断。CT由3部分组成，第一部分是KWIC索引(Keyword-in-Context Index)，它是CT的核心部分，其形式如

【例5-18】 美国《化学题录》关键词索引片断

上下文	做标目的 关键词	上下文	文章出处代码
e reactions of D-3-phospho	glycerate de hydrogenase and L-phospho		ABBIA4-0212-0717
mary structure of 3-phospho	glycerate kinase from horse muscle. +i		JBCHA3-0256-0284
mary structure of 3-phospho	glycerate kinase from horse muscle. +i		JBCHA3-0256-0293
era indica) kernel + The tri	glyceride composition of mango (Mangif		FSASAX-0083-0383
low density lipo protein tri	glyceride following inhibition of long cha		JBCHA3-0256-0247
d assay for red cell pyruvate	kinase deficiency. = + ts on an optimize		CCATAR-0116-0397
n and properties of guanylate	kinase from bakers' yeast. = + rificatio		BBACAQ-0662-0165
cture of 3-phospho glycerate	kinase from horse muscle. + imary stru		JBCHA3-0256-0284
cture of 3-phospho glycerate	kinase from horse muscle. + imary stru		JBCHA3-0256-0293
ine-specific casein isolated	kinase from lactating guinea pig mamma		EJBCAI-0119-0091
Km and high Km cyclic AMP	phospho di esterase. = + ocytes on low		FEBLAL-0133-0279
ecular proton transfer in 6-	phospho gluconate de hydrogenase from		BBACAQ-0662-0163
ns for the reactions of D-3-	phospho glycerate de hydrogenase and L		ABBIA4-0212-0717
sc + Primary structure of 3-	phospho glycerate kinase from horse mu		JBCHA3-0256-0284
sc + Primary structure of 3-	phospho glycerate kinase from horse mu		JBCHA3-0256-0293

例5-18所示。1975年以前它全用大写字母排印,每个索引行最多排60个字符(出处代码除外)。1975年以后改用小写字母排印,每行约排66个字符。轮排时,若有一侧(或两侧)因上下文过长容纳不下,就将超出部分截去,或将一侧的超出部分移至有空地的另一侧。为了便于阅读,用等号(=)表示原篇名的结尾处(也有用斜线表示的),用加号(+)表示被截去的部分。标目相同的索引行再按标目下文的字顺排列。CT的文献出处代码开始采用的是"Luhn 码",1962年起改用现在的代码。每个代码的前五个字符是刊名代码,第六个字符是计算机核对字符;中间四位数字表示期刊的卷号或年份;后面四位数字表示文章在原期刊的起首页码。这种出处代码的作用是将读者指引到CT的第二部分,即题录(bibliography)部分。该部分按刊名代码来编排本期所收录的新到期刊,每种期刊下面按原页码顺序著录每篇文章的著者、完整篇名和起讫页码(如例5-19)。

【例5-19】 《化学题录》题录部分著录格式

JBCHA3　　J. Biol. Chem.，256，No. 20(1981)
0284　　Hardy GW, Darbe A, Merrett M
　　Primary structure of 3-phospho glycerate kinase from horse muscle. I. Purification of cyano gen bromide peptides and amino acid sequence of peptide CB_5 (104 residues). =　10284—92

二、KWIC 索引的性能和发展

1. KWIC 索引的性能

KWIC 索引的突出优点是：出版速度快，编制费用低；自动化生产，省去了标引员和索引编辑的智力劳动；生产过程简单，处理一致好；索引用词与作者用词一致，能及时反映新的名词术语；提供检索点多，且能同时显示上下文信息；程序通用性好，适用范围广；可派生出其他产品（如机读磁带）。它的研制成功缩短了检索刊物的时差，增强了检索刊物的报道功能和检索功能，故当时在出版界和科学界影响很大，受到了许多专家学者的很高评价，并迅速在许多领域推广应用。目前仍有不少检索刊物或其他出版物利用这种方法来生产索引。

当然，KWIC 索引也有严重缺陷，主要表现在以下几方面。

● 索引质量依赖于题名质量，不受人的控制。有些文献的题名反映内容主题可能不够准确全面。关键词仅取自题名，而题名一般都比较简短，提供的关键词数量很有限。关键词来源不充分，使索引难以全面、准确地指示主题，且易产生较多的无关或无效的款目。据调查，随着学科领域不同，文献题名中所能提供的标引词数量有较大差别，大约占全部标引词的 34—86％。有的学科（如医学）高一些，有的学科（如化学）则很低。

● 缺乏词汇控制。KWIC 索引不对同义词进行优选合并，一般也不设参照。同义词和同族词的分散使同一主题的文献在索引中非常分散，容易使用户检索受挫或漏检。

● 索引版面易读性较差，标目位置不够醒目，题名经过预编辑和轮排编辑后，可理解性会降低。此外，KWIC 索引所占的篇幅也比相对应主题索引大得多。

2. KWIC 索引的发展

由于 KWIC 索引有上述的优点和缺点，所以促使人们深入地研究它和改进它。研究改进工作的结果，使关键词索引法不断向前发展，并陆续产生了一些改良种。

(1) KWOC 索引

"KWOC 索引"的原名全称是"Keyword out of Context Index"（题外关键词索引）。这是出现较早的一种 KWIC 改良种。改进的地方是：把标目从索引行的中央移到行的左端，或提行至左上方，上下文紧接着排在标目的右边或下边，然后是文献出处项。现举两种检索工具加以说明：

检索会议文献的检索工具《会议论文索引》（Conference Papers Index，Data Courier 公司出版）的主题索引（Subject Index）实际上就是一种题外关键词索引（如例5-20）。它的标目放在索引行的左端，紧接着列出篇名的其余部分（即上下文）右端是索引材料的出处（即会议论文编号）。它的索引行比较短，最多只有60个字符，篇名过长排不下就截去。

【例5-20】 题外关键词索引片断

Abdomen and pelvis, Preliminary results of clinical trials 83-004364
Abdomen in five children (3 Wilm's tumor, 2 hepatoblastoma) 83-004659
Abdomen, pelvis and thyroid, Usefulness of ultrasonographic 83-001144
Abdominal aorta: A conceptual approach in treating 83-004442
Abdominal artificial anus during Mile's operation, ... 83-002770
Abdominal cavity, Miniature 83-004026
Abdominal drainage sequelae, Enterostomal therapy: A nursing 83-003202
Abdominal lymphoma- An update, Mediterranean 83-002707
Abdominal non-Hodgkin lymphoma(NHL)in children curable by 83-000726
Abdominal organs in combination with ultrasound, Fine-needle 83-004513

另一种检索会议文献的工具 MEDI-KWOC Index 的索引款式不同于上例，它将标目提行至左上角，标目下面著录完整的文献名称和出处（会议登记号）（如例5-21）。

KWOC 索引的优点是：检索标志突出醒目；款目形式和普通的主题索引基本一致，符合读者的查阅习惯；保持了篇名的完整性和原貌，易读性好。

【例5-21】 题外关键词索引片断

SUGAR
    USE OF MALE STERILITY IN TRIPLOID SUGAR
       BEETS V. 2 P. 232　　　　　　　　　　7004973C134

SUGARS
    ROLE OF IONS IN THE REGULATION OF … OF
       SUGARS IN INSULIN-SENSITIVE TISSUES P. 554　　7005989C147

（2）Double-KWIC Index

这种索引采用了双重轮排的原理。它的每个索引款目都有两个标目，第一标目放在索引行的左上方，标目的上下文放在下方且再按其余的关键词轮排，就产生了第二个标目。第二标目放在上下文的左端。一个篇名的同一关键词既在第一标目上出现一次，又在第二标目上出现一次，故称为双重上下文关键词索引。这种索引提供的索引款目和检索入口比前者多，可将两个关键词搭配起来检索，以提高专指性，款目的易读性也比KWIC好。例如，有一篇文章的名称为："Play therapy for maladjusted children"，按双重上下文关键词索引法，就可以轮排成象例5-22显示的那样。

【例5-22】 Double-KWIC 索引形式

Children
    maladjusted children/play therapy for
    play therapy for maladjusted children/
    therapy for maladjusted children/play

Maladjusted
    children/play therapy for maladjusted
    play therapy for maladjusted children/
    therapy for maladjusted children/play

…………
……………

（3）Enriched Keyword Index

这也是KWIC索引的一种改良种，主要针对篇名中关键词来源不充分而提出的一种改进方法。索引编制过程中增加了人工干预措施，由标引人员从正文或文摘中抽取一些重要词补充到篇名中去。补充上去的关键词作为篇名一部分一起输入到 KWIC 标引系统中，就生产出这种索引。所以，我们可以把这种索引称为"增补关键词索引"或"添加关键词索引"。这种关键词索引比前几种更接近主题索引，它克服了索引词来源不充分的缺点，提供的检索入口也比 KWIC 索引更多、更有用。美国《生物学文摘》(Biological Abstracts)及其姐妹刊《生物学文摘——报告、评论、会议》(Biological Abstracts/RRM) 的主题索引都是采用这种方法编制的。它们都保留了 KWIC 索引的基本形式和某些特征，在1980年以前也叫"上下文关键词索引"(Biological Abstracts Subject In Context)，现改名为"主题索引"(Subject Index)，但实质没有变。具体例子请参看第六章第三节。

(4) Paired Keyword Index

这也是一种由机器自动抽词标引文献而编成的一种关键词索引。关键词轮排时严格地采用了数学中的排列原理（n 中选2排列），每次用一对关键词标引文献，没有上下文，但设有参照，故称之为"词对式关键词索引"。这种索引提供的索引款目和检索入口与 Double-KWIC 索引一样多，也可以将两个关键词搭配起来检索。采用这种索引法的检索工具有《科学引文索引》(Science Citation Index)。它有一种名叫"Permuterm Subject Index"（轮排主题索引）就是用此法编制的。有关的详细内容见本章第六节。

(5) Concordances

这是为某些重要著作或经典著作而编制的一种语词索引。它以一部专著或某个作者的全部著作中的全部语词或有意义的词为标目，这些词来自著作的正文，上下文则是该词所在的段、小节、短语、句子或行，文献出处代号则表示该词及上下文所在著作的名称、卷册号、页码等。这种索引在我国称为"语词索引"（或称"勘靠灯"），也属于关键词索引这一类，它适用于揭示经典著作或世界名著的详细内容。主要用途有：查找某一著作中的某一段或某一句；研究某作者或作品的语言风格；对作品中涉及的对象进行统计分析;比较分析某个词的意义和用法;发现同形异义词等等。国外出版的比较重要的语词索引有:Biblical Concordances(手工编制,有许多种版本,最早的版本约产生于7—8世纪);A Concordancet to Livy(机编,KWIC 款式,1968);A Complete and Systematic Concordance to the Works of Shakespeare(机编,KWOC 款式,1970);A Concordance to Milton's English Poetry(机编,KWOC 款式,1972)。例5-23选自《纳尔逊氏修订标准版圣经全语词索引》(1985)中有关 Aaron(《圣经》中人物)的部分条目。

【例5-23】 语词索引举例(有关 Aaron 的部分条目)

AARON

"Is there not A., your brother, the	Ex4.14
The Lord said to A., "Go into	4.27
And Moses told A. all the words of	4.28
Then Moses and A. went and gathered	4.29
And A. spoke all the words which	4.30
Afterward Moses and A. went to	5.01
"Moses and A., why do you take the	5.04
They met Moses and A., who were	5.20
But the Lord spoke to Moses and A.,	6.13
and she bore him A. and Moses,	6.20
A. took to wife Elisheba, the	6.23

此外,还有一些由人工抽词、机器编排的关键词索引,如《中国化工文摘》、《中国地质文摘》、《国外航空文摘》、《铁道文摘》、《中国数学文摘》和美国《化学文摘》的关键词索引等。请参看第六章第四节和其他有关材料,这里不一一介绍了。

关键词索引虽然具有易编、快速、客观、节省和检索点多等优点,但是,不管是 KWIC 索引,还是其他改良种,都还是一种"词索引",而不是主题索引。它的主要功能是将读者导向原文(篇名)中未经规范的关键词(而不是原文的主题)。关键词与原文主题可能有关,也可能无关。也就是说,索引款目可能指向原文主题,也可能不指向它。据国外统计,关键词索引中约有1/3或更多的款目是不指向原文主题的。以上种种因素表明,关键词索引是一种比较粗糙的索引,在质量上和用途上无法与正规的主题索引相比。虽然在编制过程中它可以节省大量的脑力劳动和时间,但使用时却往往会增加读者的负担。因为,如果想查得全一些、准一些,读者就得花更多的时间和精力。可以说,编制阶段的节省是以增加查找阶段的负担为代价的。

因此,关键词索引比较适用于一般目的性不强的浏览性查找(即供读者及时了解新文献),或是那种对准确性和全面性要求不高的查找业务,对专题性和回溯性的检索则不太适用。当然,它的用途也决不仅限于查文献,还有其他许多用途,如:鉴别著作,核对文献,破译代码,等等。

第五节 计算机自动标引和辅助标引

科技文献的急剧增长,使传统的手工标引方法越来越不适应情报工作的需要。计算机技术和信息处理技术的应用范围不断扩大,促使人们着手研究文献自动标引和文摘索引工作自动化问题。文摘工作自动化是与自动标引密切相关的,这点在前面第三章已述及,并对文摘自动编制情况进行简略介绍。这里再简单介绍一下利用计算机自动标引和辅助编制索引的情况。

一、计算机自动标引

虽然计算机已经能自动识别文献(题目)中的关键词,并能自动生产出关键词索引;但是,关键词毕竟不等于主题词,关键词索引也不等于主题索引。机编关键词索引的成功仅仅是自动标引的开始,而自动标引的目标是要实现用计算机自动编制主题索引和自动分类。自动标引要解决的核心问题是:如何使计算机能自动识别文献中表达主题内容的词。这是一个非常复杂的问题。自50

年代中期开始研究自动标引,30多年来,人们试用了各种各样的方法,取得了不同程度的成功。归纳起来,自动标引的基本方法主要有3类:统计标引法、句法分析法和语义分析法。

1. 统计标引法

统计标引法(statistical method of indexing)又称文本统计分析法或基于统计的自动标引。它依据下述假设来选择标引词:某词在文献中的出现频率与该词的文献区分功能有密切关系。一个词(实词)在文献中使用越频繁,就越有可能是一个指示主题的词。1949年,G.齐普夫(Zipf)在他的《人类行为与最小力气法则》一书中指出:人类的语言行为亦受"最小力气法则"支配,即在一定时期内,用最少量的词来传递最大量的信息。日常生活中使用的词汇仅占词典中总词量的较小部分。1957年,卢恩首次在自动标引研究中采用词频统计方法,他认为:若某词在同一段中至少出现2次,就可以看作是一个重要词。

翌年,卢恩在齐普夫定律的基础上具体提出了一套利用词频统计来选择重要词的程序:

● 计算给定文献集合中每个词在每篇文献中的出现频次和总频次。

● 将全部按其总频次的降序排列起来。分析词频与词的分辨力(resolving power)之间的关系。卢恩设想文献中每个词都具有一定分辨力,即区分不同文献的功能。试验发现,频率太高的词(高频词)分辨力很低,有些甚至接近于零。因为它们一般都是一些只起语法作用而无实际内容的功能词(如介词、冠词、连词、代词、助动词等),或是一些很泛指的词(如"技术"、"方法"、"设备"等)。它们既然不能给文献本身增添什么实际内容,也就不能起到区分不同文献的作用。频率过低的词(低频词、罕用词)在文献中很少出现,不能依靠它们来区分不同文献,故分辨力一般也很低。而中频词则被认为是分辨力较高的词。分析结果如图5-2所示。

● 用试错法确定高频词和低频词的阈值,排除频率过高或

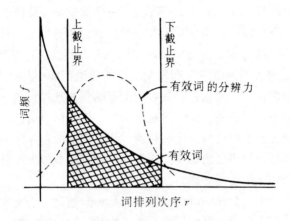

图5-2 词频与词分辨力关系示意图

过低的词。

● 将余下的中频词作为标引赋予文献,与其他文献特征标识存贮在一起,供检索和利用。这种方法亦被称为绝对频率法。

后来,人们发现卢恩的方法有严重缺陷,容易造成错选或漏选。所以,各种各样的统计标引方法先后被提出和检验,如相对频率法、反文献频率加权法、信噪比加权法、词区分值加权法、基于词相关理论的加权法、基于价值(效用)理论的加权法、全关键词标引法等。有兴趣的读者可参考本书的续编《计算机情报检索》(北京大学出版社,1993年)。

2. 句法分析法与语义分析法

句法分析法(syntax analysis method)利用计算机自动分析文本的句法结构,鉴别词在句子中的语法作用和词间句法关系。前苏联开发的自动标引系统多采用此法。它们一般都借助词典来指定词的语法范畴,以此作为句法分析的基础,最终抽出可做标引词的词语。美国人开发的有些系统也或多或少地采用了句法分析法。例如,60年代厄尔等人曾用句法分析来区分文摘句和非文摘句,70

年代克林比尔(P.H. Klingbiel)等人利用句法分析进行机助标引；80年代狄龙(M. Dillon)等人开发出"基于句法分析的全自动标引系统"(FASIT)，美国化学文摘社(CAS)也开发出一种采用计算语言学方法的全文自动标引系统。FASIT的设计思想是：反映文献主题内容的词语通常都属于一定的语法范畴。先给文献中的词指定语法范畴，再根据预先规定的范畴模式选择词语，并将这些词语的各种变体缩并成某种规范形式，作为标引词。CAS的系统的句法分析模块则借助一种称为"词专家"的程序来分析词在句中的作用，以识别出那些无法靠简单的查词典或形态分析来识别的复杂的化学物质名称。

语义分析法(semantic analysis method)通过分析文本或话语的语义结构来识别文献中那些与主题相关的词。其中，较有代表性的是格语法分析法和"句子功能分析"法(functional sentence perspective)。CAS的全文自动标引系统就是根据格语法和框架表示法的原理来分析文章中特定段落的语义结构，利用某些格标志去识别各部分中所含的语义实体（物质或过程名称）及其功能，然后把它们填入某一框架内相应的槽中，生成一条化学反应信息记录，作为建造数据的基础。

二、计算机辅助标引

计算机辅助标引(computer-aided indexing)是指利用计算机去完成部分标引作业，如查词、组词、生成索引款目、索引编辑排版及词表维护等，而其余那些智能要求高的复杂操作（如内容分析、赋词等）则由专家标引员来承担，简称机助标引或半自动标引。自70年代初以来，国外陆续推出了各种各样的机助标引系统，如ASIs、PRECIS、POPSI、NEPHIS、LIPHIS、美国国防文献中心和史密逊氏科学情报交换（SSIE）的机助标引系统，以及美国石油协会文摘索引服务中心的机助标引专家系统等。下面重点介绍其中两个比较重要的系统。

1. ASI 系统

它的全称为"Articulated Subject Indexing System"（挂接主题索引系统），是由英国伦敦谢菲尔德大学图书情报学院林奇（M.F. Lynch）和阿米塔奇（J.E. Armitage）等人1968年研制开发的一种机助标引系统。该系统生产的书本式主题索引相应地取名为"挂接主题索引"。

（1）ASI 系统工作原理

在 ASI 系统中，人和计算机进行了合理的分工。标引人员负责文献标引（包括编写标引语句和选标目）工作，计算机则承担编制说明语和索引款目的排序等事务性工作。索引生产的简单过程如下：

● 标引员根据文摘和题目分析文献主题后，编写出一个（或一个以上）类似题目般的标引语句，名中省略冠词，并尽量不用分词和动名词。

● 标引员从标引语句中选定若干个词（经过规范化的）作标目，并分别用尖括号将这些词括起来，作为计算机识别的标志。

● 将标引数据按一定模式输入计算机。

● 计算机先按给定的标志选出标目，再以标引语句中的功能词为分节点，将标引语句分割为若干节，并按一定的逻辑顺序编排成一条说明语，后面附上文摘号。然后，再选出其余几个预定的词作标目，按上述方法编出几条相应的说明语。这样，有关某一篇文献的全部索引款目就都编制出来了。可以看出，ASI 系统的最基本的原理就是：计算机利用功能词将标引语句转换成索引款目，检索者同样利用功能词将索引款目复原成标引语句，以便确切地理解该款目所揭示和代表的文献主题。

下面举例说明该系统的原理和索引款目的形式。比如，标引员根据第1234号文摘及其题目编写成一条标引语句（并选出4个可作标目的词）：

$$\langle \text{Ignition} \rangle \underset{\text{分节点}}{\text{of}} \langle \text{mixtures} \rangle \underset{\text{分节点}}{\text{of}} \langle \text{methane} \rangle \underset{\text{分节点}}{\text{with}} \text{air} \underset{\text{分节点}}{\text{by}}$$

electrical 〈discharges〉

经过计算机处理后,转换成以下4个索引款目:

ⓐ **Ignition**

　　of mixtures of methane with air by electrical discharges,1234

ⓑ **Discharges**

　　electrical——,ignition of mixtures of methame with air by,1234

ⓒ **Mixtures**

　　of methane with air by electrical discharges,ignition of,1234

ⓓ **Methane**

　　mixtures of,with air by electrical discharges,ignition of,1234

(2) 转换规则

从上例可以看出,向计算机输入一个标引语句,结果得到了多个索引款目。但是怎样才能保证转换的一致性呢?这里所说的一致性包括两个方面:一方面指由相同的标引语句转换成的索引款目也相同;另一方面也指复原时,它们都能恢复成同一个标引语句(即保证复原的单值性)。要解决上述问题,就必须建立一套转换规则。为此,林奇等人在美国化学文摘社(CAS)的协助下,从1964年第60卷《化学文摘》(CA)的主题索引中任选出1000个索引款目作为分析对象(因为该索引与ASI有许多相似之处),分析索引款目的形态,弄清索引款目与标引语句之间的逻辑关系。在此基础上制订出6条转换规则:

① 如果做标目的词本来就位于标引语句的开头,则直接用句子的其余部分做说明语,词序不变(如上面款目ⓐ);

② 如果做标目的词原是一个名词短语的一部分,则名词短语的其余部分做说明语的导词,其次是标目后面的词,最后是标目前面的词(如款目ⓑ);

③ 如果做标目的词后面原来接有介词"of",则以标目后面的词做说明语的导词,其次是标目前面的词(如款目ⓒ);

④ 如果做标目的词前面原来冠有介词"of",则以标目前面带

"of"的介词短语做说明语的导词,其次是标目后面的词,最后才是介词短语前面的其他词(如款目ⓓ);

⑤ 当前4项规则均不适用于正在处理的标引语句时,则根据句中其他词与标目共同出现的频率来决定说明语的词序。如果系统内设置的共现频率表提供的统计数据表明某个词与现在选定的做标目的词共同出现的频率比其他词高,就以这个词做说明语的导词。例如,有这样两个标引语句

  method for determination of carbon in ⟨coal⟩, 432

  determination of moisture and ash in ⟨coal⟩, 543

按规则⑤,就应选用"determination"做说明语的导词,并将第二条说明语中的相同导词略去,缩格排印,就生成下面这样两个索引款目

Coal

  determination of carbon in, method for, 432

   of moisture and ash in, 543

⑥ 如果前5项规则均不适用,则以原来的标引语句的词序作为说明语的词序。例如

  electrical exploders for ⟨shotfiring⟩ in mines, 23

按规则⑥,它将转换成这样的索引款目

Shotfiring

  electrical exploders for, in mines, 23

以上6条规则不但成了ASI的计算机程序内容之一,而且还是将索引款目复原为标引语句的响导。实践表明,这些规则是比较全面的,对各种标引语句一般都能处理。

(3) ASI系统的特点

ASI系统的特点是:

● 描述文献主题的标引语句是根据文摘和篇名编写的,这样可以保证原文的全部主题都标引出来;

● 标引语句表达主题比篇名更准确、更专指;

● 有效地发挥了计算机的长处,减少了大量的事务性工作,加快了主题索引的编印速度;

● 标引人员有效地干预了标引过程,标引语句的专指度可受标引人员控制,标目也是由标引人员选定而且是规范化的;

● 与 KWIC 索引相反,ASI 有效地利用了功能词。无论是编索引还是检索,功能词都起着非常重要的作用。它在编索引时作为分节点,查阅索引时成为挂接点,显示索引词的上下文关系。以上特点说明 ASI 的质量比 KWIC 索引和 KWOC 索引好得多,ASI 是一种合格的主题索引,是应用计算机编制主题索引的一次成功的尝试。

ASI 技术已经应用于《世界纺织文摘》(World Textile Abstracts)和《橡胶与塑料研究协会文摘》(Rubber and Plastics Research Association Abstracts-RAPRA Abstracts)等检索工具的主题索引编制工作。另外,英国《分析化学文摘》(Analytical Abstracts)和美国《化学文摘》的主题索引也属于挂接型的主题索引。不过,后两者是手工编制的。

2. PRECIS 系统

PRECIS 是 PREserved Context Index System 的缩写。国内一般称它为"保持原意索引系统"或"保留上下文索引系统"。

该系统是英国图书馆书目部用来协助人工标引的一种计算机辅助标引系统,1971年1月初步建成,经过3年的试用和改进,于1974年正式投入使用。该系统的最初目标是要为英国的机读目录(UK/MARC)记录提供主题索引数据,并为《英国国家书目》(BNB)生产一种新式的字顺索引。

该系统也是以标引人员和计算机的劳动分工为基础的。标引员负责分析图书内容,判断并提取出图书的主题,编写标引语句,给出参照指示号、主题指示号、图书分类号及其他指示代码。将上述标引数据输入计算机后,计算机按指令对标引数据进行高速处理,自动编出全部索引款目和参照款目,并将这些款目按字顺组织起来,制成磁带,用以生产书本式主题索引和供计算机检索。它大大地减轻了标引人员繁重的事务性劳动,显著地提高了索引工作的效率。

该系统的工作原理比较复杂,这里仅择要介绍以下几点。

(1) 标引语句的编写方法

标引员分析出图书主题之后,要根据"上下文从属"(context-dependency)这个原则来构造标引语句。所谓"上下文从属",是指标引语句中每个词都将它后面的词置于它较宽的上下文之中。也就是说,在原文中直接相关的词,在标引语句中就要排在相邻的位置上。然后,再按照它们之间的句法关系决定其次序先后。在原文中含义较宽的词放在前面,较窄的则放在后面。

例如,有一部关于"印度棉纺工业职工的培训"的著作,根据上下文从属原则,相应的标引语句应是下面的形式:

India>Conton industries>Personnel>Training

句中">"指示邻接词之间的一种直接关系,">"前面的词将后面的词置于它较宽的上下文之中。"印度"这个概念确定了"棉纺工业"这个概念的地理位置,即作者所谈的是印度棉纺业。"棉纺工业"是整个系统的名称,它的"职工"是人类的一部分,即作者的叙述集中在棉纺业职工这一部分人上面。作为"培训"这个动作的对象的"职工",又把培训限定在某种培训之内。按这种方法编写出来的标引语句,虽然一般不含有介词,但词与词之间有一种确定的上下文关系(或句法关系)。人们常常称这种标引语句为"词串"(string of terms)。

(2) 职能号的使用

为了保证不同的标引员(或同一标引员在不同场合下)编写出统一和标准的标引语句,避免人为的标引误差,需要制定一定的标引规则和句法规则,以指导和约束标引员的工作。为此,PRECIS编制了一套职能号(operators,又称操作码,见表5 2a—d)。

表5-2a　PRECIS系统的主要职能号

被观察系统的环境	0	位置
被观察系统 （核心职能号）	1 2 3	关键系统 　及物动作的对象；不及物动作的执行者 动作/效果 及物动作执行者；诸方面；诸因素
观察者的观点	4	所形成的观点（或看法）
观察用例	5	样品总体/研究范围（地区）
数据描述	6	对象/形式（读者对象、出版形式等）

表5-2b　PRECIS系统的插入职能号

从属要素	p q r	部分/性质 具有准类属关系的成员 集合体
概念连环	s t	作用限定符 作者赋予的联系（如比较关系）
并列概念	g	并列概念

表5-2c　PRECIS系统的区分职能号（冠$）

用来处理复合词或 短语，区分中心词与 修饰词之间的关系， 在输入串中引导修 饰词	h i j k m n o d	非领词直接区分 领词直接区分 突出区分（未正式使用） 非领词间接区分 领词间接区分 非领词带括号区分 领词带括号区分 日期区分

表5-2d　PRECIS系统的连接职能号（连接短语的构件，冠$）

用于装配索引款目	v w	下读构件 上读构件

表5-2e　PRECIS系统的论题连环码

用于并列主题 避免错误组配	x y z	并列论题的第一要素 并列论题的次要要素 普通论题要素或并列论题中的共同要素

这些职能号的主要用途是：

● 作为分面分析的工具，指导标引员正确全面地分析文献主题。标引员可以按这些职能号依次去分析和提取文献的主题要素，以免遗漏了应该标引的内容。

● 表示语句中各个词的职能和相互关系，确定它们的排列次序。如果职能号用得正确，就会使语句的词序自动地与上下文从属原则相吻合。现在用职能号来分析前面提到的那个标引语句，结果如下：

关键词	作用	职能号
India	位置	0
Cotton industries	关键系统（整体）	1
Personnel	关键系统的一部分，动作的对象	p
Training	动作/效果	2

按规定，职能号数值越小，词就排得越靠前。字母职能号可根据需要插在数值职能号之间，例如，职能号为 p（指示部分）的词应排在职能号为 1（表示关键系统整体）的词之后。将上述 4 个关键词按职能号规定的次序排列起来，恰好与按上下文从属原则编写出来的语句词序完全一致。

● 作为计算机操作码的构件之一，置于某个词的前面。操作码起着规定索引款目格式，区分领词与非领词等作用，而且还与每个词的排版和标点有关。每个词前面的操作码由 9 个字符组成。各个字符的性质或作用依次为：操作码引导符、论题连环码、主要职能号或插入职能号、领词指示符、替代指示符、展示词和限定词的编辑指示符、保留字符（未用）、引导符和词类指示符。有些词后面也带有操作码，即区分职能号或连接职能号，有时也可以是 s、t、g。下面是由操作码和关键词组成的一个输入串：

$z	0	103	0$d	India
$z	1	103	0$a	Cotton industries
$z	p	103	0$a	Personnel
$z	2	103	0$a	Training

计算机对输入串进行处理后,按要求输出下面4个款目:

India
    Cotton industries. Personnel. Training
Cotton industries. India
    Personnel. Training
Personnel. Cotton industries. India
    Training
Training. Personnel. Cotton industries. India

  PRECIS 的索引款目一般排成两行,由4项内容构成。第一行最左端的黑体字为领词,即索引的标目。领词右边的词为限定词,即上下文中含义较泛的词,从较广的方面来限定标目的含义。限定词过多造成第一行排不下时,回行缩八格后接排。第二行为展示词,即上下文中含义较窄的词,从更具体的方面来展示标目的含义。展示词过多造成第二行排不下时,回行缩两格后接排。第二行的右端还有一项,是文献地址,即分类号或索取号。例如

  Grants. Students. Higher education institution. Creat Britain
    Organisations—*Diretories*   378.3

  不是每个款目都会同时存在限定词和展示词,它取决于款目的领词是否存在含义更广或更窄的上下文。另外,PRECIS 的设计者把标引语句中的词在索引中的轮排方法称为"Shunting"(换轨轮排法)。这个名称形象地描述了 PRECIS 的轮排原理和特点。语句中每个词或词组按字顺轮流排在领词的位置上,使整个语句就象火车换轨一样沿上下两行运动,但整个语句的结构和上下文从属关系不受破坏,因而起到了保持标引语句的原意的作用。因此阅读索引款目时,应从第一行的右端读起,往左读;读完第一行再读第二行,从左往右读。这就是原标引语句的本来次序。

  (3) 参照指示号与主题指示号

  索引中各种参照款目也是从计算机控制的数据文件中产生的。当一个词被使用并收进词库中时,就要为它做一条记录,记录该词的参照指示号(RIN),参照的类型和有关词的参照指示号,并将该记录转换成机读形式。参照指示号就是指示计算机从机器控

制的一个参照数据文件中提取相应的参照款目的一种符号。标引人员只要把短句中所含词的参照指示号附在输入串中,计算机就可以根据这种指示号自动编出相应词的一组参照款目。PRECIS共设立了两种参照:同义词用"See",相关词(包括等级相关和类缘相关)用"See also"。

主题指示号(SIN)是一种指示有关某一主题的全部标引数据在数据文件的位置的一种符号。每一条标引记录都配有主题指示号。标引人员在处理文献时,先要到公务档中查重,看被标引文献的主题是否已经在档。当发现公务档中已经记录过该主题时,他就可以省去编写标引语句及提供其他标引数据的工作,直接把该主题的主题指示号写在编目记录上,然后输入计算机。计算机就可以根据给出的主题指示号自动编写出该主题的全部索引款目和参照款目。据统计,《英国国家书目》采用PRECIC系统3年之后,有50％以上的文献是通过直接引用主题指示号的方法处理的,大大地节省了人力和时间,加快了处理文献的速度。

(4) PRECIS 的特点

PRECIS 吸取了很多索引方法的长处,例如:对主题进行分面分析,关键词轮排法,保持主题语句的句法次序及结构含义,使用职能号等等。但是,它又把这些方法综合在一起,加以完善和发展,形成了一套比较好的、有自己特色的索引方法。PRECIS 的特点可归纳如下:

● PRECIS 用一种带句法结构的标引语句来概括文献主题,比单纯的词标引效果好,表达主题的专指度较高。

● 它使用的词表是由机器控制的一种开放性的词表。一旦在文献中出现了新的名词术语,马上就可以补充进去并立即用于标引。这种索引语言很接近于关键词语言(自然语言),但它又是受到人的控制和管理的。一个词一旦进入 PRECIS 的词表,就从句法和语义两方面控制了这个词及它与其他词的关系,并且为这个词建立了一条包括地址码、参照指示号等内容在内的机读记录。

● PRECIS 的整个标引和编制索引的过程是由人与计算机共同完成的，人与机器之间分工合理，充分发挥了两方面的长处。输入一条标引记录，计算机就能自动地编出全部款目。对重复出现的主题，只要查出主题指示号，就可以获得全部款目。

● 索引中词的轮排方法较新颖合理。这种被称为"Shunting"的轮排法既吸取了 KWIC 和 KWOC 的上下文相关排列与词轮排等原理，又比前者更显得结构完整、醒目，易读性强于 KWIC，款目数量也不过多，更重要的是保持了标引语句的原意。

与链式索引法和挂接主题索引法相比，PRECIS 的缺点是：标引速度较慢，索引词汇较难控制，索引款目复杂，加工费用较昂贵。

自研制成功以来，PRECIS 的优点逐渐为人们所认识，应用的领域不断扩大，其功能已远远超出预定的目标。

第六节 引文索引

引文索引是一种比较独特的索引。它的编制原理和用法都比较特殊，作用也比较重要。下面分6个方面介绍。

一、引文索引的产生与发展

1. 引文索引的概念

引文索引的概念来源于人们的著述活动。文献的作者为了给自己的著作提供某种佐证、前例或背景材料，一般都要参考引用前人或同代人的著作，以便读者了解该文吸取或采用了何人在何处提出的概念、理论、方法或装置。这是著作界普遍存在的一种"参考习惯"(reference tradition)。假设有文献 A 和 B，若文献 B 提到或引用了文献 A，这时我们就称 A 是 B 的"引文"(citation)或"参考文献"。因为文献 B 提供了包括文献 A 在内的若干引文，故被称为"来源文献"(source item 或 source document)。来源文献包括期刊论文、会议报告、通信、评论、技术札记等。刊载来源文献的出版物（如期刊、图书等）称为"来源出版物"（source publication）。

文献之间的引证关系反映了一种科学交流活动，显示了科学文献之间（甚至是学科之间）的内在联系。人们早就发现，通过追溯文献之间的这种关系，可以找到一系列内容相关的文献。这一发现为人们提供了一种新的文献归类方法和检索方法。引文索引语言和引文索引法就是在这一基础上建立起来的。所谓引文索引语言，是指以某一引文做索引词标引和检索所有引用过该引文所代表的文献的一切文献，这种索引词的全体就叫引文索引语言，简称"引文语言"。以文献间引证关系这种连接科学文献的内在系统为基础，用引文语言标引文献和编制索引的一整套技术方法，就称为引文索引法。

2. 引文索引的产生背景

类似引文索引的检索工具，19世纪时就有人编过。1873年，美国出版了一种供律师和法学家查阅法律判例的检索工具，称为"Shepard's Citation"（谢泼德引文）。该工具收录各种判例，揭示判例的引用情况。其编排方式是：先著录早先的一个判例做标目，然后在该判例下列出引用过该判例的所有判例（如例5-24）。

【例5-24】 《谢泼德引文》的索引款目

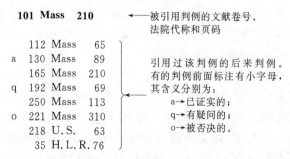

第二次世界大战以后，文献量迅猛增长，传统的文献标引方法更加难以适应信息交流的需要。采用传统的标引方法首先需要

建立和不断完善一种索引语言，管理词汇的工作量很大；其次，它使检索工具的收录范围和标引工作受到学科边界壁垒的限制，难以处理学科之间相互交叉渗透的问题，不便于各学科之间交流情报；最后，它难以克服标引过程中的主观片面性和不一致性，难以实现文献的自动标引。

50年代初，美国的尤金·加菲尔德（Eugene Garfield）在研究如何利用机器自动编索引的过程中受到了"谢泼德引文"的启发，提出了以引文作为新的检索途径的设想。不久以后，他便与谢尔（I. H. Sher）等人合作，开始进行小规模的试验。他们先后试编了一些小型的引文索引（如为两家制药公司的5000件专利编制引文索引），以检验引文索引法的可行性和实用性。60年代初，加菲尔德正式挂出"科学情报社"（Institute for Scientific Information，简称ISI）的社牌。接着，又在美国国立卫生研究所和国家科学基金会的资助下，编制了一种小型的遗传学引文索引。

一系列试验表明，引文索引法是一种经济而实用的新技术，有关领域的科学家对它的反应是好的，有的人甚至认为引文索引对文献主题的描述比传统的主题法和键词法更深更具体，其范围也广泛得多。因此，ISI决定独自编制一种面向全部科学技术领域的综合性引文索引。这种检索工具于1961年开始编制，1963年编成出版，取名为Science Citation Index（科学引文索引），简称SCI，年刊，摘录1961年出版的重要期刊613种，包括来源文献113,318篇，引文1,370,000条。1964年SCI出了两卷，分别摘录1962年和1963年的期刊。1965年起每年出一卷，季刊。1979年起改为双月刊，并有年度累积本和五年度累积本。目前，它每年摘录的期刊数量和报道的引文数量比创刊时增加了好几倍。据ISI 1992年提供的统计数字，1991年SCI摘录来源出版物3,213种，包括来源文献59万篇左右，引文12,229,290条，并开始提供作者文摘。

1973年，ISI又出版了Social Science Citation Index（社会科学引文索引），简称SSCI。1978年，又把引文索引法用于艺术和人文科学方面，出版了 Arts & Humanities Citaion Index（艺术与人文科学引文索引），简称 A&HCI。另外，美国普林斯顿大学、美国物理研究所、Itee 公司和前苏联阿塞拜疆科技情报所等机构也先后编制了几种小型的专业性引文索引。就连停刊多年，对 SCI 影响最大的"谢泼德引文"，反过来又在 SCI 影响下重新出版了，改名为 Shepard's Law Review Citations（谢泼德法律评论引文索引）。

二、引文索引的编制方法

1. 收录范围的确定

现以 SCI（科学引文索引）为例，说明它的编者是怎样确定引文索引的收录范围的。SCI 是一种科学技术方面的综合性检索工具。编制学科覆盖面如此广泛的检索工具，首先必须恰当地确定其收录范围。全世界每年出版的科技期刊有好几万种。由于多种原因，主要是经济原因，SCI 根本不可能把它们收录齐全。那么，如何选择期刊呢？编者首先是根据所谓"加菲尔德文献集中定律"（Garfield's Law of Concentration），认为在几万种科技期刊中，最重要的期刊（即核心期刊）不过1000种，甚至还可能不足500种。因而，他们认为把收录期刊数量定在3000种之内，已经大大超过核心期刊的数量，足以把最重要的科技文章包括在内。

然后，他们再根据"费用-效果"原则来选择每一种期刊，找出全部高质量的期刊。使用的基本方法是引用频率统计分析法。根据某种期刊特定年度内的总被引量、平均被引率（即影响因子，等于该刊给定时期内的总被引量与可引文献量之比）以及快引指数（immediacy index，一种测度期刊中的可引文章的被引用速度的指标）等标准来鉴别已收录期刊的质量，发现尚未收录但值得考虑的期刊。对新创刊的期刊，因为人们一时还难以判断它的价值，被引用的次数开始也往往较低，且不稳定；所以，编者就根据出版商的声誉、该刊编辑部所代表的地理区域、可靠性等标准来确定是否选用，然后向编辑顾问委员会推荐。

2. 编制步骤

这里只简单介绍引文索引的几个主要编制步骤。

（1）文献的前处理。包括由标引人员浏览新到期刊，选择文章，标注文章的类型、起止页码，著录文章篇名、著者、组织机构及其地址，著录参考文献（即引文）等项工作。著录内容要标准化。

（2）输入数据。索引员使用键盘-显示终端，将编选好的文献记录分批输入计算机，经过核对后，在监督终端的控制下，由操作人员将校验过的记录从磁盘转记到磁带上。

（3）编辑、累积。磁带经过日编辑，累积成周数据库，再经过周编辑。周编辑时，须给每一种期刊加上代码，表示出哪些期刊应当进入哪种引文索引。然后按来源数据、引文数据、机构数据和专利数据等4类数据排序。此外，周编辑还包括对篇名进行仔细的编辑和校对，以保证篇名信息的准确性和维护篇名词索引的正常使用。最后，分别制成来源数据成品档、引文数据成品档、机构数据成品档和专利数据成品档。

（4）按出版周期累积周成品档，然后照相排印、出版。先按2个月或4个月累积一次的周期把前几个月的周成品档累积集中，统一各档的引文数据，并编制 Permuterm Subject Index（PSI）文档，然后照相排印，生产出双月刊的 SCI（科学引文索引）、4月度的 SSCI（社会科学引文索引）和 A&HCI（艺术与人文科学引文索引）。然后，年终或每隔5年分别再累积一次，分别生产出年度累积索引和5年度累积索引。

三、《科学引文索引》的结构

《科学引文索引》是由6个主要部分组成的，报道当年最重要的科技文献及其引文的多卷本索引。它的关键部分是"引文索引"（Citation Index）和"来源索引"（Source Index）。

1. 引文索引（Citation Index）

这一部分由全部引文款目构成，每个引文款目以一条引文

（即一篇参考文献）作标目。标目包括有：引文作者（Cited Author）姓名，被引用著作的发表年份，所载期刊的缩写刊名、卷号和页码等项内容。注意，引文索引的款目不是仅仅以作者作标目的，而是以包括上述诸项内容构成的一条完整的"引文"作标目的。标目下面按字顺列出引用者姓名及其著作的出处。所有引文款目先按被引用的第一著者姓名的字顺排列，再按被引用著作的发表年份和刊名字顺排列。引文索引的形式如例5-25所示。

在引文索引款目中，缩写刊名与卷号之间标有一个大写字母，

【例5-25】 引文索引片断

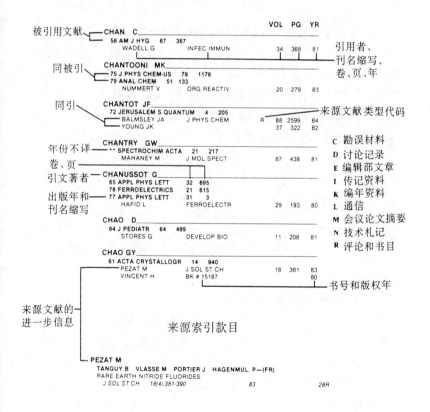

这是来源文章的类型代码(目前已改放在年份之后)。它们的含义分别见右边的代号表。凡未标这种代码的,则表示这些来源文章是普通的研究报告或论文。如果来源出版物是图书,则不著录其书名,而著录其书号(BK#×××××)。如果被引用文献发表年份不详,则用双星号(**)表示。但在早年的引文索引中,双星号表示该文是该作者被 SCI 摘录得最早的一篇文章。

原来未注明参考文献作者的引文款目称为匿名引文款目(Anonymous cited item)。它们集中放在引文索引的末尾,按缩写刊名和年代排列。这一小部分称为 Citation Index:Anonymous(匿名引文索引)。

2. 专利引文索引(Patent Citation Index)

这种索引专门收录专利引文(即以专利说明书为参考文献,每年约3万条)。每个款目(如例5-26)以专利号码、发表年份、专利发明人及专利国别为标目,按专利号码排列。标目下面列出引用者姓名及其著作的出处。专利引文索引与引文索引的作用基本相同。

【例5-26】 专利引文索引格式

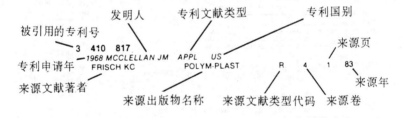

3. 来源索引(Source Index)

这一部分由全部来源款目构成,报道前一年或当年出版的最重要的科技期刊上发表的文献。每个来源款目以来源文章的第一作者(即引用者)为标目,标目下面著录合著者名字、文别、篇名、缩写刊名或书号、卷期号与页码(或版权年)、发表年份、参考文献篇数以及作者地址等项。第二、三、四著者也可作为款目的标目,但这

【例5-27】 来源索引片断

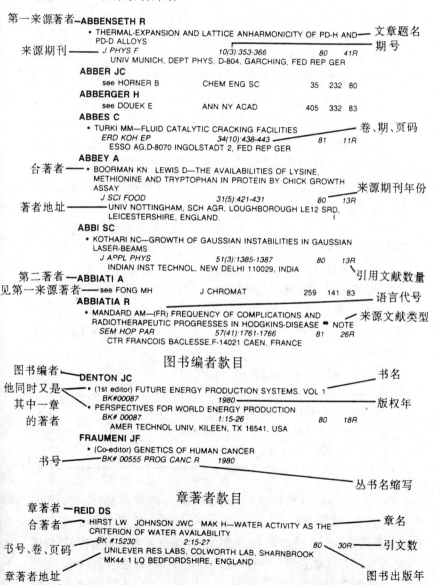

种标目下面著录内容简单,只指引读者见第一著者,并注明来源期刊的缩名、卷号、页码和年份。在 SCI 机读版中,来源索引是主文档。其中每条记录包含的项目有15个,除前面提到的以外,还有记录存取号、ISI 文献入藏号、来源期刊全称、文献类型、期刊分类号、研究前沿和具体的引文数据。特别值得注意的是"研究前沿"项(标识为 SUBJ)。ISI 根据上一年的引文分析结果,进行引文聚类,生成当年成为研究焦点的研究课题,称作"研究前沿",显示在有关的来源文献记录内。该项内容由研究前沿形成年份(2位数字)、聚类级别(1位数字)、聚类编号(5位数字)、关联度(即该文献所含的相关引文数,用5位数字表示,放在括号内)以及研究课题或焦点名称。来源索引的形式如例5-27所示。

此外,对著者不详的来源文献,则以来源期刊缩名做索引款目的标目。这种款目叫"匿名来源款目",全部放在来源索引最前面。

4. 机构索引(Corporate Index)

机构索引反映某机构的科研人员最近发表文章的情况。1978年以前,该索引以作者所属机构为标目,标目下面列出该机构最近发表过文章的作者姓名及文章的出处(如例5-28),按机构名称字顺排列。

【例5-28】 1978年以前的机构索引

BAYL U MED DENG DEP PATH DALLAS				
LARSH JE	J PARASITOL	65	51	45
PEREZCV AS	CANCER	65	18	73

1978年以后,机构索引分成两部分:地理部分(Geographic section)和机构部分(Organization section)。地理部分是主要部分,先按机构所在地的州名(或国名)和城市名的字顺排列,再按机构名和分支机构名的字顺排列。其形式如例5-29所示。

机构索引的主要作用是供读者从相关机构入手,查检该机构的科技人员最近发表的著作,然后还可以把查得的文献作为下一步进行引文检索的起点文献。

【例5-29】 1978年以后的机构索引片断

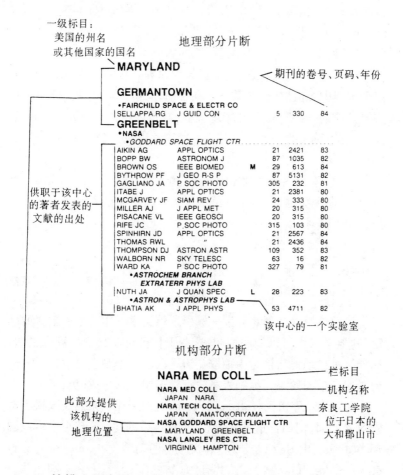

5. 轮排主题索引（Permuterm Subject Index）

这是一种篇名关键词索引,1967年开始编制。"Permuterm"是"Permuted term"的缩写。"Permuted"在这里取其数学含义:

"排列"。"排列"的数学定义是"从 n 个不同的元素中任取 m，然后按任意一种次序排成一列，称为一个排列。这样得到的不同排列的总数是 $n(n-1)\cdots(n-m+1)$，记作 P_n^m 或 A_n^m。例如，从元素 a，b，c 中每次取2个，共得 $P_n^2=3\cdot 2=6$ 个排列，即 ab，ba，ac，ca，bc，cb。因此，"Permuterm"就相当于汉语"被排列的词"、"经过排列法处理的篇名关键词"的意思。

Permuterm 标引法就是根据排列原理，从某一篇名所含的全部关键词中每次取2个来做一个款目的标目（即 n 中选2排列法），如果该篇名一共有 n 个关键词，就一共可以得到 $P_n^2=n(n-1)$ 个词对来做标目。故又称"词对式关键词索引法"（Paired Keyword Indexing）。

例如，有篇名为"用含烟草液的纸防治书籍害虫"的文章，篇名中共有5个关键词。用排列法，每次选两个词排列起来，就可以得到20个词对

$$\text{烟草液}\begin{cases}\text{防治}\\\text{害虫}\\\text{书籍}\\\text{纸}\end{cases}\quad \text{纸}\begin{cases}\text{防治}\\\text{害虫}\\\text{书籍}\\\text{烟草液}\end{cases}\quad \text{防治}\begin{cases}\text{害虫}\\\text{书籍}\\\text{纸}\\\text{烟草液}\end{cases}\quad \text{书籍}\begin{cases}\text{害虫}\\\text{防治}\\\text{烟草液}\\\text{纸}\end{cases}\quad \text{害虫}\begin{cases}\text{防治}\\\text{书籍}\\\text{烟草液}\\\text{纸}\end{cases}$$

然后再用这些词对分别去标引这篇文章，作为索引款目的标目。其他文章也可以如法炮制。这些工作都可以交给计算机去做，让计算机自动地从篇名中抽取关键词词对和编制索引款目。不过，为了保证抽词效果，编制人员先把篇名中的词分成3类：

● 绝对停用词（full-stop words），即毫无检索意义或极少检索意义的词。例如：介词、冠词、代词、系动词、某些形容词或副词（如 best，little）以及一些含义很多的动词（如 come，do，get，give，make，take 等），总共有194个左右。

● 半停用词（semi-stop words），也称准关键词。具体是指那些无独立检索意义但却可以起到配合检索的作用的词。如：action, analysis, application, general, method, measure, field, process，research，science，search，spead，study，use 等等，共有764个左右。这类词在索引中不能作为主标目（primary term，主词）使用，只能作为副标目（co-term，配合词）使用。

● 真正的关键词，即具有独立检索意义（能独立表达文献主题）的词。它们在索引中既可以作为主标目，也可以做副标目。

例如上例中的"含"、"用"、"的"等字属于第一类，"防治"属于第二类，其余属于第三类。所以以"防治"一词放在前面的那4个词对无效，还剩下16个词对可以做标目。

将所有篇名词按检索性能分类以后，将第一、二类词分别编成停用词词表（Full-stop List）和半停用词词表（Semi-stop List），输入计算机中变成机控词库。然后，从来源数据文档中选出一部分重要文章（约占全部来源文章的1/3），将它们的篇名（包括副篇名）词与前两个词表进行匹配，排除了第一类词，区分开第二、三类词，并抽取关键词词对做标目，编制出全部款目，按关键词字顺组织排列全部款目，再制成磁带，经过照相排版，就印成了 Permuterm Subject Index。因此，把这种篇名关键词索引称为"轮排主题索引"或"词对式关键词索引"是比较恰当的，也可以简称为"PSI"。PSI 的形式如例5-30所示。

6. 期刊引用报告（Journal Citation Reports）

这一部分仅出现在 SCI 的某些年度累积本中，包括有6种数据表，即：期刊等级排序表、来源出版物数据统计表、期刊半衰期表、期刊分类统计排序表和引用期刊统计表。

四、《科学引文索引》检索方法

当接到一个检索课题时，根据给出的不同条件，可以有以下几种检索方法：

1. 引文检索法（Citation Search）

如果自己手头已掌握某一篇重要的较早时间发表的相关著作时，最好采用这种检索方法。检索时，就以这篇重要著作为起点文

【例5-30】 PSI 片断

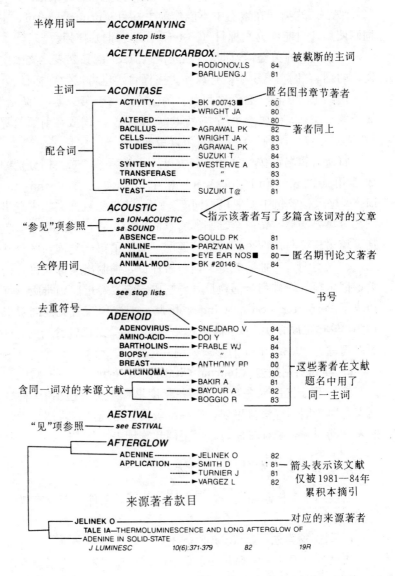

献(即作为检索起点的文献),利用引文索引查出所有引用过这篇著作的人及其文章的出处,再查来源索引,就可以查得一些与课题相关的文献。进行引文检索时要注意用替代性引文作为起点的问题。往往有这种情形:某一领域中原来的经典性文献不再有人引用了,被后来的文献取代了。所以,要想查全有关文献,就要恰当选择替代引文作为检索的起点。

如果已知的是一件专利说明书,就可以从这件专利说明书的专利号码入手,查专利引文索引;如果是一部匿名著作,就可以从发表该著作的出版物名称入手,查 Citation Index:Anonymous。其他步骤与上面基本相同。

2. 主题检索法

当我们手头既无起点文献,又不了解其他情况时,就可以采用此法。检索时,先选取与课题密切相关的若干个词对,利用 PSI 查出那些篇名中含有这些词对的著作的作者,再查来源索引,就可以找到一些相关的文献。在联机检索中还可用某个研究前沿课题名称或其中的关键词做起点,检出当年的研究热点文献。

3. 来源作者检索法

当我们已知道该课题领域的某些作者时,可以采用此法。查找时,直接利用来源索引,按已知作者姓名查出他当年发表的文章之篇名与出处,再通过其他途径获得原文。

4. 地理或机构检索法

采用此法应以掌握有关机构的名称为前提。如果既知道机构名称,又知其所在地的州名(或国名)和城市名,就可以直接利用机构索引的地理部分查出该机构当年发表文章的一部分作者的姓名及其文章出处,再查来源索引。若仅知道机构名称,应先查机构部分及其所在地的地理位置,再查地理部分。检索步骤如下:

机构名称——→机构索引机构部分——→该机构所在地(州名或国名、城名)——→地理部分——→机构所在地——→机构及分支机构名——→著作人姓名及著作出处——→来源索引——→相关文献

5. 综合循环检索法

所谓综合循环检索法，就是综合利用各种方法和整个科学引文索引提供的全部检索途径，并以前面的检索结果作为新的检索起点，一次又一次地重复循环上述几种检索过程，直到对检索结果基本满意为止。这样循环往复的追溯，就会像滚雪球一样得到越来越多的相关文献，充分发挥了《科学引文索引》的检索作用。此外，在联机检索中还可以进行同引或同被引检索、浏览式检索，或者将引文检索与其他检索点（如关键词、语种、文献类型、出版时间、期刊类别等）相配合。

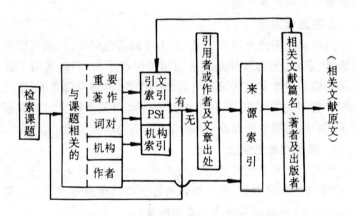

图5-3 《科学引文索引》查阅方法示意图

五、引文索引的主要用途

由于引文索引把引文（参考文献）作为文献的标引词，建立了一套以"引文索引"为核心的综合性检索系统，所以，引文索引具有标引词语义稳定，能够展示文献之间相互关系这样两大特点。因此，它能够发挥下列诸方面的作用。

1. 作为文献检索工具

引文索引给我们提供了从引文入手查文献这一种新颖而实用

的检索途径。只要手头有一篇较早时间发表的起点文献,就可以借助它查到所有引用过该文献的全部文献,不管这些文献属于哪个领域,也不管是什么时间发表的。这样就可以帮助读者解决因不熟悉课题内容或检索语言,或者缺乏合适、齐全的文摘索引刊物而造成的困难。

由于引文索引收录范围打破了传统的学科分类界线,比较能够从多维的角度来反映学科之间相互交叉、相互渗透的关系,而且不依赖于专业术语。所以,对于一些新学科新领域的课题,特别是交叉学科、边缘学科的课题,利用引文索引查文献的效果比一般检索工具可能更好一些。

对于全面、详尽的回溯性检索,除利用有关的其他检索工具外,也应充分利用引文索引,进行一次又一次的循环往复的追溯,才有可能达到检索结果的全面性和详尽性。

此外,还可以根据不同的检索要求,灵活地运用引文索引来进行各种类型的检索,如:文献核实性检索、人名作主题的检索、技术方法的检索、跟踪性检索、概念性情报的检索、具体问题的检索、快速的技术现状检索等。

2. 作为引文分析工具

引文索引早已作为一种分析工具,应用于许多研究领域。因这方面的内容已超出本教材的范围,故这里只简述下列几个应用效果较明显的领域。

(1) 科学交流模式研究:如语言障碍的影响;新思想传播的限度;基础学科与应用学科之间的交流障碍等。

(2) 科学史研究:通过引文分析,可以图解科学著作之间的相互关系,揭示重大科学发现的内部联系,描绘出科学发展过程的多方面情况,预测科学技术的发展动向等。

(3) 信息用户行为研究:检验有关用户行为的某些假设(如认为工程师很少利用科学文献)。

(4) 文献研究:如分析引用率高的文献在类型、年代、著者、来源期刊、文别、出版国家、学科分布等方面的特征,或评价某类文献在传播研究成果方面所起的作用等。

(5) 图书馆藏书质量和发展方向的研究。

(6) 专利申请的审查工作;作为专利查新的辅助工具。

(7) 作为人才评价和研究机构业绩评价的参考依据。

(8) 作为评价科学期刊质量或科学著作的价值的工具。

(9) 帮助科学家了解自己的工作成就,正确估计他的研究工作产生的影响或社会效果。

六、引文索引的局限性

尽管引文索引是一种很新颖、很有用的工具,但也有比较明显的局限性。主要表现在下列方面。

(1) 文献收录的不完全性。例如,SCI 摘录期刊仅3000多种,摘录来源文章每年不过60多万篇。而全世界科技期刊总数不下4—5万种,每年发表的论文数不下300—400万篇。这对一个包罗万象的 SCI 来说,无论其选刊技术如何高超,也难以避免其收录内容的不完全性。我国和前苏联都曾有人研究过 SCI 收录期刊的学科偏向性或地区偏向性问题,提出了一些有力的证据。文献收录的不完全性,直接影响了引文索引的检索功能,使相关的文献难以查全,漏检率较大。

(2) 标引词的模糊性。引文索引以引文做标引词(标目),标引质量主要依赖于文献之间的相互引证关系。但是,作者在文章中引用参考文献的目的是多种多样的,有的是为了给自己的论点提某种佐证,有的是为了说明一下经过情况而一般提及,也有的甚至是为了炫耀自己博学多才而故意旁征博引的。所以,引文与来源文献之间的关系是相当复杂多样的,有的关系密切,有的关系一般,几乎沾不上边的也会有。对这些,引文索引没有也不可能加以区分和揭示,仅仅给要深入揭示这些关系的人们提供了一些线索。因此,用引文来标引文献,肯定会使一些文献的主题表达得相当模糊不清，甚至还会出现主题被歪曲的情况。文献标引的模糊性，严重地影响引文索引的检索功能，使误检率较高。

此外，引文索引在编制技术上也存在一些问题。例如，只反映参考文献的第一著者，若从第二著者入手查，就无法使用引文索引；同一来源文献在引文索引中重复著录很多次，浪费了许多篇幅，不经济；标引虽然简单，但编辑工作量极大，只有借助计算机才能编制这种综合性的索引；同名著者不能区分；同一著者的不同名字不易控制和合并；隐含的引文无法提取出来；等等。

引文索引的局限性决定了它在文献检索工作中的地位：只能是对普通检索工具的一种重要补充，不能取代普通的检索工具。

第七节 著者索引和专用索引

以上介绍的是主题索引或内容索引以及它们的编制方法。在文献检索工作中，主题索引虽然是最重要的索引，是人们查找文献的主要途径。但是，读者的检索要求和提问题的角度是复杂多样的。例如，有些人想查有关某个课题（主题）的文献，有人想查某个作者或机构发表的著作或文献，有人想查阅或核对某篇特定的文献，等等。即使是按课题查文献的，也往往需要从不同的途径"包抄"有关的文献，以便获得最佳的检索结果。所以检索工具或检索系统中如果只有主题索引，没有其他相适应的索引，那就会象一个人缺了一条腿一样，使用起来很不方便。因此，下面再向大家介绍另外两类比较重要的索引。

一、著者索引

著者是科学信息的生产者，也是识别文献的一个重要特征。尤其是那些重要著者，更是本行业科技人员时刻注视的对象。著者名称一般比较稳定、易记。利用它作为索引款目的标目，单独编制索引，可以给读者提供一条从著者角度追踪和检索有关信息的简便有效的途径。所以著者索引是一种仅次于主题索引的重要索引,国外文摘索引机构一般都很重视著者索引的编制工作,绝大部分的检索工具都附有这种索引。著者索引的主要用途是:通过著者名称的指引,使读者查到相关主题的文献或特定的著作。此外,它还可以反映某著者正在做些什么,研究工作是否活跃,是否改变了研究领域等方面的情况。

著者有以下几种类型:个人著者、团体著者、专利发明人、专利权受让人和专利权所有人等,因而著者索引也可以分为:个人著者索引、团体著者索引、普通著者索引(将个人著者和团体著者混编在一起)、专利发明人索引、专利权受让人索引和专利权所有人索引(简称专利权人索引或公司索引)。著者索引的编制方法和检索方法一般是比较简单的,但也常常会碰到复杂的难以处理的问题。例如,因各国的文字和风俗习惯不同,各国人的姓名构成法、拼写法及用法都五花八门。姓氏有单姓、复姓,还有带前缀(如 Mac 及其变体 Mc,M' 等)的姓和带冠词(如 de,la,van 或 von 等)的姓。标引和检索时都需要加以正确判断和合理取舍,否则很容易造成漏检或误检。若遇到有些姓名难以判断时,可参考《韦氏传记词典》(Webster's Biographical Dictionary)或其他传记词典及人名词典。另外,在西文检索工具中,对使用非拉丁化文字命名的著者,一般都先用字母音译方法将原来的名字转换成拉丁化名字,再编入著者索引中。因此,在利用著者索引查文献时,应了解有关的不同语种的字母对译规则(可参考本书的附录Ⅲ我国科技文献检索刊物学科分布一览)。

二、专用索引

专用索引是为了适应某些专业的特殊需要或某些文献的特点而编制的一类索引。由于这类索引所用的索引词专业性非常强,索引词的形式也很专一,通常都是某一专业领域的专用名词术语,例如:化学物质名称、动植物名称、药名、矿物名、地名、商品名、人名

(非著者)、机构名(非团体著者)等等；或者是专用的符号代码,例如:元素符号、化合物分子式、专利号、标准号、报告号、合同号、化合物登记号等等。这些专用名称或符号能表示文献的某一种特征,有些甚至能反映文献的内容特征(如化学物质名称和动植物名称),有一定的检索意义。特别在相应的专业领域内,其检索价值尤为显著。因此,人们常常把它们作为专用索引词来使用。实际上,那些专用名词就相当于专用叙词或专用标题词;而那些专用代码符号就是一种代码符号语言。利用上述各种专用名词或符号做标目,可以分别编出下列各种不同的专用索引:化学物质索引、分子式索引、环系索引、杂原子索引、生物系统索引、生物属名索引、酶索引、地理索引、地名索引、矿物索引、商品名索引、图书(名称)索引、会议索引、机构索引、报告号索引、合同号索引、标准号索引、专利号索引、化合物登记号索引(手册)等等。其中,有些索引是从普通主题索引中分离出来的,就象专用叙词从叙词中分离出来一样。

专用索引的主要用途是：给熟悉有关专业的专门术语、专有名称或代码符号的读者提供一条简捷的检索途径。

专用索引一般只附在与之关系最密切的检索工具中,不象主题索引和著者索引那样为一般检索工具所共有。利用有些专业性很强的专用索引检索文献,专业行家会感到比较方便,因为他们通晓专业术语。对外行人来说,开始时会感到非常困难,但经过学习和摸索也是可以掌握和使用的。

主要参考文献

[1] 张琪玉:《情报检索语言》,武汉大学出版社,1983年。
[2] A. И. 切尔内:《情报检索理论概述》,赵宗仁、许恒泰译,科技文献出版社,1980年。
[3] 刘湘生:《〈汉语主题词表〉的理论和使用》,书目文献出版社,1980年。
[4] Allen Kent & Harold Lancour·Encyclopedia of Library and Information Sciences. New York, Dekker, 1966—, Vol. 1, pp. 169—201: Alphabet-

ic, Index; Vol. 5, pp. 16—41: Citation Index; Vol. 22, pp. 35—65; Permuted Indexes; Vol. 29, pp. 178—205:Subject Headings and Subject Indexes.
[5] Harold Borko & Charles L. Bernier:Indexing Concepts and Methods. Academic Press Inc., 1978, Ⅳ:Types of Indexes.
[6] 川村敬一:Articulated Subject Index の构造的特性と机械化プログラム,《情报管理》,1981,Vol. 24, No. 5,447—456页。
[7] Derek Austin and Jeremy A. Digger: PRECIS: The Preserved Context Index System, *Library Resources and Technical Services*, Vol. 21, No. 1, pp. 13—30,1977.
[8] 肖自力、李修宇、侯汉清编译:《分类目录主题索引编制法》,书目文献出版社,1980年。

第六章 专业性检索工具选介

第一节 美国《工程索引》

美国《工程索引》(The Engineering Index，简称"Ei")是世界上比较有名的一种检索工具，也是我国工程技术人员及其他有关人员经常使用的一种工具。

一、Ei 的概况

美国《工程索引》创刊于 1884 年。最初，它只是以美国工程师学会联合会会刊(Journal of the Association of Engineering Societies)中的一个文摘专栏的形式出现，名叫 Index Notes，由 J. B. 约翰逊(Johnson)负责编辑。1892 年，该会将 1884—1891 年这 7 年内发表的文摘累积成册出版，定名为 Descriptive Index to Current Engineering Literature 的第一卷。1895 年，美国《工程杂志》(The Engineering Magazine)社买去了该文摘的版权，把它定名为 The Engineering Index。并陆续把 1892—1895 年的文摘累积为第二卷，1896—1900 年的累积为第三卷，1901—1905 年的累积为第四卷出版。因工程文献不断增多，于是 1906 年起改为每年出一卷，名称也随之改为 The Engineering Index Annual。1919—1933 年间改由 American Society of Mechanical Engineers 编辑出版。1934 年正式成立"工程索引公司"(The Engineering Index, Inc.)，专门负责《工程索引》的编辑出版工作。从 1981 年起，该公司又改名为"工程信息公司"(Engineering Information, Inc.)，以便更好地反映出其经营范围的扩展。

《工程索引》(以下简称 Ei)是工程技术领域的综合性检索工具,报道美国工程学会图书馆(The Engineering Society Library)所收藏的工程技术文献,凡属于纯理论方面的基础科学文献一般不予报道。Ei 所报道的文献,学科覆盖面很广,包括全部工程学科和工程活动(如研究、开发、试验、设计、建造、维修、生产、销售、管理、咨询和教育等),具体专业门类见表 6-1。

表 6-1 《工程索引》学科分类范畴表

4	民用工程,环境工程,地质工程,生物工程		60	机械工程结论
			61	机械工程,工厂与动力
	40	民用工程总论	62	核技术
	401	桥梁与隧道	63	水力学、空气动力学与真空技术
	402	建筑物与塔	64	热与热力学
	403	城市和地区的计划与发展	65	航天工程
	404	民防与军用工程	66	自动化工程
	405	建筑设备、方法与勘查	67	海洋工程
	406	公路工程	68	道路工程
	407	海上和港口建筑物,河流和其他水道	69	材料工程
			7	电气,电子,控制工程
	408	建筑设计	70	电工技术
	41	建筑材料	71	电子学与通讯工程
	42	材料性能与试验	72	计算机与数据处理
	43	运输	73	控制工程
	44	给水工程	74	光与光学技术
	45	污染、卫生工程、废物	75	声音与声学技术
	46	生物工程	8	化学,农业,食品工程
	47	海洋和水下技术	80	化学工程总论
	48	工程地质学	81	化学工程、制造工业
5	采矿,金属,石油,燃料工程		82	农业工程和食品技术
	50	采矿工程总论	9	产业工程,管理,数学,物理学,仪表
	51	石油工程	90	工程总论
	52	燃料技术	91	工程管理
	53	金属工程总论	92	工程数学
	54	金属工程,金属族	93	工程物理学
6	机械,汽车,核子,航天工程		94	仪表与测量

Ei 所收录的文献,地理覆盖面也很广。近年来,它收选了世界上 50 个国家 20 种文字的工程出版物,约有 4500 种,其中 50% 为英语文献。可见,Ei 上所报道的文献,主要是英语国家(特别是美国)的工程技术文献。

Ei 上报道的材料主要来自期刊,以及各种协会、高等院校、研究机构、政府部门、公司企业的出版物。其中期刊文章和会议文献收录比较全面,此外还有技术图书、技术报告、学位论文、政府出版物等,但不包括专利文献。Ei 上收选的材料,大多数是经过编辑人员精选、认为有比较重要的参考价值的。

Ei 的年报道量比较大,而且增长较快。创刊年才报道了 924 条文摘(来自 100 种出版物,1202 个作者),而 1973 年的报道量增加到 85,000 条(来自 3500 种出版物,10 万个作者),90 年间增长了 92 倍之多。1990 年 Ei 的报道量又增至 150,000 条。据统计,Ei 自创刊至 1992 年总共报道了大约 400 万条文摘。

Ei 分下面 6 种形式出版:

● 《工程索引月刊》(The Engineering Index Monthly)。创刊于 1962 年,报道速度较快,时差约为 6—8 周,可弥补年刊本报道不及时的缺陷。

● 《工程索引年刊》(The Engineering Index Annual)。这是将上一年全年的月刊本累积编辑而成的一种年度累积性工具,每年出一卷。1979 年开始出版多年度的累积索引:Ei Cumulative Index, 1973—1977, 1978—1981, 1982—1984, 1985—1987, 1988—1990。

● 工程索引卡片(Card-A-Lert)。1928 年创刊,每日或每周出版一次,时差约为 4—6 周,报道速度比月刊本快。卡片分 6 大类, 38 二级类, 223—249 个小类出版发行。1975 年停刊。

● 工程索引缩微胶卷。1970 年春开始出这种年度性的缩微版 Ei,并将 1884—1969 年 87 年的全部 Ei 制成缩微胶卷出版。此外,为了配合使用这套缩微胶卷,又编制了三套索引:第一套索引索及1884—1927年间的材料,第二套索及1928—1958年间的材料,第三套索及1959—1969年间的材料。

● 工程索引检索磁带(COMPENDEX 和 COMPENDEX PLUS)。Ei 从1963年开始进入计算机时代,1969年1月开始发行这种磁带,每月发行一次。

● 工程索引 CD-ROM 光盘数据库:Compendex* Plus; Ei Page One; Ei ChemDisc; Ei EEDisc; Ei Energy and Environment Disc;共五种,与 DIALOG 公司合作生产。

此外,工程索引公司1982年开始发行 Ei Engineering Meetings 数据库(每年报道10万篇会议论文,来自2000种会议录,后来又发行了相应的印刷本和缩微版)。1983年开始发行 Ei Technical Bulletin Series(又称"热点"书目,报道诸如机器人、微机、CAD/CAM、超耐热不锈钢、核安全和废水处理等专题的最新进展,有印刷本、软盘版和 SDI 式)。

二、Ei 的结构

Ei 的年刊本和月刊本是我国读者最常用的版本,两者结构基本相同。下面主要以年刊本为例,介绍 Ei 的内部构成情况。

Ei 年刊由文摘部分、著者索引、主题索引、工程出版物目录等部分构成,全年共分装成若干个"Part"。它所用主题词表(即工程标题表)另外单独出版(不定期)。月刊本每月一册,册内含有文摘部分、著者索引和主题索引。

1. 文摘部分

Ei 的文摘部分是 Ei 的主体部分。1987年以前它又是 Ei 的主题索引。它由当年月刊中报道过的文摘累积编排而成。其中的文摘款目格式如例6-1所示,其中的各项内容简要说明如下:

① 主标题词(Main Subject Heading)。也称一级主题,一般都是一些比较重要的概念。本例为"**MARINE PLATFORMS**"(海上平台)。主标题是文摘选题、编辑和排检的主要依据。

【例 6-1】 Ei 文摘款目格式

① **MARINE PLATFORMS See Also WATER**   ③
   WAVES—**Energy Utilization**
② **Stability**
④ →091805 SOME NEW APPROXIMATION   ⑤
   TECHNIQUES FOR MOORING SYSTEM
   DESIGN. As the measurements desired by
   oceanographers and acousticians have become
   increasingly refined, the need to accurately de-
   sign to experimental requirements the mooring
   systems used as instrumentation platforms has
⑥ increased correspondingly. In this paper, some
   new approximation techniques that promise to
   result in more accurate mooring system designs
   than are presently possible are developed. These
   techniques deal with two topics in mooring dy-
   namics. 10 refs.
⑦ →Skop, R. A. (US Nav Res Lab. Washington,   ⑧
   DC); Rosenthal. F. *Mar Technol Soc J* v 13   ⑨
   n 6 Dec 1979-Jan 1980 p 9-13.

② 副标题词（Subheading）。也称二级主题。它可能是一级主题的某一部分，某一应用方面，所研究的某一对象，某一研究方法，某一性质，或某一现象等。本例为"**Stability**"（稳定性）。副标题词起划分主标题词的作用，用小写黑体字排印。

③ 相关标题词（Related Subject）。指与前面的主题有某种类缘关系的标题词，用"参见"（see also）项参照指引出，本例为"**WATER WAVES-Energy Utilization**"（水波能-利用），它告诉读者在这个相关的标题词下面也可能查到有关的文献，起到扩大检索范围的作用。

④ 文摘号。Ei 的文摘号是由6位数字组成的流水号，每年从000001号编起。1968年以前 Ei 的文摘款目没有这一项，1969年起增设了这一项，放在款目的右下角。从1972年10月起，将文摘号移至现在的位置上，起排序、帮助读者识别特定文摘以及连结辅助索引的作用。应注意：月刊本和年刊本的文摘号是不一致的。

199

⑤ 文献题名。用大写字体排印。本例题名的中文意思是"停泊系统设计中采用的新的近似(计算)技术"。原名以德、法、意、西班牙等国文字印出的，著录时先著录原文名称，随即在括号内著录其英译名。非拉丁文(如俄文、日文)的名称，则先著录其音译名，再著录其英译名。现已改用小写黑体字排印。

⑥ 文摘正文。Ei 的文摘以报道性文摘为主。文摘说明研究的目的、方法、结果和应用。其中第一句比较重要，属开宗明义性质。常用的术语采用其缩写形式，其全称可在年刊本的"缩写、单位符号和略语表"中查到。1972年起，Ei 文摘款目的著录方式发生了重要变化，将文摘正文提前，放在文献名称之后，而把其他著录事项甩到文摘正文之后(如图6-1所示)。这是一种有益的改革，有助于读者阅读，节省阅读时间。

⑦ 著者姓名。著录在文摘正文的下方，另起一段。

⑧ 第一著者的工作机构及其地址。放在该著者名后面的括号内。本例为"美国海军研究实验室，华盛顿特区"。

⑨ 原文来源。指明来源出版物的简称、卷期号、发表年份和原文所在页码。期刊名用斜体字排印。本例为《海洋技术学会会刊》。

文摘款目采用主题字顺排列法，先按主标题词的字顺排列，同一主标题下按副标题词的字顺排列。这种方法就是字顺主题索引的组织方法，故这个检索刊物称为"工程索引"。但是，在1907—1918年间，Ei 也曾采用过体系分类方法来组织文摘款目。

2.《工程标题表》

《工程标题表》(Subject Heading for Engineering, 简称 SHE)是供 Ei 标引和检索时使用的一种规范化、权威性的标题表，是 Ei 的编辑机构根据多年的标引工作经验成果积累而编成的。每隔数年修订一次，当有重大修改时，即将全表内容以单行本形式出版一次。

(1) 主标题和副标题

1990年起 SHE 改称"Ei Vocabulary"，收词约15,000个，分主标题(Main Heading, MH)和副标题(Subheading, SH)。主标题全部大写，副标题仅首字母用大写。

主标题词有下列几种语法形式：

① 单个名词，如 ACETONE（丙酮）。
② 单个动名词，如 BORING（镗孔）。
③ 带修饰词的名词，如 OPTICAL PROPERTIES（光学性能）。
④ 修饰过的动词，如 AMPLITUDE MODULATION（振幅调节）。
⑤ 短语，如 FLOW OF FLUIDS（流体流动）。
⑥ 复合名词，如 ELECTRON BEAMS（电子束）。
⑦ 复合名词＋动名词，如 COAL MINES AND MINING（煤矿与开采）。
⑧ 倒置标题，如 AIRCRAFT，AMPHIBIAN（飞机，水陆两用的）。
⑨ 并列名词，如 ROCKETS AND MISSILES（火箭与导弹）。

主标题与副标题之间的关系大体可概括如下：
① 整体与部分关系，如 AUTOMOBILES-Axles（汽车-轴）。
② 产品与应用关系，如 DYES AND DYEING-Synthetic fibers（染料与染色-合成纤维）。
③ 学科与研究对象关系，如 GEOLOGY-Caves（地质学-洞穴）。
④ 研究对象与方法关系，如 STRESSES-Analysis（应力-分析）。
⑤ 事物与性质关系，如 TEXTILES-Air permeabiliy（纺织品-透气性）。
⑥ 事物与现象关系，如 PLASTICS-Discoloration（塑料-退色）。
⑦ 事物与环境关系，如 SEWERS-Frozen ground（下水道-冻土）。
⑧ 事物与地理位置关系，如 AIRPORTS-Netherland（机场-荷兰）。
⑨ 产品与制造者关系，如 AUTOMOBILES-General Motors（汽车-通用汽车公司）。
⑩ 产品与加工关系，如 ELECTRON TUBES-Cooling（电子管-冷却）。
⑪ 主题与文献体裁关系，如 ENGINEERS-Biographies（工程师-传记）。

(2) SHE 的构成

SHE 主要包括4个部分：主表、副标题索引、分类范畴表和主题指南。

① 主表。主表即标题词字顺表，是标题表的主体，包括全部标题词、非标题词和大量的参照和注释。

主表中设有两种参照："see"和"see also"。

"see"用来指引同义词,或用于从单级标题见双级标题,或者反过来,如 BLAST CLEANING(喷砂清理)See METAL CLEANING-Blast(金属清理-喷砂)。

"see also"用来指引相关概念或附加概念,或者从一个较泛的概念指引到一个较具体的概念。因为 Ei 的文摘部分按主题词字顺排列,编者只能给每篇文摘指定一个主题词,每篇文摘在文摘部分也只能出现一次,即出现在最切题的那个标题词下面。所以,设立这种相关参照就可以使读者能查找被隐设的概念,避免漏检,而且便利计算机检索。

SHE 中许多标题词都有注释,放在标题词下面的括号内。注释在 SHE 中的作用主要是:解释或限制标题词的含义;建议使用注释中给出的一组副标题词中的某一个标题词;告诉读者该主标题词在别处也可作为副标题词用;告诉读者标题表中列有更专指的主标题词;提供具体的标引指导。

② 副标题索引。副标题索引(Subheading Index)按其字顺排列,每个副标题下列出其上级标题(如例6-2)。

【例6-2】 副标题索引著录格式

   Indexing   *
   INFORMATION SCIENCE
   MACHINE TOOLS
   TOOLS,JIGS AND FIXTURES

副标题右边分别标有5种符号,它们是关于副标题的简略范围注释,其含义如下表:

*	表示在主表中它出现在一个以上的主标题下面,但作用或含义不同;
$	表示它可以作为普通副标题使用,而且是直接从主标题转换来的;
#	表示它只能作副标题用;
@	表示它与主标题词的形式不同;
+	表示它是属于地理位置、材料或船只的名称。

③ 分类范畴表。分类范畴表(CAL Classification Codes)展示了 Ei 所包括的领域全貌,又是文献分类的依据。共设有六大范畴,38类和182个小类(范畴和类的名称见表6-1)。Ei 收录的每篇文献被赋予1—6个分类号,它们只出现在数据库中。

④ 主题指南。主题指南（Subject Guide）按类展示有关的主题词，但不一定都是规范的工程标题词。

另外，还有一种单独发行的相关出版物——《标题词与工程范畴对照表》(Subject Heading Guide to Engineering Categories)，它将工程标题词与相应的分类号以对照方式列出。

3. 主题索引

1987年开始出现于月刊和年刊本中。自从 Ei 生产实现计算机化和数据化以来，工程情报公司就改变了原来只给每篇文摘指定一个规范主题词的做法。凡收入数据库中的每篇文摘，均带有数个标题词和自由词。读者从其中任何一个词入手，均可查到该文献。主题索引的出现实际上是上述变革在书本式 Ei 中的延伸。该索引同时采用受控词和自由词作为主题词。受控词来自 SHE，其中主标题词用大写黑体排印，副标题词用小写黑体印出。自由词来自原始文献，用普通字体排印。主题词后面直接给出相关文献的文摘号。设立该索引的好处主要有3点：其一，提高了文献标引的专指度，弥补了 SHE 收词量有限和更新不及时的不足；其二，增大了文献标引的网罗度，为读者查阅 Ei 提供了更多的主题检索点（据统计，1987年年刊主题索引中的主题词目有7万个左右，相当于同期 SHE 收词量的四倍多，平均每篇文摘出现在4—5个主题词之下）；其三，可以减少读者对 SHE 的依赖，读者既可以用受控词也可以用自由词来查文献，部分地免除了复杂的词汇转换和大量参照的选择的过程，克服了 Ei 原有的选词复杂而僵硬的缺陷。总之，它为我们更快更准地检索工程文献提供了便利的工具。

4. 著者索引

Ei 的著者索引是文摘部分的辅助索引。文摘部分出现过的著者都编入索引。每个著者款目仅由两项内容组成：著者姓名、文摘地址（文摘号或页码＋文摘号）。对原来不是以拉丁文形式出现的著者姓名，则著录其音译名。全部著者款目按著者姓名字顺排列。Ei 著者索引的形式如下：

Shah, S. R., 085266   Clamann, H. P., 1800—40023
Shah, Y. T., 083061   Clamous, E. H., 581—48838
Shah, Yatish F, 079250   Clancy, G. J., 590—00836
　　(1972年以后)   (1972年以前)

5. 著者工作机构索引

Ei 1974年开始设置这种索引，放在著者索引之后。1978年起改放在著者索引之前。该索引按著者工作机构的缩写名称字顺编排，机构后面列出该机构研究人员当年发表的著作的文摘号。

　　Us Nav Postgrad Sch, Monterery, Calif, 045972
　　Us Nav Res Lab, Washington, DC, 091805
　　US Nuc Regul Comm, Washington, DC, 007398

6. Ei 来源出版物目录

Ei 的来源出版物目录(Publications Indexed for Engineering)简称 PIE，收录 Ei 所摘引的全部工程出版物。它有两种出版形式：其一是单行本年刊，Ei PIE；其二附在 Ei 年刊的主题索引之后(Part Ⅸ)。以附录形式出版的 PIE 分为两部分。

(1) Publications Included in The Engineering Index

这部分收录有2,000余种连续出版物，提供每种出版物的缩写名、全称、期刊代码(CODEN)和 ISSN 号，按缩写名排列。刊名后面标有剑号者为非全摘期刊。条目形式如下：

　　J Inf Sci (Amsterdam) Journal of Information Science: Principles & Practice (Amsterdam)　　JISCDI　0165-5515

(2) Conferences covered in 19×× (年份)

这部分反映 Ei 当年摘录的会议文献，按会议名称排列，每年约收录700多个会议。每个会议条目含会议名称（黑体）、主办者、会址和会期、Ei 月刊文摘号和年刊文摘号。

Computer-Aided and Computational Design: Advances in Design Automation—1989, Sponsored by ASME, Design Engineering Div, New York, NY, USA, held in Montread, Can, Sep 17—21 1989 (Apr. 039150; Annual 024151)

1982年起，单行本 PIE 中设有以下几个部分：

① CODEN-Designated Publications—Organized by Abbreviated Title (有代码的出版物——按缩写刊名排序)。
② CODEN-Designated Publications—Organized by CODEN (有代码的出版物——按代码排序)。
③ New CODEN-Designated Publications (新刊目录)。
④ Changed CODEN-Designated Publications (刊名或代码变更一览表)。
⑤ Cross Reference to CODEN-Designated Publications (刊名参照表)。
⑥ Conference Publications (会议出版物目录)。

此外，Ei 月刊本也常在2、7、9、12等期中报道各季度摘录出版物的变化情况。

7. 附录性材料

Ei 年刊本还附有两种很有用的资料（位于 PIE 之后），可以帮助读者更有效地利用 Ei。这两种附录材料分别是：

（1）机构名称缩写表（Organization Names: Acronyms, Initials and Abbreviation, 原名为 Explaination of Initials）。它可供读者从机构简称查机构全称。

（2）缩写、单位符号和略语表（Abbreviation, Units and Acronyms, 原名为 Abbreviation For Scientific and Engineering Terms）。是用来查对 Ei 文摘中所用缩写词、略语和单位符号的含义的一种工具。

Ei 月刊本前面也附有"略语、首字母和机构名称缩写表"（Acronyms, Initials and Abbreviation of Organization Names）。

三、Ei 的使用

利用 Ei 来查文献，有容易的一面，也有困难的一面。因为 Ei 主要是按主题字顺的方式来组织材料的，前面已谈到，字顺主题索引具有直接性好、直观易查等优点。当我们手头掌握有几个相关的标题词时，通过查 Ei 的文摘部分，就可能会查到所需要的文献；而所谓难，是难在选词上，即如何正确全面地选择标题词。

1. 利用 Ei 检索文献的基本方法

例如，当我们要查找"风对建筑物和构筑物的影响"这一课题的文献时，通过分析课题性质和要求，选出下面4个词（或词组）："Wind effects"、"Wind stresses"、"Buildings"、"Structures"作为检索词。这时，如果手头有部《工程标题表》，最好先将上面4个词与标题表核对一下，看是不是 Ei 所用的标题词，然后再查文摘部分。如果没有标题表的话，也可以直接查文摘部分（以月刊第18卷第一期为例）。一查，发现该期没有"Wind stresses"和"Structure"这两个标题，而有其他2个标题。在"WIND EFFECT"这一标题下，未发现相关的文献，但通过该标题的指引，发现了另外3个相关标题："STRUCTURAL DESIGN-Wind effects"（结构设计-风效应）、"BRIDGES, SUSPENSION-Wind effects"（吊桥-风效应）、"BUILDINGS-Wind stresses"（建筑物-风应力）。再用这3个标题去查，果然在各自的下面均能查到一篇相关的文献。这3篇文献的文摘号、篇名和出处分别是：

  007786 Deterministic torsional building response to wind（抗扭建筑物对风的确定性效应）ASCE J. Struct. Div.，v.105，n 12，Dec 1979，p. 2621—2637.

  000870 Wind induced natural ventilation（风引起天然通风）……

  000845 Motion of suspension bridges in turbulent wind（吊桥在狂风中的运动……

此外，利用"BUILDINGS"这个标题也可查得000870号文献。查阅过上面3篇文摘之后，再根据给出的刊名缩写、卷期号和页码去找原文。如果对某一刊名缩写的全称不甚了解时，可查阅"工程出版物目录"(PIE)。

又如，要查找有关"机器人设计"方面的文献。直接查 Ei 时，找不到"Robots"（机器人）这个标题。再查 SHE，也没有（1983年才开始采用"Robots"做标题词）。这时要进一步分析课题性质，考虑机器人与什么样的主题有关。经分析得知，它与工业关系非常密切，且在工业中应用比较多。所以，可以把它们组合在一起再查一查，但 SHE 主表中仍然没有"工业机器人"（INDUSTRIAL ROBOTS）这个标题。再查 SHE 的增补表（1977年），才找到了这个标题。然后再去查文摘部分，在该标题下找到了相应的副标题"Design"（设计），下面有一篇相关的文献（即1980年第一期的003974号文摘）。

另外，如果我们掌握了国外若干个建筑设计（或机器人设计）专家及他们的工作单位，就可以直接利用著者索引和著者工作机构索引查到他们所发表的文献，从中选出与课题有关的文献。

总之，利用 Ei 检索文献，关键在于选择标题词。标题词选得准确、全面，检索结果就好；标题选得不准不全，就不容易查到或查全有关文献。

2. 检索步骤

（1）分析课题性质和要求，确定主题，选择检索词。这一步很重要，分析不好，直接影响下几步的工作，甚至会使全部工作白费。选择检索词时，应根据 Ei 标题词的形式和特点，借助适当的工具书，选出一些可能有用的词。

（2）与《工程标题表》（SHE）核对，看自己所选的词是不是 Ei 的真正标题词。如果是的话，就可以直接用来查文摘。如果不是，就要借助表中的参照．注释及其他部分，找到正式的标题词，再查文摘。

(3) 利用参见注释扩大或缩小主题范围。Ei 文摘部分设立的参见很多,一个连着一个或好几个,且绵延不断,纵横交错,关系复杂。我们既要充分利用它们,通过参见的提示,一步一步地追查下去,可以得到更多的相关标题和相关文献;同时又要注意鉴别各种参见,选出切实有关的参见标题,以免做无益的工作。另外,某些内容的标题,隔几年后可能有变化,查阅也要注意到这一点。对 Ei 不收录的专利文献,如果也属于检索范围之内,就需要利用其他相应的检索工具来弥补。

(4) 利用其他辅助索引查出可能漏掉的文摘,扩大检索成果。

(5) 将文摘出处与 PIE 核对,弄清具体的刊名和卷期页码,以便查阅原文。

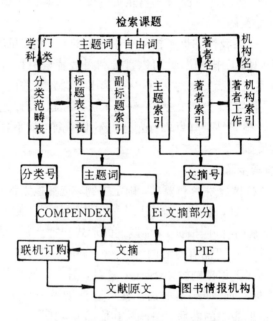

图6-1 《工程索引》检索方法示意图

3. Ei 的发展

1993年1月起,工程信息公司用一部新编的叙词表取代了以前所用的词表。新词表称为《工程信息叙词表》(Ei Thesaurus),收录叙词约9,400个,入口词(非叙词)约9,000多个,共计18,400多个检索词。新词表提供了大量新的工程技术词汇,更好地满足了手工检索和联机检索用户的需要。而且,它还反映出 Ei 在标引方针和词汇控制方式上的全面变化。整部词表由两部分组成:字顺表和分类范畴表。前者是词表的主体部分,后者只是工程文献的一个分类简表。

与原有词表相比,它主要有以下几方面的变化。

(1) 放弃了原来的标题-副标题的组织模式

新词表不再区分主标题词和副标题词。在词表、文摘部分和主题索引中,每个主题词都作为独立的词显示和排序。等级化组织和控制手段只表现在各叙词词目的参照结构中。对原来的方面副标题,用两种方式加以改造,一是与主标题合并为一个叙词,二是分为两个独立的词。例如,"Electromagnetic waves-Absorption"改为"Electromagnetic wave absorption";而"Electron tubes-Reliability"则分为两个独立的叙词:"Electron tubes"和"Reliability"。选用何种方式,视有关的文献数量多少而定。对特称副标题,改为可独立使用的叙词,并将原来的标题-副标题顺序颠倒过来。例如"Light-Coherent"改为"Coherent light"。

(2) 放弃倒置标题形式

原词表采用的大量倒置标题,现在一律改为自然词序的叙词。例如:"Electron tubes, tetrode"改为"Tetrodes";"Furnaces, metallurgical"改为"Metallurgical furnaces";而"Electron circuits, frequency dividing"则变为"Frequency dividing circuits"。

(3) 提供全面的参照结构

新词表按照叙词表的标准模式为每个叙词提供全面的参照结构,即顺序给出叙词的范围注释(SN)、入表时间(DT)、同义词

(UF)、上位词（BT）、下位词（NT）及相关词（RT）。例如

  Field effect transistors
   UF：Transistors，Field effect*
   BT：Field effect semiconductor devices
    Transistors
   NT：Chemically sensitive field effect transistors
    Gates(transistor)
    High electron mobility transistors
    Ion sensitive field effect transistors
    Junction gate field effect transistors
    MESFET devices
    MISFET devices
    MOSFET devices
   RT：Bipolar transistors
    MIS devices

（4）与原词表的连接

为了便于用户了解原有标题词与新叙词之间的对应关系，新词表提供有充分的"用"（USE）和"代"（UF）参照，并在原有标题词右上角标注星号。可据此来识别和检索1993年以前的文献。

（5）分类范畴表展开到第四级

此表改名为 Classification Codes。原来列出的6个大范畴、38个主题系列和182个类都基本未变，但其中许多类又进行了细分，产生了800多个小类（四级类）。此分类表仍然只用于工程文献（而不是叙词）分类。每篇文献至少要赋予一个类号（二级类以下）。

  710 Series Electronics and Communication Engineering
   ·················
   714 Electronic Components and Tubes
    714.1 Electron Tubes
    714.2 Semiconductor Devices and Integrated Circuits
    714.3 Waveguides

(6) 其他变化

用连词"and"连接的标题词一般都分解为单一的叙词。例如,"Coal mines and mining"改为"Coal mines";"Rockets and missiles"分解为"Rockets"和"Missiles"两个叙词。

介词短语式的叙词大大减少了。有些同形异义词的注释直接作为限定词冠于中心词之前,如"Culture(cells)USE:Cell culture"。

第二节 英国《科学文摘》

英国《科学文摘》(Science Abstracts,简称 SA)创刊于1898年,由英国电气工程师学会(The Institute of Electrical Engineers,简称 IEE)负责编辑出版,原名为《科学文摘:物理与电工》(Science Abstracts:Physics and Electrical Engineers)。

一、SA 的概况

自1903年第6卷起,《科学文摘》分成 A、B 两辑,即 Series A:Physics 和 Series B:Electrical Engineering,分开出版。1941年,它们分别改名为《物理文摘》(Physics Abstracts)和《电工文摘》(Electrical Engineering Abstracts)。1966年,《科学文摘》的体系又进一步调整,将原来的 B 辑改为《电工与电子学文摘》(Electrical and Electronics Abstracts),并与美国电气与电子学工程师学会(Institute of Electrical & Electronics Engineers Inc.)、英国电子学与无线电工程师协会(Institution of Electronics & Radio Engineers)及国际自动控制联合会(International Federation of Automatic Control)等单位联合编辑出版《科学文摘》C 辑:控制文摘(Science Abstracts Series C:Control Abstracts)。1969年起,C 辑又改名为:《计算机与控制文摘》(Computer and Control Abstracts)。

1969年,IEE下设"国际物理与工程情报服务部"(International Information Services for the Physics and Engineering Communities—INSPEC),负责编辑出版《科学文摘》,并开始利用计算机处理文献资料。由于它加工的文献属于物理、电工、计算机与控制方面,故INSPEC亦可称为"物理、电工、计算机与控制情报服务部(Information Services in Physics, Electrotechnology, Computer and Control)。《科学文摘》各辑报道的文献来自INSPEC所收集的文献资料,包括世界各国和用各种文字出版的期刊、技术报告、会议文献、图书、学位论文以及美英两国的专利说明书(1977年以后已不收录专利)。其中,每年摘录的期刊约有4,200种,会议录1,000多种。

1. A 辑

物理文摘,简称PA,原为月刊,1969年起改为半月刊,每年报道文摘约15万篇,内容包括下列10个大门类:

00.00 总论(历史、教育;数学方法;经典与量子物理学,力学与场,相对论,统计物理学、热力学、测量学、实验室技术与仪器)

10.00 基本粒子物理学与场论

20.00 核物理学

30.00 原子物理学与分子物理学

40.00 唯象学经典领域(含电学、磁学、光学、声学、力学、弹性、流变学等)

50.00 流体,等离子体与放电

60.00 凝聚态物质:结构、热性质和力学性质

70.00 凝聚态物质:电子结构、电性质、磁性质和光学性质

80.00 交叉学科与相关领域(含材料科学、物理化学、生物物理学、医用物理学、生物医学工程)

90.00 地球物理学、气象学、天文学、天体物理学

2. B 辑

电工与电子学文摘,简称EEA,月刊,年报道文摘约占8万篇,

内容包括下列9个大门类：

- 00.00 总论,工程数学与材料科学
- 10.00 电路理论与电路(并含微波技术)
- 20.00 元组件,电子器件与材料
- 30.00 磁性材料与超导材料及装置
- 40.00 光学材料与应用,电光学与光电子学
- 50.00 电磁场(含电磁波、天线与传播)
- 60.00 通信(信息与通讯理论、远距离通讯、雷达与无线电导航、收音机、电视与声频设备)
- 70.00 仪器与具体应用(测量学、测量设备与仪表、特定变量测量等)
- 80.00 动力系统与应用(电力网与系统、发电站与设备、功率仪表与电机、动力应用等)

3. C 辑

计算机与控制文摘,简称CCA,月刊,年报道文摘约7万篇,内容包括下列8个大门类：

- 00.00 总论与管理(一般控制与计算机问题)
- 10.00 系统与控制理论(数学技术、系统理论与控制论、控制理论)
- 30.00 控制技术(特定变量控制与测量、控制设备与仪表、控制应用)
- 40.00 数值分析与理论性计算机论题(数值分析、计算机元理论与开关理论)
- 50.00 计算机硬件逻辑设计与数字技术、存贮器件与技术、模拟计算机与数字计算机及其系统、计算机外围设备)
- 60.00 计算机软件(软件技术与系统)
- 70.00 计算机应用(行政管理数据处理、情报科学与文献工作、自然科学、工程及其他)

各辑除以期刊形式出版外,还出有缩微胶卷版、磁带版和光盘版。各辑的缩微胶卷版均可回溯到创刊年份,缩微平片版只能回溯到1974年。磁带版分文摘带(INSPEC-1)和题录带(INSPEC-2)两种,其中,文摘带又有单辑带和综合带两种形式,题录带是综合带(不分辑)。光盘版名叫 INSPEC Ondisc,1991年秋首次推出,收录1989年以来的文献。

二、SA 的结构

《科学文摘》3辑的结构和编排体例都是一样的。现以《物理文摘》(PA) 为例,详细介绍其结构。

整个 PA 由半月刊本、半年度累积索引和多年度累积索引等3种出版物构成。

半月刊本内含下列栏目:

  Summary Classification and Contents (分类目次表)
  Subject Classification (学科分类表,仅每卷第一期有)
  Physics Abstracts (文摘部分)
  Author Index (著者索引)
  Subject Guide (主题指南)
  Bibliography Index (参考书目索引)
  Book Index (图书索引)
  Conference Index (会议索引)
  Corporate Author Index (团体著者索引)

半年度累积索引(现分3册出版)除含有5种期索引的累积索引以外,还有主题索引(占两册)和来源期刊目录。

下面,将上述内容综合为以下三部分来介绍。

1. 文摘部分

《物理文摘》的主体部分是它的文摘部分。文摘款目的一般格式如例6-3至例6-5。

例6-3至例6-5中各项著录内容说明如下:

① 分类号和类目名称。如"磁双共振与截面效应"(三级类)。

② 分类号和类目名称。如"光双磁共振"(四级类)。

③ 文摘号。它是识别 PA 中特定文摘款目的准确位置的重要标志,也是联接文摘参见款目和索引款目的桥梁。各辑的文摘号每年均从第1号编起。

④ 文献名称。用黑体字排印。非英语文献仅著录其英译名,不给出原文名称或其音译名。

【例6-3】 PA 文摘款目著录格式(期刊论文)

76.70 MAGNETIC DOUBLE RESONANCES AND CROSS EFFECTS①

76.70D Electron-nuclear double resonance (ENDOR)②

Determination of the positions of iron impurities in gallium arsenide and phosphide by the ENDOR method ....See Entry 114473

76.70H Optical double magnetic resonance (ODMR)

114755③ Optical detection of EPR of self-trapped excitons using photostimulated luminescence of crystals. N.G.Romanov, V.A.Vetrov, P.G.Baranov (A.F. Ioffe Physicotech. Inst., Acad. of Sci., USSR).⑤
JETP Lett. (USA), vol.37, no.7, p.386-8 (5 April 1983). Translation of: Pis'ma v Zh. Eksp. & Teor. Fiz. (USSR), vol.37, no.7, p.325-8 (5 April 1983). [received: Oct. 1983] ⑦
Optically detected EPR spectra are recorded for the first time using photostimulated luminescence of crystals. The mechanism of the formation of self-trapped excitons in fluorite crystals is clarified. (6 refs.)

114756   Determination of the g values of the ODMR signals in a-Si:H.④
B.C.Cavenett, S.P.Depinna (Dept. of Phys., Univ. of Hull, Hull, England), I.G.Austin, T.M.Searle.
Philos. Mag. B (GB), vol.48, no.2, p.169-85 (Aug. 1983).⑥
Recent studies of optically detected magnetic resonance (ODMR) in a-Si:H have provided conflicting interpretations of the principal recombination processes in this material. In all cases the identification of the ODMR signals has ⑧ rested on a comparison of the ODMR signal g values and those from the reported ESR and light-induced ESR (LESR) measurements in the literature.

【例6-4】 PA 文摘款目著录格式(会议文献)

114745   NMR studies of Ge atoms in quenched f. c. c. -Ge alloys.
H.Murakami, I. Kanazawa, T. Shimizu (Dept. of Phys., Tokyo Gakugei Univ., Toko, Japan), K. Matsushita.
Point Defects and Defect Interactions in Metals. Proceedings of the Yamada Conference V. Kyoto, Japan, 16-20 Nov. 1981 (Amsterdam, Netherlands; North-Holland 1982), p. 489-92 ⑨
The values of Knight shift of Ge in Cu-Ge and in Al-Ge dilute alloys were estimated to be about 480 ± 160 ppm. the effect of quenching on the Knight shift was studied on the Cu-Ge alloys. The ratio of Knight shift in quenched alloy to that in annealed one was about 1.4. The brief discussion on this ratio was reported. (5 refs.)

【例6-5】 PA 文摘款目著录格式(技术报告)

114754   Local boron environment in $Ni_{100-x}B_x$ metallic glasses: A NMR Study. P. Panissod, I. Bakonyi, R. Hasegawa.
Report KFKI-1983-57, Hungarian Acad. Sci., Budapest (1983), 15 pp⑩

⑤ 著者姓名及其工作单位。包括该机构所在地的地理名称。工作单位和地址用圆括号括起。

⑥ 文献出处。包括出版物名称，出版国家，文献所在的卷次、期次、起讫页码及发表时间。期刊名用斜体字排印。

⑦ 文别。译文用"Translation of：…"导出原著的出处；非英语文献用"In …"表示原文文别，若同时存在英文译文，则用"English translation in …"导出其出处。方括号内为非英语出版物的收到时间。

⑧ 文摘正文和注明参考文献数量。近来，文摘右下角印有一种数字性符号。它是某一小类中的文摘顺序号。

⑨ 会议录名称，会议名称、地点和日期等。

⑩ 技术报告的编号及提出机构等。

1960年以前，《物理文摘》每期的文摘部分是按"国际十进分类法"进行分类标引和编排的。1961年起改用自编的分类表。1977年起，又改用现在使用的分类表（即"Subject Classification"）。这个新分类表是由 INSPEC、美国物理学会、英国物理学会、欧洲物理学会以及国际科协理事会文摘部物理学小组共同编成的，反映了70年代以来物理学的全貌和新进展。这个分类表所设的10个大类（如212页所示）。

每个大类下面设有若干个二级类、三级类和少量的四级类。各级类目的总数达1，800多个。每一级类目的类号按层累制方式展开，并用不同字体的类名来区分类级。例如

    40.00 **CLASSICAL AREAS OF PHENOMENOLOGY**
    41.00 ELECTRICITY AND MAGNETISM; FIELDS
             AND CHARGED PARTICLES
    41.10 Classical electromagnetism
    41.10D *Electrostatics*, *magnetostatics*

每一期的文摘按这个新分类表分类，分入相应的类目和类级，再按类表给定的顺序排序编文摘号。文摘部分还设立有2种参照，一种是类目名称下面的参照，有4种形式：

```
(inc. ·············)      （本类包括××方面）
(see also··········)     （参见××类）
(for···, see·······)     （若查××方面,见××类）
(for···, see also···)    （若查××方面,参见××方面）
```

另一种参照设在某一类末尾,简要报道那些主要内容不属于本类但与本类有关的文献,是一种必要的重复报道。其形式如下：

variable temperature high-presure Raman cell ······ see Entry 281

这种参照款目只列出文献题目和文摘号,按文摘号大小排列。

2. 辅助索引

《科学文摘》除正文按分类进行排检以外,还编有多种辅助索引,帮助读者从多个角度查找文摘,克服因不熟悉分类表而带来的困难。

（1）主题指南（Subject Guide）

这是一种期主题索引,更确切地说,是一种分类表索引。1976年以前,它的名称是："Subject Index"。它的主要作用是帮助读者查到有关的分类号,通过主题词指引到分类表,再通过分类表去接近要查的现期文献。"主题指南"中设有2,000多个条目,例如

```
Quantum field theory         11.10
Quantum fields               05.30,67.00
Quantum optics               42.50
```

（2）主题索引（Subject Index）

《科学文摘》的主题索引都是累积性的主题索引,分为两种：一种是半年度的主题索引,每年年中和年末各出一次,分别用来查1—6月各期或7—12月各期的文摘；另一种是多年累积索引,A辑和B辑各出有1955—1959,1960—1964,1965—1968,1969—1972,1973—1976年等5个多年累积本；C辑只出有1966—1968和1969—1972,1973—1976年3个累积本。

《科学文摘》的主题索引属于单级主题索引。每个索引款目由标目（主题词）、说明语和文摘地址构成,按主题词字顺排列。主

题词是一种规范化的索引词，选自 INSPEC Thesaurus（INSPEC 叙词表）。该词表首次出版于1973年，每隔2—3年修订一次。目前它大约收词1万多个，编有字顺表（Alphabetic Display of Thesaurus Terms）和词族表（Hierarchical List of Thesaurus Terms），按两种不同方式来组织全部叙词和非叙词。字顺表中的叙词词目形式如例6-6所示。

【例6-6】 INSPEC 词表叙词词目实例

```
microwave-optical double resonance
    UF  infrared-microwave double resonance
        infrared-radiofrequency double resonance
        microwave-infrared double resonance
        microwave-radiofrequency double resonance
        ODMR
        optical detection of magnetic double resonance
        ⋮
    NT  PMDR (phosphorescence microwave double resonance)
    BT  magnetic double resonance
        optical double resonance
    TT  resonance
        spectra
        spectroscopy
    CC  A7670H      A3335H
    FC  a7670Hb    a3335Hf
    DI  January 1977
    PT  magnetic double resonance
        optical double resonance
```

大多数主题词分别属于以下范畴：性能，现象，物质或指定的物体，仪器，装置，理论，方法，过程，应用及事件。金属互化物标引在适当的合金标目之下。说明语是标引者自编的，由一组关键词或短语构成，有些主题词也包含在说明语之中。说明语中使用的关键词主要有以下3类：普通关键词，基本粒子名称和化学符号。每条说明语选用一个与标目关系最密切的词或短语做导词。为了便于编排，通常要略去关键词的修饰性前缀（如：α-brass→brass；5-sulphosalicylic→sulphosalicylic；31Cygni→Cygni；n-Ge→Ge等）。说明语排序规则：导词为阿拉伯数字或希腊字母的排在最前面,其次是普通关键词,最后是元素符号或分子式。

说明语中使用了许多缩写词。查阅时,若不理解某个缩写词的含义,可利用主题索引前面的"缩略语对照表"(Abbreviations and Acronyms)。该表共列出400余个缩写词,按字顺排列。例如

ABS resin   acrylonitrile-buladiene-styrene(丙烯腈-丁二烯-苯乙烯)
AC   alternating current(交流(电))
ACV   air cushion vehicle(气垫船)
A/D   analogue-to-digital(模拟-数字)

对所涉及的无机物,说明语中一般给出它们的分子式。对有机物(包括液晶),则仅给出其缩写名词(如上例中的 ABS resin),而不给出其分子式。若原文不是用英文发表的,则在说明语之后注明所用语言的名称(用斜体字排印,并用括号括起)。索引款目中的出处项(即文摘地址)由文摘出版年份的最后一位数字加文摘号构成(两者之间用连字符连接)。但1970年以前,出处项则由 PA 的卷号加文摘号构成。近年来 PA 的主题索引形式如例6-7所示。

【例6-7】 PA 主题索引片断

```
microwave region   see microwaves
microwave spectra
    see also molecular rotation; molecular vibration; radiofrequency and
    microwave spectra of diatomic inorganic molecules; radiofrequency and
    microwave spectra of organic molecules and substances; radiofrequency
    and microwave spectra of polyatomic inorganic molecules
    atomic and molecular physics, review, rel. to atm. and astrophys. studies
    1－68271
    gases, impact broadening and shifting, cutoff-free theory, microwave and
    IR spectra 1－55425
    Cs, buffer gas press. shift in $m_F=0 \to m_F=0$ ground state hyperfine line
    1－80928
    $KH_2PO_4$ crystal, critical absorpt. of EM radiation 1－65786
    Ni single cryst., electrolytically formed, 24 GHz radiation transmission,
    temp. depend. 1－97447
microwave spectrometers
    see also magnetic resonance spectrometers
    ESR spectrometer with operation down to 54 mK in dilution refrigerator
    1－75517
    free radical species detection system 1－75505
    IMPATT diode-based MM-wave spectrometer for liquid-phase dielec.
    meas. 1－84060
    Overhauser effect spectrometer, field-frequency locked X band 1－75516
```

（3）著者索引（Author Index）

《科学文摘》的著者索引有3种，即期著者索引、半年度累积著者索引和多年度累积著者索引。

期著者索引反映本期文摘所摘文献的著作者及相应的文摘号，提供从著者姓名入手查文摘的途径。索引款目内容简单，只含著者姓名和文摘号，按姓名字顺排列。名字后面标有＋号者，表示该人为第一著者；姓氏前面标有＋号者，表示该人为第二或第三著者。索引形式如下：

$$\begin{array}{l}\text{Averback, R.S}+ \cdots\cdots 2522\\ +\text{ Averina, I.M.} \cdots\cdots 2416\end{array}$$

两种累积性著者索引的著录格式不同于期著者索引，第一著者的款目中增加了合著者姓名和文献篇名这两项，文摘号前面加标年份的最末一位数字。其他合著者的款目则比较简单，只注明：见×××（第一著者）和文摘号。其形式如例6-8。

【例6-8】 PA累积著者索引片断

Abramov, K.D., Eldyshev, N.N., Oparin, D.A., Directivity pattern of a receiving system at optical range 6-13564

Abramov, V.G., Gorbunov, V.I., Epifantsev, B.N., Korbakov, V.M. Data storage unit for an X-ray flaw detector with oscilloscope display 6-7867

Abramov, v.I., *see* Kiskachi, Yu.S. 6-7865

（4）专用索引

《科学文摘》还附有4种小索引，即"参考书目索引"、"图书索引"、"会议索引"和"团体著者索引"。它们都有专门的用途，供读者迅速地找到那些容易被埋没在主题索引或著者索引中的特殊类型的情报（如专题书目、图书、会议文献、专利说明书及技术报告），故称为"专用索引"。每期的专用索引位于著者索引之后，累积专用索引同样位于累积著者索引之后。

● 参考书目索引（Bibliography Index）。这种索引专门揭示文摘中所收录的专题书目或某些文章后面所附的具有一定参考价值的参考书目。对篇附书目一般只收含40篇文献以上的,对稀有课题,只含十几篇参考文献的书目也收。著录时,给每种书目一个比较简短的名称(有的直接用原来的书目名称或原文篇名,原名称过于冗长的,适当加以改写或压缩),并给出所含文献篇数和文摘号,然后按著录的书目名称字顺排列。该索引的用途是供人们查找和利用现有的有关书目或参考文献目录。索引形式如下:

  liquid crystals, a bibliography for 1983 (1505 refs) ············ 7−36
  liquid crystals materials (61 refs.) ····················· 7−1841

●图书索引(Book Index)。这种索引集中反映每期文摘中所报道的图书,按书名字顺排列。书名后面著录图书的编著者、出版事项及该书全部分析款目的文摘号。其款目形式如下:

  Microcircuit engineering; H. Ahmed, W. C. Nixon (editor/s), [Cambridge, England; Cambridge 1980] 400−2.

●会议索引(Conference Index)。这种索引集中反映每期文摘中所报道的会议文献。每个款目的内容包括:会议主题、会址(城市名、州名、国名)、会期、主办单位(用圆括号括起)、出版事项(用方括号括起)及全部文摘号(即该会议所出的各篇论文的文摘号)等项。索引按会议主题字顺排列。其款目形式如下:

  Cybernetics and society; **Boston, MA, USA**, 8−10 **Oct** 1980, (*IEEE*) [New York, USA: IEEE 1980] 4319, 4341, 4381−2, 4386, 4402.

●团体著者索引(Corporate Author Index)。团体著者是指完成研究任务、提出研究报告的机构,如政府部门、研究所、实验室、工业公司等。团体著者索引集中反映每期文摘中报道的技术报告。团体著者款目的内容包括:机构名称及其地址、文献篇名、报告号、文摘号等项。索引按团体著者名称字顺排列,同一团体著者的文献按其篇名字顺排列。其款目形式如下:

  Atomic Energy Canada Ltd., Chalk River, Ontario. Demonstration of crack growth by delayed hydrogen cracking in the rolled joints of Zr-2.5 wt% Nb pressure tubes. AECL-6853, 788

它的前身是"专利索引"(Patent Index)和"报告索引"(Report Index)。专利索引先排英国专利,后排美国专利,国别下面再按专利号码从小到大地排列。款目内容包括：专利号、专利说明书的简要题目、专利权所有者和文摘号等项。报告索引的款目内容包括：提出报告机构名及其地址、报告号、简要题目和文摘号,索引先按机构名称的字顺排列,同一机构所出的报告再按报告号码的字顺和数顺排列。

3. 来源期刊目录（List of Journals）

这是各辑文摘的引用期刊总目录,附在半年度累积专用索引之后。该目录提供了本辑所摘引的全部期刊的名称、国别、出版者及其地址等情报,是查找和核对原文确切出处的一种工具。每个款目著录有缩写刊名、出版国家、期刊代码（CODEN）、刊名全称、编辑出版者名称及地址等项。整个目录按缩写刊名字顺排列。其款目形式如下：

Acta Geophys Sin.（China）—（TCWHAG）
Acta Geophysica Sinica.
Institute of Geophysics, Acadamia Sinica, P. O. Box 928 Beijing, Peoples Republic of China [English Translation In: *Acta Geophys. Sin.（USA）*]

对于有相应的英文版的期刊,则注明：English Translation In：…（英文译文发表在×××××）。上例方括号内的内容含义是：中国的《地球物理学报》在美国还有其英文版。如果某一款目报道的是一种英译版期刊,则在括号内注明："Translation of…"（译自：×××××）。

如果某一期文摘摘引了一些新刊,则在该期后面附一个"期刊增补表"(Supplement List of Journals),其著录格式和编排方法与上述目录相同。

此外,半年度累积著者索引后面常附有一种字母对译表,列出拉丁字母与相应的斯拉夫语字母（包括俄语、保加利亚语、塞尔维亚语的字母)。当查阅《科学文摘》遇到音译的俄文著者名称或刊名时,可利用该表将音译名逐字译成原来的俄文著者名称或刊名,以便查找原文。对保语和塞语著者名和刊名也是如此。

三、SA 的使用方法

根据《科学文摘》的结构和特点,可以从分类、主题、著者及其他几种途径来查找所需要的文献(以《物理文摘》为例)。

1. 分类途径

《科学文摘》的特点之一就是它使用的分类法体系比较新,反映了70年代以后物理学、电学、电子学等领域的全貌和新进展,类目设置比较详细,分类标引深度大,类目之间的参见注释多而详细,而且还有"主题指南"这种指导性和索引性的辅助工具。因此,利用分类途径来查找文献,特别是查现期文献,不但是必要的,而且是比较便利的。

例如,如果要查找有关"分层流"(stratified flows)方面的文献,通过分析,了解到该课题是属于流体力学方面的。直接利用《物理文摘》的"分类目次表"或"学科分类表",可在"47.00 流体力学"类下面找到"47.55H 分层流"这个小类,再根据"分类目次表"指示的页码,就可以查到有关的文摘了。

如果对课题的学科类属关系不甚了解时,可借助"主题指南"的指引,通过主题找到相应的类号,再通过类号找到相应的文摘。例如,如果要查找"言语合成"(speech synthesis)方面的文献,因不知道该主题属于哪一类,这时,就可以通过"主题指南"先找到合适的类。用该词组去查指南,指南没有与它一样的词,但有一个密切相关的词"speech",其对应的类号是"87.36"。查到该类,未发现合适的文献,但发现了一个很有用的参见:"see also 43.70 speech communication"。再查"43.70"类,该类的注释就告诉我们它包括有"言语合成"方面的内容,类目下面也果然有我们所需要的文献。现列出其中一篇(查自 PA Vol.84,No.1151):

1780 **An aid to the blind: LPC speech synthesis from coded information sources.** G. Caslellini, et al. *Atti Fond Giorgio Ronchi* (Italy), vol.34, no.6, p745—754.

再通过《物理文摘》中的来源期刊目录把缩写刊名转换成刊名全称，就可以到该刊的收藏单位去查阅或复制这些资料了。

2. 主题途径

通过主题索引来查文献更为便利。《科学文摘》是用一种规范化的叙词语言来标引文献、编制主题索引的，并编辑出版了"INSPEC thesaurus"。这部词表是帮助我们选词和有效地利用主题索引的一种重要工具。它的结构和款目形式在前面已简略地介绍过。下面结合查阅主题索引，顺便介绍一下它的用法。

例如，若要查找关于"Navier-stokes 方程的计算"方面的文献。可通过《INSPEC 词表》的字顺表（Alphabetic Display of Thesaurus Terms）查到"navier-stokes equations"这个叙词款目：

  navier-stokes equations
   BT differential equations
     fluid dynamics
   TT mechanics
     natural sciences
   RT kinetic theory of gases
     viscosity
   CC A4710

据此还知道了该叙词的上位词（BT）、族首词（TT）、相关词（RT）和分类号（CC）分别是什么。这时，我们就可以直接用这个叙词去查主题索引（1978年上半年度的）。索引中有这个词，并发现了若干篇文献。现录下其中一篇：

  navier-stokes equations
   incompressible Navier-stokes eqn., soln. by efficient numerical method 8-9619.

根据说明语大致了解到1978年的9619号文摘是相关的。再转查1978年的物理文摘，查得结果如下：

9619 An efficient solution procedure for the incompressible Navier-stokes equations. J. D. Murph (NASA Ame Res. Center, Moffett Field, CA, USA) *AIAA J.* (*USA*), vol. 15, no. 9, pp. 1307—14.

从而知道该文章的篇名是："不可压缩 Navier-Stokes 方程的一种有效的解题程序"，作者是美国航天局艾姆斯研究中心的 J. D. Murph，发表在美国杂志：*AIAA J.* 第15卷第9期1307页上。经过与"List of Journals"查对，*AIAA J.* 的全称是：*American Institute of Aeronautics and Astronautics Journal*（美国航空与宇航学会会刊）。这样，就可以到附近的期刊收藏单位去查阅9619号文摘的原文了。

如果读者觉得检索范围窄了一点，希望能得到更多的有关文献或新文献，那就可以利用上述叙词款目提供的上位词、族首词和分类号（A4710表示 A 辑的4710类）去查主题索引或直接查《物理文摘》的文摘部分（包括最近几期的）。经过这样多途径的扩检，就可以找到越来越多的相关文献。

3. 著者及其他途径

因为《科学文摘》还提供有著者索引、团体著者索引、参考书目索引、图书索引和会议索引，所以，如果我们手头掌握有一些相关的著者名字、研究机构名称、会议名称、书目名称等情报，那就可以直接用来查相应的索引，其效果可能比前者还要好，或者可以起到补遗的作用。例如，如果要搞有关某一课题的文献普查，就可以利用参考书目索引，把与课题有关的专题书目查出来，利用前人收集和筛选文献的工作成果，免得自己再一篇一篇地去收集整理，自己只要做一些补遗和增加新材料的工作就行了。又比如，如果需要了解国外某一次学术会议的情况，就可以利用会议索引，从会议名称入手，查出《科学文摘》所报道的该会议的全

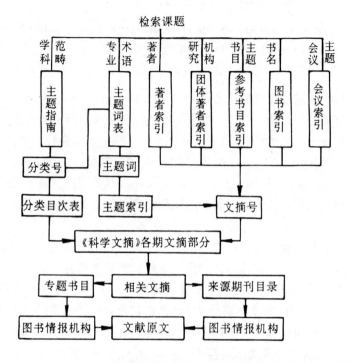

图6-2 《科学文摘》检索方法示意图

部资料。另外,1977年以后,《科学文摘》的团体著者索引只能用来查找技术报告,这一点希望注意。

总之,要想有效地利用《科学文摘》为文献检索服务,就必须对它有个全面了解,熟悉各分册(辑)的内容、结构、分类体系和索引语言、索引的特点等情况。再根据课题需要,选好合适的(对口的)的辑,充分地灵活地利用各种检索途径,以便取得最佳的检索效果。

第三节 美国《生物学文摘》

美国《生物学文摘》(Biological Abstracts,简称"BA")创刊于1926年。

一、BA 的概况

BA 的前身是美国细菌学会编辑出版的《细菌学文摘》(Abstracts of Bacteriology)(1917—1925年)和美国植物学会的《植物学文摘》(Botanical Abstracts)(1917—1926年)。两刊于1926年合并出版,取名为《生物学文摘》(Biological Abstracts),由当时的美国生物学会联合会负责编辑,由生物学文摘公司(Biological Abstracts,Inc.)负责出版。从1964年起,BA 的编辑出版机构为"生物科学情报社"(BioSciences Information Service),简称 BIOSIS。该社的主要任务是维持它的生命科学文献库"BIOSIS Previews"。该库有磁带版、联机版、软盘版、缩微版(Biofiche)、纸印本(BA、BA/RRM 以及十余种专题书目或最新资料通报)。

BA 自创刊以来,刊名虽未改动,出版情况却发生过多次变化。1950年以前,每年出9期。1950—1959年为月刊,每年出1卷。1959年以后,BA 改为半月刊,当年出版了2卷;1960—1961年间每年出1卷,1962—1963年间每年出4卷,1964—1971年间每年出1卷,1972年第53卷起至今,每年出2卷。

BA 摘录的文献主要来自期刊,此外还摘录少量的论文集和新书。选用的期刊来自世界上110多个国家和地区用20多种文字出版的期刊9000多种(1978年的统计数字为8685种),覆盖面积相当大。BA 的年报道量增长比较快,第一卷只有14,506条文摘,1951年增至38,422条,1961年87,000条,1971年140,020条,1990年已达到270,000余条。自创刊至今,总计已发表700多万条文摘。

表 6-2　生物学文摘（BA）的专业分类表（按原表顺序译出）

宇航和水下生物效应	数学生物学和统计方法
农学	医学和临床微生物学（含兽医）
变态反应	酶新陈代谢
普通和比较解剖学和组织学	一般方法、材料和仪器
动物繁殖（含皮毛动物）	微生物学仪器、方法和培养基
普通细菌和细菌分类学	普通微生物学（含原生生物）
行为生物学	植物形态学和解剖学（含胚胎学）
生物化学	细胞形态学和细胞学
生物物理学	肌肉
血液、造血器官和体液	肿瘤
骨骼、关节、筋膜、结缔组织和脂肪组织	神经系统（感觉器官除外）
	营养学
普通植物学和植物分类学	古生物学
心血管系统	古植物学
化学治疗	古动物学
脊索动物门（普通动物学和动物分类学）	孢粉学
	寄生虫学（含体外与体内）
生理节律和其他循环周期	病理学（一般及其他）
细胞学和细胞化学	儿科学
牙齿和口腔生物学	虫害控制（含动植物、杀虫剂、除草剂）
发生生物学-胚胎学	
消化系统	生药学和药用植物学
灭菌、杀菌剂和消毒	药理学
生态学（环境生物学）	自然人类学、人种学
经济植物学	细菌生理学和生物化学
经济昆虫学（含有鳌肢亚门）	生理学（普通及其他）
内分泌系统	植物病理学
酶	植物生理、生化和生物物理学
进化	家禽生产
食品和工业微生物学	精神病学
食品技术（无毒研究）	公共卫生
林业和林产品	放射生物学
普通生物学	生殖系统
细菌和病毒的遗传学	呼吸系统
遗传学和细胞遗传学	感觉器官,构造与功能
老年病学	社会生物学（含人类生态学）
园艺学	土壤微生物学
免疫学（免疫化学）	土壤科学
免疫学（寄生虫）	温度：测试、效应及调节
表皮系统	组织培养、仪器、方法和培养基
无脊椎动物（比较和实验形态学、生理学和病理学）	毒物学
	泌尿系统和外分泌
无脊椎动物（普通与动物分类学）	兽医学
实验动物	普通病毒学

BA 虽是一种专业文摘刊物,但它报道的学科范围是比较广泛的。BIOSIS 将生物学广泛地定义为研究一切生命体的学科,重点放在生命体的鉴别、内部过程、与环境的相互作用及其应用等方面。故 BA 除包括传统的动物学、植物学和微生物学等领域之外,还包括实验医学、农学、药学、生化、生态学、生物医学工程及仪器等一些边缘学科或相关领域。从 1969 年起,BA 将其报道内容分成 84 大类(见表 6-2)470 小类。类目设置情况详见 BA 前面的"专业分类表"(Section Headings)和"分类表指南"(Subject Guide)。

二、BA 的结构

BA 主要由文摘部分、辅助索引和来源期刊目录等部分构成。

1. 文摘部分

BIOSIS 在全世界雇有数百名生物学家做兼职文摘员。这些专家将本国出版的生物学文献做成英语文摘提供给该社。另外,还有 3 种文摘来源,即:该社翻译部翻译的非英语文献的文摘,直接取自原始期刊上的文摘(约占 25%),本社编辑人员自编的文摘。

BA 的文摘款目的内容和格式如例 6-9 所示。

【例 6-9】 BA 文摘款目实例

① ②
1346. AURAND, DON* and FRANKLIN C. DAIBER (Environ. Assess. ③
Plan. Metrek Div. MITRE Corp. 1820 Dolley Madison Blvd., McLean, Va.
④ 22102, USA.)'CRUSTACEANA (LEIDEN) 36(2) 155-165, 1979. [In Engl. ⑤
with Ger. summ.] Occurrence of *Halicyclops fosteri* (**Copepoda, Cyclopoida**) in ⑥
the Delaware Bay Region, USA —The distribution and ecology of *H. fosteri* in
Delaware Bay is discussed. Seasonal population numbers and relation to
temperature and salinity are presented. Populations reach maximum numbers ⑦
at temperatures above 20° C and salinities under 2‰. Population densities
ranged between 10,000-750,000 individuals/m³.

文摘款目中一般包括下列著录项目:

① 文摘号。它是文摘款目的一种流水编号,每卷从第 1 号编起,起排序、识别特定文摘和联系辅助索引等作用。早年的 BA 中,有些文摘号前标有星号(*)者,表示该文摘是原文作者或原刊编者所写。现在已废除了这种符号。

② 著者姓名。著者姓名一律用大写字母排印。拉丁字母形式的著者姓名,著录时用原文形式;非拉丁字母姓名(如中国人、日本人或前苏联人的姓

名)一律转译为拉丁字母形式的名字。

③ 著者所在单位及地址。放在圆括号内。姓名左上角标有星号的,表示括号内的地址仅是该著者的地址,不是他人的地址。

④ 文献出处。即文摘所摘录的原文具体出处,包括期刊(图书)名、卷期号、页码、年份、收到时间等项。刊名用缩写形式著录,大写字母排印。本例为"CRUSTACEANA(LEIDEN)"(《甲壳纲》,荷兰莱顿市出版)。如果摘录的是图书或其中某一章节,此项则著录书名、总页数、出版事项、有无插图,及国际标准书号(ISBN)。

⑤ 文别。除原文为英文且仅附有英文摘要的文章外,其余均注明原文和摘要的文别。文别项用方括号括起。

⑥ 篇名。一般用小写黑体字排印,生物体学名按规定字体排印(具体规定见文摘项说明)。本例篇名的中文意思为:美国 Delaware 港湾地区的海洋剑水蚤(桡足亚纲,剑水蚤目)的存在情况。原篇名为英文者,照录原文;原篇名为其他文字者,则著录其英译名。1980 年以前,篇名的著录方式与现在不同。原篇名为英文以外的拉丁文字者(如德文、法文等),先著录其原文篇名(但文中无重音符号或其他符号,德文的 ä 变为 ae, ö 变为 oe, ü 变为 ue),然后著录其英译名并用方括号括起。原文篇名为俄文、日文等文字者,先著录其音译(字母转译)的篇名,紧接着在方括号内注明其英译名。篇名的位置原来放在著者姓名及地址项之后,现在则放在文别项之后,文摘正文之前。早先,为醒目起见,英文篇名或英译篇名下面标有横线,1980 年以后也取消了这种横线。

⑦ 文摘正文。BA 的文摘是一种报道性文摘,对常用术语多采用缩写词代替(全称见期末的缩写与代号表)。文摘的内容包括:研究目标;生物体的学名或通用名(特别是新的生物种类或新的分布);研究所用的材料、方法、技术、仪器及预期效果;特效药(优先采用全称)和其他生化物(包括它们的用法和管理规则);新的理论、术语、解释与评价;有明确定义的新词、缩写词和代号。对化学制品和药物,不用口头术语和商业名称,而用其学名;对化学结构式和化合物加以限定;专用名词的首字母用大写;对地名(如城市名)注明其地理位置。

对文摘正文和篇名中的生物体学名,按下表中规则著录。

a	原有的生物体的属名、亚属名用大写斜体字表示,种名、亚种名、变种名及类型名用小写斜体字表示;
b	新提出的或文中提及的生物体的属名、亚属名用大写黑体斜体字表示,种名、亚种名、变种名、类型名用小写黑体斜体字表示;
c	新提出的生物体的目名、科名、族名、派名、亚派名、组名、亚组名均用大写黑体字表示。

另外,在1975年以前,文摘中的生物体学名,已定的下面标横线,新定的下面标波浪线。

其他有关规定详见"Key to Representation of Scientific Names of Organisms"(刊登在1978年的BA中)。

BA的文摘部分先按"专业分类表"(Section Headings)的84个大类分类排列,然后再按大类下的二级类(或个别的三级类)排列,再给每个文摘款目编上流水号,将每个文摘款目的先后次序固定下来。BA的专业分类表是按类名字顺排列的,很象标题表的排列方法。所以,BA的文摘部分就象一种比较粗的主题目录。许多类名下面先列出需要参见的有关类目,然后再安排文摘款目。

直接利用文摘部分来查阅文献时,应借助"Section Headings"和"Subject Guide"(分类表指南)来选取类目。分类表指南中包含有文摘部分所用全部类目名称(一、二级类目的名称和它们的同义词),按字顺排列,一级类目用黑体字标出。

2. 辅助索引

BIOSIS的编辑标引人员每天要处理2,000多篇文献。平均每篇文献要标出10个生物学概念,1—2个生物系统名称,8—12个关键词,供编制各种索引时使用。BA的辅助索引种类较多,索引方法比较新颖,带有明显的专业特色。自创刊以来,其辅助索引变化较大。1959年以前,BA编有"普通主题索引"(General Subject Index)、"地理索引"(Geographical Index)、"地质索引"(Geological Index to Paleontological Material)、"生物系统索引"(Systematic Index)和著者索引等 5 种辅助索引。1959 年以后锐减到 2 种,只剩下著者索引和一种简称为"B. A. S. I. C. Subject Index"的关键词索引。1963 年以后又陆续恢复和增加了几种索引。70 年代中期起,BA 的辅助索引体系日臻完备、稳定,出版也比较及时。BA 索引变更情况见表 6-3 和表 6-4。

表 6-3　BA 期索引变化情况

时　间	卷　期	索　引　种　类
1927—	Vol. 1	著者
1961.10—	Vol. 36, No. 20—	著者、B. A. S. I. C.
1963.4—	Vol. 42, No. 1—	著者、B. A. S. I. C.、生物系统
1964.4—	Vol. 45, No. 7—	CROSS,其余同上
1974.1—	Vol. 57—	属名,其余同上
1977.1—	Vol. 63—	著者、生物系统、属名、概念、主题
1985.1—	Vol. 79—	取消概念索引

表 6-4　BA 卷索引变化情况

时　间	卷　号	索　引　种　类
1927	1	普通主题、生物系统、著者
1928—56	2—30	普通主题、生物系统、地理、地质、著者
1957—59.8	31—33	普通主题、生物系统、生物系统关键词、地理、地质、著者
1959.9—	34—	著者、B. A. S. I. C.
1963.7—	43—	著者、B. A. S. I. C.、生物系统
1965—	47—	著者、B. A. S. I. C.、生物系统、CROSS
1974—	57—	著者、B. A. S. I. C.、生物系统、CROSS、属名
1977—	63—	著者、生物系统、属名、概念、主题
1985—	79—	取消概念索引

现对各种索引的编制原理分述如下。

（1）著者索引（Author Index）

BA 自创刊起就编有著者索引,包括期索引和累积索引。BA 收录的全部文献的著者都编入该索引。若原文无个人著者,就以文献来源机构代之。机构名称的缩写方法依据国际标准化组织（ISO）和美国国家标准学会（ANSI）的有关标准。易混淆的机构

名称加注所在地的国名或地名。对非拉丁文名称，只著录其音译名。全部著者款目按字顺排列，例如

```
AUPY    G    3632
AURAND  D    1346
AURAND  J    6027
```

该索引供读者查找已知的生物学家发表的有关文献。

(2) 生物系统索引（Biosystematic Index）

该索引原名为 Systematic Index，1965年起改为现名。它以较大的生物分类单位（科以上）为标目，按照生物界的自然分类系统的顺序排列，供读者从生物体所属的门、纲、目或科来查找有关的文献。生物界的自然分类系统不同于一般的学科分类，它建立在科学的生物分类基础上。所谓生物分类，就是根据生物体的系统发育、生理、细胞遗传学以及其他亲缘关系，对生物体进行系统的分类整理，区分其种类，建立生物界的自然分类系统。生物分类对生物资源的开发和利用有着重要的作用。生物分类以种为基本单位，相近的种集合为属，相近的属集合为科，科又隶于目，目隶于纲，纲隶于门。各个分类等级之间又可以根据需要加设亚门、亚纲、亚目、亚科、亚属等。种以下也可以设亚种、变种、型等更小的分类单位。例如

【动物界】

门　脊索动物门（Chordata）
　亚门　脊椎动物亚门（Vertebrata）
　　纲　哺乳纲（Mammalia）
　　　亚纲　真兽亚纲（Eutheria）
　　　　目　食肉目（Carnivora）
　　　　　科　犬科（Canidae）
　　　　　　属　犬属（Canis）
　　　　　　　种　家犬（Canis familiaris）

【植物界】

  门 种子植物门（Spermatophyta）
   亚门 被子植物亚门（Angiospermae）
    纲 双子叶植物纲（Dicotyledoneae）
     亚纲 原始花被亚纲（Archichlamydeae）
      目 蔷薇目（Rosales）
       科 蔷薇科（Rosaceae）
        属 苹果属（*Malus*）
         种 苹果（*Malus pumila*）

  BA 的生物系统索引就是根据这样的自然分类系统来编制的。它总共设有 1,000 多生物系统名称，供标引员对所有重要的生物体进行系统分类时使用。索引前面刊载有一个"生物分类范畴简表"（Major Taxonomic Categories），分为两部分，一部分是字顺表（alphabetic listing），另一部分为序列表（sequential listing）。表中所列出的分类范畴一般都是亚门或重要的纲以上的分类单位（见表 6-5）。字顺表按类目名称字顺排列，名称后面标出该类在序列表中的序列号码。序列表先将这些类目分为 4 大界：微生物界、植物界、古生物界和动物界，各界之下再按生物进化顺序排列，并分别编上序列号码。整个生物系统索引就以这个序列表的结构为骨架，全部款目先按此序列排序（不按类目字顺排序，也不标出序列号码），然后再逐级细分，门以下分亚门或纲，纲以下再分亚纲或目。对较次要的无脊椎动物只分至门或亚门这一级；对大多数动植物则分至纲或目这一级；对细菌、病毒、被子植物和哺乳类动物则要细分至科一级（属与种不在此反映）。再下面就是按文献内容所论及的主要概念（major concept）来划分了，概念下面列出文摘号。索引形式如例 6-10。

  所有索引款目先按微生物、植物、古生物和动物四大界排列（微生物界前面可能还有生物体总论这一大类），各界下面再按序列表的顺序排。序列表中未包括的纲或亚纲，仍按生物分类系

表 6-5　生物系统索引采用的生物分类简表

生物体（总类）
微生物界（Microorganisms）
　病毒（Viruses）
　细菌（Bacteria）
植物界（Plantae）
　隐花植物（Cryptogamae）
　藻类植物（Algae）
　真菌门（Fungi）
　地衣门（Lichenes）
　有胚植物门（Embryophyta）
　苔藓植物门（Bryophyta）
　有管植物门（Traheophyta）
　蕨类植物门（Pteridophyta）
　种子植物门（Spermatophyta）
　　裸子植物亚门（Gymnospermae）
　　被子植物亚门（Angiospermae）
　　　单子叶植物纲（Monocotyledones）
　　　双子叶植物纲（Eicotyledones）
古生物学（Paleobiology）
　古植物学（Paleobotany）
　古动物学（Paleozoology）
动物界（Animalia）
　无脊椎动物（Invertebrata）
　原生动物门（Protozoa）
　后生动物门（Metazoa）
　中生动物门（Mesozoa）
　多孔动物门（Porifera）
　腔肠动物门（Cnidaria）
　栉水母动物门（Ctenophora）
　蠕形动物门（Helminthes）
　扁形动物门（Platyhelminthes）
　吻腔动物门（Rhynchocoea）
　棘头动物门（Acanthocephata）
　线形动物门（Aschelminthes）
　内肛类（Entoprocta）
　帚虫动物门（Phoponidea）
　外肛类（Ectoprocta）
　腕足动物门（Brachiopoda）
　软体动物门（Mollusca）
　星虫纲（Sipunculoidea）
　环节动物门（Annelida）
　螠虫纲（Echiuroidea）
　舌形虫纲（Linguatulida）
　缓步纲（Tardigrada）
　有爪类（Onychophora）
　节肢动物门（Arthropoda）
　　甲壳纲（Crustacea）
　　多足纲（Myriapoda）
　　昆虫纲（Insecta）
　……
　毛颚动物门（Chaetognatha）
　半索动物亚门（Hemichordata）
　须腕动物门（Pogonophopa）
　棘皮动物门（Echinodermata）
　脊索动物门（Chordata）
　　原索动物亚门（Protochordata）
　　脊椎动物亚门（Vertebrata）
　　　鱼纲（Pisces）
　　　两栖纲（Amphibia）
　　　爬行纲（Reptilia）
　　　鸟纲（Aves）
　　　哺乳纲（Mammalia）

【例 6-10】 生物系统索引片断
  ARTHROPODA（节肢动物门）
  ....
   Crustacea（甲壳纲）
   · **Crustacea--General**
   ....
    · **Branchiopoda**（鳃足亚纲）
    ....
    · **Cirripedia**（蔓足亚纲）
    ....
    · **Copepoda**（桡足亚纲）
    ....
     Crustacea, General, Systematic（主要概念）
     3160* 3164 3166*
     ....
     Ecology, Animal（主要概念）
     1331 1346 1380 1381 1397
     1406

统的固定顺序排列，不按字顺排列。例如，在节肢动物门下先排甲壳纲，其次排多足纲，再其次排昆虫纲。纲下面的目，则按目名字顺排列；目下面的科也按科名字顺排列；科下面的主要概念，还是按字顺排列；概念下面的文摘号则按照从小到大、从左到右的顺序排列，最多排 5 列，行可以无限数。有的文摘号的右上角标有星号（*），表示该文章所涉及的生物体是一个新的类。对分类学上有分歧的生物体，分别归入各个有关的类目下面。在索引中，类目的等级关系主要用不同形状和大小的字体来表示。

  在 1978 年以前，该索引的形式不是这样的。那时候该索引排成 3 列：左列是分类名称，中列是概念名称，右列是文摘号。整个索引按分类系统的等级和字顺编排，索引款目形式如下：

   Mollusca
     cephalopoda   Enzymes   3241

 （3）生物种属索引(Generic Index)
  BA 自 1974 年起开始有这种索引。它是根据文献中提供的生物体属名和种名编制成的。为了消除同物异名和同名异物的现象，便利学术交流，国际上建立了统一的生物命名法规，给每一种生物制定统一使用的科学名称，即学名。现行使用的生物命名法是"二名法"，即用两个拉丁文单词（或拉丁化形式的词）构成一种生物的学名。其中第一个词是属名（为名词），第二个词是种加词（形容词）。若是亚种或变种，就在二名之后加上一个表示亚种或变种的名称，即用3个拉丁文单词构成其学名，故也称为"三名法"。

生物种属索引以各种生物体的属名或种加词（或再加变种名等）做索引款目的标目，以原文涉及到的主要概念为说明语，然后给出相关的文摘号。全部款目先按属名字顺排，属名相同按种（或变种、亚种）名字顺排，种名相同再按主要概念的字顺排。索引形式如例6-11。近几年它的形式又有一些小的变化。

【例6-11】 生物种属索引片断

HALACARELLUS-PARILIS	ACARINA SYST	3150*S
HALACARUS-ROBUSTUS	ACARINA SYST	3150
HALICARCINUS-SPP	ECOL ANIMAL	1351
HALICYCLOPS-FOSTERI	ECOL ANIMAL	1346
（属-种名）	（主要概念）	

在款目中，属名与种加词用一短横连接。名称后面标有问号（?）者，表示该名称尚未鉴定。名称后面标出的缩写字母表示生物体的种的类别或数量。例如

F	表示品种(型)		
F-SP	表示特殊品种	SSP	表示亚种
SP	表示只一种	SSPP	表示一个亚种以上
SPP	表示一种以上	VAR	表示变种

主要概念一般用缩写形式表示。若要了解其全称，可利用本索引正文前面的"种属索引所用概念标题表"（Concept Headings Used in Generic Index）。当某一个款目涉及到一个新的类，或提供有具体的生物分类信息时，就在文摘号之后加注一种符号。所用符

号的含义如下：

*A 新的状况	*H 新亚属	*T 新的血清型
*B 新亚种	*K 新的派	U 提到的培育品种
*C 新结合体	*N 新名称	*V 新的变种
E 群落名称	P 杂交亲本	X 有性杂交
*F 新品种	*R 新的记录	*Z 新等级
*G 新属	*S 新种	＋ 无性杂交

（4）概念索引（Concept Index）

BA 的"概念索引"是根据文献中所强调（或涉及）的生物学概念来标引和查找文献的一种索引。所谓生物学概念，这里是指一些比较大的、含义比较广的一些生物学主题。若将概念索引中所用的全部概念标题（Concept Heading）跟前面提到的"专业分类表"（Section Headings）所列出的 80 多个类目标题对照一下，就会发现，它们几乎完全相同。

概念索引的款目包括有：概念标题、副标题和文摘号等 3 项内容。全部款目按概念标题字顺排列。其形式如例 6-12。

【例 6-12】 概念索引款目形式

ECOLOGY-(ENVIRONMENTAL BIOLOGY)
ECOLOGY-ANIMAL

67	82	98	114	115	128	142	173	179	180
…	…	…	…	…	…	…	…	…	…
1339	1340	1341	1342	1343	1344	1345	1346	1347	1348

一篇文献通常要同时出现在 4—5 个概念标题之下。从外表看，概念索引有点象字顺主题索引。但是，概念标题比一般的主题词宽泛得多，专指性也差得多。概念索引更象一种组配索引。实际上，它的前身就是 CROSS Index（Computer Rearrangement of Subject Specialities Index——计算机重排专业主题索引）。这种索引创始于 1964 年第二季度。它采用概念组配的方法来编制。索引中的概念标题和副标题与现在的概念索引相同，但文摘号的排列

方法不同,采用元词卡片的登号方法(即尾数过号法),每个概念标题(或副标题)下面的文摘号分排成10列,尾数相同的文摘号排在一列。检索时,采用比号法。有关这种索引的编制原理和检索方法方面的内容,请参看第五章第三节。由于过去的号码编排方法太浪费篇幅,所以,自1974年起,CROSS Index改按上例的形式编排。经过这样的变动以后,该索引的功能也变了,变得不太适用于手工组配检索,而较适于计算机进行组配检索了。1977年起该索引改为现名,编排方法未变。1985年起,该索引被取消。

(5) 主题索引 (Subject Index)

BA的主题索引实质上是一种"题内关键词索引"(KWIC Index)。它原名为"Biological Abstracts Subject in Context Subject Index",简称"B. A. S. I. C. Subject Index",首次出现于1960年。它的编制原理和款目形式都与KWIC索引基本相同,只是关键词的来源有所不同。在编制这种索引时,BIOSIS不采用固定的大型词表来控制词汇,而是采用自然语言(即原文使用的词汇),但又不限于从篇名中选取关键词,还经常用人工方法给原篇名增补一些能反映原文主题内容的词,附在原篇名之后,或者对原篇名进行改写,以补充原篇名含义上的不足,提高检索效果。这种方法就是第五章第四节介绍过的"增补关键词索引法"。

可能增补上去的词有以下几类:生物体名称、器官系统、组织;地理位置(包括地层);药物名称及其作用方法;化学名称;化学改性剂(致畸物和诱变剂);酶及EC号码;所用仪器、设备、方法;疾病名;实验目的;等等。为了控制生物学词汇的变化,BIOSIS规定了下列选词原则:一词有英美两种拼法时,只用美国拼法;有缩写词时用缩写词;当某两个词一起使用更有助于检索时,就用连字符将它们连成一个词;将可拆开使用的复合词拆成若干个元词,作为关键词使用,以便读者能从多个角度查到这个复合词;篇名中的介词、冠词、代词、连接词等不作为标目词,一些检索意义不大的词也不作为标目词,曾经在种属索引中出现的生物属（种）名也不作为标目词。

另外，为便于计算机编排，避免混乱，在将篇名输入计算机之前，对篇名要进行处理。例如：将希腊字母、数学符号、化学

【例 6-13】 BA 关键词索引片断

上下文	关键词	上下文	文摘号
NTICOAGULANT D LACTIC	DEHYDROGENASE	GLYCOLYTIC FATHWAY	281
UANINE AUXOTROPH IMP		GMP SYNTHETASE/ CO	2357
HOSPHATASE MANNITOL		HEXO KINASE GLUCOS	5245
GLUCOSE 6 PHOSPHATE		HEXO KINASE INFERTILI	1882
N PREDICTION/ LACTATE		IN HUMAN CERVICAL M	1882
O ENZYMES OF LACTATE		IN HUMAN LYMPHOCY	413
GLUCOSE 6 PHOSPHATE		IN RAT LEVATOR ANI M	1864
INKED PROSTAGLANDIN D		IN SWINE BRAIN 15 KE	1809
GLUCOSE 6 PHOSPHATE		IN THAILAND THE OCC	2541
DROGENASE GLUTAMATE		ISO CITRATE DEHYDRO	2110
MIAS HYDROXY BUTYRIC		LACTATE DEHYDROGE	848
ND RECOVERY OCTOPINE		LACTATE DEHYDROGE	3106
OF PHOSPHO GLYCERATE		LEVELS AND EFFECT O	4975
MANNITOL 1 PHOSPHATE		MANNITOL 1 PHOSPHA	5245
RANSFERASE SUCCINATE		NADH DEHYDROGENAS	1311
-BETA HYDROXY STEROID		NADH DEHYDROGENAS	1899
CUATE ARTERY SUCCINIC		NADH DIAPHORASE LA	6433
HLOROPHYLL SUCCINATE		NADH OXIDASE/ A CO	4994
6 PHOSPHO GLUCONATE		NADP MALATE DEHYDR	1214
GLUCOSE 6 PHOSPHATE		NADP MALIC ENZYME	3016
DEHYDROGENASE NADH		NADPH DEHYDROGENA	1899
TRANS AMINASE LACTIC		NECROSIS/ PROTECTIO	6362
LPHA HYDROXY STEROID		OVARIECTOMY/ IN-VITR	3620
ECTROPHORESIS MALATE		PEROXIDASE TISSUE SP	66
SE CATALASE SHIKIMATE		PHENYL ALANINE AMM	5327
SOMYXA-ABIETIS STARCH		PHOSPHATASE PEROXI	5084
E HEXO KINASE LACTATE		PHOSPHO GLUCO ISO	4473
6 PHOSPHO GLUCONATE		PHOSPHO GLUCO MUT	108
INE RAT MOUSE LACTATE		PHOSPHO LIPASE ACTI	6504
OGENASE NADP MALATE		PHOSPHOENOL PYRUV	1214
ORGANIZATION OF NADH		POLY PEPTIDES IN THE	2101
CITRATE LYASE MALATE		PYRUVATE KINASE ISO	4188
E CARBOXYLASE MALATE		RESPIRATION CRASSUL	5407
HYDROGENASE LACTATE		SERUM GLUTAMIC OXA	848
PHOSPHATASE SUCCINIC		SLOW VIRUS INFECTIO	441
RELATIONSHIP D LACTIC		STRUCTURAL SIMILARIT	153
-BETA HYDROXY STEROID		SUCCINIC DEHYDROGE	1847
ALDEHYDE 3 PHOSPHATE		SYNTHESIS NITROGEN/	5409
TE AND CHRONIC LACTIC		VIRUS INFECTION SHEE	2714
C INFECTED WITH LACTIC		VIRUS 3. ANTIBODY RE	2714
-BETA HYDROXY STEROID		17-BETA HYDROXY STE	1899
LPHA HYDROXY STEROID		20-ALPHA HYDROXY S	3820
TESTOSTERONE 17-BETA		3-ALPHA HYDROXY STE	3879
LPHA HYDROXY STEROID		3-BETA HYDROXY STER	1848
LPHA HYDROXY STEROID		3-BETA HYDROXY STER	3879
-BETA HYDROXY STEROID		5-ALPHA REDUCTASE B	3879
-BETA HYDROXY STEROID		5-ALPHA REDUCTASE/	1848
-BETA HYDROXY STEROID		5-BETA REDUCTASE 3-	1848
GLUCOSE 6 PHOSPHATE		6 PHOSPHO GLUCONA	3108
NE BOUND NADPH FLAVO	DEHYDROGENASES	/NADH DEHYDROGEN	5261
CHONDRIAL GLUTAMATE		EC.1.4.1.3 THERMOD	2119
OTENTIAL QUINONES 13.	DEHYDROGENATION	OF DE-A ESTRA-5 7	4701
SOURCE OF A PROTON IN		3 HYDROXY ISO BUT	3508
Y SMOOTH MUSCLE CELL	DEHYDROLYSINO	NORLEUCINE COLLAGEN	647
D APPENDIX ON 7-ALPHA	DEHYDROXYLATION	AND 7-BETA EPIMERI	1295
ASE EC-3.5.3. AGMATINE	DEIMINASE EC-3.5.3.12/	CATABOLISM OF	4985
S-AERUGINOSA ARGININE		PUTRESCINE ARGININE DECAR	4985
/ ALTERATIONS IN MONO.	DEIODINATION OF IODO	THYRONINES IN T	2072
O GLOBULIN/ SELECTIVE		OF THE OLDEST IODINATE	2086
D PRESSURE HEART RATE	DELANOSIDE C	METABOLIC-DRUG ANGIOT	4401
ODA CYCLOPOIDA IN THE	DELAWARE BAY	REGION USA SALINITY TE	1346
OMPETITION EMERGENCE	DELAY /POT	TESTS WITH METHOPRENE A	1639
ACTERIO PHAGE T-4 DNA		GENE PRODUCTS IN DEOXY RIBO	2351
SSES OPERATIVE DURING		OF GRATIFICATION CHILD BEHAVIO	5709
N CELL KINETICS MITOTIC		SISTER CHROMATID EXCHANGE DI	2508
PRUNUS-PERSICA BLOOM		WATER POTENTIAL AND POLLEN M	2658

240

符号、元素、原子团和化合物的名称拼合成完整的英文单词;常用的化学药品、药物名称过长,则用其缩写词;分子式尽量改成化合物名称,不能确定名称的,就用元素名称,在后面括号内注明原子数目[如 C_2H_3→Carbon(2),Hydrogen(3)];同位素改用元素名称表示,并将其角标移至名称之后用短横连接(如 I^{131}→Iodine-131)。

排版时,每个印刷页都分成左右两栏排印该索引。其中每栏又分4个小栏,即:"上下文"、"关键词"(标目)、"上下文"和"文摘号"(如例6-13)。索引款目按关键词字母顺序排列,标目栏中的空白处表示关键词同上。每个款目只占一个索引行,有些行里出现有斜线(/),它表示原文篇名的结尾处。查阅时,先按ABC顺序垂直地浏览标目栏,查出所要的关键词之后,再按水平方向浏览该词的上下文,看是否相关。若相关就记下右端的文摘号,以便按号查阅文摘。若不相关,就另选关键词再查。

BA除每期编有上述5种索引外,还出版相应的卷累积索引。

3. 来源期刊目录(Serial Sources)

它的全称是 Serial Sources for the BIOSIS DATA BASE(其前身是 BIOSIS LIST OF SERIALS),1979年开始出版,每年出一次,单独发行。该目录是我们了解BIOSIS所摘录的期刊和其他出版物的出版情况,准确鉴别出版物名称和文献来源的重要工具。

三、BA 的姐妹刊——BA/RRM

BA/RRM 的全称是:"Biological Abstracts/Reports · Reviews · Meetings"(生物学文摘/报告·评论·会议部分)。它的前身是《生物研究索引》(BioResearch Index),创刊于1962年,月刊,当时刊名为 Biochemical Title Index,1964年停刊。1965年复刊时改名为 BioResearch Titles,其编制原理和结构跟前一章提到过的《化学题录》一样。1967年起改名为 BioResearch Index,编制方法、原理和结构也跟以前不同了。1980年起改为现名,半月刊。

BA/RRM 收录 BA 未摘录的生物学文献,包括编辑部文章、报告、数据资料、书目、会议录、会议摘要、新书、图书的某些部分或章节、评论期刊、翻译的俄文期刊、生物命名资料，等等。其中，会议资料占63％，报告占23％，评论占14％。近年，还摘录美国专利。目前，每年报道量约为26万余篇。

BA/RRM 和 BioResearch Index 都是题录性刊物，不带文摘。两者的编辑体例不太相同。BioResearch Index 的题录部分中是这样著录和组织文献的：先著录文献来源出处（包括刊名或书名、卷期号），放在两条虚线之间。然后将刊（书）内的文章逐篇著录在下面，就象做分析著录那样。每篇文章的著录项目有：顺序号（题录号码）、著者姓名、篇名、关键词、页数。著录完一本刊（或书），再著录另一本，接排在后面。整个题录部分按题录号码顺序排列。

《生物研究索引》除题录部分外，还附有5种索引和摘引出版物目录（List of Publications Indexed），5种索引的名称和形式都与BA完全一样。

《生物研究索引》改为BA/RRM以后，其著录方式和编排方式也做了相应的改变，采用了BA的著录方式和编排方式。题录部分按分类编排，每个款目的内容不包括文摘，但增加了主题词、概念标题和生物分类名称等项（见例6-14）。所用的专业分类表、索引种类及形式，均与BA完全相同。其中：①题录号码，②著者姓名，③著者地址，④来源出处，⑤篇名，⑥主题词，⑦概念标题，⑧生物分类名称。

但是，后来又将图书（论文集）和会议录抽出单独编排。图书部分设有书名目录(List of Books)和图书分析著录部分(Books)。前者概括著录每部书的基本事项，按书名字顺排列。每个款目尾部给出该书在分析著录部分的题录地址号和页码。分析著录部分将书中各篇文献一一析出，依次加以描述和编题录地址号。会议录部分也设有会议录目录(List of Meetings)和会议论文目录(Meetings)两部分（见例6-15）。其编制方法与图书部分相同。

【例6-14】 BA/RRM 题录款目实例

AGRONOMY

See Also: *Economic Botany* • *Economic Entomology (includes Chelicerata)* • *Food and Industrial Microbiology* • *Genetics and Cytogenetics - Plant* • *Pest Control, General (includes Plants and Animals); Pesticides; Herbicides* • *Phytopathology* • *Plant Physiology, Biochemistry and Biophysics* • *Soil Science - Fertility and Applied Studies*

WEEDS AND WEED CONTROL

See also: *Agronomy* • *Horticulture*

① ——— 12001. KAPOOR, V. C. and Y. K. MALLA. (Dep. Zool., Tribhuvan ——③
Univ., Kathmandu, Nepal.) INDIAN J ENTOMOL 40(3): 337-339. 1978.
[In Engl.]. The infestation of the gall fruit fly *Procecidochares-utilis* on ——⑤
crofton weed *Eupatorium-adenophorum* in Kathmandu Nepal./ *EUPATORIUM-ODORATUM*, LARVA
⑦ —CON: Phytopathol-Disease ByAnim Parasit/
Pest Contrl Genl, Pestics, Herbics
⑧ —TAX: Compositae/Diptera

12002. BLACKMAN, G. E. and J. D. FRYER. Ramel, C. (ED.).
Ecological Bulletins NRF (Naturvetenskapliga Forskningsradet), No. 27.
Chlorinated phenoxy acids and their dioxins. Mode of action health
④ { risks and environmental effects. Conference. Stockholm, Sweden, Feb.
7-9. 1977. 302p. Illus. Swedish Natural Science Research Council: Stockholm, Sweden. ISBN 91-546-0234-3. 210-218. 1978: [In Engl.]. Chemical weed control in the tropics./ CEREALS, VEGETABLES, FORAGE, ——⑥
OIL, HORTICULTURAL CROPS, HERBICIDES
CON: Agronomy-Genl, Misc, Mixed Crops/ Agronomy-Grain Crops/
Agronomy-Forage Crops, Fodder/
Horticult-Trop Fruit, Nut, Plantat/ Pest Contrl, Pestics, Herbics
TAX Angiospermae-Unspecified/Gramineae

【例6-15】 BA/RRM 的会议论文著录格式

MEETING

103061. SWANN, JOHN W. and ANNE MESSER (Ed.). (Birth Defects Inst., Wadsworth Cent. Lab. Res., New York State Dep. Health, Albany, N.Y.) Alan R. Liss, Inc.: New York, New York, USA. Illus. ISBN 0-8451-4265-8. xiii+277p. 1988. **Albany Birth Defects Symposium, 18. Disorders of the developing nervous system: Changing views of their origins, diagnoses, and treatments;** Albany, New York, USA, September 28-29, 1987./BOOK

PAPERS

103062. NELSON, KARIN B. (Neuroepidemiol. Branch, Natl. Inst. Neurol. Communicative Disorders Stroke, Bethesda, Md.) 1-18. **Antecedents of cerebral palsy and childhood seizure disorders.**/HUMAN, CONGENITAL MALFORMATION, PRENATAL INJURY

103063. SWANN, JOHN W., ROBERT J. BRADY, KAREN L. SMITH and MARTHA G. PIERSON. (Wadsworth Cent. Lab. Res., N.Y. State Dep. Health, Empire State Plaza, P.O. Box 509, Albany, N.Y. 12201-0509.) 19-50. **Synaptic mechanisms of focal epileptogenesis in the immature nervous system.**/RAT, GAMMA-AMINOBUTYRIC ACID

103064. CHUGANI, HARRY T.*, MICHAEL E. PHELPS and DION BARNES*. (Dep. Neurol., UCLA Sch. Med., Los Angeles, Calif.) 51-68. **PET in normal and abnormal brain development.**/CHILDREN, POSITRON EMISSION TOMOGRAPHY, LENNOX-GASTAUT SYNDROME, REFRACTORY PARTIAL EPILEPSY, CEREBRAL PALSY

四、BA 和 BA/RRM 的使用方法

根据以上介绍得知，BA 和 BA/RRM 分别都是由文摘（或题录）部分和 5 种辅助索引构成的。它们给我们提供了从主题分类、著者、生物系统、属种名称、概念和关键词字顺等 6 种途径来查文献。当我们接到某个查找课题时，首先应分析清楚该课题的性质和要求，看它涉及专业面的宽窄深浅情况，是要求查找最新文献，还是要普查全部有关文献。其次要分析已知条件，然后才选择适当的途径入手去查。下面简述各种检索途径的使用方法。

1. 主题分类途径

BA 和 BA/RRM 的文摘或题录部分均按"专业分类表"（Section Headings）编排。如果要查的是新文献，而且课题范围较宽，可以直接从专业分类途径入手查。查找前，应熟悉分类表的内容，以便从中选出合适的类目。若一时找不到合适类目，可利用"分类表指南"（Subject Guide），帮助自己顺利而正确地选择类目。

2. 著者途径

使用著者途径查文献的前提是查找前掌握了有关的研究人员的名字。查找时一定要选准著者名称，核对其所有变名和首字母，然后按著者名称字顺查著者索引。如果命中，就记下文摘号，再反查文摘部分，并进一步核对其内容，看是否符合要求。如果未查到该著者，可另选其他著者或其他卷期的著者索引。

3. 生物系统途径

使用生物系统索引查文献的前提是事先知道某种与查找课题有关（作为研究对象）的生物体及其在生物分类系统中的位置。查找步骤是：

● 先查"生物分类范畴简表"（Major Taxonomic Categories），找出适当的生物大类及其在大类序列中的位置；

● 从生物系统索引中查到该类；

● 根据课题要求逐步缩小查找范围，在该类下面找出与课

题关系最密切的下位类（即该生物体所属的纲、目或科）；
　　●在相应的纲、目或科下面找出相关的主要概念和文摘号；
　　●反查文摘部分，选出切题的文摘款目。
　　例如：要查关于"人的视觉器官生理学和生物化学"的文献。在生物分类系统中，人属于动物界（ANIMALIA）、脊索动物门（CHORDATA）、哺乳纲（MAMMALIA）、灵长目（Primates）。所以，我们就可以从生物系统索引中先后找出动物界……灵长目等各级标目，再在灵长目下按字顺找到"Hominidae"（人的学名，属科级分类单位，前面标有圆点）。下一步再按字顺找出排列在"人"下面的相关概念名称："Sense Organs Physiology, Biochemistry"，记下文摘号，反查文摘部分，就可以看到所需要的文摘了。
　　要学会使用这种索引查文献，重要的是要熟悉生物分类，索引所依据的分类序列，各个分类等级间的关系，所用的字形和字体，以及同级类目的排列次序等。另外，还要正确判断所查生物体在系统中的确切位置。

4. 属名和种名途径

使用种属索引查文献的前提也是事先掌握有关生物体的属名、种名或变种名。查找步骤如下：
　　●选出并核对与课题有关的属种名及其各种拼写形式；
　　●从种属索引中找出的属名或种名；
　　●审查它们后面的概念名称，看其是否与课题有关；
　　●记下相关概念后面的文摘号，反查文摘。
　　由于种属索引中给出的概念名称是以缩写词形式出现的，审阅时可参考该索引前面的缩写表（即 Concept Headings Used in Generic Index）。该表分两栏排印，每栏的左边按字顺列出缩写名称，然后在右边分别给出概念的全称。

5. 概念途径

使用概念索引查文献的步骤是：
　　●查阅"Subject Guide"，选出适当的概念标题和副标题；

- 按概念标题的字顺在索引中找出该标题和全部文摘号；
- 按文摘号反查文摘部分。

若用 1974 年以前的 CROSS Index 查文献，还可以采用比号组配法进行检索。先根据题意选出若干个相关的概念标题，分别查出它们的全部文摘号。然后，选择其中含文摘号数量最少的那个概念，将它的文摘号与其他概念下面的文摘号逐个比较，找出它们所共有的文摘号，再反查文摘部分。若具备机检条件，那末，不管是先前的 CROSS Index，还是现在的概念索引，均可以采用组配检的方法。另外，由于概念索引的标目含义较宽，概括性好，标引网罗度大，所以它较适于普查性的检索，即用它来全面普查某一课题的有关文献。

6. 关键词途径

使用 BA 的主题索引查文献的步骤是：

- 确定关键词，包括所有同义词、形容词形式和不同拼写法；
- 按字顺在索引中找到这些词；
- 阅读关键词的上下文，选出与课题有关的款目和文摘号；
- 按文摘号反查文摘部分。

BA 的主题索引提供的检索点较多，利用它较容易查到一些相关文献。但是，由于它用词不规范，同类资料容易分散在多处，索引款目的易读性较差，所以，用它来筛选文献和进行全面性检索是较费力的。因此，检索时应从多种角度去选词，注意它选取关键词的原则。判读索引款目的方法要对头，还要有耐心。特别是当其他途径暂时无从下手时，可以该索引为突破点，查出少量相关文献之后，利用这些文献发掘出其他的线索，再去查其他合适的索引，这样效果就会更理想。

若要获得最佳的检索效果，还应该根据课题性质、要求、已知条件及各种索引的特点，灵活地综合地运用各种检索途径，取长补短，充分发挥各种索引的长处。例如，为了把有关研究某一

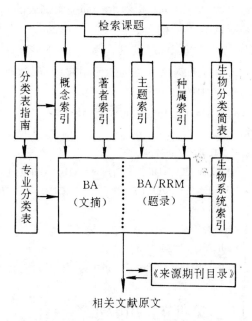

图 6-3 BA 和 BA/RRM 检索方法示意图

特定生物种属的文献全部检索出来,除查阅种属索引外,还可以用生物体的普通名称(俗名)去核查主题索引,看是否有遗漏。又如,为了把与某一重要概念有联系的生物种属相关的文献全部检索出来,除查阅种属索引外,还应该将种属索引中查得的文摘号与概念索引中相应概念标题下的文摘号相对照,以防遗漏。

为了帮助用户更好地利用它的数据库,BIOSIS 每年都出版一套检索指南"BIOSIS Previews Search Guide"。其 1991 年版分 2 卷,包括以下部分:Master Index; Expanded Biosystematic Code Directory(生物系统代码指南扩充版); Controlled Keyword Section(受控关键词表,含 1990 年收入的地理标引词); Concept Code Scope Notes Section(概念代码范围注释); New Chemical Guide

(提供 CAS 登记号和同义词,以及为化学名词编制的"酶委员会代号")。其中,Master Index 相当于一部检索词表的主表,收录有全部受控关键词(包括词干、同义词、缩写词、分解词和相关词)、概念代码(即概念标题及其代号)和生物系统代码(即生物系统名及其代号),并提供各类词的使用频率(精确到十位数)。下面的例 6-16 是其中的一个词目。

【例 6-16】 Master Index 的词目样例
CHILD
 KW: CHILD $ (36970)
   see also BOY;DESCENDANT;GIRL;HUMAN;
   JUVENILE; OFFSPRING; PROGENY; YOUNY;
   YOUTH
 CC: CHILD
   Pediatrics CC25000 (107280)
 BC: HOMINIDAE BC86215 (554030)

第四节　美国《化学文摘》

美国《化学文摘》(Chemical Abstracts,简称 CA)是一种享有世界声誉的化学化工专业性文摘刊物,由美国化学学会化学文摘服务社编辑出版。

一、CA 的概况及特点

CA 创刊于 1907 年,其前身为《美国化学研究评论》和《美国化学会志》这两种刊物中的文摘部分,不过当时摘录的仅限其本国的化学文献,而且收录范围也窄。

1. 出版概况

CA 现为周刊,每年出版 2 卷,每卷 26 期。自创刊以来,CA 出版情况的变化如下表所示:

年代(卷数)	每年卷数	每卷册数	刊　期
1907(1)—1960(54)	1	24	半月刊
1961(55)	1	26	双周刊
1962(56,57)—1966(64,65)	2	13	双周刊
1967(66,67)—1992(116,117)	2	26	周　刊

　　CA收录的文献以化学化工为主,它自称是启开"世界化学文献宝库的钥匙"。这是因为CA收摘世界上150个国家的近14,000种科技期刊,其中大约8,500种为当年出版的刊物,其余5,500种则为近五年内出版的刊物。内容除化学化工外,尚在不同程度上涉及到生物、医学、轻工、冶金、物理等。单以生物和医学来说,CA的内容约有1/4是与之有关的。此外,CA还收摘26个国家和2个国际组织的专利资料。除期刊论文和专利文献外,CA还收录报道学位论文、会议文献、科技报告、存档资料和图书(包括视听资料)等。CA收录的各种资料,就文种而言,已达56种之多。据称,CA收录的文献,占世界化学化工文献总量的98%,其中70%的资料来自美国以外的国家和地区。从文献内容看,CA收录的主要是纯化学和应用化学各领域的科研成果和工艺成就,而不报道化工经济、市场、化学产品目录、广告及化工新闻方面的消息。

　　CA每年报道的文摘数量也在逐年增加。50—60年代,文摘的数量以每年8.2%的速率增长,进入70年代以来,则以8—10%的速度递增。例如,1980年CA全年收录文摘475,739篇,与创刊时的1907年相比较(11,847篇),增加40多倍。CA自1907至1981年年底,共报道化学化工文献达970万篇。在这70多年内,从CA收录文献的类别、国别和文种来看,明显表现出以下趋势。

　　● 专利文献的比重大大增加。例如,在全部文摘条目中,专利文献的比率由12%(1955)增至29%(1975)。

　　● 根据对期刊文献的统计,自60年代至1988年,各国文献量的消长情况是:美法两国稳步增长;前苏联于75年达到高峰(24.8%)后,逐年下降到13%;德、日两国分别增长到7.5%和

11.5；中国增长明显，从 80 年的 0.7％到 3.5％；英国则降至 5.6％。

● 英文出版物所占的比重越来越大。例如，60 年代初，英文文献占 43％，而到 1988 年，竟上升到 73.4％左右。

2. 特点

作为一种专业性文摘刊物，CA 具有以下特点：

● 创刊较早，历史悠久，收录内容广泛，不仅可查最新的资料，还有利于回溯检索。

● 采用计算机排印技术，因而出版快，报道时差短（3 个月左右），本国的期刊论文和多数的英文书刊当月即可报道。

● 索引种类齐备，索引体系完整，检索途径多，使用方便。

● 累积回溯工作较好。

● 文摘质量较高。

总之，CA 自创刊以来，其编辑部门一方面坚持办刊，从不中断，另方面，根据科技的发展与文献数量的增加，无论在收录数量、报道方式、索引设置、检索方法上，都注意不断改进，提高服务质量，因而形成上述特点，并于 1969 年兼并了另一驰名世界、已有 140 年历史的德国《化学文摘》(Chemisches Zentralblatt, 1830—1969, 简称 CZ）。目前，世界性的化学文摘，尚有前苏联《化学文摘》(Реферативный Журнал Химия, 1953—）。虽然它在收录范围、报道速度、索引种类等方面比 CA 略逊一筹，但是，对于前苏联和东欧国家的文献，以及对于我国的文献，都有较全面和迅速的报道。此外，CA 的文摘内容过于简要，论文中的理论部分一般不摘，实验部分也很扼要，化合物也是有选择地摘录。在这方面，CA 不如苏联《化学文摘》，更不如德国《化学文摘》，特别是有机化学方面的文献，后者对论文的理论和实验均有反映，有时文摘本身就分成明显的两个部分，使读者看过之后，不必再查阅原文。

二、CA 的结构及内容

CA 就其整体来说,由文摘和索引两大部分组成,而索引部分又按出版的先后顺序,分为期索引、卷索引、多年累积索引和指导性索引等。以下依次予以介绍。

1. 文摘部分

CA 的文摘以报道性为主,其次为指示性或题录形式的。文摘反映以下几方面的内容:① 研究的目的和范围;② 新的化学物质,新的化学反应,新材料,新工艺和新的仪器装置和工具,新资源等;③ 观测的数据和结果以及作者的解释和结论;④ 已知物质的新性质、新来源及新用途等等。文摘是按类目编排的,每一类目下又有一定的编排顺序和格式,而每条文摘又按一定的格式著录文献的外部特征和内容摘要。现分述如下:

(1) 文摘的类目

CA 初创时未作具体的分类,随着学科的发展,CA 自 1911 年起设置了 30 个类目,后来几经变动,目前共设 80 个类目,划分成 5 个部分。CA 每周出版一期,但单号期与双号期刊载的类目不同。

单号期 { 第一部分:生物化学类目(1—20 类)
第二部分:有机化学类目(21—34 类)

双号期 { 第三部分:高分子化学类目(35—46 类)
第四部分:应用化学与化学工程类目(47—64 类)
第五部分:物理化学、无机化学与分析化学类目(65—80 类)

(2) 文摘的编排顺序和格式

CA 每一类目下的文摘分 4 个部分编排,每一部分之间用虚线隔开。编排次序是:① 论文(包括会议录、学位论文、科技报告、存档资料和专题综述等),② 新书及视听资料,③ 专利文献,④ 相关的类目及文摘。每一部分中内容相近的文摘基本上排在一起。当文摘内容涉及两种或更多的类目时,将文摘置于其主要内容应属的类目之内,而在其他相关类目则概略报道一下,并用参见（see also）指引。因此，参见类目对扩大文献的查阅线索和涉及多学科的文章颇有帮助。自76卷（1972年）以后，改为论文参见和专利参见两部分，分别列出相关的类目顺序号、文摘号和文献题目，例如

```
For papers of related interest see also section:
16      2886h       Dry anaerobic fermentation.
...     ......................................
72                  Electrochemistry
                    ....................

For patents of related interest see also section:
19      3203v       Apparatus and method for preparing high
                    grade fertilizer.
...     ......................................
```

（以上选自 CA94 卷第 2 期 123—124 页，1981 年。）

CA 中文摘的排印格式也几经变更，1—27 卷为通栏排印，28 卷（1934 年）起，每页分为左右两栏，每栏各编页号，两栏中间的空隙又划分成 9 等分，自上而下地用 1—9 个数字表示各条文摘具体所在位置。41 卷（1947）—55 卷（1962），中缝的数字改用 a—i 的 9 个英文字母表示，后来又划为 a—h 8 个等分。

自 1967 年第 66 卷起，取消了上述排印方式，改用每条文摘都编有一个文摘号，每卷自 1 开始，依次增加，实际是流水号，号末的英文字母并不表示文摘的具体位置，而是为了防止流水号排印错误而设立的一种核对号，即电子计算机编号时采用的核对符号。

（3）CA 的文摘由 3 部分组成（见下例）。

```
89:90473w  Catalyst solution for poly(ethylene terephthalate)
production. Takashima, Shunichi; Kawashima, Masao (Mitsubishi
Rayon Co., Ltd.). Japan. Kokai 78 51,196 (Cl. C08G63/34), 10
May 1978, Appl. 76/126,924, 22 Oct 1976; 5 pp. Sb₂O₃ is
dissolved in ethylene glycol (I) and then mixed with a Co salt to
contain 4 × 10⁻⁴-2 × 10⁻² mol/100 g each. The soln. is stable,
and effective for polymn. with impure terephthalic acid. Thus,
2.00 g Sb₂O₃ (0.014 mol) was stirred 1 h in 200 g I at 160° under
N until clear, and then with 2.00 g Co(OAc)₂ [71-48-7]. No
change was obsd. at 160° after 10 h. A ppt. (1.8 g) resulted when
the mixt. of all 3 compds. was heated 3 h.              K. Kodama
```

每条文摘自文摘号至文摘正文出现为止的这一部分内容,称为文摘的标头,主要著录了文献的篇名、作者、出处、文献类型以及语种等。因而学会识别其内容对于文献的取舍和原文的查找都十分有用,例 6-17 至 6-22 列出几种文献类型的标头供参考。

【例 6-17】 期刊论文

> 93:2112g① **Chemical weed control.** ② Tsvetkova,M. A. Teremyaeva,R. A③ (USSR)④. *Zernovoe Dhoz.* ⑤ 1980,(3), 39—40⑥ (Russ)⑦. Preemergence spraying of soybeans with 2 kg Nitran(Ⅰ)⑧ [1582-09-8]. ⑨

其中:① 文摘号,93:2112g(卷号:卷流水号+核对字母),② 篇名(化学除莠剂),③ 作者,④ 作者国别或服务机构、地址,⑤ 资料来源的缩写(此处为前苏联期刊《谷物经济》之音译名),⑥ 年、卷(期)、起止页,⑦ 原文文种,⑧ 文摘正文,⑨ 登记号(CAS 赋予化合物 Nitran 之登记号)。

【例 6-18】 科技报告

> 94:7452y① **Gases in sea ice 1975—1979.** ② Kelley,John J.; Gosink,Thomas A. ③(Inst. Mar. Sci.,A Alaska Univ., Fairbanks,AK USA). ④ Report 1979,Order No. AD-A082745, 95 pp. ⑤(Eng). ⑦ Avail. NTIS. ⑧ From Gov. Rep. Announce. Index(U.S.)1980,80(15),2830. ⑥

其中:①—④,⑦ 同例 6—18。⑤ 本文摘之原文系美国的"AD 报告",报告号码为 AD—A082745,其后为报告总页数(95 页),⑥ 本文摘选自《美国政府报告通报与索引》第 80 卷,15 期,第 2830 页(1980),⑧ 报告的收藏单位和索取单位,此处 NTIS 的全称为"National Technical Information Service"(美国国家技术情报服务社)。报告无代号者可查"CAS 来源索引"。

253

【例 6-19】 学位论文

> 93：7037w① **The homoegeneous water-gas shift reaction and reductions employing carbon monoxide and water in place of hydrogen.** ② Cann, Kevin Joseph ③ (Univ. Texas, Austin TXUSA). ④ 1979. 152 pp. (Eng). ⑦ Avail. Univ. Microfilms Int., ⑧ Order No. 7928271. ⑤ From Diss. Int. B 1980, 40(7), 3164. ⑥

其中：①—④，⑦ 同上。⑤ 本文摘之原文编号为 7928271，于 1979 年答辩，全文共 152 页。⑥ 本文摘选自美国《国际学位论文摘要》B 辑，1980 年第 40 卷第 7 期，第 3164 页。

【例 6-20】 专利说明书

> 94：7568r① **Ion exchange process for desalination.** ② Shimizu, Hiroshi③ (Rohm and Haas Co.)④ U.S. 4,202,737⑤ (Cl. 210-32; B01D15/06⑥, 13 May 1980. ⑧ Appl. 930,748, 02 Aug 1978；⑦ 12pp. ⑨

其中：① 文摘号，② 专利题目(有时为 CA 修改后的题目)，③ 发明人，④ 发明人的工作机构，由于本专利是职务发明，所以此机构为专利"受让人"(Assignee)，即专利权人(Patentee)，⑤ 专利号码，⑥ 专利的分类号，括号内前半部分为美国专利分类号，后半部分为国际专利分类号，⑦ 专利的申请日期(Application date)及申请号，⑧ 专利正式公布日期；⑨ 专利说明书总页数。

【例 6-21】 新书

> 93：2684v① **Plasma Proteins.** ② Blomback, Birger; Hanson, Lare A. ③; Editors (Wiley; Chichester, Engl.). ④ 1979. 401pp. ⑤ (Eng)⑥ Translated from Ger.

其中：① 文摘号，② 书名(血浆蛋白质)，③ 作者，④ 出版社，⑤ 出版年份及总页数，⑥ 文种(本例系一本专著,译自德文)。

【例 6-22】 视听资料

> 93：2682t① **Chemical Control of Respiration.** ② Whitmer, Kyra Riegle ③ （National Audiovisual Center；Washington, D.C.). ④ 1979 Slide；⑤ 115 slides；⑦ cassette (Eng). ⑥

2. 索引部分

美国化学文摘社历来重视索引工作,从 CA 创刊起,就设著者索引和主题索引。后来逐渐补充和完善,做到按期、按卷和多年累积出版各种索引。以 1988 年(108,109 卷)为例,全年的文摘为 38,968 页,而期索引为 12,048 页,卷索引为 45,711 页,文摘与索引之比几乎为 1∶1.5,另外,CA 的累积索引则更为丰富。例如,CA 的第 9 次累积索引(1972—1976 年间出版的 10 卷内容),其中全部索引款目数为 2000 万,而这期间收录的文摘款目总数约为 200 万(2,024,013),二者之比达到 10∶1。这在世界性检索工具中确属罕见。

(1) 期索引（ISSUE INDEXES）

CA 每周出版一期,期索引附在每期文摘的末尾,是检索该期文摘的工具。期索引以前有 4 种：关键词索引（Keyword Index）、专利号索引（Numerical Patent Index）、专利对照索引（Patent Concordance）和著者索引（Author Index）。自 1981 年第 94 卷起期索引改为 3 种,即关键词索引、专利索引和著者索引。CA 早期(1907—1948) 未设期索引,1949 年设著者索引,1958 年增加专利号索引,1963 年又增设专利对照索引和关键词索引。

(2) 卷索引（VOLUME INDEXES）

CA 的卷索引单独出版,每年出 2 卷,是检索当卷各期中全部文摘的工具。但在 1962 年（56 卷）以前,每年只出版 1 卷。卷索引共有 7 种：普通主题索引（General Subject Index）、化学物质索引（Chemical Substance Index）、著者索引、专利索引、分子式索引（Formula Index）、环系索引（Index of Ring Systems）和杂原子索引（HAIC Index）。

（3）累积索引（COLLECTIVE INDEXES）

CA 每隔 10 卷单独出版一次累积索引，现已出版第 12 次累积索引（1987—1991 年）。累积索引的种类与卷索引相同，它是卷索引的累积本。

（4）其他索引

CA 还按年出版各种辅助性、指导性和工具性索引，如登记号索引（Registry Number Index）、《索引指南》（Index Guide）和《资料来源索引》（CAS Source Index）。

值得注意的是，近年来，CA 的索引出现手册化的趋势，如《登记号手册》、《母体化合物手册》等。

三、CA 的索引体系及索引查用方法

如前所述，CA 的索引种类多样，但各有各的功能和特点，且已形成一个体系，若能了解其相互关系，然后进一步熟悉它们的查用方法，则能收到事半功倍的效果。CA 的索引划分为 4 个类型（见表 6-6），是由于索引本身的特点和使用上的不同决定的。现分述如下：

（1）主题性索引

这是 CA 索引的主体部分，包括关键词索引、化学物质索引和普通主题索引，它们是从文献的内容特征，即主题的角度查找文献的。通过这类索引，可以直接查到文摘及原文出处。从数量上看，在 CA76—85 这 10 卷的累积索引中，索引款目总数为 2000 万条，其中化学物质占 740 万条，普通主题占 380 万条，二者之和占索引款目总数的 56%。同时 CA 的主题性索引在质量上也堪称上乘，因而使用这类索引的读者也最多，国内外皆如此。

表 6-6　CA 的索引体系

索引类别	索引名称	期	卷	年	累积
主题性索引 (主体索引)	关键词索引 化学物质索引 普通主题索引	√	√ √		√ √
辅助性索引 (补充索引)	分子式索引 环系索引 杂原子索引 登记号索引		√ √ √	√	√ √
目录式索引	著者索引 专利号索引 专利对照索引*	√ √ √	√ √ √		√
指导性索引 (工具索引)	索引指南 资料来源索引		√	√	

* 自 1981 年 94 卷起专利对照索引与专利号索引合并为专利索引，详见下文。

(2) 辅助性索引

包括分子式索引、环系索引、杂原子索引和登记号索引。这类索引一般都不给出文摘号（分子式索引例外），即不能通过它们直接查到所需的文摘，通常是利用它们去查出化学物质的名称，进而利用化学物质索引查到相应文摘，所以，它们实际上是配合主题索引的使用而设立的辅助性索引。由于化学领域中化学物质是主体，而在检索中物质名称的规范化至为关键，因而这类索引的作用在于从不同角度（分子式，环状结构等）帮助读者掌握 CA 系统的规范词，达到查准的目的。

(3) 目录式索引

包括著者索引、专利索引。它们是从文献的外部特征——姓名、号码来查找所需文献的。这类索引虽然在著者姓名或专利号码后面皆给出文摘号，循此可直接找到文摘，但是读者事先须确切知道著者姓名和专利号码，方能顺利地使用它们。不过，它们仍不失为 CA 的重要索引，特别是著者索引。据 1972—1976 年的统计，在全部索引中，著者索引占 23% (460 万个)。

(4) 指导性索引

包括《索引指南》和《资料来源索引》。前者是指导读者如何正确地使用索引，或称索引之索引。后者则是帮助读者查得资料的全称等情况的工具。

下面分别介绍几种主要的 CA 索引的查用方法：

1. 关键词索引

本索引始自 1963 年第 58 卷，附于每期文摘的后面，主要用于查阅近期 CA，了解当前国际上对某项课题的研究状况和进展。所谓关键词，是从文献篇名、摘要或原文中抽出的、能够从不同角度反映文摘内容的词（2—5 个），以期对读者有所启示。关键词是未经规范化的自由词，关键词索引是按关键词的字母顺序排列，一个索引款目有几个关键词，就在索引中轮排几次。各关键词之间无语法上的关系。因而，一个索引款目不是一个独立的句子或词组，不表达一个完整的内容。阅读时，只能从各个单词的含义，加上读者自己的逻辑分析，推测出文摘的大致内容，然后通过查阅其他相关的词，或直接翻阅文摘正文，了解原始文献的基本思想，从而决定取舍。

自 1978 年下半年第 89 卷开始，CA 对关键词索引的编排做了较大的改动，采取标目加说明语的编排形式，即取出一个关键词作为标目，其他关键词则按字顺缩格排在标目之下。索引中的每个关键词都有可能作为标目进行轮排。查阅时，应当把标目和下面的关键词（可视为"说明语"）联系起来理解。具体形式如下：

```
Waste①
     ·····························
     gas boiler ash removal②       7155d③
     gas boron trifuloride removal  P⑤7204u
     ·····························
     management industrial book    7318j
     ·····························
```

　　　　Also scan Section 60④
　　Wastewater
　　　　..............................
　　　　gold recovery ion exchange　　6282f
　　　　iron recovery　　P5536e

其中：① 做标目的关键词，② 其他关键词，③ 文摘号，④ 请浏览第 60 节相关内容（第 60 节为"污水与废物"），⑤ "P"表示专利文献，"B"表示图书，"R"表示综述或评论性文章（本例选自 CA94 卷 2 期）。

再以 CA 93 卷 9925h 号文摘为例，该文献的篇名为："Powdered laundry detergent"（日用洗涤粉），它出现在下列款目中：

　　Detergency①
　　　　improver phosphoric acid②　　P⑤9925h③
　　Phosphoric
　　　　acid detergent textile　　P 9925h
　　Textile
　　　　detergent phosphoric acid　　P 9925h

此例说明，关键词不单是从篇名中选取，更多地是取自文摘甚至原文。CA 关键词索引的这种选词方法和编排形式，不仅使关键词鲜明突出，而且提高了检索效果。顺便指出，在 58 卷（1963）以前，查阅现期 CA 多采用分类途径。自从设立关键词索引后，人们则可直接通过科技名词迅速查到所需的资料，避免逐条查阅某一类的全部文摘，大大节省了时间和精力。

2. 普通主题索引

它由原主题索引（Subject Index）演变而来。可以选作主题词的有以下事物或过程的名称：元素和化合物、反应、用途（催化剂、增塑剂）、化工过程，以及物理化学性质等。主题词虽然也是科技名词，但它们是经过规范化的词，是受控制的词汇，用这种词表达概念不会产生一词多义或多词一义的现象，即词、概念、事物这三者是严格一一对应的。总之，CA 主题索引选用的词，不外乎物质名称和概念性名称。但是，随着化学的发展，新化合物的数目正以每年30万的速度递增，造成主题索引内容庞杂，给检索带来困难。因此，自第76卷（1972年）起，将那些化学成分与结构已被确认的物质从主题索引中分出，单独汇成一册，称为《化学物质索引》。主题索引中的其余部分则改称《普通主题索引》。这样划分不仅提高了出版速度，更利于读者检索，实为CA的一项重大改进。另外，1968年（第69卷）CA还把原来分散在主题索引中的参照、标题注释、同义词和结构式图解等内容全部抽出，集中编印成册，即《索引指南》。综上所述，CA原来的主题索引，经过60多年的演变，终于分成3种索引，即《普通主题索引》、《化学物质索引》和《索引指南》，这标志着CA的主题索引已发展到完善和成熟的阶段。

《普通主题索引》究竟包括哪些主题呢？概括地说，有以下几种：① 化学大类物质的名称（如农药、橡胶等）；② 化学成分不完全确定的物质（如空气、生化物质以及未定名的化合物等）；③ 矿物岩石；④ 概念性的主题（如物理化学中的概念和现象，化学反应以及化工过程和设备等）；⑤ 生物化学和生物学方面的课题以及动植物名称（俗名和学名）。

《普通主题索引》款目的基本格式如下：

主标题	副标题	
说　明　语	文献类型标志号	文摘号（文摘地址）

例6-23是《普通主题索引》的一个片断，各项内容说明如下：

① 主标题词（subject heading）。本例为"胺类"，属大类物质的名称。

②A 是限定性副标题（Qualifiers）。副标题的作用是把主标题词涉及的范围按不同的研究方面加以限定或对标题词本身以修饰，使同类的文献能相对地集中，便于检索。CA的副标题主要有3类，第一类是普通名词，起限定课题的研究范围或方面的作用，称限定性副标题。本例的"properties"（性质）即属此类，它的作用是把"胺类"限定在"性质"这个范围之内，即在此副标题之下的文献，都是探讨胺类性质或与之相关的研究成果。第一类

【例 6-23】 CA 普通主题索引片断

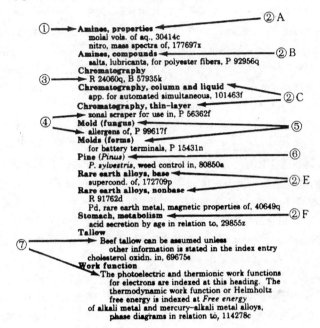

副标题共 7 个：analysis（分析），biological studies（生物学研究），occurrence（存在），preparation（制备），properties（性质），reactions（反应），uses and miscellaneous（用途及其他）。在编排的顺序上，这类副标题排在最先。

②B 是类别副标题（Categories）。即第二类副标题，都是一些表示化合物类别的词，以及取代基和官能团的词，起着把主标题词（化学物质的名称，即所谓"索引化合物"）的化学衍生物条目按类归并的作用。这类副标题有 16 个之多，如：anhydrides（酐）、compounds（化合物）、esters（酯）、oxides（氧化物）、polymers（聚合物）等等。本例为"compounds"，即在此标题下所列的条目都是胺的各种化合物的文献。

②C 是修饰性副标题（Modifiers）。这是第三类副标题，主要用于修饰《普通主题索引》中的主标题词，而且是严格专用的。如本例中对"Chromatography"（色谱法）这个标题词，规定其修饰性副标题只有两个："column and liquid"("柱的和液的",即气相和液相色谱)和"thin-layer"("薄层层析")。

②D 是辐射类副标题。它属于限定性副标题,共有 2 个:"biological effects"("生物效应",主要指辐射对生物体的效应,包括减轻和防止辐射损伤)和"chemical and physical effects"("化学和物理效应",主要指辐射对化学物质和体系的化学性质、物理性质等非生物效应)。这 2 个副标题仅用于少数具辐射性的物质,如"proton"(质子)、"Magnetic field"(磁场)、"Gamma ray"(丙种射线)、"Gold"(冷)和"Heat"(热)等。例 6-23 未显示此项。

②E 是合金副标题。它属于类别副标题,设在各个元素合金的标题之下,如"Chromium alloy"(铬合金)和本例的"Rare earth alloys"(稀土元素合金)等。合金副标题也只有 2 个:"base"(基本成分)和"nonbase"(非基本成分)。其含义为,如以稀土元素为主体(即含量在 50% 以上)形成的合金,则采用"base",若合金中稀土的成分不占优势(但必须在 1% 以上),则采用"nonbase"。若遇含量各半的二元合金,则规定:凡元素符号的字顺在前者为基本元素,另一个为非基本元素。如某含铁和锑各半的合金则其索引标题排序时应把 Iron alloy, base 放在 Antimony, nonbase 之前,因为铁的符号是 Fe,而锑是 Sb。

②F 是生理器官和组织的副标题。此类副标题只限于用在 25 种人体器官和组织的标题词之下,如"Heart"(心)、"Stomach"(胃)、"Muscle"(肌肉)等,5 个副标题是:"composition"(药剂配方)、"disease or disorder"(疾病和失调)、"metabolism"(新陈代谢)、"neoplasm"(肿瘤)和"toxic chemical and physical demage"(化学中毒和物理损害)。

③ 为 CA 的文摘号和说明文献类型的符号。

④ 为说明语(Modification),是对标题做进一步的说明,它可以是单纯描述标题论述内容的"文意说明",也可以是"名称说明",即对标题名称加以补充(更多地见于《化学物质索引》中)。本例的说明语之一为"丙种射线对小麦中蛋白质所引起的生物效应",显然属于"文意说明"。若说明语中需要同时采用"文意"和"名称"两种内容时,则文意性说明放在最后,因为它是修饰整个物质的。

⑤ 为同形异义词。这类词均用粗体加圆括号编排,起到说明和区别同形异义词的作用。本例中的"Mold"为"霉菌"(fungus),但"Molds"并非前者之复数形式,而是指"模具"(forms),这从说明语也能看出。Molds 下的说明语含意为"蓄电池端钮的模具"。

⑥ 为同义词。这类词一律用斜体字加圆括号编排。在本例中，"Pine"是松树的普通名称，括号内的"Pinus"则是它的学名。在《普通主题索引》中，大多数的同义词为生物体的学名。

⑦ 为含注释的标题。在某些标题词下面给出注释性说明，可以帮助读者正确理解某些外延广或内涵深的标题词的含义和专指范围。本例中"Tallow"（脂）的注释是说："本标题词所指的"脂"一般是假定为"牛脂"，除非在索引款目中另有说明"。这种利用假设的办法限定标题的专指范围叫假设性注释。本例中的另一条"Work function"（逸出功）的注释则是对标题词的含义做了说明，指明它所说的逸出功是电子的光电逸出功和热离子逸出功。至于热力学的逸出功或者赫姆霍兹自由能则请见"自由能"这个标题，不在本标题的范围之内。这种叫索引标目的注释。还有一种叫命名的注释，主要是针对具体的化学物质的命名而言，此处不拟详述。

3. 化学物质索引

前已述及，本索引是自 1972 年 76 卷起从 CA 的主题索引中分离出来而单独编制的。事实上，收容在此索引中的化学物质早在 1965 年就已被收入 CAS 的登记号系统（Registry Number System）中。尽管不同时期收入的标准不尽一致，但是总的原则是：这些物质的组成、结构以及化学键的性质应当是明确的，弄清楚了的。凡符合这个原则的化学物质，一旦被 CA 收录之后，就给予一个确定不变的号码，即所谓登记号。因此，当文献的主题涉及到某个化学物质时，**凡有登记号的，必定编在本索引中；没有登记号的，一律放在《普通主题索引》之内**。总之，在收录化学物质方面，有无登记号乃是划分这两个索引的界限。具体说，本索引包括以下物质：化学元素、成分确定的化合物及衍生物、特殊金属的合金、矿物（并非岩石）、化合物的混合物和聚合物、抗生素、酶、激素、蛋白质、多醣及基本粒子等等。本索引以化学物质的名称为标题词，后面注有 CAS 的登记号，其后为副标题（第一、二类副标题）及说明语等，编排格式（见例 6-24）与《普通主题索引》相同，故不赘述。

应当注意，既然《普通主题索引》和《化学物质索引》原为一种索引——主题索引，所以我们在检索文献时，应当把二者结合起来使用,往往一个课题既可从物质的角度去查,也可从概念性的主题词去查,这样才能达到查全的效果。本索引的详细规定颇多,因涉及专业知识,不拟介绍。

CA的主题索引有以下特点:

(1)编辑方法是用主题词与不同层次的说明词构成索引(详见本书"计算机辅助标引"一节),实践证明,它最便于用户查全与查准。例如,有一篇题为"用一氧化碳催化加氢的方法制备甲醇"的论文。在若干条索引款目中,以"一氧化碳"作为主题词的款目是:

  一氧化碳
   催化加氢
    甲醇的制备
     镍催化剂   5943d

这里,除主要的主题词(一氧化碳)外,其余均为不同层次的说明词。这样,在众多的条目中用户首先找到第一层次即"催化加氢"方面的文献;而在这一层次的说明词之下,用户又可在若干条目中,查到"甲醇制备"又深一层次的文献;如此层层深入,便不难查到最切题的文献。

(2)每篇文献的检索入口多,上例中除"一氧化碳"外,还有"甲醇"、"加氢"、"催化作用"和"镍催化剂"(此词并不含在题目当中)等共5个词。据统计,CA平均每篇文献选取的主题词为5—17个,多数在12个以上。

(3)CA有自己的一套比较严格的命名规则。由于化学物质与术语太多,而且许多物质是"一物多名"的,如果名词不统一,会给检索带来诸多不便。而CA制定的命名规则可保证做到"一物一名,一名一物"。具体做法是:对于同一物质的众多名称,只选择其中一个作为CA的"优选名"(preferred name),并以它为索引标目,同时赋予确定的编号(即"登记号")。总的精神是尽量不采用物质的俗名或商品名,而代之以规范名,即将物质归入某种

【例 6-24】 CA 化学物质索引片断

Benzoic acid *[65-85-0]*
B 1246g, R 28695b
Benzoic acid *[65-85-0]*, **analysis**
chromatog. of, 75444t
detn. of, in food, 41804d
Benzoic acid *[65-85-0]*, **biological studies**
catalase inhibition by, in soils, 129546y
formation of, from toluene by *Micrococcus rhodochrous*, 87310j
Benzoic acid *[65-85-0]*, **preparation**
prepn. of, from fluorene, by oxidn., 3174g
sepn. of, from manufg. wastes, P 4776s
Benzoic acid *[65-85-0]*, **properties**
adsorption of
by carbon black, 36110m, 38276k
by mercury, 22350c
ionization of, in org. solvents, 8698r
ion(1-) *[766-76-7]*, electron configuration of, 16213u
Benzoic acid *[65-85-0]*, **reactions**
oxidn. of, catalysts for, P 120806a
reaction of, with hydrogen atoms, kinetics of, 2784u, 3276n
ion(1-) *[766-76-7]*, corrosion by, of iron, 106498v
Benzoic acid *[65-85-0]*, **uses and miscellaneous**
gasoline antiknock additives, P 79613v
Benzoic acid *[65-85-0]*, **compounds**
copper complexes, ESR of, 42508p
aluminum salt *[555-32-8]*, catalysts, for polyester manuf., 116449u
compd.
with ethanamine (1:1) *[31000-85-8]*, 44947e
with sodium 4-methylbenzenesulfonate (1:3), trihydrate *[28573-31-1]*, 67167g
Benzoic acid *[65-85-0]*, **derivatives (general)**
alkyl derivs., redn. of, P 727k, 110964m
chloro derivs., detn. of, in waste gas, 55798h
derivs., detn. of, 137203z
Benzoic acid *[65-85-0]*, **esters**
esters, in food packaging, R 30956v
butyl ester *[136-60-7]*, plasticizers, for vinyl chloride polymers, P 80259r
methyl ester *[93-58-3]*
dichroism of, 54551k,
hydrolysis of, 133359g
Benzoic acid
—, 4-acetyl- *[586-89-0]*, 56669d
—, 4-[(1,5-dimethylhexyl)oxy]-(+)- *[32619-44-6]*, 110964m
Chromite (mineral) *[1308-31-2]*

flotation of, 3352h
Chromium chloride (CrCl$_3$) *[10049-05-5]*
environmental pollution by, detn. of, 84250j
Citric acid
See *1,2,3-Propanetricarboxylic acid, 2-hydroxy-* *[77-92-9]*

"母体化合物"(parent compound)，把它看成是由该母体化合物衍生出来的。例如，把"Aniline"(苯胺)、"Toluidine"(甲苯胺)和"Xylidie"(二甲苯胺)统统归并到"Benzenamine"(苯胺)这一个标目之下，取消苯胺的俗名"Aniline"；同时把甲苯胺和二甲苯胺视为"Benzenamine"这个母体化合物的衍生物。这样处理，不仅杜绝了"一物多名"的现象，而且把那些具有同一母体的化学物质都集结在一个标目之下，反映了它们在化学结构上的内在联系，有利于从特定物质出发进行同族物质的检索。至于如何选择化学物质标目的名称，读者可查阅《索引指南》中的附录"化学物质索引标目的选择"。

4. 著者索引

本索引是将著者、合著者、团体著者、编辑者等，按姓名(姓在前，名在后)的字母顺序排列。每位著者只取其姓及名的首字母，团体作者则列出全称。在作者姓名之下，给出文献篇名和文摘号(注意：在 CA 期索引中，作者姓名后**只列出文摘号，不给篇名**)。如果一篇文献有两个以上作者时，篇名和文摘号都只记在第一作者的名下，其他作者则用"See"引见第一作者。现举 CA 90 卷(1979)的著者索引为例，其格式如下：

  Nazarenko, Yu. P. ④ see Yatsimirskii, K. B.
  Phillips Petroleum Co①
    Oxidation of a conjugated diolefin②, P 5880e③
  Yatsimirskii, K. B. ①; … Nazarenko, Yu. p. ; …
    Chemical models in biology②, 18022b

其中：① 作者姓名，此处团体作者为"菲利浦石油公司"，个人作者为"雅茨米尔斯基"。② 文献的篇名。③ 文摘号。④ 此处"纳札林柯"不是第一作者，所以后面不提供篇名及文摘号，而用"see"指向第一作者，即"雅茨米尔斯基"。

此外，外国的公司或企业往往以人名来命名，如 W. R. Grace and Co.(葛瑞氏公司)，但在 CA 的索引里，遇此情况，则把个人的姓放在前面，排成 Grace, W. R. and Co.。又如，John W.

Williams Co.，须转换成 William，John W.，Co.。

著者索引最大的特点是稳定。若掌握你所感兴趣的领域中的某些作者（特别是团体作者）的名字，那么通过著者索引，则可了解他们最新的研究成果或某领域的最新进展。就 CA 而言，著者索引的条数仅次于化学物质索引而居第二位，足见此索引之重要。

5. 专利号索引

CA 的专利索引（Patent Index）早在第 6 卷（1912 年）就出现过，后来中断。自 1935 年 CA 第 29 卷起又重新恢复，附于著者索引之后。但是在 52 卷（1958 年）之前，它只作为卷索引的一部分。专利索引作为期索引是自 52 卷开始的。

专利号索引是把 CA 收录的专利文献按国别字顺排列。同一个国家的专利再按专利号的大小排列，同时给出文摘号，例如

```
    JAPANESE①         KOKAI②
    TOKKYO            KOHO
    79150370③         10255w④
         372          10370e
```

其中：① 专利授权国家。② 专利类型。此处为"日本公开特许"，即公开专利，指未经审查而先行公开者。③ 专利号。④ 文摘号。

举例来说，当我们浏览 CA 93 卷第 2 期时，通过关键词索引或著者索引，虽然也可以查出专利资料，但是，如果我们预先知道一件日本专利的号码为 79150372，则可利用专利号索引，迅速查得其文摘号为 10370e，然后查到文摘正文部分，便见到如下内容

```
    93：10370e    Selective removal of H₂S and CO₂
    from gas mixture, Yamamoto, Noriaki (Hitachi, Ltd.)
    Jap. Kokai Tokkyo Koho 79,150,372…
```

于是知道此项专利是 1979 年获准公开的，由日本日立公司的 Yamamoto，Noriaki 发明的，内容是关于从混合气体中有选择抽除去硫化氢和二氧化碳，以达到分离的目的。如果认为文摘提供的内容

还不够详细,则可根据专利号,进一步索取专利说明书。

需要指出,在使用本索引时,往往会发现相邻的专利号不是连续的,即中间有缺号现象,遇到这种情况,可以在相近的 CA 各期专利号索引中查到。

6. 专利对照索引

在查阅专利文献的过程中,经常会发现,两个或两个以上国家的专利说明书,其技术内容却基本相同,发明人也一样。编制本索引的目的就是为了解决文摘不重复报道那些重复发表的专利,并给读者指明哪些专利是相同的这两个问题。如何解决呢?我们知道,一件发明往往可以向几个国家申请专利权。这些在不同国家获准之专利称为等同专利(或相同专利)。遇到这种情况,CA 只报道最早收到的那件专利,即最先获准的专利(通过专利号索引查找)。凡是以后收到该项发明又在其他国家获准之内容相同的专利,CA 一律不再以文摘形式报道,而只是把它编入当期的专利对照索引中,并与 CA 曾经报道过的文摘号进行对照,同时还与其他已知的等同专利进行对照,以便使读者可以从任何一件已知专利,查找它的相同专利,并得知最早报道的原始专利的文摘所在地址。

CA 的专利对照索引始于第 58 卷(1963 年),截至 1980 年下半年的第 93 卷为止共 18 年,因此,在查阅此期间公布的化学化工领域的等同专利必须使用本索引,其编排方法和"专利号索引"一样,先按国名简称的字顺排列,国名简称下再按专利号大小顺序排列,专利号右侧注出各个等同专利的国别简称(按字顺排列)和专利号。在最早报道的那件专利号后面,给出 CA 的卷号和文摘号,其格式如例 6-25。例中:左栏是专利国别及专利号,中栏是对照专利的国别和专利号,右栏是最早报道的那件专利的 CA 卷号和文摘号。例中各项意义说明如下:

① 是一件法国增补专利,号码为 2204733。我们是通过查阅新近发表的加拿大的第 1064784 号专利,而得知它的。此项法国专利收摘于 CA 82 卷(1975),文摘号为 32416z,而加拿大的 1064784 号专利则是新近在加拿大获

准的,两者的内容基本相同,我们阅读哪份说明书都可以。因此,CA 对于加拿大的专利就不再以文摘形式报道了。② 这是另一项法国专利,其等同专利为美国的 3932580 号专利。但是在右栏并未给出文摘号,这意味着什么呢?这说明此项发明最先是在美国获准的,而后又在法国获准。因此,CA 收摘的应当是美国专利 3932580 号。于是我们按国别的字顺,查找美国的专利。③ 在"美国"项下,查到 3932580 号,于是见到中栏列出 6 个国家的等同专利及号码,并给出这项美国专利在 CA 中被收摘的卷数和文摘号——84 卷,107866y。它后来又在其他 6 个国家获准,其中包括我们开始入手查阅的那件法国专利 2288707 号。

【例 6-25】 CA 专利对照索引片断

Patent Number	Corresponding Patent	CA Ref number
French		
2204733①	Can 1064784	82,32416z
2288707②	US 3932580	
⋮	⋮	
United States		
3932580③	Belg 834686	84,107866y
	Brit 1493158	
	Can 1064678	
	Fr 2288707	
	Ger 2542552	
	Neth7512161	

总之,凡遇到右栏未给出文摘号者,皆表明左栏之专利并非原始专利,而中栏所给出的对照专利才是最先获准的原始专利,如果右栏给出文摘号,则左栏为原始专利,即 CA 所报道的那件专利。

本索引有 3 个好处:

● 由于它对于内容相同之发明专利只报道一次,使研究人员解脱了重复查阅之困扰。

● 调节文种。各国公布的专利,皆用本国语言写成,而文种数又多达 20 种以上,科技人员难于全面掌握,而利用对照索引,则可选择读者熟悉的文种。

●调济馆藏。在我国,即便收藏专利文献的部门,也不可能把各国的专利说明书统统收齐。而通过本索引,可将未曾收藏的专利,转换成有收藏的专利,弥补馆藏之不足。例如,南非的专利原件在国内少有收藏,但是我们可以通过查阅法国专利了解南非的某些发明(稀有金属或钻石等),因为南非的发明往往向法国申请等同专利。这样,只要收藏法国专利,则可在相当程度上弥补了未藏南非专利的缺陷。

自1981年94卷起,新编制的专利索引除报道近期公布的新专利(原始专利)外,还将新发表的等同专利与CA已报道过的原始专利,以及其他等同专利,一一对照。此外,还将与该项原始专利有关的一切专利(相关专利、接续专利、再公告专利、分案专利等)都一一列举出来。因此,新的专利索引较以前的专利对照索引在报道同族的各种专利文献方面达到更加全面的地步。从而使检索者只要查到一篇有关的专利,便可利用新的专利索引,立即查得此项专利的全部同族专利(patent family),即全部等同专利和相关专利的全部资料。这也正是本索引的特点。下面用CA 94卷第1期"专利索引"简介中举的例子作为说明。例中各项意义说明如下:

① 专利国别代码,JP代表"日本",此套代码国际通用。索引是按代码的字顺排列的。

② 专利号,斜线前的"54"代表日本昭和54年(公元1979年)。

③ 专利类别代码,此处A2代表日本的公开专利。这是一项新专利。故用黑体字排印。这套代码是"国际专利文献中心"(INPADOC)规定的一种表示专利种类和性质的代码。

④ 与54/012643号公开专利内容相同的"公告专利",用B4表示,其专利号为56/007346。这是同一项发明专利的两个不同公布阶段,前者为未经实质性审查而早期公开的专利(79年),后者为经过科学审查并获批准的专利(81年)。

⑤ 用公元年号表示年代的专利号,即前面的那件日本公开专利54/012643改用79 12643表示。换算方法是:公元年＝昭和年＋1925。

JP(Japan)①
 54/012643② A2③(56/007346 B4)④
   [79 12643]⑤, 92：180658g⑥
 54/012643⑦ B4，see US 3986977A
 54/012653⑧ A2[79 12653], 90：11514h
   AT 337140B(Related)⑨
   FR 2270206Al(Bl)⑩
   JP 54/072654A2(Related)(9.1)
    [79 72654], 90：11515j
   JP 54/072655A2(Related)(9.2)
    [79 72655], 92：180658g
   NL 75/05204A(Nonpriority)⑪
   US 4173268A(Related)(9.3)
    92：27346w
   US 4173972A(Continuation
    -in-part；Related)⑫, 92：108691y
   WO⑬79/00274Al(Designated States：
   BR，SE；Designated Regional
   States：EP(DE,GB)；Elected
   States：BR；Elected Regional States：
   EP(DE)；Related)

⑥ CA 的卷号和文摘号。
⑦ 此件日本公告专利是一件等同专利,其原始专利为美国专利 3986977 号,故用"see"(见)指引读者去查该项美国专利,同时将给出其 CA 文摘号并列出所有的同族专利。
⑧ 日本公开专利 54/012653 号,它作为一项新专利,早先为 CA 90 卷收录,文摘号为 11514h。在这项日本专利下面列出的奥地利(AT)、法国(FR)、日本(JP)、荷兰(NL)、美国(US)和"世界知识产权组织"(WO)等专利都是它的同族专利。
⑨ 相关专利(Related),即 54/012653 号日本专利的相关专利。所谓"相关专利"是指与 CA 最先摘录的那件专利之间无共同的优先项,彼此存在着复杂的关系(如多重优先号等),而且内容也不尽相同,故 CA 在报道时,有的另作了文摘,如(9.1)、(9.2)、(9.3)皆是。
⑩ 等同专利,即 54/012653 号日本专利的等同专利,在法国申请获准。
⑪ 等同专利,它是最近才在荷兰获准,是一件荷兰的公开专利,内容与

54/012653号日本专利基本相同,只是在荷兰提出申请的日期超过享有优先项的规定日期,故无优先项(Nonpriority),但是由于它是一件新发表的专利,故用黑体排印。

⑫ 表示它是同一国的某项专利的"接续部分",也是相关专利的一种。另外,属于同一国家的相关专利还有"分案专利"(Division)"增补专利"(Addition)和"再公告专利"(Reissue)等。这类相关专利CA多另作文摘报道。

⑬ WO是"世界知识产权组织"(简称WIPO)的代码,用于表示"专利合作条约组织"(PCT)公布的世界专利。后面的圆括号内标出的国家或地区的代码是指该专利有效的国家和地区。除WO外,CA还收集另一国际专利组织公布的专利,即"欧洲专利组织"(European Patent Organization 简称EPO,代码为EP)。

总之,CA收摘世界上26个主要国家和2个国际组织的专利文献,而且每个国家的专利又分为几种类别,这样,CA实际收摘的专利资料就有50多种。加之又有较详细和全面的索引,这在专业性文摘中也是独一无二的。

7. 分子式索引

本索引从1920年开始随卷编制,其根据是化学物质的分子式(严格说是"化学式"),即其中含有哪几种元素以及每种元素的相对数量是多少,按一定规则写成式子;再利用本索引,查出与该式相当的化学物质的名称;再配合《化学物质索引》,找到所需的文献。所以,它不是一种独立的索引。其编排方式是将全卷报道过的化学物质,按分子式集中起来,并以分子式为检索的标识,凡是分子式相同的物质都按字顺排在同一个分子式之下,并列出化学名称、登记号和文摘号。在例6-26中做具体说明,例中各项意义说明如下:

① 分子式作为标题,其元素符号按"希尔体系"的规定排序。

② 标题母体化合物,来自《化学物质索引》之物质标题,又称"索引母体化合物"。

③ 为取代基前缀,它与前面的母体结合起来代表一个"索引化合物",其元素成分与标题的分子式——$C_{11}H_{18}N$相符。本例N-乙基-N,N-二甲基

【例 6-26】 CA 分子式索引片断

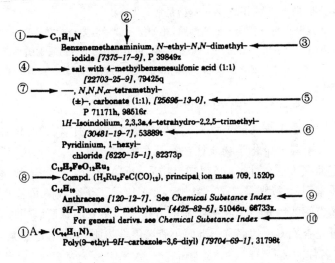

苄基四级铵盐[结构为$(C_2H_5)(CH_3)_2NCH_2C_6H_5^+$]为索引化合物,而苄基四级铵盐(Benzenemethanaminium)则为索引母体化合物。

④ 名称修饰项。它修饰索引化合物名称,把它补充完全,以反映文献中所论及的具体化学物质。本例为 N-乙基-N,N-二甲基苄基四级铵盐与对甲基苯磺酸所形成的盐,二者的比例为 1∶1。

⑤ CAS 登记号。此号以斜体排在化合物名称之后,但此化合物必须是成分、结构都已确定的物质。

⑥ CA 文摘号,指示文摘的地址。

⑦ 横线代表索引母体化合物。本例的索引化合物为 N,N,N,α-四甲基苄基四级铵盐,其结构为$(CH_3)_3NCH(CH_3)C_6H_5^+$。

⑧ 如果原始文献只报道了一个分子式作为某物质的唯一依据,既无完整的名称,又未提供足够详尽的结构式,因而无法确定该物质的系统名称,则《化学物质索引》是不予收录的,只能列入分子式索引,但通常在应当注明"索引母体化合物"名称的地方注以"Compd."表示它是一个化合物;或者注以"Acid"、"Ester"等,表示属于"酸"、"酯"等某一类物质。此外,如果原始文献中报道了一些物理性质(如沸点、熔点、折光率)的数据,则也同时注明。

273

⑨ 对于一些常见的化合物，《分子式索引》通过参照的方式引向《化学物质索引》。此处的"Anthracene"(蒽)是常见化合物。

⑩ 这是由特殊指向一般的参照，此处指示读者若要查找"9H-Flurorene, 9-methylene"(9-次甲基芴)的一般衍生物，可以查阅《化学物质索引》。这是因为《分子式索引》不收录一般衍生物的分子式，而只收录特定(专指的)物质的分子式。

(1)《分子式索引》的特点与用途

● 适于查阅分子量大、结构复杂，但异构体较少的化合物。

● 同一个化学物质往往有几个名称，而 CA 只采用自己的一套命名方法，因此，必须知道物质的 CA 名称，方能查阅《化学物质索引》。特别是自 76 卷以后，CA 废除了俗名和商品名，更增加了查阅的困难。但化学物质的分子式是不变的，所以通过本索引可先查到 CA 的名称，进而再查《化学物质索引》，这也是查找 CA 名称的捷径。

● 对于结构不明，名称不定的物质，皆列入本索引，详见例 6-26 中的第⑧项说明。

● 如果从《索引指南》中查不到某些化合物的 CA 名称，也可利用本索引来解决。

(2) 使用《分子式索引》时应当注意的要点

● 正确地写出分子式。作为索引标目的分子式，与化学书刊上通用的写法并不相同。主要的区别在于化学元素的书写顺序不同，CA 采用的是所谓"希尔体系"。其书写原则是：元素按其首字母的英文字顺排序；如有碳元素（C）存在时，碳排在首位，其他元素按字顺排序；如有碳和氢（H）同时存在时，先排碳，继而排氢，然后按字顺排其他元素等等。因此，在查用本索引之前，必须根据文献中物质的结构式或分子式，改写成希尔体系的分子式。否则，索引标目便会选错，结果，检索也就毫无意义了。下面给出两种分子式写法的对照实例：

物质名称	通用分子式（或结构式）	希尔体系的分子式
硫　　酸	H_2SO_4	H_2O_4S
醋　　酸	CH_3COOH	$C_2H_4O_2$
硫 酸 铵	$(NH_4)_2SO_4$	$H_8N_2O_4S$
溴 乙 酰	$CH_3\!-\!\underset{\underset{O}{\|}}{C}\!-\!Br$	C_2H_3BrO
高锰酸铷	$RbMnO_4$	MnO_4Rb

● 正确地挑选出哪个是欲查的化合物。前已谈到，本索引把分子式相同的化学物质都分别集中在一起，因此，在同一个分子式的标目之下，可能会有许多分子式相同而结构不同的物质，化学上称这类化合物叫异构体（Isomers）。在上面所举的实例中，符合 $C_{11}H_{18}N$，这个成分的化学物质就有以下几个：

$$[(C_2H_5)(CH_3)_2\overset{+}{N}CH_2C_6H_5]，[(CH_3)_3\overset{+}{N}CH(CH_3)C_6H_5]$$

和　　　　　　　$[C_5H_5\overset{+}{N}(C_6H_{13})]$

它们都是四级铵盐的正离子部分。问题在于究竟哪个是我们所需要的？因此，正确地挑选出所拟查的异构体乃是使用本索引的关键。

● 有时，分子式并不代表所查物质的组成元素的总和，换言之，前面例 6-9 中第④项所补充的部分，有时并不被包括在总分子式之内。对于这部分的组成元素的取舍问题，CA 皆有明确规定，仅举几种常见的情况略加介绍：

① 凡以共价键连接的衍生物的组分原子皆列入总分子式内，即名称修饰项部分与母体间以共价键相连者。例如

　　$C_6H_{12}O_2$
　　　　Acetic acid
　　　　　　1,1-dimethyl ethyl ester [540-88-5]，16075a
　　C_3H_7NO
　　　　2-Propanone
　　　　　　oxime（127-06-0），P 68173a　　　（丙酮肟）

② 凡遇酸、醇和有机胺的金属盐，或是"鎓"类母体的对抗离子，则其金属离子或对抗离子部分皆不列入总分子式内。例如

$C_2H_4O_2$
 Acetic acid
  aluminum salt［139-12-8］，22487c

$C_8H_{10}NO$
 Pyridinium，3-acetyl-1-methyliodide［6965-62-4］，110671r

③ 对于共聚物和分子加合物，分子式索引中只为其中的各个单体或单个化合物的分子式设条目，例如

$C_4H_4O_4$
 2-Butenedioic acid，(Z)—
  polymer with 1-propene［38809-92-6］，P 26139z

C_3H_6
 1-Propene
  polymer with (Z)-2-butenedioic acid［38809-92-6］，
  P 26139z

$C_4H_8O_2$
 1,4-Dioxane
  compd. with titanium chloride (TiCl$_4$) (1∶1)［16830-97-0］，
  P 64609r

Cl_4Ti
 Titanium chloride
  compd. with 1,4-dioxane (1∶1)［16830-97-0］，P 64609r

● 对于简单的和常见的化合物，一律指向化学物质索引，请见例 6-26 第⑨项。

8. 环系索引

本索引是专门为查找环状有机化合物而编制的，自 1967 年第 66 卷起随卷单独出版。它将全卷所报道过的环状有机化合物集中起来，先按环的数目多少排列，环数相同的，再按环体上原子的数目以及主要元素的成分排列，并给出母体化合物的名称。本索

引**不直接提供文摘号**,必须配合《化学物质索引》一起使用,所以它是辅助性索引。例如,已知某环状化合物结构如右图。欲查有关文摘,先对此

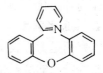

化合物进行 3 步分析:① 确定环的数目。这个数值取决于将此环状化合物转变为开链化合物所需切断的最少键数,这个母体化合物需切断 4 根键,所以是"四环系"(4-Ring System)。② 再确定每个环上原子的数目或称环的大小。此母体化合物环架上的原子数分别是:"6,6,6,7",即由 3 个六元环和 1 个七元环组成的。数字由小到大排列。③ 环内所含化学元素的成分(不考虑氢原子和取代基)。这个环状母体应该排成:$C_5N—C_6—C_6—C_5NO$。将上述各步归纳起来,就成为

4-Ring System
6,6,6,7
$C_5N—C_6—C_6—C_5NO$

于是我们从 CA 的"环系索引"中,按此顺序便可查到

4-Ring Systems
....
6,6,6,7
....
$C_5N—C_6—C_6—C_5NO$
2HDibenzo [b.f] pyrido [1,2-d] [1,4] oxazepine

得知这个环状化合物的名称后,可进一步利用《化学物质索引》,查到有关这个环状化合物及其各种衍生物的文献资料。

总之,若已知某环状化合物的结构(如上例所示),则可利用本索引查出其 CA 的名称以及其衍生物的叫法,进而查得有关资料。另外,凡在本索引查得之环状化合物,《化学物质索引》中必定收录。最后应注意,所谓环状化合物,必须**在环与环之间有公共原子相连者**,否则一

律不作为环系化合物看待。例如，联苯则不视为 2-环化合物。

9. 杂原子索引

本索引是为查找某些除碳、氢以外尚含其他元素（如氮、硫、磷、氧等等）的有机化合物而设立的，始于 66 卷（1967）。但是经过一段时期的实际使用，发现它价值不大，终于自 75 卷（1971年）起停刊，故不拟介绍。

10. 登记号索引

前已指出，早在 1965 年，CAS 就把凡是化学成分、结构及化学键性质都清楚明确的化学物质，统统纳入"登记号系统"。具体说，对于这种化学物质都给一个由计算机按一定的算法自动编制的数字号码，叫做登记号。每个号码代表一种物质。如果成分相同，而化学结构不同，则号码也不同（如异构体）。如成分和结构均相同，但原子的空间配置方式不同，其号码也不同，例如左旋葡萄糖和右旋葡萄糖的号码不同，666 的甲体与丙体二者的号码也各异。因此，这些号码与它们所代表的化学物质之间是严格地一一对应的（即二者之间的对应是唯一的），但它们在化学上没有意义。这些号码好像是物质的永久地址，储存在数据库内。检索时，可根据这个"地址"，由机器调出它所代表的那个物质的名称和分子式。总之这个登记号系统把化学物质的分子结构（包括立体构型）与 CA 的索引标题及有关资料联系起来了，以供计算机检索使用。但对于手工检索，也颇有用。

本索引始于 1969 年第 71 卷。但自 1974 年起，又单独出版《登记号手册》，把自 1965 年以来收录的化合物分期分批收入。到 1988 年底，已有约 929.66 万种物质进入登记号系统。

登记号紧跟化合物名称，出现于《化学物质索引》、《分子式索引》和《索引指南》之中，形式为：D-Aspartic acid [1783-96-6]，L-Aspartic acid [56-84-8]，DL-Aspartic acid [617-45-8]。

登记号由 3 部分组成，之间用短线相连：第一部分最多为六位数；第二部分为两位数；第三部分为计算机核对号，它与物质无关。本索引按登记号数字的大小排列，在登记号右边给出它所代表的那个化学物质的名称和分子式，但**不提供文摘号**。因此，它只能配合《化学物质索引》和《分子式索引》一起使用，即从登记号出发，查出 CA 的名称和分子式，再进一步利用上两种索引查找文摘，其具体格式如下：

  50-76-0①   Actinomycin D② $C_{62}H_{86}N_{12}O_{16}$③

  50-78-2   Salicylic acid acetate $C_9H_8O_4$

  50-81-7   L-Ascorbic acid $C_6H_8O_6$

其中：① 登记号（黑体）。② CA 的索引标题。③ 分子式（见 74—75 卷"登记号索引"）。应当注意，此处第二段的数字可能是不连续的，如上例中则缺〔50-79-3〕，遇此情况，可在其他年份的"登记号索引"或"登记号手册"中查到，例如在 CA 72—73 卷的"登记号索引"中，则可查到：

  50-79-3   Benzoic acid, 2,5-dichloro— $C_7H_4Cl_2O_2$

登记号索引的用途如下：

  ● 用登记号表示化学物质的方法，已为美国化学会所采纳，在该会所属的出版物中，凡涉及到化合物的地方，均注有登记号。如《有机化学杂志》(Journal of Organic Chemistry)，早自 1967 年起就在化合物名称后注明登记号。例如，从该刊 1971 年第 36 卷第 9 期的一篇报道中（1187—1188 页）得知一化合物叫"eupachloroxin"，这是俗称，而不是 CA 的系统名称，其登记号为〔20071-52-7〕。于是利用登记号索引可查得：

20071-52-7   Guai-11(13)-en-12-oic acid, 14-chloro-
     3α, 4-epoxy-2β,5,6α,8β,10-pentahydroxy-,12,
     6-lactone, 8-(2-methylcrotonate),(2)-$C_{20}H_{25}ClO_8$

知道名称后，就可以通过《分子式索引》查到有关资料。现在许多检索工具、期刊、专利说明书，甚至商品目录都注出物质的登记号。若商品名和俗名都附上登记号，则利用本索引查找化学物质将是最简捷的。

● 从登记号查出 CA 的名称,再查《化学物质索引》。

● 许多天然产物都是结构复杂、名称特别冗长的化合物,这时,我们可利用登记号索引,查出其分子式,从而能迅速了解这个化合物的特点。例如,我们在 CA 的化学物质索引里见到一个化合物,全称为:2-Cyclohexen-1-one, 2-Chloro-3-[(2,2,3,3,4,4,5,5,6,6,7,7,-dodecafluoro-heptyl)oxy]-4,4,5,5,6,6,-hexafluoro-,bis(2,2,3,3,4,4,5,5,6,6,7,7-dodecafluoro-heptyl)acetal,对此,化学家都感到棘手,但它后面提供了登记号[23078-85-5]。于是,利用登记号索引立即可以查出其分子式为 $C_{27}H_9ClF_{42}O_3$。再经《分子式索引》和《化学物质索引》查出有关资料,避免因名字过长和过于复杂而给查找带来的麻烦。

目前,采用登记号的出版物有:Inorganic Chemistry; U.S. Pharmacopeia; U.S. Adopted Names; Abstracts on Health Effects of Environmental Pollutants;许多研究论文、技术公报等。

11. 索引指南

它对查阅 CA 索引的过程中(主要是《化学物质索引》和《普通主题索引》)出现的各种问题给予统一的说明和指导,1968年第 69 卷开始刊行。与以上介绍的各种索引不同,它与文摘内容无关,也不提供文摘号,仅仅起指导用户正确使用索引的作用。

我们知道,CA 有两种索引——《化学物质索引》和《普通主题索引》最常用,但用户的问题也最多。为此,近年出版的这两种索引中,每页右上角都印有"有问题请参阅 1977 年的索引指南及其最新补编中的参照项和标引规则"之类的醒语,形式如下:

    Consult 1977 Index Guide and Most Recent Supplement
    for Cross-references and Indexing Policies

《索引指南》分正文与附录两部分,正文的作用是帮助用户正确选择索引标目,主要内容有:"见"(See),"参见"(See

also),"同义词"(Synonyms),"同形异义词的含义"(Homograph definitions),"标引规则注释"(Indexing policy notes),"结构式图解"(Illustrative structural diagrams)。附录部分有 4 项内容,即"普通主题标目的等级"(Hierarchies of general subject headings);化学文摘索引的编制与用途;普通主题;化学物质索引标目的选择。此外,自从本索引单独出版后,每年还出版《索引指南补编》(Index Guide Supplements),报道对《指南》的补充、修改和校正方面的内容。

(1)《索引指南》正文部分

●"见"参照。又分为化合物和普通主题概念的"见"参照。

化合物的参照。一种化合物,特别是有机化合物,往往有若干个名称,CA 则按自己的标准,确定一种他们认为最适当的叫法,并在其索引系统中求得统一。至于其他名称,CA 便采用相互参照的方式指示出来,这就是化合物参照的含义。例如,结构式为

$$CH_3 - \underset{\underset{O}{\|}}{C} - CH_3$$

的化合物,在《化学物质索引》中称为 2-propanone(丙酮-2),但是文献里许多作者皆用俗名,称之为 Acetone(丙酮)。因此,在《索引指南》和《化学物质索引》中均有如下参照条目:

  Acetone
   See 2-Propanone [67-64-1]

普通主题概念的参照。对于化合物的名称,CA 有一套系统的命名规定,可是对于一般性的概念,一些非物质的名称,则只能考虑不同方面的意见,求得一种较为合理的叫法。例如,CA 把凡士林称为 Petrolatum,而不叫 Petroleum jelly,尽管后者更通俗。同样,CA 把石油醚称为 Ligroine,而不叫 Petroleum ether。这两个例子在《索引指南》中都可查到:

>   Petroleum ether
>   See Ligroine
>   Petroleum jelly
>   See Petrolatum

● "参见"参照。为了帮助读者扩大查找范围，CA 利用"参见"的形式，在所查的标题词之下，指出还有哪些标题词在内容上与之有关（即相关主题），值得参考。例如：

>   Proteins（蛋白质）
>   See also
>   Amino acids（氨基酸）
>   Peptides（肽）

● 同义词。主要目的在于给读者提供更为熟悉的名称，以便与 CA 采用的正规名称相互对照。例如，我们对丙种维生素这个名称很熟悉，但它的正规叫法很复杂，索引指南便把正规名列在常用名之后的括号内，表示两者是同一种物质。例如

>   D-Ascorbic acid① (D-threo-hex-2-enonic acid r-lactone)
>   [10504-35-5]
>   Oak② (Quercus)

其中，①丙种维生素的常用名称，括号内为 CA 优选名。② 栎木，括号内之 Quercus 为拉丁文学名。

● 同形异义词的含义。某些形式相同或非常近似的术语，却代表着完全不同的物质或主题，此时则用圆括号内的黑体字加以说明。例如

>   Ash（Fraxinus）
>   Ashes（residues）

这里的 Ashes 是指分析化学中用重量法测定过程中所得之沉淀物，经灼烧至恒重后的"残渣"(residues)（实际上是无机盐），通常称之为"灰分"(Ashes)。而 Ash 是植物学名词，指秦皮属植物。

● 标引规则注释。目的在于帮助读者弄清索引标目的含义、

范围,以及标目与标目之间的区别和联系,以便做到正确地选用索引标目。"标引规则注释"(也叫索引标目注释)包括3项内容,现分述于下:

① 命名的注释。前已谈过,不少化学物质都可能有多种正规名称,但只能有一个被选为 CA 的索引标题。这样,除了对这类名称用"见"参照的办法予以一一对照外,《索引指南》还从命名规则(Nomenclature)的角度对一些典型化合物统一做出总结性的说明。例如,"Ketones"(酮类),是指在分子中含有"羰基"($C=O$)这个功能团的化合物,在这个标目下有一段说明,告诉读者遇到这类化合物时如何命名,哪些名称放在哪种标目之下等等。其他如对"Hydrazine"(肼)、"Methanamine"(甲胺)等的注释都属命名方面的。

② 假设的注释。当某个标题词本身的含义笼统时,必须用"假设"的方式给予限定,借以说明该词的准确含义。例如

    Honeybee(Apis)(蜜蜂)
    Apis mellifera can be assumed unless other
    information is stated in the index entry.

此处的注释为:一般假设为 Apis mellifera,除非索引款目中另作说明。

③ 标目内容的注释。主要是说明在某个标目下所罗列的资料的类型和范围,指明标目的含义和界限。例如在"青霉素"(盘尼西林)这个标目下就指出:"作为青霉素这一类而言,或未定名的青霉素,均列入"青霉素"(Penicillin)这个标目之下。对于个别特殊的青霉素,则应见它们各自的名称"。因此,我们知道,如果泛泛地查它,则用"青霉素"作标题词,若专指地查它,例如查某种特定的青霉素,则应选用它本身的名称作为标题词。这段对标目的注释如下:

    Penicillin
      Studies of penicillins as a class, or of
    unspecified penicillins, are indexed at this
    heading. For studies of specific penicillins,
    see those specific headings.

(2)《索引指南》附录部分

  ● 普通主题的等级。旨在扩大读者对于《普通主题索引》检

索的途径。具体说,是把在概念上属于同一个主题的 CA 索引标题,按专业性增强(即内涵深化)的次序排列,编成主题等级表。"主题等级表"下设 66 个类目,又称主题面(subject areas)例如:1. AGRICULTURE(农业),2. ANALYSIS(分析),3. ANIMAL CELL(动物细胞)等等。类目之内,按主题的专业概念内涵的深浅编成等级,分一级主题、二级主题、三级主题……。显然,概念的专业性越强,其内涵越深,专指度越高,主题的级别也越低。下面是等级表的片断:

大类名称	59 STATES OF MATTER(物态)
一级主题	Systems(体系)
二级主题	・Disperse systems(分散体系)
三级主题	・・Dispersion(分散体)
	・・・Colloids(胶体)
	・・・・Coacervation(聚凝作用)
	・・・・・Emulsification(乳化作用)
	・・・・・Gelation(胶凝作用)
	・・・・・Jellification(冻胶作用)
	・・・・・Thixotropy(触变作用)
七级主题	・・・・・Rheopexy(震凝作用)

此例说明,作为分散体之一的胶体,其学科内容包含有聚凝、乳化、胶凝等层次不同的胶体现象,从而为读者选择适当专指度的标题词提供依据。

● 化学物质索引标目的选择。旨在使用户了解 CA 优选名是根据哪些原则和步骤产生的。其要点有:

① CA 将全部化合物划为 28 个类型,如酸、胺、过氧化物等等。因此,首先必须判断欲查的物质属于哪一类型;

② 确定分子骨架,并对骨架进行编号。骨架或是链状,或是环形,它就是上述的母体化合物,即物质命名的基础;

③ 选好母体后,便可根据其化学结构和所含元素的成分进行命名,并提供多种命名的方法;

④ 母体以外部的名称,则以倒装形式,列在母体名称之后,或在说明语

中列出。下例最形象地说明 CA 优选名的确定方式和书写顺序。具有以下结构的化合物,其 CA 名称由 4 部分组成:

Cyclohexanecarboxylic acid,
    母体名称
4-chloro-3-[2-(methylamino)ethyl]-,
    取代基名称
    methyl ester, (1α,3β,4β)
    说明语　　立体结构

总之,CA 的《索引指南》内容虽然丰富,但也庞杂、繁琐,初学者对之会望而生畏。我们将在检索实例中结合查用予以说明。

12. CAS 来源索引

本索引是对 CA 在文摘中引用过的资料(原始出版物)给以说明,内容包括:资料名称缩写的全称、资料的历史、编辑和出版的地点以及收藏单位等等,以便读者索取原始文献。因此,本索引也叫《资料来源索引》。它创于1970年,内容为:1907—1969年间 CA 摘用的全部原始出版物的情况,其后又续出《补编》。编排格式如下:

Kinetika i Kataliz①. KNKTA4② (Kinetics and Catalysis) ③.
  In Russ;Russ sum;Eng tc④. v1, n1, My/Je, 1960+. ⑤
  bm 14, 1973. ⑥ USSR[sub]. ⑦ *KINETIKA I KATALIZ*⑧ Moscow.
  For Engl transl see *Kinet Catat*. (Engl Transl.) ⑨
  See Serv:CAS,ISI⑩
  CLU 1963+;CU:CU-S 1961+;DBS 1964;…⑪
        (见 CASSI 1907—1974, 953—954页)

其中:① 出版物全称(黑体部分为缩写),这是把外国刊名或出版物名称用音译法转成英文,其原文为俄文,即"Кинетика и Катализ"。② 刊物代码。③ 括号内为英文意译,但原文若为法、德、西班牙文,则不进行翻译。④ 刊物的文种,此处为"俄文"并附俄文摘要和英文目次表,tc 为 table of content。⑤ 出版物的沿革,此刊第1卷第1期系1960年5—6月间出版的。⑥ 出版卷(期)次及年份,bm 为双月刊(bimonthly)。⑦ 出版者或经售处的名称和地址,此处为苏联出版,括号内的 sub 代表可订购。⑧ 图书馆编制目录时所用的刊名写法。⑨ 这本刊物的英译本名称缩写。⑩ 摘用本刊的文摘索引机构,此处为"美国化学文摘社"和"美国科学情报所"。⑪ 馆藏情况,CLU 等为图书馆代号,而"1963+"表示自1963年起至今的各卷(期)均有馆藏。

13. 累积索引

CA 除"期索引"和"卷索引"外,还有"累积索引",它是 CA 若干卷的索引之累积本,包括8种卷索引的内容。目前,CA 的累积索引已出到第12次,其中:1907—1956年的50年间每10年出一次;自

表6-7　CA 第1—12次累积索引简况表

累积索引次数		年　份	卷　数	索　引　种　类　情　况
十年累积索引	第1次	1907—1916	1—10	作者索引,主题索引
	第2次	1917—1926	11—20	同上,自1920年设"分子式索引",但仅随卷出版,未纳入累积索引。
	第3次	1927—1936	21—30	同上,自1935年起,设"专利号索引",但仅随卷出版,未纳入累积索引。
	第4次①	1937—1946	31—40	同上,增加"专利号索引"。
	第5次②	1947—1956	41—50	同上,增加"分子式索引"。
五年累积索引	第6次	1957—1961	51—55	同上,增加环系索引。
	第7次③	1962—1966	56—65	同上,增加专利对照索引。
	第8次	1967—1971	66—75	同上,增加杂原子索引,登记号索引,索引指南
	第9次	1972—1976	76—85	同上,增加化学物质索引和普通主题索引,同时取消主题索引和杂原子索引。
	第10次	1977—1981	86—95	同上,自1981年94卷起设立《专利索引》,取代原有的《专利号索引》和《专利对照索引》。
	第11次	1982—1986	96—105	《专利索引》编入累积索引(自第10次)
	第12次	1987—1991	106—115	

说明　① 还包括1907—1936年代内收录之专利。
　　　② 还包括1920—1946年的分子式索引,以填补世界大战期间的空白。
　　　③ 自1962年第56卷起,改为每年出版两卷。

1957年起,每5年出一次。这套索引对于系统查阅资料,特别是回溯检索,极为方便(见表6-7)。

四、CA 的查找途径与查找实例

1. CA 的查找途径

查找 CA 的文摘,一般可以从下面4条途径入手:

(1) 分类途径

CA 的文摘是按学科分类编排的,文摘正文的前面附有"目次表"(Table of Content)。查阅时,首先根据所查课题的学科性质,决定它应属于哪个类目。再从目次表上得知该类目的起止页数,然后则可逐条查阅有关的文摘,从中选出切题的资料。这条途径是传统查法,它不使用任何索引,直接查到所需材料。但查阅效率不高,而且有漏检的可能,只适于浏览近期的 CA 文摘,而不宜于作系统的检索。但自 CA 设立"关键词索引"(1963年58卷起)以后,查阅近期的文摘,也可以不利用分类途径,直接从关键词入手,避免了逐条地阅览某个类目的全部文摘,这属于主题途径。

(2) 主题途径

这是一种最常用的方法,即首先根据课题内容,准确选出主题词(一个或几个),然后利用主题类的3种索引——关键词索引、《普通主题索引》、《化学物质索引》,查到文摘号,再根据文摘号查阅文摘,并视其内容的切题程度,决定取舍。使用主题法查阅 CA,不但迅速,而且容易查得准,查得全,尤其利用卷索引和累积索引,系统地查找某个课题的资料时,效果明显,无论倒查(由近及远)或顺查(由远及近)都同样方便。不过主题索引的结构较复杂,而且学会正确地选择主题词也需要具备一定的专业知识和检索经验,以及某些查阅技巧。这些对于初学的读者来说,决非一朝一夕就能掌握好的。

(3) 作者和号码途径

包括利用著者索引,专利号索引,专利对照索引和登记号索引。这几种索引编排简单,容易掌握,只要知道作者姓名和号码,查起来既方便又迅速。如果与主题类索引配合使用,则效果更好。

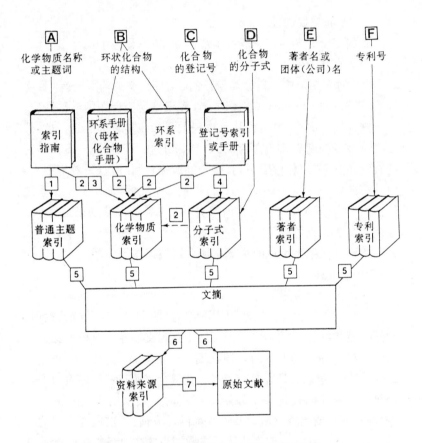

图6-4 CA的检索途径与各索引之间的关系

CA索引的检索途径有7条,分别用字母A—F表示。数字1—7的含义如下:
1—普通主题索引的标题词 2—化学物质索引标题 3—CAS的登记号
4—分子式 5—CA的文摘号 6—文摘的著录项 7—图书馆藏目录

（4）分子式和环系途径

包括利用分子式索引、环系索引和杂原子索引。对于查阅有机化学、生物化学和医药方面的许多化学结构复杂的物质，只有通过分子式和环系途径，并结合相应的主题类索引，才能收到迅速而准确的效果。

2. 查找实例

【例6-27】 查找有关阿斯匹灵对于血小板凝聚的疗效方面的文献报道（利用 CA 88卷的有关索引）

解　先查出本课题涉及的几个主题词的英文名称：阿斯匹灵—Aspirin，血小板—blood platelets，凝聚—aggregation。然后按以下几步进行。

① 我们可从 Aspirin 入手，查 CA 88卷的《化学物质索引》，发现索引内并无此标题。为什么在《化学物质索引》内查不到"Aspirin"呢？我们知道，该索引内收录的物质，一律采用 CA 规定的系统名称，其他一切叫法（商品名，俗名以及种种非系统名）均不采用。而 Aspirin 是个商品名，查不到该怎么办呢？应当去请教《索引指南》。

② 请教《索引指南》。打开 CA 1977年的《索引指南》，查到

　　Aspirin
　　　　See Benzoic acid，2-(acetyloxy)[50-78-2]

通过"See"告诉我们应当选用"2-(acetyloxy)Benzoicacid"这个名称，换言之，应当查"Benzoic acid"，它是索引标目，即母体化合物，而"2-(acetyloxy)"是它的取代基前缀。还应指出，有时，我们遇到的名称并非商品名，而是习惯叫法或半系统名。以"Aspirin"而论，它还有另外两个常见的叫法：Acetylsalicylic acid（乙酰水杨酸）和 Salicylic acid acetate（乙酸水杨酸酯）。在这种情况下，我们仍然应当请教《索引指南》。经过查阅，发现在《索引指南》中有如下条目：

　　Acetyl Salicylic acid
　　　　See Benzoic acid，2-(acetyloxy)-[50-78-2]
　　　　……………………
　　Salicylic acid acetate
　　　　See Benzoic acid，2-(acetyloxy)-[50-78-2]

可以看出，不论从哪个叫法出发，《指南》里皆指示出同一个名称，即 CA 的"优选名"。同时，还须注意，《指南》给出的 CA 名称后面都附一个代表该化合物的登记号［50-78-2］，这个号码很重要，是帮助我们辨认不同的名称是不是同一个化学物质的重要标志。

③ 再查《化学物质索引》，找到"Benzoic acid"，在这个主标题下，首先看到第一类副标题，诸如："analysis"，"biological studies"，"properties"等等。但是我们查的 Aspirin，并不是 Benzoic acid，而是它的衍生物，换言之，是在它的分子上有"acetyloxy"这个取代基的化合物。因此，我们要查的属于第二类副标题（即化学功能团副标题）下的内容。我们依次在 esters（酯类）的副标题下搜索，终于找到这样的款目：

    Benzoic acid, 2-(acetyloxy)-(salicylic acid acetate)[58-78-2]

在实际编排上，由于 Benzioc acid 的衍生物很多，主标题"Benzioc acid"只出现一次，其后皆用"——"代替。现将 CA 88卷的《化学物质索引》第806cs页上的有关片断抄录如下：

  Benzoic acid［65-85-0］, esters
  ....
   ——, 2-(acetyloxy)-(salicylic acid acetate)
    ［58-78-2］, P 152253q
  ....
   blood platelet aggregation and deposition inhibition by, on
    thrombogenic surface, 98957g
  →Blood platelet aggregation inhibition by, 99285y

④ 挑选切题的文摘。在上面这个片断中，我们可以看到，有关血小板凝聚的资料有10篇之多，但只有箭头所指的一篇最有针对性，因为从该条索引的说明语得知这篇的内容是"用乙酰水杨酸抑制血小板的凝聚"方面的。

⑤ 查阅文摘。从索引提供的文摘号：99285y，进一步查出该篇文摘的内容(CA 88卷第15期54页)：

88：99285y Inhibition of platelet aggregation in subjects treated with acetylsalicylic acid. Avellone, G.; Davi, G.; Di Liberti, M., Roilo, F.P. (Ist. Patol. Med., Univ. Palermo, Palermo, Italy). Boll. Soc. Ital. Cardiol. 1976, 21(12), 2101-6(Ital). A single oral dose of acetylsalicylic acid（Ⅰ）［50-78-2］to humans either inhibited or…

利用《CAS 来源索引》可查出该文摘的原始文献的全称：Bollettino della Societa Italiana di Cardiologia（意大利心脏病学学会通报）。

【例6-28】 查找有关"阻止心动过速的药物治疗"方面的资料

解 首先确定涉及本课题的主题词的英文名称：药物—drug，治疗—therapy，阻止心动过速—Cardiacarrest。

① 鉴于主题词皆属事物概念或大类物质，因此应利用《普通主题索引》。但在查阅之前，为了核对选用的主题词是否规范、确切，为了扩大对《普通主题索引》的检索途径，我们需要先从《索引指南》入手。在 CA 76—85 卷（1972—1976）的《累积索引指南》中附有普通主题等级表(Hierarchies of general subject headings)和查用该表的入手工具"等级索引"(Hierarchy Index)，这是 CA 新增添的内容，旨在扩大读者对《普通主题索引》的检索途径。

② 我们从"心脏"(Heart)这个检索词入手。先查一下"等级索引"，看看哪些类目与 Heart 有关。按字顺查到：

    Hearing   30, 32
    Heart   8, 32, 45
    Hearths   7

它告诉我们，在"Heart"后面所列的8，32，45都是可以供参考的类目。我们分别看一看这3个类目下都有哪些主题：

  8. BODY，ANIMAL（动物躯体）
   Organ（器官）
   ……………………
   · Body surface
   ·（Cardiovascular system）（心血管系统）
   ··Blood vessel
   ···Artery
    ……………………
   ··Heart
   ···Pericardium
  33. MEDICINE（医学）
   Cachexia

Disease（疾病）
  ·（Cardiovascular）（心血管）
   ··Blood pressure
   ·········
   ··Heart, disease or disorder（心脏、疾病与失调）
45. PHARMACEUTICALS（医药）
  Pharmaceutical agents（药剂）
   ·········
   ·（Cardiovascular agents）（心血管药剂）
   ··Antihypertensives
   ·········
   ··Heart（心脏）
    arrhythmia, inhibitors of

从以上3个类目的主题等级可知：在第8类中，属于"Organ"（器官）这个一级主题之下的有"Cardiovascular system"（心血管系统），这是个二级主题。三级主题有"Blood vessel"（血管）和"Heart"（心脏），后者与课题有关。但是，在"Heart"之下，却无下属等级主题可供我们深入了。我们再看第32类"Medicine"（医学）。在这个类目中，有一个一级主题"Disease"（疾病），它的下属主题为"Cardiovascular"（心血管）。再往下深入，可查到"Disease"下属的三级主题"Heart, disease or Disordor"（心脏、疾病或失调）。至此，又无法再深入下去了。但这个三级主题对我们查阅《普通主题索引》颇有帮助。最后，从第45类"Pharmaceuticals"（医药）的一级主题"药剂"下可见到二级主题——"心血管药剂"，其下设有：治疗高血压药剂"、"治疗低血压药剂"以及治疗心脏方面疾病的药剂，如治疗"心律不齐"（arrhythmia）的药剂等。更细的级别同样没有，因而无法深入。综上所述，我们可以用"Heart, disease or disorder"这个标题，进一步查阅《普通主题索引》。

③ 我们在《普通主题索引》中发现，凡是生物的"器官"和"组织"之类的主标题，其下所收录的索引条目，均按5个方面的副标题编排，即"Composition"（物质组成）、"Disease or disorder"（疾病或失调）、"Metabolism"（新陈代谢）、"Neoplasm"（肿瘤）、"Toxic chemical and physical damage"（化学中毒和物理伤害）。如果缺少其中的某个副标题时，就表示没有这方面的资料报道。下面便是我们从《普通主题索引》摘抄的片断：

Heart, disease or disorder
  B72708b, B150204a
 acid-base equil. and electrolyte disordors in, R 167820w
 arrest
  bicarbonate and THAM effect on acidosis and hypercarbia in relation to treatment of, 58467r
 →drug therapy for, R 58090n
  from potassium, in cardiopulmonary bypass, heart metab. in, 187539q.

(CA 88卷《普通主题索引》第958GS 页)

在"arrest"(阻止、抑制)的下面,共有6篇关于"阻止心血管疾病或失调"方面的文献,其中有一篇切题的(箭头所示),而且是一篇评述性文章,文摘号为58090n,内容为"用药物治疗"。

【例6-29】 查找一种代号为"DOS"的塑料增塑剂及有关资料

解 首先查出"增塑剂"的英文名称——plasticizer。

① "DOS"不是一种化学物质的名称,而是一种商品的代号,因此,必须先查《索引指南》或《索引指南补编》,查出 CA 使用的名称,进而再查《化学物质索引》。我们利用 CA 76—85卷的《累积索引指南》查不到"DOS",说明此化合物较新,应查近期出版的《索引指南补编》。我们在77年的《补编》(1977—1978 Cumulative INDEX GUIDE SUPPLEMENT)中见到:

 DOS
  See Decanedioic acid, esters, bis (2-ethylhexyl) ester [122-62-3]

② 根据《补编》提供的说明,知道代号为 DOS 的化合物,其 CA 名称是"Decanedioic acid, esters, bis(2-ethylhexyl)ester"。这样,再进一步查《化学物质索引》,按字顺找到 Decanedioic acid(癸二酸)。在这个标题词之下,先看到7个涉及研究范围的限制性副标题——分析、生物学研究、存在、制备、性质、反应、用途及其他。再往下查找,才能发现化学功能团副标题,它们总共有16个,但在本例中仅有4个,按字顺排列如下:compounds(化合物)、esters(酯)、hydrazides(酰肼)、polymers(聚合物)。我们所欲查找的 DOS 是母体化合物——癸二酸的一种酯,因此,在"esters"这个副标题之下,一定列有我们所要查找的、登记号为[122-62-3]的化合物的有关资料。

我们果然在"esters"这个副标题下查到3篇有关新型的塑料增塑剂 DOS

的资料,其中2篇是专利。现将所查的片断摘录如下:

Decanedioic acid[111-20-6], **compounds**
....

Decanedioic acid[111-20-6], **esters**
 bis (2-ethylhexyl) ester [122-62-3]
  biodegrdn. of PVC contg., by Pseudomonas, kinetics of,
   171251d
  plasticizers, ethylene-2-olefin copolymer hot-melt compns.
   contg., for speaker edge treatment, for reduced anomalous resonance, P 153865c
  plasticizers, properties of (dibutylamino) triazinedithiol
   crosslinked PVC contg., 122059p
  plasticizers, for PVC leather substitute face coatings with
   decreased luster, P 171443t
....

Decanedioic acid, hydrazides
....

Decanedioic acid[111-20-6], **polymers**
 polymers
  with carboxylated oleic acid and-

【例6-30】 请查出下条文摘(仅印出其题录部分)的原始文献

89:162686t　Kinetics of the reaction of cyclohexene with thiocyanogen. Kartashov, V. R.; Akımkına, N. İ.; Skorobogatova, E. V.; Sanina, N. L. (Gor'K. Politekh. Inst., Gorkiy, USSR).
Kinet. Katal. 1978, **19**(3), 785-8 (Russ).

解　本题应当利用《CAS来源索引》(即CASSI)。从上面的题录部分得知,这篇文摘来自缩写为"Kinet. Katal."的一种刊物。先将文摘上刊物的缩写连成一行(即写成KINETKATAL),再到CASSI每页的上角去查找,若各字母相同后,再到本页正文中仔细核对,结果在1975年出版的CASSI(包括1907—1974年间CA摘用的全部资料,共2058页)的上册953页右下角查到(参见前面介绍CASSI的实例)。

第七章 综合性检索工具选介(一)

第一节 科技报告检索工具

一、美国政府的科技报告

美国政府部门出版的科技报告数量最大,品种最多,报告的收集、加工整理和报道工作也做得比较好。美国是科技报告的主要出口国,是我们获得科技报告的主要来源。

美国政府的科技报告有很多种类。按其收集、整理和报道系统来划分,最主要的有四大报告,即行政系统的 PB 报告、军事系统的 AD 报告、航空与宇航系统的 NASA 报告、原子能和能源管理系统的 AEC 报告—ERDA 报告—DOE 报告。此外,还有其他许多系统也发行一些科技报告。

PB 等四大报告连续发行的历史已有近 50 年,量大面广,内容涉及数、理、化、生、地、天、农、医、工程、航宇、军工、能源、交通运输、环境保护及社会科学等许多领域,参考价值比较高,系统、全面地记载了近 50 年来美国科技发展的成就与经验,是美国科技信息中的一个重要组成部分。

1. PB 报告

PB 是美国商务部出版局 (Office of the Publication Board, U.S. Department of Commerce) 的缩写。第二次世界大战结束

时，美、英、法等国先后派出四个谍报组织奔赴德、意、日等战败国，从这几个国家掠取了数千吨的秘密科技资料，其中有各工厂实验室的战时技术档案、战败国的专利、标准和技术刊物等。为了系统整理和利用这批资料，美国政府于1945年6月成立了商务部出版局，由它负责整理和公布这批技术资料。该局对经过整理出版的每件资料，都依次编有顺序号，并在顺序号前面冠以"PB"字样。人们就称这种报告为"PB报告"。

在1945年至1970年这一时期中，PB报告的整理发行机构曾发生过多次变动。

1946年7月，商务部出版局改组，成立了商务部技术服务局(OTS)，接替出版局的工作。

1964年成立了联邦科技情报交换中心(CFSTI)，第二年起，CFSTI开始接替OTS的工作。

1970年9月，商务部下面成立国家技术情报服务局(National Technical Information Services-NTIS)。同时将CFSTI并入NTIS。至今，NTIS一直是美国政府负责科技报告、进行中的研究项目信息和机读数据资源的搜集、整理、报道、检索和发行中心。

相应地，PB报告的内容和来源也发生了下列变化：

● 早期(1945年6月—1950年)。这段时间的PB报告(即10万号以前的)主要来自德、意、日的科技资料，以及对战败国科技专家的审讯记录，其技术内容绝大部分已经过时。

● 中前期(1950—1961年)。大部分来自美国国内各科研机构，小部分来自国外的研究机构。另外，一部分公开的AD报告也编入PB报告系统。所以，这一时期PB报告的内容包括军械、通讯器材、医药和尖端科技等方面。文献形式包括有专题研究报告、学位论文、会议资料、专利说明书、标准、手册及专题书目等。

● 中后期及近期(1961—)。由于AD报告的公开部分不再编入PB报告系统，直接用AD编号公布，所以PB报告的出版量逐年减少。但到70年代又有回升。每年约发行5000—10000件。

其内容侧重于民用工程技术和生物医学方面。

2. AD 报告

1951 年 5 月，美国国防部将承担美国军事系统科技情报工作的"中央航空文献局"(CADO)和"海军情报研究组"(NRS)合并，成立了"美国武装部队技术情报局"(Armed Services Technical Information Agency)，简称 ASTIA。由它负责美国军事系统科技情报资料的搜集、整理和报道工作。在 1951 年至 1963 年间，它所整理的情报资料都编有带"AD"字头的流水号。这时 AD 的含意即为 ASTIA Documents。这就是 AD 报告的来历。1963 年 3 月，ASTIA 改组扩建为"国防科学技术情报文献中心"(Defense Documentation Center for Scientific and Technical Information)，简称为 DDC。它所收集整理的报告，继续冠有"AD"字样，但其含义已经与前者不同，是"Accessioned Documents"的缩写，意为"入藏文献"。DDC 1979 年改名为 DTIC (Defense Technical Information Center)。

生产 AD 报告的单位约有 1 万多个。其中较重要的有两千多个。这些单位可分为 5 个方面：海陆空三军科研单位；公司企业；兵工厂；高等学校；国际组织及外国研究机构。此外，还有美国军事部门翻译的前苏联科技文献。

绝大部分 AD 报告是根据国防部委托而完成的研究成果的记录。其内容不仅包括军事方面，也广泛涉及许多技术领域。自 1953 年开始整理报道以来，至今总数已达 130 多万篇。

AD 报告的密级分为：机密(secret)、秘密(confidential)、非密限制发行(Restricted or Limited)、非密公开发行(Unclassified)。DDC 收藏的报告不包括绝密报告。

AD 报告编号比较复杂，但也有规律可循。一般跟报告的密级联系在一起，密级不同，就有不同的号码系列（见表 7-1）。

表 7-1　AD 报告编号与密级对照表（1975 年以前）

AD 报告编号	报告密级	起止日期
AD-1~199999	公开、机密、秘密混编	1953.3.15—1960.1.1
AD-200000~299999	公开	1958.1—1963.7.1
AD-300000~399999	秘密、机密	1958.1—1969.4.15
AD-400000~499999	公开	1963.7.1—1966.11.15
AD-500000~597190	秘密、机密	1969.5.1—
AD-600000~787897	公开	1964.7.15—1974.12.27
AD-800000~899999	非密限制发行	1966.11.15—1972.8
AD-900000~923991	非密限制发行	1972.8—

为了避免号码相重复，1975 年以后，对其编号制度作了变动，改为按以下几个系列编号：

　　AD-A000001~　　公开
　　AD-B000001~　　非密限制发行
　　AD-C000001~　　秘密、机密
　　AD-D000001~　　申请专利或批准专利
　　AD-E000001~　　共享书目输入试验（SBIE）使用
　　AD-L000001~　　内部限制使用

3. NASA 报告

NASA 是美国国家航空和宇航局（National Aeronautics and Space Administration）的缩写。其前身是国家航空咨询委员会（National Advisory Committee for Aeronautics），简称 NACA，成立于 1915 年。1957 年底和 1958 年，美国国内出现了"卫星恐慌"浪潮。为了与前苏联竞争，1958 年 7 月国会通过了航空与宇宙空间法案，在 NACA 基础上成立了国家航空与宇航局，即 NASA，并将 NACA 的全部职能和军事系统研究宇宙方面的一部分职能一起转交给新成立的 NASA。

NACA 和 NASA 先后都拥有大量的科研机构和科研合同户。这些科研机构和合同户在工作过程中产生了大量的技术报告。

这些技术报告的编号先后都分别冠有 NACA 或 NASA 字样，这就是人们所说的 NACA 报告和 NASA 报告。截至 1958 年，NACA 报告共发行一万余件。目前，NASA 报告每年的发行量约为 6000 件。

和 NACA 报告一样，NASA 报告也在顺序号前面用缩写字母来表示报告的性质。例如

NASA-TR-R-	技术报告	NASA-Case-	专利说明书
NASA-TN-D-	技术札记	NASA-Tech Briefs-	技术简讯
NASA-TM-X-	技术备忘录	NASA-EP-	教学用出版物
NASA-CR-	合同户报告	NASA-CP-	会议出版物
NASA-TT-F-	技术译文	NASA-TP-	技术出版物
NASA-SP-	特种出版物		

NASA 报告的内容范围侧重于航空和空间科学技术领域，同时广泛涉及许多基础学科和技术学科。

4. AEC 报告—ERDA 报告—DOE 报告

AEC 报告也是第二次世界大战的产物。1943 年，美国政府决定研制原子弹，并成立了秘密机构"曼哈顿"，具体负责原子弹的研制工作。1946 年 8 月，美国成立"原子能委员会"（Atomic Energy Commission），简称"AEC"，直属总统管辖，主管核武器研制工作，附带抓原子能应用研究。它拥有大量的研究拨款，可以从大学和私人企业中聘请大批科技人员按合同参加原子能研究工作，并建立了一批国家实验室。AEC 的研究机构和合同户在研究过程中编写了大量的技术报告及其他技术资料。AEC 的情报机构将这些技术报告或资料纳入一个系统之中，统称为 AEC 报告。

AEC 报告没有统一的编号。每篇报告的号码是由研究机构的名称缩写加数字号码组成的。例如：LA-5730-MS，这是洛斯阿拉莫斯实验室所提供的一份报告；ORNL-TM-4700，则是橡树岭国立实验所提供的一份报告。要判断某份报告是不是 AEC 报告，可查 1972 年再版的"TID-85"号报告，它列出了 AEC 报告所用的

各种报告代号。

美国是最早出版原子能报告的国家。后来,英、法、苏、西德等国都陆续建立了各自的原子能机构。例如:英国原子能局(UKAEA);法国原子能委员会(CEA);西德国家核子研究所(JUL);加拿大原子能有限公司(AECL);欧洲原子能联营(EUR),等等。这些机构每年都出版一定数量的原子能研究报告。

1974年10月,美国原子能委员会被撤消,另成立了"能源研究与发展署"(Energy Research and Development Administration,简称ERDA)和"核管理委员会"(Nuclear Regulatory Commission)。原来AEC的大部分职能由能源署接管,AEC报告的名称也不再使用,代之以"ERDA报告"(即能源署的报告)。1977年10月,美国政府又将能源署改组扩建为"能源部"(U.S. Department of Energy),所以,ERDA报告又逐渐为DOE报告所取代。这就是AEC报告—ERDA报告—DOE报告的演变过程。

二、美国《政府报告通报与索引》

1. 概况

美国《政府报告通报与索引》(Government Reports Announcements and Index,简称GRA&I)目前是美国商务部国家技术情报服务局(NTIS)主办的系统报道美国政府科技报告的主要出版物,创刊于1964年。自创刊以来,它的名称、刊期、卷号和报道内容等方面曾发生下列几次重大变化:

(1) 1946年1月—1949年6月(vol.1—11)期间,刊名为Bibliography of Scientific and Industrial Reports(科学与工业报告目录),先为周刊,1948年7月起改为月刊,报道有关化学、电气、金属、机械、医学、军΅事、仪器等22个大类的科技报告。

(2) 1949年7月—1954年9月刊名改为Bibliography of Technical Reports(技术报告目录),仍为月刊。报道类目总数不变,内容比原来有所扩展,例如:原来的"化学"类已扩展为"化学与化工产品"(包括药剂、制药学、染料、塑料及涂料等);"电气"类已扩展为"电气设备"(包括通讯、电子与电机设备等);有些类目如"造纸"、"玻璃制品"等已取消,而为"采矿"、"结构工程"、"公路与桥梁"等类目所取代。

(3) 1954年10月—1964年12月,刊名改为U.S. Government Research Reports(美国政府研究报告),开始仍为月刊,自1961年7月起改为半月刊。这是由于1958年以后,许多解密的AD报告大量编入PB报告系统,促使其报道量猛增,客观上要求缩短报道时差,使这些技术资料迅速地传播到民用技术研究方面去。这一阶段类目也变化比较多,具体表现在:

● 自1954年10月起,增设了"火箭与喷气技术"、"供水与公共卫生"、"农业"等新的类目。

● 1958年起,随着大量AD报告编入PB报告系统,又对全部类目做了一次调整、合并和补充,调整后变为16大类。例如,将航空、化工、土木、电工、军械、导弹、卫星、舰船等方面的内容合并为"工程学"大类;将陶瓷、耐火材料、燃料、润滑剂、皮革、纺织、塑料与橡胶等方面的内容合并为"材料"大类;将固体物理、分子物理、光学、材料声学、电磁学、电子学、热力学、波的传播等内容归入"物理学"大类;另外,还增加了"天文学"和"地球科学"这两个大类。

● 从1961年7月起,由于可公开和解密的AD报告数量越来越多,故从此不再将它们编入PB报告系统。《美国政府研究报告》便分成两部分来报道科技报告。其中一部分叫Technical Abstracts Bulletin(技术文摘通报,简称TAB),是将原属美国武装部队情报局出版的同名刊物中报道的可公开的AD报告原样移植过来的,并沿用它的学科分类表(设33个大类)。另一部分叫Non-Military and Older Military Research Reports(非军事性和较陈旧的军事研究报告),仍按原来的16大类报道。

(4) 1965年1月—1971年3月刊名又改为U.S. Government

Research and Development Reports（美国政府研究与发展报告），仍为半月刊。开始仍按前一阶段的两个部分、两种分类报道。1965年7月起，由于国内统一标准需要，又将原来的编辑报道形式加以改变，即将 AD 报告、PB 报告、NASA 报告与 AEC 报告、以及其他政府研究报告等混合报道，不再划分专栏。分类体系则统一于美国科学技术情报委员会（COSATI-Committee on Scientific and Technical Information）规定的新的22个大类，即分为：航空学；农业；天文学与天体物理学；大气科学；行为与社会科学；生物学与医学；化学；地球科学与海洋学；电子学电工技术；能量转换；材料；数学；机械工程、工业管理、土木工程和矿业工程；方法与设备；军事科学；导弹技术；导航、通讯、探测及干扰；核科学技术；军械；物理学；推进技术与燃料；宇宙空间技术等大类，以下再分出158个小类。为了使卷号与年份一致，1967年起，从1966年的第41卷一跃而为第67卷。

（5）1971年3月—1976年12月刊名再改为 Government Reports Announcements（政府报告通报）简称"GRA"。开始仍为半月刊，后来由于美国政府研究报告报道数量的持续增长，为了进一步缩短报道周期，自1974年1月起改成双周刊。大类不变，小类则调整为175个。另外出版 Government Reports Index（政府报告索引），与 GRA 配合使用。

（6）从1977年1月刊名又改为 Government Reports Announcements and Index（政府报告通报及索引），简称"GRA&I"。这是为了便于检索起见，而将原来与《政府报告通报》配套使用的《政府报告索引》单行本并入《政府报告通报》中一起刊印，仍为双周刊。大类未变，小类调整为177个。

（7）1987年起，大类扩充为38个，小类360多个，不编类号，按字顺排列。大类设置情况见表7-2。目前，GRA&I 以摘要形式报道美国政府研究机构及其合同户提供的科技报告，同时也报道美国政府主管的科技译文及某些外国的科技报告。具体说，它报道全部的 PB 报告、所有公开或解密的 AD 报告、部分的 NASA 报告和 DOE 报告及其他类型的报告。每年约报道 7 万件,其中 55,000 件为技术报告,其余为会议录、专利、学位论文、指南、手册、机读数据文档、数据库、软件及其技术资料。外国报告来自加拿大、英国、德国、日本和东欧各国,约占 20%。

表 7-2　GRA&I 文摘分类表(大类)

1. 管理	20. 工业与机械工程
2. 航空学与空气动力学	21. 图书馆与情报科学
3. 农业与食品	22. 制造工艺
4. 天文学与天体物理学	23. 材料科学
5. 大气科学	24. 数学
6. 行为与社会	25. 医学与生物学
7. 生物医学工程与人机工程	26. 军事科学
8. 建筑工业技术	27. 导弹技术
9. 商业与经济学	28. 自然资源与地球科学
10. 化学	29. 导航,制导与控制
11. 木土工程	30. 核科学技术
12. 燃烧,发动机与推进剂	31. 海洋技术与工程
13. 通讯	32. 军械
14. 计算机,控制与信息论	33. 摄影与记录装置
15. 探测与对抗	34. 物理学
16. 电工技术	35. 州和地方政府解决问题的情报
17. 能源	36. 空间技术
18. 环境污染与控制	37. 运输
19. 卫生计划与保健服务研究	38. 城市和地区技术与发展

2. GRA&I 的结构

每期 GRA&I 由文摘和索引两部分构成,另出卷累积索引。

(1) 文摘部分

这是 GRA&I 的正文部分,文摘款目著录格式如例7-1所示。

【例 7-1】 GRA&I 文摘款目格式

① CHEMISTRY
② Physical & Theoretical Chemistry
③ 036,027
④ PB90-205196/GAR　　　　　　　　PC A06/MF A01
⑤ SRI International, Menlo Park, CA

⑥ Electrochemical Oxidation of Methane at Metal and Metal Oxide Electrodes. Final Report December 1, 1986-December 1, 1989.
⑦ K. W. Frese, and B. G. Pound. 20 Mar 90, 102p
⑧ SRI-PYU-2970, GRI-90-0026
⑨ Contract GRI-5086-260-1424
⑩ See also PB88-173893, and PB89-178750, sponsored by Gas Research Inst., Chicago, IL.
⑪ An objective of the research was to gain insight into the role of surface geometry, heat of reaction, force constants and adsorption site in the activated…

文摘款目中的各项内容说明如下：

① 主题大类。

② 主题小类。

③ 文摘号。1984年开始使用。

④ NTIS 订购号/媒体代号/价格代号。NTIS 订购号(Order Number)又叫入藏号(Accession Number)。这是报告发行机构采用的报告编号，供用户订购该报告时使用。凡是在款目左上角出现的报告号都属于这一类编号。例如，PB 报告号，DOE 报告号，ED 报告号，等等。PB 报告号形式原来是：PB-254 315/5GA。1980年开始改为下面的形式：

PB80-100000～　　　一般的科技报告
PB80-800000～　　　专题书目（Published Searches）
PB80-900000～　　　预订条目（Subscription items）.

PB 后面的两位数字为年份的后两位数。"9"后面的3位数字是某一出版物的代号，第5—6位数字为该出版物的期号。媒体代号和价格代号是 NTIS 根据它的价目表(NTIS PRICE SCHEDULES，该表通常刊载于封底)所标出的出版物价格代号。斜线左边是纸印本(Paper Copy)价格代号，右边是缩微胶片版的价格代号。通过查价目表，就可以知道：PC A03 相当于 $4.50，MF A01 相当于 $3.00。若售给北美地区以外的订户，还要加价 50% 以上。

⑤ 团体著者。是指负责执行或管理该项研究任务的机构，或是负责编写及提供该报告的单位。

⑥ 报告名称。以报告原件的篇名页所题为著录的依据，用黑体字标出。有时还说明报告类型、报告所包含的时间或提及有关的研究计划。

⑦ 个人著者，报告日期，页数。

⑧ 报告号码。此例有两个号码："SRI-PYU-2970"和"GRI-90-0026"，它们是团体著者或资助、招标机构所给予的报告编号。有人把这两种编号统称为"原报告号"。

⑨ 合同号或拨款号（Contract Number or Grant Number）。合同号就是招标机构与合同户双方之间签订的合同文件的编号；拨款号则是资助单位签发的拨款文件的编号。编写报告时，在标头部分都要注明这种号码。在文摘款目中，凡合同号，前面必冠有"Contract"字样；凡拨款号，前面必冠有"Grant"字样。

⑩ 注释。提供与该报告有关的其他情况。这一项的内容最复杂，有的提到被取代的报告号，有的说明供应来源，有的交待会议名称、地点和日期，有的指明报告所刊载的期刊名称、卷期，有的注明文别，有的提供相关的报告号，等等，五花八门，不胜枚举。

⑪ 文摘正文。

⑫ 关键词。包括叙词（Descriptors）和专用叙词（Identifiers）。前者是指选自该机构（NTIS）使用的叙词表中的词。后者一般是叙词表不收录的词。左上角标有星号（*）的关键词为重要检索词，在书本式主题索引中使用，作为 GRA&I 主题索引的标目。不带星号的词不出现在主题索引中，只作为机检用词。全部关键词均可供机检使用。此项以前放在文摘前面。1980 年起，为了节省篇幅，GRA&I 取消了关键词这一项（本例即如此）。

全部文摘款目按分类编排。1987 年以前所用分类表是在 1964 年经过美国联邦科学技术理事会的科技情报委员会批准的，附在每期 GRA&I 的前面，共设有 22 个大类，177 个小类。大类叫"Field"，小类叫"Group"。大类号按 1，2，3，……22 的顺序排列；小类再按 A，B，C……的字母顺序排列。例如，7 代表"化学"大类，7A 代表化学大类下的"化学工程"小类，7B 代表"无机化学"小类，等等。小类下面放文摘款目，同一小类的文摘款目按订购号或入藏号（即第④项）的字顺和数顺排列，号码一般是不连贯的。1987 年起按 NTIS 的新分类表（见表 7-2）编排。先按大类（Subject Category）和小类（Subcategory）的名称字顺排序，同一类下面再按订购号字顺/数顺排序，然后用文摘号固定其排序位置。

(2) 辅助索引

自 1965 年至今，GRA&I 一直编有五种期索引和卷索引。这五种索引是：主题索引、个人著者索引、团体著者索引、合同号索引、报告号索引。

● 主题索引（Subject Index）。这是一种用叙词语言编制的先组式索引，叙词在这里当标题词用。标引时已将词组配好，检索时，直接用某个词去查就行了。每个索引款目包括四项内容：标目（主题词）、篇名、NTIS 订购号和分类号。全部款目按主题词字顺排列。

从 1980 年第 22 期起，该主题索引改名为"关键词索引"（Keyword Index），并增选了一部分未经规范化的自由词作为标引词。款目的内容也有所变化，用页码（即文摘款目所在的页码）取代了分类号。1987 年起又用文摘号取代页码（如例 7-2）。

【例 7-2】 主题款目

METHANE OXIDATION
　　Electrochemical Oxidation of Methane at Metal
　　and Metal Oxide Electrades. Final Report
　　December 1, 1986—December 1, 1989.
　　PB90-205196/GAR　　　　　　　036027

● 个人著者索引（Personal Author Index）。该索引为文摘部分出现的全部个人著者都编有相应的著者款目，按著者姓名字顺排列。每个款目（如例 7-3）包括 4 项内容：标目（作者姓名），篇名，NTIS 订购号，分类号（1980 年第 22 期起改为页码，1987 年改为文摘号）。

【例 7-3】 个人著者款目

　　Frese，K. W.
　　Electrochemical Oxidation of Methane at Metal
　　and Metal Oxide Electrodes. Final Report
　　December 1, 1986—December 1, 1989.
　　PB90-205196/GAR　　　　　　　036027

● 团体著者索引(Corporate Author Index)。该索引以团体著者名称及所在地地名为标目，列出该机构所编写（或提供）的全部报告，供读者了解和查找对口研究单位的技术情报。每个款目（如例 7-4）包括：标目、该机构所编的报告号、篇名、资助（或招标）单位的报告号、NTIS 订购号、页码等项（1987 年改为文摘号）。1980 年以前的团体著者款目没有这么多项目，只有标目、篇名、资助单位的报告号、NTIS 订购号和分类号。

【例 7-4】 团体著者款目

SRI INTERNATIONAL, MENLO PARK, CA
SRI-PYU-2970
Electrochemical Oxidation of Methane at Metal
and Metal Oxide Electrodes. Final Report
December 1, 1986—December 1, 1989.
(GRI-90-0026)
PB90-205196/GAR   036027

● 合同号索引(Contract Number Index)。这是用合同号或拨款号来标引该合同所出的全部报告的一种索引。60 年代以后，美国政府常常把大量研究项目包给民间研究机构去做，所以，合同报告也随之不断增加。一项研究合同从研究工作开始，经过设计、计算、制造、加工、试验定型到评价，要解决一系列的技术课题，这样必然会产生出涉及多个方面的技术报告。合同号索引就给读者提供了一条很有用的途径，只要掌握一个相关的合同号，就可以查出该合同所出的全部技术报告。

合同号款目包括：标目、研究任务的执行机构、NTIS 订购号、分类号。1980 年 22 期以后将印分类号的地方换成文摘款目所在的页码（1987 年改为文摘号，如例 7-5），索引名称也改为"合同号/拨款号索引"(Contract/Crant Number Index)。全部款目按合同号的字顺和数顺排列。

【例 7-5】 合同号款目
  GRI-5086-260-1424
   SRI International, Menlo Park, CA
  PB90-205196/GAR   036027

● 报告号索引（Accession/Report Number Index）。该索引以文摘款目中出现过的全部报告号（包括入藏号、订购号、原报告号等）做标目，全部报告号按字顺和数顺混排在一起。GRA&I 原来称它为"入藏号/报告号索引"，1980 年 22 期以后又改称"NTIS 订购号/报告号索引"（NTIS Order/Report Number Index）。每个款目（如例 7-6）包括五项内容：订购号或报告号、篇名、订购号、分类号（1980 年 22 期以后改为页码，1987 年改为文摘号）和价格代号。

【例 7-6】 报告号款目
  SRI-PYU-2970
  Electrochemical Oxidation of Methane at Metal
  and Metal Oxide Electrodes. Final Report
  December 1, 1986—December 1, 1989.
  PB90-205196/GAR 036027 PC A06/MF A01

该索引的用途主要是帮助读者从任何一个报告号入手，都可以查到该报告的 NTIS 订购号和价格代号，以便订阅该报告。

三、《宇航科技报告》和《国际宇航文摘》

《宇航科技报告》（Scientific and Technical Aerospace Reports, 简称 STAR），创刊于 1963 年 1 月，半月刊，由 NASA Scientific and Technical Information Facility 负责编辑出版。它是系统报道 NASA 报告及其他有关的航天科技资料（不包括期刊）的文摘刊物。其前身是《NASA 技术出版物通报》(NASA Technical Publications Announcements)（1958—1962 年）。

1. STAR 的报道范围

自 1975 年至今，STAR 报道的学科范围包括：航空学，宇宙航行学、化学与材料、工程学、地球科学、生命科学、数学与计算机科学、物理学、社会科学、空间科学、综合类等11个大类，76个小类。所收录的文献类型包括：NASA研究机构及其合同户提供的报告；美国政府机构、国内外学术机构、高等院校和私营企业所提供的报告；以报告形式出现的技术译文；专利权属于NASA的专利说明书和专利申请书，学位论文。

表7-3 STAR文献来源统计 （单位：篇）

	NASA	AD	DOE	PB	其他	合计
1989年	3073	5100	4009	644	6700	20,156
百分比	18.4	25.3	19.9	3.2	33.2	100%
1990年	4159	5302	5071	740	4898	20,170
百分比	20.6	26.3	25.1	3.7	24.3	100%

注 其他栏包括学位论文、美国政府出版物、大学研究报告、外国研究报告和译文等。

表7-4 STAR报道的NASA报告类型统计 （单位：篇）

	CR	CP	TM	Case	TP	SP	其他
1989年	1418	1099	861	122	87	56	60
1990年	1677	1136	982	208	84	44	28

注 其他栏包括TT、EP、RP（参考出版物）等。

2. STAR的结构

STAR每一期主要由文摘部分和辅助索引部分构成：

（1）文摘部分

STAR文摘款目的著录格式如例7-7所示。

全部款目按11个大类76个小类编排，同类下面按NASA的文献入藏号顺序排列。NASA的入藏号编号是统一的，全部都以"N××-×××××"这种形式出现，字母N后面的两位数字表示相应的年份，其余五位数字为流水号。这种入藏号实际等于文摘号，在文摘部分它们基本上是按从小到大的顺序连续排列的。所以，只要知道了NASA入藏号，就能从文摘部分查到相应的文摘。而 GRA&I 则不同，读者仅知道入藏号（订购号）还不行，还必须知道分类号、页码或文摘号才能查到相应的文摘。

【例 7-7】 STAR 文摘款目格式

17 SPACECRAFT COMMUNICATIONS, COMMAND AND TRACKING

Includes telemetry, space communications networks, astronavigation, and radio blackout
For related information see also 04 Aircraft Communications and Navigation and 32 Communications

N80-10276*# ① National Aeronautics and Space Administration Hugh L Dryden Flight Research Center, Edwards, Calif ②
SHUTTLE ORBITER RADAR CROSS-SECTIONAL ANALYSIS ③
Dale W Cooper and Robert James (James and Associates) ④ Oct 1979 44 p refs ⑤
(Contract NAS4-2460) ⑥
(NASA-TM-72870, H-1095) ⑦ Avail NTIS HC A03/MF A01 ⑧
CSCL 171 ⑨

Theoretical and model simulation studies on signal to noise levels and shuttle radar cross section are described. Pre-mission system calibrations, system configuration, and postmission system calibration of the tracking radars are described Conversion of target range, azimuth, and elevation into radar centered east north vertical position coordinates are evaluated The location of the impinging rf energy with respect to the target vehicles body axis triad is calculated Cross section correlation between the two radars is presented   A W H ⑩

其中：① NASA 文摘入藏号，星号（*）表示该项研究是 NASA 执行或资助的，#号表示该报告有缩微胶片版可购。② 机构来源及地址，相当于 GRA&I 的团体著者项。③ 报告名称。④ 作者名称。⑤ 出版日期、页数和参考文献。⑥ 合同号。⑦ 报告号。⑧ 出售单位及售价代号。⑨ 联邦科技情报委员会主题分类表的缩名（CSCL）及该报告的分类号（171）。⑩ 文摘正文：位于款目下方。

另外，STAR 的文摘部分还设立有两类参照注释。第一类出现在类名之下，内容为类目范围注释（以 "Includes…" 起头）和相关类目参见（For related information see also…）。第二类出现在文摘款目之间，主要用来联系基本款目和相应的分析款目。比如，一本会议录，STAR为它编制了两种款目，即反映会议录整体的基本款目和分别反映其中各篇论文的分析款目。分析款目接排在基本款目之后，然后用参照注释将它联系起来。分析款目所用参照注释的形式是"For primary document see N××-×××××××-××"(文集整体见××期××类N××-××××××号文摘)；基本款目所用的形式是："For individual title, see N××-××××× through N××-××××××"(个别论文见××号到××号文摘)。前一种注释放在页数和参考文献之后。后者放在文摘正文之后。如果其中某篇论文还要在其他类中反映，则直接把原分析款目的题录部分搬至相关的类目之下，排在该类的最后面，原来的文献入藏号不变。因而，就产生了该文献入藏号跟前后的入藏号不连贯的现象，但整个文摘部分的编号基本上还是连贯的。查阅时注意这种因重复报道而引起的跳号现象，不要被它所迷惑。

(2) STAR的辅助索引

STAR的每一期也附有5种索引，即主题索引、个人著者索引、机构来源索引、合同号索引、报告号/入藏号索引。此外，还出有半年度和年度性的累积索引。

● 主题索引（Subject Index）。主题词选自NASA叙词表（NASA Thesaurus）。主题款目包括标目、篇名、副篇名、报告号、入藏号等项。累积主题索引的款目增加有期号和页码。

● 个人著者索引（Personal Author Index）。著者索引款目只包括个人著者姓名和文献入藏号两项内容。

● 机构来源索引（Corporate Source Index）。此索引以机构来源（即团体著者）做标目，标目下列报告名称、报告号和文献入藏号。

● 合同号索引（Contract Number Index）。此索引以合同号为标目，由合同号指引到相应的入藏号。

● 报告号/入藏号索引（Report/Accession Number Index）。

此索引以各种报告号为标目,由报告号指引到相应的入藏号。有些入藏号后标注有星号,绝大多数入藏号后面都标注有"#"号。这两种符号的含义与文摘款目中相应符号的含义相同。

3.《国际宇航文摘》

《国际宇航文摘》(International Aerospace Abstracts,简称 IAA),1961 年创刊,由美国航空和宇航学会(AIAA)技术情报服务部(TIS)负责编辑出版,NASA 为合作者。1963 年正式与 STAR 结为姐妹刊,由月刊改为半月刊,报道范围上也与 STAR 做了明确的分工。IAA 只报道公开发表的期刊论文、图书、会议论文、全译本期刊以及某些外国的学位论文。其中,摘录的期刊有 1600 多种。每年报道 4 万多条文摘。半数以上来自外国。两者采用的分类表完全相同,结构方面也有许多共同之处。

但 IAA 在体例方面有自己的一些特点。例如

● 文摘款目著录格式不同,采用普通文摘刊物的著录方式。

● 文摘部分的编排方式不同,款目主要按分类排列,入藏号与入藏号之间,总的来说是不连贯的。所以,仅知道一个入藏号还不能直接查到文献,还必须知道分类号。

● 索引种类和索引款目的形式也不太相同。IAA 没有"机构来源索引",但多一个"入藏号索引"(Accession Number Index)。入藏号索引按入藏号顺序排列,由入藏号引见分类号。供读者从入藏号入手查得相应的分类号,以便查阅文摘。可见,辅助索引的编制方法是与文摘部分的排列方法密切相关的。

值得注意的是,STAR 和 IAA 虽然都是面向航空航天领域的检索工具,但它们所报道的内容带有较强的学科综合性。尤其是在复合材料试验与评价,光学技术(特别在通讯和激光方面的应用),半导体材料及制造工艺,药物、合金和晶体在失重条件下的制备,机器人技术,空气动力学设计等专门领域以及航空航天学协会的学术会议文献方面,它们更具有很强的报道优势。

四、《核子科学文摘》与《能源研究文摘》

1.《核子科学文摘》

《核子科学文摘》(Nuclear Science Abstracts，简称 NSA)，由原美国原子能委员会（AEC）的技术情报中心创办于 1948 年。原系月刊，1973 年以后改为半月刊。NSA 是系统报道非保密的或已解密的 AEC 报告的主要文摘刊物，同时也曾是全面报道国际核科学技术文献的重要工具。自创刊以来，所包括的学科类目几经变化，大体上经历了 3 个演变过程：

● 1948—1959 年。经历由简到繁的发展阶段：1956 年还只分成生物医学、化学、工程学、矿物学、冶金学与陶瓷学、物理学等 6 大类；1958 年增添了专利一类；1959 年在原有基础上扩展为受控热核过程、临界性能研究、卫生与安全、粒子加速器与高压电机、物理学与数学、材料上的辐射效应、放射性废物、反应堆以及稳定同位素分离等 17 大类。

● 1960—1971 年。学科类目又逐步由繁到简：1960—1961 年间，曾先由 17 大类合并为 13 大类；而到 1967—1971 年间，又进一步合并为 11 大类，即地球科学、测试设备、生命科学、普通物理学、高能物理学、原子核物理学、反应堆技术等 11 大类。

● 1972—1976 年 6 月 30 日。学科类目再由 11 大类增加为 21 大类。从 1975 年起，文献分类就细分为 21 大类、118 小类、56 个细分类。除原有主要大类类目基本不变外，又增加了受控热核研究、环境科学与地球科学、同位素及辐射源技术、核材料与废物管理、天体物理学与宇宙学、大气物理学、电流体物理学与磁流体物理学、低温物理学以及辐射物理学与屏蔽问题等类目。

《核子科学文摘》由文摘部分和辅助索引构成。文摘部分按分类排列，然后按文摘号排列。自 1959 年起，NSA 每期附有 4 种索引，即：团体著者索引（Corporate Index）、个人著者索引（Personal Author Index）、主题索引（Subject Index）和报告号索引

(Report Number Index)。此外，前面3种索引还有卷累积索引和多卷累积索引。

1974年10月，美国原子能委员会被撤消，NSA的编辑出版改由能源署技术情报中心负责。1976年6月30日，NSA宣布停刊，美国原子能报告的报道纳入了"国际核子情报系统"(INIS)，能源署的技术情报中心则于同年创办了《能源研究文摘》。

2.《能源研究文摘》

《能源研究文摘》(Energy Research Abstracts，简称ERA)，创刊于1976年1月，原名为ERDA Research Abstracts，月刊。1977年1月起，改名为ERDA Energy Research Abstracts (ERDA能源研究文摘)，刊期改为半月刊。后来，美国能源署改组扩大为能源部之后，该文摘改为现名，仍为半月刊。

ERA继承并扩展了NSA的收录范围。它报道美国能源部所属各实验室、研究中心和合同户所提供的研究报告。另外，还报道与能源研究活动有关的期刊文章、会议录、图书、专利说明书、学位论文及机读数据文档或数据库等。目前年报道量达15万篇以上。包括的学科内容相当广泛，大致有：煤炭及煤的产品、石油、裂变燃料、太阳能、地热能、潮汐能、水力能、风能、原子能发电站、核反应堆技术、能源贮存与转换、能源管理与政策、材料、化学、工程学、测试设备、大气环境科学、生物医学应用研究、物理学研究、原子核物理学、以及磁致聚变能等39个大类，以下再分成267个小类、300多个细类。

ERA每一期由文摘部分和辅助索引构成。文摘部分按39个大类编排，然后再逐级细分。EAR每期附有5种索引，即团体著者索引(Corporate Index)、个人著者索引(Author Index)、主题索引(Subject Index)、合同号索引(Contract Number Index)和报告号索引(Report Number Index)。另外，还出有相应的半年度和年度性累积索引。

五、国际核信息系统与《原子索引》

"国际核信息系统"(International Nuclear Information System，简称 INIS)，是"国际原子能机构"(IAEA) 主办的国际性的自动化信息系统。1965 年由 IAEA 提出建立 INIS 的议案。1970 年进入实施阶段，同年开始出版书本式的题录刊物《原子索引》(Atomindex)。NSA 停刊后，《原子索引》变为文摘性刊物。每期报道 3000 多篇文献，年报道量约为 8 万篇，包括了世界上 100 多个国家和十几个国际组织出版的有关和平利用核科学技术方面的各种文献。其中，技术报告、会议论文预印本、专利说明书和学位论文等特种文献约占 25％。收录资料的齐全程度据说已达 90％以上。所以，《原子索引》目前已成为检索核科技文献的主要的大型检索刊物。

1. INIS 的特点

INIS 的突出特点是，它是一个以国际合作为基础的分散的信息存贮与检索系统。它采取分散输入，集中存贮与发行的方法来管理。为了使系统顺利有效地运行，INIS 一开始就制订了严格的条件，规定参加国应负责做到：

● 挑选本国出版的符合 INIS 收录范围的文献；

● 按统一的编目规则和标引规则将文献加工成二次文献，并根据本国的技术设备情况制成某种形式的半成品（如磁带、穿孔纸带或普通文稿）送到 INIS。INIS 将各国送来的数据分别加以编辑处理和合并，制成检索磁带或检索刊物（即《原子索引》）。系统免费供应每个成员国一份磁带，而检索刊物则是要收费的。

为了便利各国分担输入操作，保证前处理的质量和标准化，INIS 发行了各种工作手册（INIS Reference Series）。手册中详细规定了主题范围、词表和标引规则、各种代码符号等。

各成员国都按统一的索引语言标引文献。这种索引语言就是《INIS 叙词表》(INIS Thesaurus)。它是在欧洲原子能联营叙词表的基础上编成的,1970年10月由IAEA发行。该词表所用的语言为英语。1977年出版了第13次修订版,叙词增加到15,025个,非叙词为4,404个。该词表必须与INIS标引规则配合使用;特点之二是它只有一个主表,没有任何附表。

2.《原子索引》的内容结构

《原子索引》所包括的学科最初仅限于核科学技术的和平应用方面。1972年起,学科面逐渐扩大。目前,它共包括下面6大学科门类:

    A 00 物理学
    B 00 化学、材料和地球科学
    C 00 生命科学
    D 00 同位素、同位素与辐射的应用
    E 00 工程与工艺
    F 00 核能的其他方面

每个大类下面设有若干个二级类和三级类。

(1)《原子索引》文摘部分

INIS允许成员国用英、法、俄和西班牙语中的任何一种文字编写文摘。《原子索引》的文摘款目内容比较详细,著录项目较多。一个款目包括的项目最多有21项。现结合例7-8(上面2个分别是技术报告和期刊文章的款目,下面1个为俄文文献的款目)予以说明。

① 卷号和文摘号(Reference Number)。
② 文献的英文名称(Primary Title)。
③ 著者姓名。
④ 著者所属单位及地址,用圆括号括起。
⑤ 团体著者(主持该项目研究的机构)名称及地址。
⑥ 资助机构及其他有关机构。
⑦ 原文语言。以"In…"的方式注明,仅用于非英语文献。
⑧ 原文名称(Original Title),非拉丁字母名称按INIS的音译规则音译成拉丁字母。

【例 7-8】 INIS Atomindex 文摘款目格式

21:003501 Equilibrium leach testing of Magnox swarf and sludge. Amin, A.; Angus, M.J.; Kirkham, I.A.; Tyson, A. (UKAEA Northern Research Labs. Windscale, Seascale (UK)). Department of the Environment, London (UK). \DOE-RW-89.048. ND-R-1543(W); ILWRP-86-P10. Contract PECD-7/9/406(87/88); PECD-7/9/361(86/87). Oct 1988. 32 p. MF available from INIS.

A static equilibrium leach test has been developed to simulate repository conditions after ground water has penetrated the near field barrier. The repository components - waste, matrix and backfill - have been equilibrated with water for up to one year. Leachates were analysed for U, Pu, Np^{237}, Am^{241}, Cs^{137}, Sr^{90}, Tc^{99}, I^{129} and C^{14}. Results are presented for leaching from Magnox fuel cladding wastes using a combination of matrices, backfills and atmospheric conditions. The equilibrium concentrations were generally very low and have been compared with the concentration of each isotope in drinking water that would give an adult an annual effective dose equivalent of 0.1mSv. (author)

[Data]
{GROUND WATER: radionuclide migration; UNDERGROUND DISPOSAL: leaching, spent fuels.

21:003361 Experimental techniques. Pt. 2. Walter, H.K. (Eidgenoessische Technische Hochschule, Zurich (Switzerland). Inst. fuer Mittelenergiephysik). Nucl. Phys., A. ISSN 0375-9474. NUPAB (26 Jun 1989) v. 497 p. 493c-494c. [1. European workshop on hadronic physics in the 1990's with multi-GeV electrons. Seillac (France). 27 Jun - 1 Jul 1988.]
Published in summary form only

counting techniques; electron beams; electron reactions; gev range 01-10; gev range 10-100; magnetic spectrometers; mev range 100-1000; polarized beams; polarized targets; relativistic range; spin orientation; storage rings; target chambers.

COUNTING TECHNIQUES: electron reactions.

21:003255 Thermocouples for nuclear reactors. Wolter, W. (In Russian). Termoehlektricheskie datchiki dlya atomnykh reaktorov. p. 307-312.

In: Sovet Ehkonomicheskoj Vzaimopomoshchi. Moscow (USSR). Postoyannaya Komissiya po Ispol'zovaniyu Atomnoj Ehnergii v Mirnykh Tselyakh. Thermal physics 84. Thermal aspects of WWER nuclear reactor safety. V. 2. Collection of papers from CMEA seminar, Varna, October 1984. Teplofizika 84. Teplofizicheskaya bezopasnost' yadernykh reaktorov WEhR. Tom 2. Sbornik dokladov seminara SEhV, Varna, NRB. Oktyabr' 1984 g. INIS-mf-11564. 1985. 3 refs. MF available from INIS.

Problems of the thermocouple casing quality and reliability are considered in relation with their employment in nuclear reactors. Factors having impact on the thermocouple measuring accuracy and long term operation have been analyzed. Specific requirements have been identified to guarantee the optimal conditions for the empoyment of thermocouples in cases in PWRs.

Рассматривается проблема качества и надежности очехлованных термопар, применяемых в ядерных реакторах. Выполнен анализ факторов, влияющих на точность и долговременную работоспособность термопар. В работе сформулированы конкретные требования, выполнение которых дает гарантию оптимального использования очехлованных термопар в условиях водоводяного реактора.

{PWR TYPE REACTORS: reliability, temperature measurement; THERMOCOUPLES: specifications.

⑨ 报告入藏号或专利号（用黑体字印出）。
⑩ 原报告号。
⑪ 国际标准书号（冠 ISBN），或国际专利分类号（Int. Cl.）和某国的专利分类号（Nat. Cl.）。
⑫ 研究合同号。
⑬ 来源期刊刊名（用斜体字印出）。
⑭ 国际标准刊号（冠 ISSN）。
⑮ 出版日期。
⑯ 卷期号、起讫页码、篇幅。
⑰ 引用文献数量。
⑱ 有关如何获得原文的注释（Availability Note）。
⑲ 会议名称、地点和时间（用方括号括起）。
⑳ 文摘正文。
㉑ 标引该文献使用的叙词，在检索刊物中列出以代替文摘。
㉒ 数据符号，其标志为 [Data]，放在文摘正文的末尾，表示该文含有数据。
㉓ 主题词，指用作主题索引标目的词。

全部文摘款目按《原子索引》的分类表编排，一般排在三级类目下面。先列出参见文摘号，即分入其他类但又与本类相关的文摘。然后按第一著者的字顺排列文摘款目，编上文摘号。

(2)《原子索引》辅助索引

《原子索引》每期附有 5 种索引，即：主题索引（Subject Index）、个人著者索引（Personal Author Index）、机构索引（Corporate Entry Index）、会议索引（Conference Index）和报告号、标准号与专利号索引（Report, Standard and Patent Number Index）。此外，每半年还出一次累积索引。

其中，个人著者索引、机构索引和报告号、标准号与专利号索引的编制方法、形式和使用均与前面所介绍的大同小异。

会议索引是查找会议文献的专用工具。它以会议日期、地址和名称做标目，标目下面列出本期报道的会议论文的文摘号。在半年度累积索引中,会议索引分成两部分:一部分叫会期索引,另一部分叫会址索引。

每篇文献所用的标引词(叙词)是比较多的,但真正作为主题索引的主题词出现的是不多的,就是每个文摘款目的第 20 项所列出的词。这些主题词是从《原子索引》检索磁带每条记录中的叙词字段中选出来的。主题词通常由两个叙词组成。第一个叙词用作主标目(Main heading),第二个叙词为副标目(Qualifier,修饰词),两者用冒号组配起来。前者尽量明确地描述文献中的某个重要概念,后者则向读者提供进一步的、有关主题的信息。每个主标目与它的副标目组合起来应该尽可能明了而又确切地表明文献所讨论的一个主要概念。如果一篇文献的内容很广泛,就不用修饰词。每个主题款目(如例 7—9 所示)著录有:主题词(包括主标目和副标目)、文献篇名、分类号、文摘号、数据符号等项。

【例 7-9】 主题索引款目

NEUTRON DETECTORS:←——主标目

  reactor control systems ←——副标目

  Application of thermoneutron detectors for measuring thermal neutron flux distributions (E24). 522401[Data]

六、科技报告的检索方法

上面介绍的几种检索科技报告的主要工具,编排上都有很多共同之处,检索途径也比较多。检索时,应根据课题的性质、要求和条件,恰当选择检索途径。

(1)当检索课题范围较宽,或对课题在分类系统中的位置比较了解时,可直接选用分类途径去检索,即直接查阅文摘部分。这样可以使查出的文献量比较多,比较全面。

(2)当课题范围比较窄、比较专时,最好首先使用主题索引,事先认真查对有关的词表,把主题词选准、选全,然后以主题途径为突破口,效果往往比较好。

(3) 当已经掌握有关的研究动态,并对资料有所积累时,就可以选择著者途径来查文献,包括个人著者和团体著者,利用相应的索引。另外,还可以利用号码途径(报告号、合同号)查出有关的文献。

(4) 尽量综合利用各种途径、取长补短。因为各种检索途径都有自己的长处和短处,仅用一种检索途径去查,无论标引质量多高,检索技巧多好,也难免不出错误和产生遗漏。把各种途径有机地配合起来使用,就会象一张网张开了那样,绝大部分与课题有关的文献就不容易漏掉。另外,还要充分地利用各种累积索引,以便节省查找时间。

第二节 专利文献检索工具

专利制度的主要功能之一就是用法律保护公开各种技术发明,促进技术的交流与应用。专利文献是专利制度的产物。它作为报道发明内容的主要载体和宣告技术发明专有权归属情况的法律文件,包含有丰富的技术信息和工业产权信息、具有其他文献所不可比拟的价值和用途,因而被誉为技术和工业产权信息宝库。开发和充分利用这个宝库是一项意义重大的全球性课题,需要世界各国及有关组织通力合作,大力普及检索知识,积极开展各种专利信息服务。为此,本节将专利文献检索有关的基础知识扼要加以介绍。

一、专利文献检索的特点

专利文献在许多方面都有别于一般科技文献。这些差别使专利文献检索具有一定的特殊性。

1. 专利文献本身的特殊性

专利文献是在技术发明申请专利权的过程中按一定文件格式

写成，并由专利局统一公布出版的一种半官方出版物。它既是技术文献，又是法律性文件。这一基本性质决定专利文献本身具有下列特性：

(1) 数量巨大，覆盖面广。

据统计，目前全世界累积的专利说明书已达 4,000 万件以上，每年公布的专利说明书约有 100 万件之多。在各种科技文献中，其数量之大，仅次于期刊文献。

这一庞大的专利文献宝库覆盖的技术领域极其广泛，从日用品到各种尖端技术，几乎是无所不包。人类近代文明史上出现的各种大大小小的发明，从它们最初的构思和试验，到后来的无数次改进和发展，都可能在专利文献中有记载。这就是说，人们在研究开发和生产活动中遇到的各种技术问题，几乎都能在专利文献中找到具有参考价值的解决方案，或从中得到有益的启发。

(2) 格式统一，措词严谨

经过有关国际组织的协调和统一规定，各国专利文献的行文格式基本一致，扉页上各种著录项目的识别代号统一。这就为人们识别和检索各国专利文献的内容创造了良好的条件。

如前所述，专利文献又是一种有法律效力的文件，所以要求用严谨的法律语言来撰写，以便准确而充分地划定权利范围，并使它对发明的描述符合有关国家专利法的规定。这样做难免会使专利文献的修辞风格显得有些刻板繁琐，内容显得有些费解。

(3) 描述对象具体、单一

准确、清晰和充分地描述技术发明的内容和技术特征，是使发明获得法律保护的必要条件之一。各国专利局对此都有明确规定。一般都要求申请专利的发明在专利文件上充分公开，详细到本技术领域中等专业人员能据此实施该发明，不能避实就虚。

各国专利法规定的发明单一性原则，使一件专利文献只能描述一项发明，不能把有关某一对象的各项发明合并在一起描述。因此，一件专利说明书往往只涉及某一产品的某个局部。如果要了解某种产品或设备的技术全貌，就必须把检索课题分解为几个不同的方面去检索，不能指望一件专利说明书会把有关某一对象的全部专利技术尽收其中。

(4) 技术内容新颖可靠，实用性强

这一点既是由专利法中规定专利发明必须具有新颖性、先进性和工业实用性所决定的，也是竞争机制所决定的。根据先发明原则，发明人或受让人往往会抢先登记自己的新发明，争取获得申请优先权。这样就能促使新技术尽早在专利文献中披露出来。

(5) 文件类型多，重复量大

根据对技术发明的分类，有发明专利、实用新型专利、外观设计专利、植物专利等之分。同一发明在不同时间不同国家申请专利时，又有基本专利、等同专利、增补专利、改进专利、再颁布专利、分案专利等之分。专利局在审查某一申请案的过程中，也可能出版不同性质的说明书文本，如公开说明书、公告说明书、展出说明书、审定说明书或专利说明书。上述情况使专利文件类型繁多，内容重复。

据调查，全世界每年颁布的上百万件专利说明书中，描述的新发明实际只有 30—40 万项左右。

此外，申请专利时还要求提交其他各种文件（如请求书、有关证书、权利要求书、文摘等），还有申请过程中的来往信件，处理异议申诉和专利诉讼案时产生的各种文件资料。这些文件也属于广义的专利文献的范畴，在有些场合下也会成为检索的对象。

(6) 技术上的保守性

发明人或受让人为了自身利益，总想以最小的公开代价来换取最充分的法律保护。所以，专利说明书中一般很少说明技术原理，也往往不提供准确的技术条件和参数。甚至有些说明书就是为迷惑竞争对手而提出的，即用来掩护某些关键技术而申请的外围专利。因此，检索时要善于分析比较，鉴别真伪，去目取珠。

2. 专利文献检索目的

人们检索一般科技文献的目的主要是获取其技术内容,继承和借鉴已有成果。检索专利文献的目的则广泛多样,主要是因为专利文献具有多重属性和多种用途。概括起来,专利文献检索的目的主要有以下 3 个方面。

(1) 法律方面的需要

发明的专利申请和审查,专利权的实施、转让及其中的产权纠纷处理,都离不开专利文献检索(又称专利调查)工作。为满足法律上的需要而开展的检索或调查工作通常有下列几种。

● 新颖性检索(novelty search)。新颖性是发明取得专利权的基本条件之一。对意欲申请或已经申请专利的某项发明,调查其是否符合专利条件(即是否具有新颖性和先进性),就称为新颖性检索,又称新颖性调查。有两种人需要进行这种检索。一是发明人或申请人。当新发明完成,打算在国内或向国外申请专利之前,他们要对自己的发明进行新颖性调查,以便正确判断该发明是否符合专利条件。这样既可以避免无效申请,又可以借鉴现有的技术,对申请内容作适当补正,以便顺利获得专利权。二是专利局的审查员。他们为了正确判明某一申请案是否可授予专利权,也需进行该检索,即要查阅已颁布的专利文献及其他非专利文献中是否记载有与当前申请案相同的发明。各国专利法对发明新颖性的标准(地域范围和时间界限)定义不尽相同。PCT 规定申请国际专利的发明必须经过国际检索单位的新颖性审查,并规定了新颖性调查的范围,即"最低限度文献量"(minimum documentation),包括:1920 年以来美、英、法、德、日、前苏联和瑞士等 7 个国家的专利局和 EPO 及 PCT 两个国际组织颁布的全部专利说明书,以及 169 种指定的重要科技期刊最近 5 年内刊载的文章。

● 专利有效性检索(validity search)。即通过专利文献调查已经公告或已获得专利权的发明的权利要求的有效性。它适用于为了对某项公告专利提出异议,或提出无效审判请求,或在准备进行专利诉讼或购买专利许可证等需要收集证据资料的场合。

● 侵权防止调查(infringement search)。指拟将某项技术加以实施或应用的时候,通过检索有关的专利文献,调查这一实施行为是否会侵害他人的专利权。例如,在产品制造、销售、出口,进行技术转让或签订专利许可证等场合,有必要进行这种检索和调查,以免引起侵权诉讼和经济损失。

● 法律状态检索(legal status search)。指通过专利文献检索调查某项发明在专利申请和审批过程中的法律状态变化,包括申请案的接受(生效)、驳回或撤回,专利权的授予、撤消、放弃或终止,以及同族专利中各件专利的法律状态变化等情况。

(2) 技术方面的需要

据 1974 年在德国慕尼黑召开的第二届国际专利情报与文献工作国际会议上报道的材料估计,专利文献中包含的技术情报约有 90% 是其他出版物未曾报道过的。后来又有人估计这个比例还在增大,约在 90—95% 之间。可见,要获取技术情报,查找专利文献是必不可少的。在这方面,人们对专利文献的需求主要有以下几种类型。

● 先有技术调查 (prior art search)。指利用专利文献对某一领域的技术水平现状进行调查。在研究开发新技术新产品,改良现有产品,开发其新用途等场合,都需要广泛查阅现有的专利文献和其他技术文献,以便分析判断有关领域的发展水平,把握技术发展动向,有效地防止重复研究和投资。

● 技术攻关性检索。指当研究开发过程中遇到技术难题时,通过检索和参考专利文献,协助技术攻关。所谓"发明",就是解决某一技术课题或难题的新方案。专利文献中记载有各种各样的新发明,在技术攻关中可以发挥重要作用。其他发明人的技术思路和智慧会启发攻关人员的灵感。

● 同族专利检索。指调查在某国公开或公告的某项专利发明是否也在其他国家申请了专利,包括查明专利申请的国际优先权要求。其结果是检出有关同一发明的全部申请案和相应的专利说明书。这种调查不仅有助于全面了解某一发明的技术内容及其进展，节省专利文献翻译费用，提高专利文献的可获得性，而且还有助于确认进出口产品是否为专利产品，或为专利许可证贸易及提出异议提供某种依据或判断资料。

●监视性检索。指针对特定课题，对今后新颁布的专利文献进行定期调查，或者对特定发明人、申请人、申请案或诉讼事件进行监视和跟踪。据统计，世界上每10秒钟就颁布一件发明说明书。这是技术进步的指示器。为了避免在竞争中落后，就必须进行技术跟踪，以保证随时掌握对手企业和相关行业的技术开发动向，发现新的竞争对手。

(3) 经营与商业方面的需要

今天，不仅有越来越多的技术发明直接进入市场，而且含有专利技术的商品也越来越普遍。所以，在经营管理和贸易活动中都需要与专利文献打交道。例如，在制订商品出口计划时，需要了解出口对象国的技术水平和市场情况，了解其他出口国和出口商的有关产品、技术和销售策略，以便使自己的出口商品更具有针对性和竞争力。在引进技术时，也要对引进对象的先进性、适用性和经济合理性进行调查研究，以便货比三家。若是专利技术，则还要调查专利权的归属、存续、转让情况及其有效性。

此外，在跟踪竞争对手时，专利文献检索也是一种很有用的手段。对一家公司拥有的专利进行分析研究，可得到有关该公司的有价值的商业情报。在公司购并活动中，有关方面和当事人也需要弄清被兼并公司拥有的技术资产，包括实际上拥有多少项已获得或可获得专利权的技术发明和专利产品。

二、专利发明的分类

许多国家的专利局每年要处理成千上万件专利申请案，审查各种各样的新发明。为了挑选合适的审查员，必须对申请专利的发明进行初步分类。详细的分类工作则由审查员承担。所以，我们看到的专利文献，在出版时就标有分类号。

1. 专利分类法和分类原则

为了使专利分类适应审查员迅速准确地查明某项发明是否具有专利性的要求，首先要有一部能囊括全部技术领域，并能把实质上相似的发明集中在一起的分类表。

一般的图书分类法和文献分类表不适于发明分类。因为它们不仅对技术领域反映不够充分，类目过粗，而且分类的目的和原则也与发明分类显著不同。

文献分类的目的是文献组织，藏书排架，以及供人们按学科门类检索文献。发明分类的首要目的是为了便利专利审查和满足工业产权检索的需要。所谓工业产权检索，是指调查一种新构思是否具有新颖性，是否已被他人申请了专利；一种新工艺是否会对一件现存专利构成侵害；或者是否有理由反对专利局颁发一件与自身利益相抵触的专利。所以，对发明的分类要求更加细致、准确和充分。

文献分类的主要依据是它的整体内容的学科属性和读者对象。发明分类的主要依据是它的技术特征（功能、结构或用途），这样有助于审查员准确认定某发明的新颖性和先进性。而且，发明分类的标准和原则往往要受到有关国家的专利法中关于专利性定义的制约。

因此，一些较早实行专利制度的国家分别为发明分类编制了专门的分类表。其中最早的可能是1831年出版的美国专利分类表。后来，德国（1877）、日本（1885）、英国（1888）、法国（1904）等国也编制出版了自己的专利分类表。

设计分类表都要以一定的分类原则为依据。早期的美国专利分类表主要以行业为基础，后来逐渐演变为以"直接功能"为主要分类依据。英国专利局1970年以前采用所谓"边缘性分类法"，即某一发明主题是否分入某个大类，取决于它是否属于那些用来限定技术领域边界的词的语义范围。后来，英国放弃了上述分类原则，改为根据发明的核心技术特征分类，并用扩充的定义说明本类与其他类之间的范围界线。战前德国和西德的专利法对其专利分类表结构有特殊的影响。其第五版前言中这样写道："各大类的组织标准不是相同的效应、目的、结构、工艺、设计或组合等一般的科学技术标准，而是事实上存在的特定工业技术领域以及各种独特的行业。"这种分类原则的根据就是该国专利法中的专利性原则：某一技术领域中的装置或工艺若被应用于另一领域，则足以构成一项具有专利性的发明。

各国专利分类法所采用的分类原则可归纳为两条：行业分类和功能分类。行业分类原则是根据发明的用途或应用领域分类。德国专利分类表采用的根据实际存在的技术领域来区分发明的主张，就是一种典型的行业分类原则。它有利于人们按产业部门来调查发明的专利性和检索有关的专利文献，尤其适用于一些应用性发明。但是，它易使功能相似的发明分散于各类中，不便于审查员快速准确地认定某些发明的专利性。

功能分类原则主张根据发明的"直接功能、效用或产品"来编制分类表和进行发明分类，即以装置、物质或工艺的创造性功用作为分类依据。凡能获得实质上相似的效果的装置或工艺将归入同一类中。发明的用途或应用不作为主要分类依据。例如，所有切削装置，不管用于何种材料，均入同一类。按功能分类有利于建立与有关专利法相适应的专利分类表和分类文档。

2. 国际专利分类表

战后，专利文献量逐年增长，各国之间科技交流和贸易往来日益频繁。各国的专利分类不统一给专利审查和技术情报交流带来的不便越来越突出。人们希望有一种国际上通用的专利分类法。

1952年，欧洲议会专利专家委员会下面成立了专利分类法专门工作组。1953年1月，欧洲议会商定新的国际专利分类法采用功能分类与行业分类相结合的原则，以满足各种用户的需要。

1954年12月19日，欧洲议会各成员国在巴黎签署了《关于发明专利国际分类的欧洲协定》。一个基础类表——《国际发明专利分类表》作为该协定的附件。1968年9月1日，经过细分和扩充的《国际专利分类表》(International Classification of Patent for Invention，正式简称为 Int. Cl.，也可简写成 IPC）正式公布生效。IPC 共设 8 个部，20 个分部，115 个大类，607 个小类，6175 个组和 41,088 个分组。

由于采用 IPC 的国家越来越多，已超出欧洲议会成员国的范围，而且，在国际专利情报活动中，IPC 已引起人们普遍的关注和兴趣。但是，非成员国不能参加 IPC 的研究和修订工作，更没有表决权。为了改变这种不合理状况，WIPO 与欧洲议会进行了谈判，商定由 5 个欧洲议会成员国和 5 个非成员国共同组成国际专利分类联合专门委员会，负责 IPC 的研究和修订工作。1974年初，该委员会批准了第二版 IPC，并决定于同年 7 月 1 日出版生效。翌年年底，根据1971年签署的斯特拉斯堡协定，有关 IPC 的各项业务移交 WIPO 负责，并已有 30 多个国家开始在自己出版的专利文献上标注 IPC 分类号。现在，正式采用该分类表的国家已增至 50 多个。IPC 已成为一部名符其实的国际专利分类表。

下面，简要介绍 IPC 的分类原则、规则和内容结构。

(1) IPC 的分类原则和规则

IPC 采用功能分类与行业分类相结合，功能分类优先的原则。它分别为功能性发明和应用性发明设立了相应的分类位置，规定凡适用于两个以上技术领域的发明，应优先分入功能分类位置。各种发明主题又分别按下列原则处理：

● 化合物。根据其化学结构分在 C 部。当其主要技术特征还与某一领域的应用有关，且类表中亦有适当的应用性分类位置时，它还可分入应用性类目。但当发明主题仅与化合物的应用有关，则只分入相应的应用性类目。

● 化合物制备和处理的方法。按化合物的类型分类。若类表中设有相应的方法类目,也应同时分入这种类目中。各类化合物制备和处理的一般方法则分在该方法的类目中。

●物品。分入相应的物品类目;若无此类目,则分入适当的功能分类位置;若这种类目也没有,按应用领域分类。

●制造物品的设备与方法。分入有关方法或作业所用的设备的类目。若无此类目,就分入该设备所用的方法的类目。若这种类目也没有,应按所制造的物品分类。

●多步骤方法和成套设备。首先作为一个整体来分类。若无此类目,则按其所生产的物品分类。若其中某个单元亦属于发明主题时,还应单独进行分类。

●零部件。IPC 为通用性零部件提供有专门的分类位置。只适用于特殊设备的零部件,分入相应的特殊设备类目。

总之,一个发明主题可表现为不同形式,如作为一种产品,制造该产品的一种方法,实施该方法所用的设备或工具,或该产品的用途。若分类表中找不到一种发明形式的分类位置,就按另一种形式找出最适当的分类位置。对涉及多主题的发明,若每个主题分别属于不同的类目,则每个类号都应在专利文献中标出。另外,IPC 还为某些类目规定了一些具体的分类规则,如最先位置规则,最后位置规则,主成分规则等。这些规则一般都清楚地反映在各类的附注中。

(2) IPC 的等级结构和编号制度

IPC 以等级展开形式依次设立部、分部、大类、小类、主组和分组。

●部 (section)。为最高分类等级,是对现有全部技术领域进行总体分类的结果。共分为 8 个部,分别用字母 A—H 表示。分部是表示各部主要内容的一些概括性分类标题,不编类号,属于非实质性类目,共 20 个。

●大类 (class) 和小类 (subclass)。大类是分部的展开,仍属于较概括性的分类。其类号由所属部的类号后面加上两位阿拉伯数字组成。小类是大类的进一步展开，较具体地规定了所包含的主题范围。其类号由大类类号加上一个大写字母组成。小类和部、分部及大类一样，仍属于方向性类目。

● 主组（main-group）和分组（sub-group）。主组是小类的细分，具体规定所适用的技术主题。其号码由小类号加上 1—3 位数字，然后是斜线号"/"，再加上 2 个零组成。分组是主组的进一步细分，更具体地规定所适用的技术特征。其号码是把斜线号后面的 2 个零换成非全为零的 2—4 位数字。分组又可以根据需要继续细分出一级分组、二级分组、三级分组等，最多可细分至八级。

IPC 的标记制度采用字母数字混合制和层累制与顺序制相结合的编号方法，即从部到主组用层累制编号，主组以下用顺序制编号。分组之间的等级关系用类名前面的错位圆点数表示。斜线后面的数字若是 3 位或 4 位数，则末位数前面隐含有一个小数点，应注意其读法和排列方法。比如，3/426 应读为 3/42.6，排在 3/42 与 3/43 之间；5/1185 应读为 5/118.5，排在 5/118 与 5/119 之间。

A	人类生活需要	（部）
	保健与娱乐	（分部）
A63	体育、竞技、娱乐	（大类）
A63H	玩具	（小类）
A63H3/00	玩偶	（主组）
A63H3/36	・零件，附件	（一级分组）
A63H3/38	・・玩偶的眼睛	（二级分组）
A63H3/40	・・・会动的	（三级分组）
A63H3/42	・・・眼睛的制造	（三级分组）

部和大类的名称只是概括地指出它们的内容范围，对类名表述的主题一般不作精确的定义。小类类名（结合有关的参照和附注）要尽可能精确地定义该小类所包括的主题范围。主组和分组的类名一般用定义性或修饰性短语，以便精确地表述具体的发明主题或其中的主要特征。

(3) 附注、类内索引、参照和引得码

● 附注。类表中各级类目前面都可能提供有较详细的附注,指明分类范围和方法,解释有关术语,指明分类规则等。

● 类内索引。包括大类索引和小类索引,设在某些大类或小类的附注之后,简要地列出该类所包括的各种技术主题和分类号,以便人们迅速把握整个类的技术范围。

一些小类中还设有导引标题(黑体字),用来引导与同一主题有关的几个连续的主组。

● 参照。此处是指放在某些类目或导引标题后面括号内的分类说明,用来限定分类范围,或表示类目的优先次序。

● 引得码(indexing-code)。是第四版开始引入的一种标识系统,称为"混合系统",就是利用常规的分类方法和标引方法揭示专利文献内容,目的是改善分类表的功能。

专利文献中通常含有两种技术情报:发明情报和附加情报。前者是与发明本身有关的、构成权项基础的技术主题。后者一是指不属于权项范围内、也不属于该发明的一部分的、但对检索者有用的参考情报;二是指已经分类的发明情报的补充情报(如已被作为发明情报加以分类的组合物的主要成分)。IPC 规定对发明情报要进行强制性分类,对附加情报进行非强制性分类,并规定用双斜线号来分隔发明情报类号和附加情报类号。一般类目也可以用来分类附加情报。引得码则是专用来标识附加情报的。有连用引得码和非连用引得码之分。它们的共同标志是将主组号与分组号之间的斜线号改为冒号。

① 连用引得码出现在某些小类中,如 A01N,A61K,C04B,C05B—G,C07D,C08F,C08K,C08L,C10M 等。例如,在 A61K 的附注(4)说明:在 31/00 至 47/00 各组中,依照《指南》第 83 节须在双斜线后加上本身已分类物质之各组分的附加情报引得码。引得码的号码与分类号相同,但以冒号代替斜线。且规定引得码须与相关分类号连用的形式表示,即标在相联系的分类号之后,用括号括起。例如(C08F 210/16, 214:06)(C08F 255/04, 214:06),分别表示乙烯-丙烯共聚物除包括已指明的单体外,还包括氯乙烯,且

氯乙烯已聚合在一种乙烯-丙烯共聚物上。

② 非连用引得码一般以独立小类形式出现，如：B29K，B29L，C10N，C12K 等。它们有自己单独的类表，称为引得类目表。其中的引得码可独立存在，无须指明与哪些分类号相连用。例如，B29K 的类名就是"关于成型材料与小类 B29B、C 或 D 有关的'引得'分类表"。其中的非连用引得码 B29K83：00 表示成型加工中被压制出的材料是一种含硅的聚合物。

● "X"符号。当分类员发现某项专利申请无论从发明种类还是发明整体来看都无法在现行分类表中找到合适的分类位置时，就给出一个较接近的分类号，后加上此符号，表示分类表之不足，并通知 WIPO，供下次修订时参考。

（4）IPC 关键词索引

其原名为 Official Catchword Index to the International Patent Classification，约收录有 7,000 个技术词汇，按字顺排列，单独出版，有英文和法文两种正式文本，内容随 IPC 类表一起更新。索引先按主词（大写）排列。主词下面又列出一些功能性或修饰性短语，限定主词的意义。每个主词和短语后面标明对应的分类号。索引中使用了两种符号："＝＝"和"＋＋"，前者表示重复上一级主词，后者表示与上面的词组相同。

目前用的 IPC 第五版 1990 年 1 月开始生效，供 1990—1994 年间使用，仍设有 8 个部、20 个分部、118 个大类（见 365 页，表 7-5）、620 个小类。与第四版相比，共新设条目约 8,000 个，废除旧条目 3,200 个，修改条目 1,100 个。其中，新设的小类有 3 个：C12S（酵母·微生物应用的处理技术）、F41A（小火器和炮共有的功能和构造）和 G06E（使用光学手段的计算装置，如光计算机）。废除的一个小类是 F41D（并入 F41A）。

三、专利局出版物

各国专利局是出版专利文献的主要机构，专利情报的主要来源。专利局通常以下面 5 种形式出版专利文献：

● 专利说明书。一般以单行本和缩微品形式出版。因各国专利制度有所不同，故出版专利说明书的方式和类型也不尽相同。

● 专利局公报和年度累积本。定期出版，公布或公告与专利申请、审查、授权有关的事项和决定，提供发明说明书的书目数据和文摘（或权项）以及若干种索引，报道有关专利法、专利诉讼、法院判例以及其他有用的消息情报。主要供人们了解新发明的技术内容和专利的法律状态。

● 多年累积索引。不定期，多以缩微品形式出版。它和专利局公报及年度索引一起构成一个完整的检索系统。

● 分类资料。包括本国编制和使用的专利分类表、使用指南、索引，或者是IPC的译本及其他说明性资料。

● 年度报告。提供本年度有关专利申请、颁布和专利权授予等方面的统计数据。

1. 中国专利局出版物

中国专利法1985年4月1日开始实施。它采纳了巴黎公约规定的一些基本原则（如国民待遇、优先权、各国专利独立等），采用先申请原则，早期公开延迟审查制，临时保护制，异议制，复审制和强制实施等一些国际上通行的做法。1992年9月4日通过了专利法修正案，并订于1993年元月1日起施行。该修正案把专利保护范围扩大到药品和用化学方法获得的物质以及食品、饮料和调味品，延长了专利权的期限（发明专利延长至20年，实用新型和外观设计专利10年，并取消续展手续），增加对专利产品进口的保护，对方法专利的保护延及依该方法直接获得的产品，增设本国优先权，将授权前的异议程序改为授权后的撤消程序，并限定宣告专利权无效决定的追溯力。

专利法的实施，促进了我国的科技进步和经济发展以及内外贸易往来，大量发明创造不断涌现。中国专利局自1985年9月10日出版第一份专利说明书和第一期专利公报以来，到1992年年底，受理的专利申请案已达284,518件，已公布的发明专利和实用新型专利累计约有 19 万件。1992 年一年的专利申请量就已达 65,000 件。

(1) 中国专利局公报

中国专利局按发明类型出版 3 种公报:《发明专利公报》、《实用新型专利公报》和《外观设计专利公报》。每年各出一卷。目前,它们均为周刊。

3 种公报的报道内容按固定次序编排。《发明专利公报》中设有发明专利申请公开、发明专利申请审定、发明专利权授予、发明专利事务、申请公开索引、审定公告索引和授权公告索引等栏目。其他两种公报中也分别设有申请公告、专利权授予、专利事务、申请公告索引和授权公告索引等栏目。其中,发明专利申请公开栏、实用新型专利申请公告栏和外观设计专利申请公告栏分别报道当日公开或公告的 3 类发明的摘要和有关事项(如例 7-10),按 IPC 分类号排列(外观设计专利按国际外观设计专利分类表排列)。相应的发明专利申请公开说明书和实用新型专利申请说明书也同日出版。

发明专利申请审定栏报道已审查完毕拟授权的发明的 IPC 号、审定号、申请号、申请日、优先权、申请人、发明人、专利代理人和发明名称,按 IPC 号排列。同时出版相应的审定说明书。

专利权授予栏报道已授权的专利,亦按 IPC 号排列。在规定期限内无异议或异议不成立,授予专利权时,除在专利公报上报道外,若对发明专利申请审定说明书和实用新型专利申请说明书无重大修改,就不再出专利说明书。若经异议,并对原说明书进行重大修改后再授予专利权,将另行出版专利说明书。

专利事务栏报道实质审查请求已生效的和专利局决定实质审查的专利申请,驳回、撤回或视为撤回的专利申请,著录项目变更,视为放弃的专利权,专利权的无效宣告、继承与转让、强制许可或终止,以及有关通知和其他事项。

申请公开索引中又含有 IPC 索引、申请号索引、申请人索引

【例 7-10】 中国《发明专利公报》申请公开部分实例

[51] Int. Cl.⁴ G06K 15/12   [21] 申请号 89103389.0
            G09G 3/02

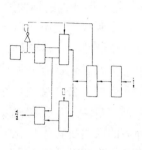

[11] 公开号 CN 1037422A

[22] 申请日 89.5.26
[71] 申请人 北京大学
    地址 北京市海淀区中关村北京大学
[72] 发明人 王选 吕之敏
[74] 专利代理机构 北京大学专利事务所
    代理人 邵可声
[54] 发明名称 分段生成报纸和书刊版面点阵的方法
[57] 摘要

分段生成报纸和书刊版面点阵的方法属于汉字信息处理技术领域。本发明在 CN85100285 和 CN85100275 设备的基础上提出了把一页版面划分成段,每段含固定数目的扫描线数,每次只生成一段并缓冲的方法。当照排机是"走走停停"类时,控制器的存储器只需缓冲一段,而不必缓冲整版点阵;当照排机是"不许停顿"类时,则用分段方法每次生成一段点阵并缓冲,然后用微程序把这一段点阵转换成信息量最少得多的黑白段信息作整版缓冲,扫描时在实时下把黑白段信息复原成点阵。

和公开号/申请号对照表。审定公告索引中含有IPC索引、申请号索引、申请人索引和审定号/申请号对照表。授权公告索引中含有IPC索引、申请号索引和专利权人索引。

(2)《中国专利年度索引》和《分类文摘》

《中国专利年度索引》是3种公报的辅助索引，分2册出版，即分类年度索引和申请人、专利权人索引。前者将本年度3种公报上报道的全部公开、公告和批准的各种专利分别按IPC分类号或外观设计分类号编排。每个款目包括有分类号、公开号或公告号、审定号、申请人、发明名称、公报卷期号等内容。同一分类号下按专利号大小顺序排列。申请人、专利权人年度索引按申请人或专利权人的名称或译名的汉语拼音编排。亦分为发明专利、实用新型专利和外观设计专利3个部分，每部分又分公开、公告和授权部分。索引指示的内容与分类年度索引相同。

中国专利《分类文摘》是中国专利局文献馆在专利公报基础上加工编辑而成的一套检索刊物。1985年开始出版《发明专利分类文摘》，按IPC8个部分为8个分册，报道本年度公开的说明书摘要，按IPC号排序。1989年起增出《实用新型专利分类文摘》。

此外，中国科学院成都文献情报中心1992年编辑出版了一部书本式的《中国专利数据库》，3,200页，累积了1985—1990年底中国全部发明专利和实用新型专利108,000件。中国专利局自动化部定于1993年初发行两种CD-ROM产品：CNPAT/文摘数据库（中文）和CNPAT/ACCESS（英文）。

(3)中国专利文献的编号制度

为便于管理和使用，对同一专利申请，自申请到授权均采用同一个编号，并在该号码前冠以不同的汉语拼音字母，表示审查程序的不同阶段。例如，发明专利申请：GK（公开号）、SD（审定号）、ZL（专利号）；实用新型和外观设计专利申请：GG（公告号）、ZL（专利号）。

三种专利申请的编号均用8位数字，其中前两位为申请年份，第3位为专利类型，1为发明专利，2为实用新型，3为外观设计专利。最后5位为流水号。

专利号后面缀有大写字母，A：发明专利申请公开说明书；B：发明专利申请审定说明书；C：发明专利申请专利说明书；U：实用新型专利的申请说明书或公告说明书；Y：实用新型专利申请的专利说明书；S：外观设计专利申请公告。

1989年元月1日起，编号制度有下列变化：

● 申请号中的年份、专利类型代号和流水号紧排在一起，中间不空格。末尾加小数点和一位数字供计算机校验。

● 公开号和公告号前的拼音字母（国别代号除外）一律取消，只用后缀字母表示专利申请所处的审查阶段；年份也去掉；流水号改为6位数字。例如，公开号：CN1032616A。

● 发明专利申请审定公告和实用新型专利申请公告并经异议后，因较原申请文件变动较大而需出版批准说明书（即专利说明书）的，其编号分别延用原审定号并标注字母C，或延用原公告号，并标注字母Y。

2. 美国专利局公报

美国1790年颁布第一部专利法，正式建立专利制度。美国专利制度的主要特点是：实行先发明原则和即时审查制。申请人递交专利申请后，美国专利与商标局（简称美国专利局）按申请顺序给予申请号，经过分类送交主管审查员进行现有技术调查，然后自动转入实质审查。审查结束后，具备专利条件的，即通知授予专利权，否则发出拒绝通知，申请人可提出审判要求。从通知授权之日起，三个月内一次付清专利费用，然后在专利局公报上加以公告，随之发行专利说明书。专利权的有效期限为20年。

此外，美国还实行抵触审查、再公告专利、植物专利、秘密专利、防卫性公告和试验性公开（类似早期公开）等特殊制度。

(1)《美国专利局公报》

《美国专利局公报》(Official Gazette)分专利和商标2个分

册。专利分册每周二出版，内容包括三大部分：专利局通告、批准的专利、索引。通告栏发表有关 PCT 的消息，专利分类表变动情况，专利权的放弃和献出，专利许可证出售，专利图书馆一览表，专利诉讼及其他有关事项。批准的专利部分按再公告专利、植物专利、发明专利、外观设计专利的顺序分别摘要公告一周来批准的各种专利（1,500—1,600 件）的主要权项和较详细的著录事项（见例 7-11）及附图。其中发明专利是主要部分，分为一般与机械、化学、电学等三大门类报道，按专利号顺序排列。

索引部分包括有 4 种期索引，即专利权人索引（Index of Patentees）、再公告专利、外观设计专利和植物专利的专利权人索引，专利分类索引和发明人地区索引。两种专利权人索引均按发明人和受让人名称字顺排列。在发明人条目下给出受让人名称、发明题目、专利号和美国专利分类号。在受让人条目下，用"see"引出发明人姓名、专利号和分类号。专利分类索引（Classification of Patents）按美国专利分类表排列，多栏排印，系统列出大类号（CLASS ××）、小类号（居左）和专利号，内容简略。发明人地区索引按发明人居住的地区排列。

(2) 美国专利年度索引和累积索引

美国专利年度索引（Index of Patents）出版较迟缓。1966 年起分两册出版，Part Ⅰ 为专利权人索引（List of Patentees），排列方法和内容与期索引相同。Part Ⅱ 为分类索引（Index to Subject of Inventions），又分两部分。前一部分称"主分类索引"（Original Classification），把本年度批准的专利按其主分类号排列，给出各自的专利号、类目名称和发明题目。后一部分称"副分类索引"（Cross-Reference Classification），按专利说明书上标注的副分类号排列，供人们按发明的用途或次要特征检索专利。另外，日本特许情报机构（JAPIO）编制的美国专利年度索引（COM 胶卷版）也值得加以利用。以 1988 年版美国专利年度索引为例，它包括有受让人与发明人索引、美国专利分类索引和国际专利分类索引。

【例 7-11】 美国专利局公报摘要实例

4,295,857
PROCESS FOR THE CRYSTALLINE PRECIPITATION OF CHROMOGENS
Peter Schuler, Am Knie 7, 8000 München 60, BRD, and Erwin Braun, Unteranger 1, 8132 Tutzing, BRD, both of Fed. Rep. of Germany
Filed Apr. 3, 1980, Ser. No. 136,911
Claims priority, application Fed. Rep. of Germany, Apr. 6, 1979, 2913889
Int. Cl.³ B01D 9/02; G01N 33/15
U.S. Cl. 23—301   19 Claims

1. A process for crystalline precipitation of a chromogen from solution thereof in a solvent and within a capillary, comprising the steps of initiating a course of crystalline precipitaton of the chromogen by initially and locally supersaturating the solution within the capillary, and thereafter evaporating the solvent at a rate and in an environment sufficient for further crystallization to proceed unimpeded by local supersaturation.

4,295,858
PROCESS FOR REMOVING SULFUR FROM COAL
Jui-Yuan Sun, South Holland; Emmett H. Burk, Jr., Glenwood; Jin S. Yoo, Flossmoor, all of Ill., and George P. Masologites, Columbus, N.C., assignors to Atlantic Richfield Company, Philadelphia, Pa.
Continuation-in-part of Ser. No. 944,452, Sep. 21, 1978, Pat. No. 4,249,910. This application Mar. 3, 1980, Ser. No. 126,248
Int. Cl.³ C10L 9/02
U.S. Cl. 44—1 SR   19 Claims

1. A process for reducing the sulfur and ash content of coal comprising the steps of:
(1) contacting coal particles containing ash and iron pyrite mineral matter with a promoting amount of at least one conditioning agent, said conditioning agent having a ferrous component maintained at a pH of from about 5.5 to 11.0 and being capable of modifying or altering the existing surface characteristics of the pyrite under conditions to effectuate alteration of modification of at least a portion of the contained pyritic sulfur;
(2) agglomerating the coal particles while said pyrite surfaces are altered or modified in an aqueous medium with hydrocarbon oil to form coal-hydrocarbon oil agglomerates;
(3) separating said coal-hydrocarbon oil agglomerates from pyrite mineral matter and ash to recover coal-hydrocar-

美国专利累积索引(U. S. Patent Classification)是一种大型索引,收录有从美国第一件专利到该索引出版年份为止的全部专利和防卫性公告，用 16mm 缩微胶卷形式出版。整个索引分为两部分。第一部分是专利号索引(Numeric Listing)，每个专利号下面给出该专利的主、副分类号。第二部分是小类索引(Subclass Listing)，把全部专利统一按最新分类表排列，解决了检索不同年代的专利要变换分类号的难题。

(3) 美国专利分类表

美国现在使用的专利分类表创建于 1872 年，当时设有 145 个大类。它采用功能分类原则，但在细分时可按用途或其他因素来划分。化合物主要按其结构分类，其次才考虑功能、效应或用途。经过一个多世纪的不断扩充和修改，目前它已成为一部规模最大的专利分类表。据 1988 年版统计，它共设有大类 380 多个，小类约 108,000 个。

整部分类表由 3 种出版物构成，即分类手册、分类定义和分类表索引。

● 分类手册（Manual of Classification）中主要有大类类表和大类展开表（详表）。分类号采用顺序制数字类号。类目等级靠排印位置和错位圆点数表示。虽然类目的顺序基本上按号码从小到大排列，但也有将大号码插在小号码中间的。有的小类号带有小数点或后缀字母。这些不规则的类号都是后来扩充类目时插入的。类名一般采用定义性文字。下位类的涵义要靠上位类类名来补足说明。例如

```
99 食品与饮料加工设备          (大类)
 ...  ......
324 烹煮                     (一级小类)
325 ·自动控制                (二级小类)
326 ··热度和材料             (三级小类)
327 ···利用时间              (四级小类)
328 ····与热反应方法          (五级小类)
```

● 分类定义（Classification Definition）也是一部手册，共 20 卷，对各个类进行详细定义，限定各类的内容范围。每个类定

义后面有两种注释。一种解释有关术语的涵义,并用实例具体解释定义。另一种是检索注释,指出需参见的类,说明它们与本类定义的关系和差别。

● 分类表索引（Index to Classification）系不定期出版物,每隔数年修订出版一次,按所收技术词汇字顺排列,给出相关的类号。它不仅收录分类表中出现过的术语,还包含有一般技术词汇、商品名、商标、同义词、缩写词等。索引中,冠于某些类号之前的"Deg"和"PLT",分别表示设计专利和植物专利。还有几种出现在分类号之后的符号,其中,"+"表示该词的索及范围应包括该小类及其全部下位类,在此范围内挑选最合适的类；字母A—Z,表示该小类为非正式小类；"DIG"表示别类,即与本大类中任一小类无关的小类；"*"表示类目的组配。

美国专利分类表以活页形式出版,便于修订和更换。专利局在每年的1、4、7、10月对分类表进行修订,并将修订结果以替换页（replacement pages）形式印发给订户,供撤旧换新。同时,专利局的馆藏和检索文档中的有关部分也必须按新类表重新分类。此外,美国专利局还出版有《美国专利分类与IPC对照表》,提供两种分类表的近似对应关系。

3. 日本的专利文献

日本称发明专利为特许,称实用新型专利为实用新案,称外观设计专利为意匠。日本的专利制度正式建立于1885年,后来经过多次重大修改。例如,1950年导入异议申诉制。1971年开始实行早期公开,延迟审查制和前置审查制。1976年开始实行物质专利制度和多项申请制（一项发明可进行多项申请）,以及1988年开始施行的有关续展的规定。

日本的专利文献出版渠道多样,除日本特许厅以外,一些民间机构（如日本特许情报机构、发明协会、技报堂）也出版各种专利文献。

(1) 日本特许厅出版物

日本特许厅只负责颁布出版原始专利文献。它编辑出版有许多种专利出版物，其中较重要的有以下6种。

●《公开特许公报》和《公开实用新案公报》。1971年创刊，是实行新专利法后用来刊载早期公开的申请说明书原文的刊物，各分为7个产业部门26个区分分册出版。每册汇编有说明书100件。每年共计报道20多万件公开专利。

●《特许公报》和《实用新案公报》。1950年创刊，公告经实质审查合格暂未批准的发明专利和实用新型专利申请案，刊登说明书全文，亦分7个产业部门26个分册出版。每册分别汇集有40件公告特许和80件公告实用新案说明书。内容可靠，发明质量较高。每年报道5万多件公告专利。

●《意匠公报》。公告近期登记的外观设计专利申请案，发表相应的设计图，分别按登记号和分类号顺序排列。

●《公表特许公报》和《公表实用新案公报》。公布外国人向PCT提出的、指定国含日本的国际专利申请案，发表相应的国际申请说明书（公表说明书）的日文译文，还附有国际检索报告。

●《审决公报》。公布审判结果，分"特许·实用"分册和"意匠·商标"分册。

●《特许厅公报》。报道特许行政事务、批准专利目录及其他有关信息，包括有《特许厅年报》、《公知·惯用技术集》、《特许目录》、《实用新案目录》、《审查请求目录》、《申请撤消目录》、《参考审判判决集》、《公示号》、《工业产权关系统计表》、《公表特许公报索引》、《公表实用新案公报索引》和《再公表公报索引》以及《专利号与公告号》、《申请号与公开号》和《公开号与公告号》3个对照表。

(2) 日本专利文摘和索引

日本专利的文摘和索引工作主要由日本特许情报机构（JAPIO）、发明协会和技报堂出版社等民间机构负责。下面，介绍它们出版的主要文摘索引出版物。

●《公开特许出愿抄录》(公开专利文摘)。是《公开特许公报》的文摘版,分7个产业部门26个分册,JAPIO编辑出版,有日文版和英文版,有纸印本和胶卷版。每100件公开专利文摘为一册。摘录说明书的标头部分、发明题目、发明目的、发明构成和主要附图或结构式。文摘部分前面是文摘分类目录,以表格形式依次列出公开号、分类号、申请号、发明题目、申请人国别和名称,按分类号排列。

●《公表·再公表特许出愿抄录》。是《公表特许公报》和《再公表特许公报》的文摘版,JAPIO编辑出版,每20件为一册,摘录外国人向PCT提出的、指定国含日本的国际专利申请和日本人向PCT提出的国际申请说明书。

●《特许·新案集报》。是与《特许公报》和《实用新案公报》相对应的文摘刊物,日本技报堂出版,旬刊,以摘要方式报道上述两种《公报》中的说明书,侧重摘录其权项部分。全部文摘按分类编排,根据IPC将文摘归并为23类。分类目次后面是特许公告目次和实用新案公告目次,分别以表格方式列出公告号、分类号、申请号、发明题目、申请人国别和名称。公告号前标有[公]的,是防止公害方面的专利,标[前]的是申请时即提出审查请求的,标[审]的是经过审判程序的专利,标[际]的是PCT专利,标星号的表示申请人欲转让专利权或出售使用权。

●日本专利年度索引(年间索引)。JAPIO编辑出版,将特许厅本年度公告或公开过的全部专利分别按专利类型编成按IPC号或出愿人(申请人)排列的索引,每年3—4月间发行,共四类8种:《公告特许分类索引》、《公告特许出愿人索引》、《公告实用新案分类索引》、《公告实用新案出愿人索引》、《公开特许分类索引》、《公开特许出愿人索引》、《公开实用新案分类索引》和《公开实用新案出愿人索引》。它们都用表格方式列出专利分类号、公告号或公开号、主分类号(笔头分类)、发明颗目、申请号和缩微胶卷检索号(コマ番号)。

此外，供检索日本早期专利文献的工具还有：技报堂的《特许分类总目录》和《实用新案分类总目录》，收录1885—1956年的日本专利。发明协会的《特许出愿公告细分类别总目录》、《实用新案出愿公告细分类别总目录》、《特许出愿处分检索表》和《实用新案出愿处分检索表》，以及日本科技情报中心的《日本特许出愿人总索引》。

4. 国际组织和其他国家的专利局出版物

(1) 世界知识产权组织国际局的《PCT公报》

PCT于1978年1月24日正式生效，同年6月1日开始受理国际专利申请，其各项业务由WIPO国际局负责，参加国已达42个，指定欧洲专利局和美、日、苏、澳、奥及瑞典六国专利局为国际检索单位和初审单位，英国专利局亦是初审单位。申请人提出国际申请后，国际局将申请案交国际检索单位进行新颖性调查和预审，并在18个月内公开申请案，然后向各指定国专利局提交申请文件译文。指定国专利局根据本国专利法对申请再行审查（或不审查），对符合条件的申请案加以公告和授权。这样就产生了"国际专利说明书"，即PCT专利。

《PCT公报》(The PCT Gazette)就是用来报道国际申请案摘要、公告和有关事务及消息的刊物，1978年创刊，半月刊。每期附有四种索引：申请号与公告号对照表、指定国索引、申请人索引和IPC索引。年度索引是The PCT Gazette-Index。

(2) 欧洲专利局出版物

欧洲专利局(European Patent Office)，1977年成立，成员国有英、法、德、荷、比、奥、意、瑞士、瑞典、卢森堡和列支敦士登等11国。1978年6月1日受理了第一件欧洲专利申请案。它除了出版欧洲专利申请说明书(European Patent Application，即公开专利说明书)外，还出版《欧洲专利公报》European Patent Bulletin，周刊，报道申请专利目录和批准专利目录》)、《欧洲专利分类文摘》(EPO Classified Abstracts，21个分册)和《欧洲专利局公报》(Official Journal of the EPO，报道有关专利制度、组织机构、活动、各种协定和会议等情况)。

(3) 其他国家的专利局出版物

英国专利局出版有《专利公报》[Official Journal (Patent)]、《专利说明书摘要》(Abridgements of Patent Specification，25个分册)、《申请人名称索引》(Index to Names of Applicants，每2.5万件出一次)和《英国专利说明书摘要分类索引》(3个分册)。

法国工业产权局出版有《工业产权公报》(Bulletin Official de la Propriété Industrielle，简称 BOPI，5个分册)和年度索引。

德国专利局出版有《专利公报》(Patentblatt)、《公开说明书摘要》(Auszüge aus den offenlegungsschriften，3个分册)、《批准专利说明书摘要》(Auszüge aus den Patentschriften)和《季度申请人名称索引》(Vierteljährliches Namensverzeichnis，专利公报的副刊)等。

四、德温特专利检索工具

英国德温特出版公司(Derwent Publications Ltd.)是专门从事专利文献搜集、摘录、标引、报道、检索和原文提供等服务的私营公司。1957年从编印药物专利文摘起家。1970年报道范围扩大到全部化工专利，建立了《中心专利索引》系列(Central Patents Index，简称 CPI)。1974年又扩大到许多国家的全部工业专利，创立了《世界专利索引》系列(World Patents Index Gazette，简称 WPIG)。1975年和1980年又先后增设了《世界专利文摘》(World Patent Abstracts Journals，简称 WPA)和《电气专利索引》(Electrical Patents Index，简称 EPI)。还提供各种专利文摘卡片、计算机检索磁带、缩微胶卷和平片。它的专利数据库也早已进入一些大型国际联机检索系统(如 DIALOG，ORBIT，Questel 等)。

1. 收录范围和出版物种类

德温特专利检索工具收录 29 个国家和 2 个国际组织的专利文献以及 2 种技术杂志上发表的技术发明。这些来源国家和组织的名称和代号如下表。

澳大利亚(AL)	奥地利(AT)	比利时(BE)
巴西(BR)	加拿大(CA)	捷克(CS)
丹麦(DK)	芬兰(FI)	法国(FR)
东德(DD)	西德(DE)	匈牙利(HL)
意大利(IT)	以色列(IL)	日本(JP)
卢森堡(LL)	荷兰(NL)	挪威(NO)
葡萄牙(PT)	罗马尼亚(RO)	南非(ZA)
前苏联(SL)	西班牙(ES)	瑞典(SE)
瑞士(CH)	英国(GB)	美国(US)
中国(CN)	南朝鲜(KR)	
欧洲专利局(EP)	专利合作条约组织(WO)	
英国《研究公开》(Research Disclosure)		
美国《国际技术公开》International Technology Disclosure		

1957—1987 年间，德温特出版物逐步发展到四大系列，共计 60 余种。1988 年起，对这些系列进行了调整和重新命名，形成了以下 6 个系列。

(1)《世界专利索引》(WPI Gazette Service)

它主要由《世界专利索引公报周刊》(WPI Gazette Weekly) 和《入藏号索引季刊》(Accession Number Index Quarterly) 及《专利号索引季刊》(Patent Number Index (Quarterly))。

(2)《一般与机械专利索引》(General & Mechanical Patents Index)

它的前身是《世界专利文摘》(分类版)，1988 年改为现名，简称 GMPI，包括有《GMPI 文摘周报》(GMPI Alerting Abstracts Bulletins，设 4 个分册)和《速报文摘胶卷：一般与机械部分》(Alerting Abstracts Microfilm：General & Mechanical Sections)。

(3)《化学专利索引》(Chemical Patents Index)

它的前身是《中心专利索引》,1986年改为现名。该系列1988年后名称变化较大。原来的"Alerting Bulletin"全部改称"Alerting Abstracts Bulletin","Basic Abstracts"改称"Documentation Abstracts","Sectional Basic Patentee Indexes as COM Fiche"改称"Patentee Index Microfiche","RIN Service"改称"RIN Structure Retrieval"。目前,该系列总共有十多个品种、数十个分册,其中较重要的有:

● 《CPI文摘周报》(CPI Alerting Abstracts Bulletins)。有分国排序本和分类排序本两种,各12个分册,提供短文摘,又称CPI速报版。

● 《文献工作文摘杂志》(Documentation Abstracts Journals)。共12个分册,周报,收录全部"基本专利",摘录十分详细且经过编码(即提供手检代码、原子团代码和聚合物代码),比速报版晚一周,原称《基本专利文摘》。它另外还有综合性的胶卷版和胶片版。

(4)《电气专利索引》

1988年调整时,"EPI Bulletins"改称为"EPI Alerting Abstracts Bulletins"(EPI文摘周报),有分国排序本和分类排序本两种,各6个分册。它还有胶片版,命名为COM Index Microfiche Sections S-X Electrical(1979—1988)。另外,德温特还为电气技术方面的50个分支领域出版了50种文摘小分册本(EPI Profile Booklets)。

(5)分国文摘系列

德温特为10个国家和国际组织的专利文献分别编制14种22个分册的分国文摘。1988年起,分国文摘期刊名称中的括号都去掉了,并把"Gazette"和"Report"都改为"Abstracts",把"Soviet Inventions Illustrated"改为"Soviet Patents Abstracts"。改名后的分国文摘如下表所列。

《比利时专利文摘》	(Belgian Patents Abstracts)
《英国专利文摘》	(British Patents Abstracts Unexamined Plus Granted)
《英国专利文摘》	(British Patents Abstracts Numerical Order, Complete)
《欧洲专利文摘》	(European Patents Abstracts Unexamined Plus Granted)
《欧洲专利文摘》	(European Patents Abstracts Numerical Order, Complete)
《法国专利文摘》	(French Patents Abstracts)
《德国公开专利文摘》	(German Patents Abstracts Unexamined, 3册)
《德国公告专利文摘》	(German Patents Abstracts Examined, 3册)
《日本公开专利文摘》	(Japanese Patents Abstracts Unexamined)
《日本公告专利文摘》	(Japanese Patents Abstracts Examined)
《荷兰专利文摘》	(Netherlands Patents Abstracts)
《PCT专利文摘》	(PCT Patents Abstracts)
《苏联专利文摘》	(Soviet Patents Abstracts, 3册)
《美国专利文摘》	(United States Patents Abstracts, 3册)

(6) 综合系列

它主要指内容覆盖全部技术领域的《速报文摘胶卷（片）全系列 P—X》(Alerting Abstracts Microfilm (或 Microfiche) Complete Series P—X) 和为各系列服务的索引，如《优先权索引周刊》(Priority Index Weekly) 和《优先权索引》(Priority Index)、《主-副入藏号索引月刊》(Primary-Secondary Accession Number Index Monthly) 和《入藏号索引季刊》(Accession Number Index Quarterly) 以及《专利号索引季刊》(Patent Number Index (Quarterly))。

2.《世界专利索引公报周刊》

《世界专利索引公报周刊》(WPI Gazettes Weekly) 以题录和索引形式报道 29 个国家和 2 个国际组织的专利文献，又简称《题录周报》。其报道速度比文摘周报快一周，著录内容较详细。整套周报的报道范围面向全部技术领域，按照德温特的主题分类表 (The Derwent Classification) 的四大技术门类（P、Q、R、Ch）分为 4 个分册。各分册的报道范围区分如下：

●P分册。一般技术（Section P：General）——农业、食品、烟草、个人及家用物品、保健、娱乐、体育用品、分离与混合、成型、压制、印刷、光学与摄影。即包括IPC的整个A部（A01N，A21—23和A61K除外）和B部中的B—B44(B01和B29除外)。

●Q分册。机械（Section Q：Mechanical）——运输、包装、贮存、建筑、采矿、发动机和泵、工程部件、照明、加热、武器、爆破。即包括IPC的整E部和F部以及B60—B68大类。

●R分册。电气（Section R：Electrical）——计量与测试、钟表、计算机、控制与调节、信息记录与显示、基本电气元器件、电力、通讯。即包括IPC的整个G部（G21除外）和H部。

●Ch分册。化学（Section Ch：Chemical）——聚合物、药物、农药与化肥、食品、去污剂、一般化学品、纺织、造纸、印刷、涂复、照相化学、石油、燃料、化学工程、核能、爆炸物、防护、无机材料、冶金。即包括IPC中的整个C部和D部以及A01N，A21—23，A61K，B01，B29和G21等类。

《题录周报》每个分册由以下4种索引组成。

(1) 专利权人索引（Patentee Index）

这是按专利申请人编排的一种自足性专利文献索引，著录内容最详细（见例7-12），在周报中起主索引的作用。

专利权人索引主要按专利权人代码排序。同一专利权人下面，基本专利排在前，相同专利排在后，它们之中又分别按优先权日期的先后顺序，然后按专利号大小顺序排列。对共同专利权人（最多著录3个），在记录末尾用参照（see）指出其代码。有些相同专利款目的IPC号前标有＋号的，表示该分类号在这一专利族中首次出现。德温特分类号前标有＋号的，表示该分类号是根据此件或更早的专利增加的。近年又将专利权人名称、德温特类号和专利号提前并排在专利权人代码之后。

(2) 国际专利分类索引（IPC Index）

【例 7-12】 专利权人索引款目实例

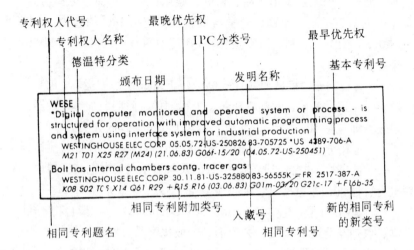

这是按专利说明书中提供的 IPC 号编排的一种专利文献索引。为了醒目和集中相关文献，编制者把一些内容相近的小类加以合并，用德温特分类表中与该组合类相对应的类名和类号加以描述和指引。索引款目实例见例 7-13。

（3）入藏号索引

当一件发明专利在一个"主要"国家首先公开，德温特就把它定为基本专利，给予一个独特的入藏号（Accession Number）。若它首先在一个"次要"国家公开，则先定为临时基本专利，不给入藏号。一旦该专利族中有一件专利在某个"主要"国家公开，德温特则把这件相同专利定为基本专利，并给予入藏号。如果大约一年后还没有"主要"国家公布的相同专利，就给该临时基本专利标一个入藏号，并做文摘。1983 年起，所谓临时基本专利的提法被废除。如果一项专利申请首先在某个国家公开，不管它是"主要"国家还是"次要"国家，德温特都把该项申请定为基本专利，并标注入藏号。

【例7-13】 国际专利分类索引款目实例

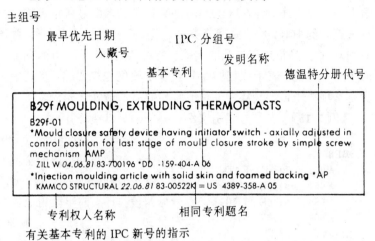

这里所说的"主要"国家和"次要"国家的概念，是德温特公司根据各国的专利制度发达程度、专利文献的数量和质量及语言等因素来区分的。在上述29个国家和国际组织中，澳、比、中、德、加、法、英、荷、苏、美、日、南非、瑞士和瑞典以及PCT、EPT和两个研究公开杂志均被称为"主要"国家，其余国家被称为"次要"国家。德温特对这两类国家的专利文献采取了不同的处理方式。对"主要"国家的基本专利均用详细文摘加以报道。它们的相同专利中一些较重要的，也常常提供详细文摘。对"次要"国家的专利文献则一律以题录方式报道。

由于德温特只给所谓的基本专利编入藏号，对相同专利不编入藏号，而是沿用同一专利族中的基本专利的入藏号。这样，入藏号就成为联系同一专利族中各

【例7-14】 入藏号索引实例

G3799-Y	R4
DE 2700956	Y31
DR 7700378	Y41
FR 2339240	Y44
ZA 7607502	Y50
US 4090097	BA27
CA 1061393	B37
GB 1570395	C27+
SU 698559	C28
RO 72634	E05

件专利的纽带。通过它可对照检索出同族专利。这也就是入藏号索引的主要用途。例 7-14 为 G3799Y 这一个入藏号所指示的一个专利族。例中 R4 是德温特分类号，下面第一行是基本专利（西德专利），Y31 是报道该专利的文摘刊物的年份和期号。有的期号后面带有＋号的，表示该相同专利含有多项优先权要求，且其中至少有一项早于该专利族中 9 件专利所共有的最晚优先权。

【例 7-15】 专利号索引实例　　（4）专利号索引

```
        BE
BE889
 ★643   08081E   RADC
 ★654   B0112E   INTI
 ★686   B9116E   PHIG
 ★687   B0117E   MAST-
BE890
 ★371   B0120E   NATC
 =402   F7407D   INTT
```

专利号索引（Patent Number Index）把当期报道的全部专利文献按专利号排列。每个专利号分两段排印，前半段用黑体提行排印，后半段另起一行排印，而将表示专利类型的星号（基本专利）、等号（相同专利）或＃号（非法定相同专利）嵌在两段号码中间。专利号后面依次给出入藏号和专利权人代码，以便用户据此查阅入藏号索引和专利权人索引，获得同族专利和同一申请人的其他有关专利。其格式见例 7-15。

3. 其他系列的检索工具

CPI、EPI 和 GMPI 这三大系列的文摘刊物（分类排序本）的文摘部分都按德温特分类表编排，并附有专利权人索引和入藏号索引。EPI 和 CPI 还设有检索代码索引（Manual Code Index）。

下面主要介绍优先权索引和专利权人代码手册。

（1）优先权索引（Priority Index）

它创刊于 1974 年，原名为优先权对照表（WPI-Priority Concordance），内容包括了《题录周报》所报道的全部技术领域，不分分册，有周刊本和累积本（平片）两种，主要是为检索《题录周报》服务的。

根据巴黎公约规定的原则，当申请人要求享有优先权时，必须在申请案中提出优先权声明（Priority claim），一般包括3项内容：申请人第一次提出申请的国别、申请日期和申请号。它们是鉴别同族专利的最可靠依据。优先权索引就是供人们按照专利申请中的优先权声明来检索同族专利的一种工具。它按照国别、申请年和申请号的顺序编排。如果一项发明在发展过程中提出过一次以上的申请，则注明较早的申请案（E）和较晚的申请案（L）。然后，在每一优先权声明下面列出全部同族专利以及《题录周报》期号，末尾还给出德温特的入藏号和大类号。其形式见例7-16。

【例7-16】 优先权索引实例

US-79	US-79	US-80
062-015 30.07	063-016 02.08	124-510 25.02
EP 23435 D07	L US-80 124-510	E US-79 063-016
US4249747 D09	US4221643 C39	US4250004 D09+
B2737D RVW	BE 884606 C50	15426D EJMX
	NL3004057 D08	
	DE3029364 D09	
	69419C EJMX	

此索引给人们提供了从优先项查找同族专利的有效途径。它还能在有多项优先权情况下指明相关优先权、部分接续申请及其相同专利。另外，国外著者在引用专利文献时，有时只提到国别和申请号。优先权索引也为通过申请号追溯专利文献提供了便利。

（2）专利权人代码手册

德温特的专利权人索引一律使用由4个大写英文字母组成的专利权人代码（又称公司代码）为标目。为便于用户查询一些公司的代码和了解其编码方法，该公司出版有《公司代码手册》（Company Code Manual）。该手册分两大部分。

●Part 1是"专利权人序列"部分，又包括下列几个小部分：

① 标准专利权人代码表（Listing of Standard Patentees/Codes），约列出15,000个重要大公司的代码，按公司名称排序。

② 非标准专利权人编码规则（Rules for Coding Non-Standard Patentees），对一些较小的公司或个人，手册只提供编码规则。一般取其名称主要部分的首字母组成。名称中的冠词、介词和连词不考虑。例如

    M and H Plastics Ind ⟶ MHPI-
    Les Oxydes Francais ⟶ OXYD-

个人一般取其姓氏的前4个字母。不足4个字母时，再取名字的首字母补足。例如

    Murphy, G. B. ⟶ MURP/
    Rep JR ⟶ REPJ/

此外，这部分还包括有"专利权人名称缩写表"、"苏联专利权人名称英译名"和"日本专利权人英译名/音译名"。

 ●Part 2是"代码序列"部分，按代码字顺排列，给出相应的专利权人名称。

4. 德温特专利文献检索工具的特点和用途

从上面的介绍可以看出，德温特的专利文献检索工具具有以下几方面的优势：收录范围广，几乎包括了所有专利制度较发达的国家；报道量大，每年约报道70万件专利；报道语言通用性好，统一用英语报道世界各国的专利文献；报道速度快，题录周报的时差约4—5周，文摘周报的时差也只有5—8周；文献加工和标引的质量较高，对一些比较笼统的发明题目都根据发明内容进行了改写，文摘质量较高，并提供有德温特分类号、原子团代码、聚合物代码、环结构检索等检索代码；对基本专利和相同专利加以区别处理和区分，便于识别和进行同族专利检索；辅助索引种类较多，便于进行多途径检索；题录周报采用IPC分类体系编索引，便利了世界各国用户；整套检索工具实现了多系列、多品种和多媒体化，体系较完备，报道充分，可满足各种用户的需求。

  其不足之处主要表现为：创刊时间较短，不能用来检索早年的专利；所有文摘都按德温特自己的分类体系编排，不提供IPC号检索，查用不太方便；部分文摘写得令人费解；专利权人索引用

代码作标目和检索点,直接性差,不易理解和选择,尤其是对不甚有名或专利较少的公司和个人,查检起来更为困难;累积索引一般都用缩微品形式提供,使用不太方便。

总之,这套检索工具集中报道了世界上每年出版的70%左右的专利文献,为我们普查多国专利文献,了解世界范围的新发明和技术进展,掌握国际工业产权信息和技术市场动态,提供了很有效的工具。

五、专利情报的其他来源

除了各国专利局出版物和德温特出版物以外,还有许多渠道可以提供各种专利情报。下面简单介绍其中几种较重要的渠道。

1. 国际专利文献中心

国际专利文献中心(International Patent Documentation Center,INPADOC)是一个世界性的专利文献服务机构,1973年成立于维也纳。其宗旨是收集世界范围的专利文献,建立自己的文献库,为PCT成员国专利局提供帮助,并支持发展中国家筹建自己的专利局。基本任务是利用计算机处理世界各国出版的专利文献,向各国用户提供专利情报服务。

目前,它已收集有53个国家和地区以及3个国际组织的专利文献数据,约1,300多万条记录。依靠这一丰富的文献资源,向各国用户提供COM平片服务、磁带服务、单项服务、说明书拷贝服务和联机检索服务。其中,单项服务又分为以下几种:

● 专利分类数据服务。即根据用户要求,利用计算机从数据库中提取特定技术领域的专利文献数据,按IPC号编排并制成COM平片,供应用户。

● 专利申请人数据服务。提供特定申请人的全部专利数据。

● 专利发明人数据服务。方式同上。

● 同族专利数据服务。提供基于同一优先权声明的全部专利数据,按优先申请国别、日期和申请号顺序排列。

● 专利注册数据服务。提供有关专利申请、审查和批准等法律状态数据。

2. 专利数据库

据 1988 年统计，世界上可供公众查阅的联机专利数据库约有 40 多个。它们分为以下不同类型：

● 书目数据库。占多数，较重要的有：WPI，INPADOC，EDOC（法），PATSEARCH（美、PCT），CLAIMS（美），EPAT（欧洲），US PATENTS，PATDPA（德），CHINAPATS，JAPIO。

● 法律状态数据库。提供每项专利申请的法律状态信息。较重要的有 INPADOC/Family and Legal Status Database，EPRV（欧洲），Rolle（德），EPAT（法），CLAIMS/RXX（美）。

● 专利法规数据库。存贮与专利事务有关的法律文本、判例和判决，如：LEXIS，WESTLAW，LITALERT（美国专利和商标诉讼数据库）。

● 辅助性数据库。提供各种检索辅助信息，如 IPC 的联机版、美国专利分类表机读版 USCLASS 等。

另外，还有大约 80 个普通文献数据库中也收录一定数量的专利文献（参看下列检索刊物）。

3. 普通文摘索引刊物

据不完全统计，收录有专利文献的国外检索刊物不下百种，分布于各个科技领域。其中，较重要的综合性检索刊物有：前苏联的《文摘杂志》、法国《文摘通报》、日本《科技文献速报》和印度的《印度科学文摘》等。较重要的专业性检索刊物有：美国出版的《化学文摘》、《化学工业札记》、《固体文摘》、《天然气文摘》、《石油提炼专利文摘》、《世界铝文摘》、《印刷技术文摘》、《计算机与信息系统文摘》、《水资源文摘》、《污染文摘》；英国出版的《分析文摘》、《微生物学文摘》、《计算机文摘》、《食品科技文摘》、《世界纺织文摘》、《塑料文摘》、《包装文摘》等；法国出版的《法国煤炭研究中心技术通报》、《法国冶金文献中心文献通报》、《玻璃与耐火材料》等；德国出版的《工艺程序技术文摘》、《铜文摘》、《铽文摘》等。

我国出版的一些检索刊物也报道国外专利文献。

另外，散见于报刊、产品样本和商品中的专利情报，数量也不少，值得重视和加以利用。例如，有些报刊中开辟有介绍评述新发明新专利的栏目，有些商品和产品样本上有时标注有专利号。可以根据这些线索去追溯有关的专利，获取更多的专利情报。

六、专利文献检索的基本方法和步骤

专利文献检索是一项较复杂的工作，涉及到的各种知识和技巧较多。除上面已介绍过的以外，下面着重谈谈如何利用现有的检索工具和设施去查找专利文献。

1. 检索前的准备工作

检索开始之前，最好先熟悉一下世界各国的专利制度，包括各国专利法规定的保护范围，专利申请和审批的程序，专利文献出版方式，专利权的范围和有效期限，以及其他特殊规定。以便正确地判断检索课题是否属于专利技术的范围，所查专利文献的质量和内容可靠性。

其次要了解专利情报的各种可能来源，先从总体上把握专利情报源的总体构成和相互关系，进而了解各种情报源的内容范围、结构体例、用途和用法、可获得性、使用便利性和费用成本。以便根据客观环境和自身条件，正确地选择情报源。专利情报源的总体构成如图 7-1 所示。

然后，在深入分析课题内容、要求和已知条件的基础上，根据所选定的情报源，选择合适的检索途径。检索专利文献时最常用的途径有发明分类、申请人或专利权人、专利文件识别号。至于主题词、关键词和发明人等途径，在传统的专利文献检索工具中一般不采用，只是在普通科技文摘和联机数据库中常被采用。

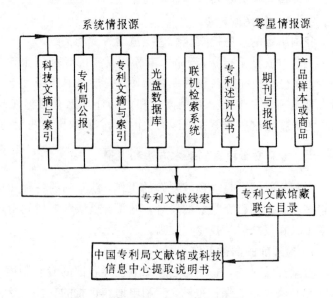

图 7-1　专利情报源总体构成示意图

2. 按发明分类检索

发明分类(专利分类)不仅是专利审查的前提,而且是组织专利文献的主要方式和手段。这也决定了发明分类是检索专利文献的主要途径。采用这种途径的关键是如何准确全面地选取分类号。

(1) 分类检索的一般程序

●分析课题内容范围,确定欲查技术的主题概念及其组成要素,并把它们转换为最能代表发明功能和特征的名词术语。

●利用有关的专利分类表索引查出有关词语的对应分类号,初步确定分类位置。可利用的工具有《IPC 关键词索引》、美国《专利分类表索引》、日本特许厅编的《技术用语による特许分类索引》、英国《专利分类表参考索引》(Reference Index to the Classification Key) 等。

●查阅有关的专利分类表本身,包括详细展开表、使用指南和分类定义手册。目的是要核对索引提供的分类号大类范围是否正确,是否发生了变化,并在得到确认之后根据检索课题和类目定义逐级选出最恰当的细目。

● 根据发明的相关特征,利用附注和参照选出副分类号或引得码。这样既可以检出专利文献中的发明情报,而且还有可能检索到其他附加情报。

经过这几步后,一般就能把检索课题的确切分类位置确定下来,选出一批专指度和网罗度都较合适的分类号,为有效的检索奠定基础。此外,还可以利用某种分类号对照表来补充新的分类号,以便检索不同国家的专利文献。

● 查阅专利分类索引,检出相关的专利文献。若要查新专利,可利用各国专利公报和专利文摘的分类索引,或利用德温特《题录周报》中的 IPC 索引。若要回溯以往的专利,可利用年度分类索引和多年累积索引。

(2) 分类检索举例

【例 7-17】 调查汉字编码技术的发展状况。

对这样的课题,选用中国专利局的《发明专利公报》和《中国专利索引》是最合适的。首选的检索途径应该是从发明分类入手。

汉字编码技术属于数据输入技术,故可用"data input devices"一词去查 IPC 关键词索引,所指示的类号为 G06F。再查 IPC 分类表 G 分册,发现其类名是:数字计算机;数据处理装置。可以看出,其初步分类位置是对的。而且,该小类的索引就指出了两个相关的组号:3/00 和 13/00。仔细查阅该小类类表,比较这两个组的内容范围,最后选出其中一个分组 3/023 为最恰当的分类位置。

G06F　数字计算机,……数字数据处理装置
　　3/00　将数据转换为计算机可处理形式的输入装置
　　3/02　·手动输入,如电键、拨号盘
　　3/023　··将零散信息转换为代码形式的装置

下面,就利用这个分类号去查《发明专利公报》和分类年度索引。在 1985.9—1986.12 期间的年度索引中可查出 20 多项汉字编码方案。在 1988 年的索引

中又可以发现 30 件公开专利，8 件审定专利和 4 件授权专利。而且，近几年仍不断有新的编码方案申请专利。例如，在 1992 年第 8 卷 50 号的公报中，借助申请公开索引和审定公告索引又查出 3 件有关发明：CN1066928A 汉字分解定位编码；CN1019424B 音形笔划综合编码……；CN1019425B 中文输入装置及其键盘。

【例 7-18】 汉字计算机编辑排版系统。

此课题也属于数据处理技术领域。经查阅关键词索引和 IPC 类表，发现至少有两个分类位置与它密切相关，即

G06F 15/20　适宜于特殊应用的计算机部件的设计或结构
G06K 15/10　用于版型印字机的产生输出数据的永久直观显示的装置

所以，要注意选全有关的分类号。然后，利用中国专利局《发明专利公报》和年度索引，可以查到若干件有关的专利（主要是王选教授等人的发明）。

从索引中查到有关线索后，一方面可按 IPC 号去同期公报中的有关栏目查阅这些发明的内容摘要和著录项目，另一方面亦可根据专利号去专利文献收藏单位提取或复印说明书。

3. 按专利申请人检索

查找专利文献，申请人或专利权人途径比发明人途径更重要更有效。因为人们更关心的是某项发明的专利权归谁所有，或者某个申请人拥有哪些专利技术。发明人虽然自己可以申请专利，但申请人或专利权人常常不是发明人，而是发明者所属的公司或机构，特别是对职务发明来说，必然如此。因而，绝大多数专利检索工具都把申请人或专利权人作为主要检索途径提供给用户。只有专利数据库和个别国家（如美国）的专利局出版物才提供发明人检索途径。

（1）申请人检索的一般程序

● 确定申请人名称。若一时不能准确地拼写出某申请人的名称，可参考公司名录或机构名录。中国专利局专利公报中的申请人索引一般都按中文名称编排，对外国公司亦如此。目前尚无中文的申请人名录和标准的外国公司译名手册，故定名较困难。国外这一类工具书较多，如国际专利文献中心编印的 INPADOC

Patentees List，日本专利情报机构编印的《PATOLIS 出愿人代码表》。

● 确定申请人代码。这一步是可选的。当选用德温特出版物查专利时，就必须把申请人名称转换成德温特编制的公司代码，才能直接检出有关文献。

● 确定申请人所拥有的技术的所属领域。这一步亦是可选的。选用德温特出版物查专利时需要这样做，因为该公司按技术领域设立不同的分册来报道专利。只有选准了技术领域和分册，才能顺利地查到特定申请人的有关专利。

● 查阅申请人索引或专利权人索引，检出给定申请人所拥有的专利。以下各步与分类检索相同。

(2) 申请人检索举例

【例 7-19】 调查美国 Procter & Gamble 公司（保洁公司）有关洗涤剂方面的发明和产品，其中哪些在中国申请了专利。

根据题目要求，首先也应选用中国的专利公报。然后，确定申请人的中文名称。经查考，得知该公司的中译名为普罗格特-甘布尔公司。现在，先利用《中国专利索引》申请人·专利权人部分，检出 1988 年公开的专利 13 件，1989 年公开的专利 16 件，审定的专利 3 件。再利用近期的公报查新专利，仅在 1992 年第 8 卷 50 号就查到 6 件公开专利和 1 件授权专利，都是有关洗涤剂方面的。可见该公司对中国市场异常重视。

【例 7-20】 调查邓禄普橡胶公司（Dunlop Ltd.）的产品专利。

对这种课题，选用德温特出版物可能是明智的。利用它编印的《专利人代码手册》查出其代号为 DUNP。然后选用化学方面的专利索引或文摘（因为该公司的产品多属于化工领域）。先查 COM 胶片版专利权人累积索引（有 Pre-1974, 1974—1978, 1979 至今等多段累积本），然后查近期的《题录周报》Ch 分册。此外，可能还需要查一查其余 3 个分册，或许能找出一些相关的专利。

4. 号码检索途径

按专利识别号码检索是一种很简捷实用的途径。一件专利文献从提出到颁布出版和入藏，可能编有多种不同的识别号码。它们对查阅和提取专利文献有不同的用处。

(1) 专利号检索

专利号通常指专利说明书编号。因各国专利制度和专利文件编号方法有一定差别,故专利号的含义和指示作用也可能不同。

中国专利局出版的专利文献上常出现的号码有:申请号、(发明专利申请)公开号、(实用新型和外观设计专利申请)公告号、(发明专利申请)审定公告号、专利号。1988年底以前,中国专利局文献馆收藏的说明书是按申请号和公开号的顺序排架的。1989年元月起,公开号、公告号和审定号的编号方法有较大变动。但申请号不变,专利号仍延用其原来的申请号。说明书排架方法也随之变动,改为按发明专利申请公开号或实用新型专利申请公告号排架。每40件说明书合订为一册,书脊上顺序印有排架字母序号(如"E",每千册变换一个字母)、专利类型代号、公开号(公告号)的起讫号。为了便于读者从不同号码查专利,每期公报中都提供有申请号索引、公开号(公告号)/申请号对照表、审定号/申请号对照表。

美国专利局实行即时审查制,专利文献编号相对简单些,一般只标申请号和专利号,凭后者提取专利说明书。日本因实行早期公开制,专利文献编号较复杂。通常有

申请号:特愿平××-×××××× 　实愿平××-××××××
公开号:特开平××-×××××× 　实开平××-××××××
公告号:特公平××-×××××× 　实公平××-××××××
专利号:特许番号×××××××　 实用新案登录番号×××××××

其中,只有公开号和公告号能直接用来提取说明书。专利号只是批准专利后在专利登记簿上登记时的编号。为了方便人们了解这4种号码的对应关系,日本特许厅特编印了3种号码对照表。

(2) 优先权检索

优先权检索就是利用优先权索引这一类工具书,根据某项申请案或说明书上提供的优先权项来检索同族专利。查阅时,要特

别注意申请号下面是否标有字母 E 或 L。若有，就应选取该字母后面的较早或较晚优先申请号进一步检索，以便把与同一发明相关的另一个专利族检出。若未标注这种字母，则表示做标目的申请号属于最晚优先权。

(3) 入藏号检索

目前只有德温特出版物提供了这种途径，供人们查同族专利。查阅时，要注意德温特对基本专利和相同专利的认定与我们通常所理解的定义是有区别的。

5. 检索和利用专利文献的注意事项

首先，要善于利用已知文献中提供的信息，如分类号、发明人、申请人、优先权项、参考文献、检索过的范围等，进一步扩大检索成果。要灵活运用多途径检索，互为条件，相互补充。还要把它与非专利文献检索结合起来。一项发明申请专利后的应用情况和效果，原说明书不会有记载，就需要查阅其他技术文献。把二者结合起来，加以比较对照，可以更全面地掌握有关技术。

其次，要认真鉴别专利文献内容。专利文献中公开的技术不一定都可靠实用。例如，早期公开的专利就可能良莠混杂。有人为了占领空白技术领域或迷惑对手，会抛出不成熟的技术，或在说明书上留一手，用一些次要的技术或虚虚实实的手法来掩盖其中的关键技术。对同族专利也不能简单等同看待。要从发明描述的差别中分析其技术或权利要求上有无差异。另外，还要注意专利文献上的更正材料，如公报上的更正栏或出版的零散修正页。

最后，还要注意专利文献中的法律状态信息，以便随时掌握某项发明的申请、审批和授权情况，专利权的转让、继承、撤消或失效等情况。要特别注意提前失效和要求续展（即延长保护期）的专利，以免上当或引起侵权诉讼。提前失效（如自动放弃或被撤消）一般会在专利公报上通知。专利权人请求续展时，有的国家也加以公告。例如，日本特许厅的不定期出版物《公示号》1988年起就增设了"专利保护期限续展申请"和"专利权保护期限续展登记"这两栏内容,分别报道已申请和已获准续展的专利。

　　检索专利文献虽然方法较复杂,但只要掌握了基本方法,勤思考,多实践,不断总结经验,就一定能熟练地利用各种手段,有效地开发和利用专利文献宝库。

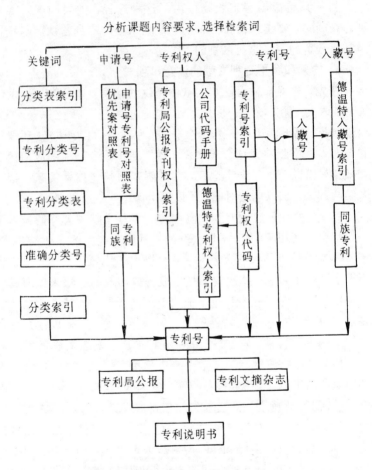

图 7-2　专利文献检索一般路径示意图

表 7-5　《国际专利分类表》(IPC) 大类类表

A 部	人类生活需要	B26	手工刀具；切割；切断
分部：	农业	B27	木材加工与防腐
A01	农业；林业；畜牧业；渔猎	B28	水泥、粘土或石料的加工
分部：	食品与烟草	B29	塑料、塑态物质的加工
A21	焙烤；食用面团	B30	压力机
A22	屠宰；肉类, 家禽或鱼的加工	B31	纸品制作；纸的加工
A23	其他食品；饮料；饲料；及其加工	B32	层状制品
A24	烟草；烟具	分部：	印刷
分部：	个人和家用物品	B41	印刷；划线机；打字机；模印机
A41	服装	B42	装订；图册；文件夹；特种印刷品
A42	帽类制品	B43	书写或绘图器具；办公用品
A43	鞋类	B44	装饰艺术
A44	男用服饰用品；珠宝	分部：	交通运输
A45	手携物品和旅行用品	B60	一般车辆
A46	刷类制品	B61	铁路
A47	家具；家用器具	B62	无轨陆用车辆
分部：	保健和娱乐	B63	船舶；港口设备
A61	医学；卫生学；兽医学	B64	飞行器；航空；航天
A62	救生；消防	B65	输送；包装；贮存
A63	运动；游戏；娱乐	B66	卷扬；提升；牵引
B 部	作业；运输	B67	液体贮运
分部：	分离；混合	B68	马具；室内装璜
B01	一般物理或化学方法或装置	C 部	化学；冶金
B02	破碎；磨粉	分部：	化学
B03	湿法或风力分离；磁力或静电分离法	C01	无机化学
B04	离心装置	C02	水和污水处理
B05	喷射或雾化；涂覆	C03	玻璃；矿棉或渣棉
B06	机械振动的发生与传递	C04	水泥、人造石；陶瓷；耐火材料
B07	固体分离；分选	C05	肥料；及其制造
B08	清洁	C06	炸药；火柴
B09	固体废物处理	C07	有机化学
分部：	成型	C08	高分子化合物
B21	金属无切削加工；冲压	C09	染料；涂料；擦光剂；天然树脂；粘合剂
B22	铸造；粉末冶金	C10	石油、煤气或炼焦工业；燃料；润滑剂；泥煤
B23	机床；焊接；熔割	C11	油脂和蜡；洗涤剂
B24	磨削；抛光	C12	生物化学；酒、醋；微生物学；酶学；变异或遗传工程
B25	手工工具；轻便机动工具；车间设备；机械手	C13	制糖工业

(续表 7-5)

C14 毛皮；皮革	F16 工程元件或部件
分部：冶金	F17 气体和液体贮运
C21 钢铁冶炼	分部：照明；加热
C22 冶金；黑色或有色合金；合金或有色金属处理	F21 照明
	F22 蒸汽的发生
C23 金属表面处理；镀覆	F23 燃烧设备和方法
C25 电解或电泳工艺及设备	F24 供热；家用炉灶；通风
C30 晶体生长	F25 制冷；气体液化或固化
D部 纺织；造纸	F26 干燥
分部：纺织	F27 炉、窑；烘烤炉；蒸馏炉
D01 天然和人造纤维；纺纱	F28 一般热交换
D02 纱线及其机械整理；整经	分部：武器；爆破
D03 织造	F41 武器
D04 编织；针织；无纺织物	F42 弹药；爆破
D05 缝纫；绣花；植绒	G部 物理
D06 织物处理，染理；洗涤	分部：仪器
D07 绳；缆索（电缆除外）	G01 测量；测试
分部：造纸	G02 光学
D21 造纸；纤维素生产	G03 摄影术；电影技术
E部 固定建筑物	G04 测时技术
分部：建筑	G05 控制；调节
E01 道路、铁路和桥梁的建筑	G06 计算；计数
E02 水利工程；基础；疏浚	G07 核算、检验和记录装置
E03 给水；排水	G08 信号装置
E04 建筑物	G09 教学；密码术；显示；广告；印鉴
E05 锁，门窗零件，保险柜	G10 乐器；声学
E06 门窗；帘；梯子	G11 信息存贮
分部：采掘	G12 仪器零部件
E21 掘进；采矿	分部：核科技
F部 机械工程；照明；采暖；武器；爆破	G21 核物理；核工程
	H部 电学
分部：发动机和泵	H01 基本电气元件
F01 机器或发动机总类；蒸汽机	H02 电机；变电或配电
F02 燃气发动机	H03 基本电子电路
F03 水力、风力和其他动力机械	H04 电讯技术
F04 泵	H05 其他电技术，如电热；电击；静电；X射线技术；等离子体技术；印刷电路等
分部：机械工程总类	
F15 流体压力驱动装置	

表 7-6 《国际外观设计分类表》(第 4 版)

01	食品	18	印刷和办公机械
02	服装与服饰用品	19	文具用品、办公设备、艺术家用品及教学材料
03	其他类未列入的旅行用品、箱子、阳伞和个人用品	20	销售和广告设备、标志
04	刷子	21	游戏、玩具、帐篷和体育用品
05	纺织品、人造或天然材料片材类	22	武器、烟火、渔猎用品及类似器具
06	家具	23	液体分配设备,卫生、供暖、通风和空调设备,固体燃料
07	其他类未列入的家用物品	24	医疗和实验室设备
08	工业和金属器具	25	建筑构件和施工元件
09	用于商业运输或装卸的包装和容器	26	照明设备
10	钟表和其他计量仪器,检查和信号仪器	27	烟草及吸烟用具
11	装饰品	28	药品和化妆品、梳妆用品及器具
12	运输或提升工具	29	防火灾和事故及救援装置和设备
13	发电和输配电设备	30	动物管理与训练设备
14	录音、通讯和信息再现设备	31	其他类未列入的食品或饮料制造机械设备
15	其他类未列入的机械		
16	照相、电影摄影和光学仪器		
17	乐器	99	其他杂项

第八章 综合性检索工具选介(二)

第一节 我国科技文献检索刊物体系

一、发展概况

"五四"运动以前,由于受封建制度的长期禁锢和摧残,我国的科学技术非常落后,科技信息工作无从谈起,所以文献检索刊物出现得很晚。据记载,直到19世纪末20年代初,我国才开始编印一些反映近代科学技术的译书目录。"五四"运动以后,随着近代科学研究活动的初步开展,陆续出现了一些反映我国学术研究成果的专题性书目。然而,文摘刊物一直到1934年才开始萌芽。这一年,旧中国化学会在其会刊《化学》上专辟了"中国化学撮要"一栏,定期报道我国化学家在国内发表的著作的提要,由曾昭抡、张克忠二人任主编。该专栏分有机化学、无机化学、分析化学等若干大类报道,每期少则十余篇,多则几十篇或百余篇。《化学》杂志当时因时局变化而几度停刊。1950年它再度复刊,并将文摘栏改名为"中国化学提要",一直出至1953年为止。

解放以后,在党和国家的重视和关怀下,我国的检索刊物获得了较快的发展。

解放初期,《生理科学》、《植物学》、《解剖学》和《微生物学》等杂志开辟了报道国外著作提要的专栏。

1956年,中国科学技术情报研究所(1992年改名为中国科技信息研究所)成立,标志着我国检索刊物的编辑出版工作开始走上了有领导、有组织、有计划的发展道路。刚刚成立的中国科技情报所立即组织力量翻译出版前苏联的文摘杂志,当年就出版了《机械制造文摘》和《冶金文摘》2个分册。1957年,又开始编辑出版《国外期刊论文索引》(题录刊物),当年也出版了2个分册。在以后的几年中,我国检索刊物的发展速度是比较快的。到1961年,我国翻译出版的苏联文摘增加到50个分册,自编的《国外期刊论文索引》也发展到了20多个分册。同年,在国家科委下面,成立了"中国国外科学技术文献编译委员会"(以下简称全国编委会),负责组织协调全国的科技文献编译报道工作,并决定"由全部翻译苏联文摘逐步过渡为自编世界各国的文摘"。从而,进一步促进了我国检索刊物的迅速发展。

从1962年起,原来的《国外期刊论文索引》改名为《科技文献索引》(期刊部分),以30个分册出版;同年,还相应地出版了另一套报道特种文献的题录刊物——《科技文献索引》(特种文献部分),以18个分册出版(63年增至28个分册,64年又增至30个分册)。此外,科技文献出版社从1962年起还出版了一套"科技文献卡片",分文摘卡片和缩微卡片两种。当年出版了8000条文摘,分85类发行。

1965年,《科技文献索引》"期刊部分"与"特种文献部分"合并出版,分30个分册。每个分册中期刊论文与特种文献分开编排,某些分册还带有一定数量的简介。年报道量达40余万条,内容包括:综合科学技术、数学、物理、力学、化学化工、地球物理、天文、地质、地理、生物、医学、农业、核子能、水产、水利工程、轻工、纺织、矿业、冶金、机械、电机、电力、自动化与通讯、公路运输、水路运输、铁路运输、航空、建筑、计量、测绘、林业等30多个学科和专业。

我国的文摘刊物在1965年也已达到30种101个分册,年报道量达36万条。内容包括:数学、物理、原子能、力学、化学、地质、地球物理勘探、生化、生物、实验生物学、医学、农业、林业、水产、轻工、食品、矿业、冶金、石油与天然气、机械制造、公路运输、水路运输、航空和宇航、农机、电工、自动学、无线电电子学、铁路、量测技术、测绘、综合科技、情报工作等学科和专业。

此外，其他许多科技信息机构和图书馆还编印了大量综合性或专题性的文摘或书目。例如：中国科学院图书馆编印的《专利文献索引》，8个分册，即：农业、农机、计算机、橡胶塑料及其机械、原动机、电工器料、电讯、无线电电子学、金属冶金等，年报道量为5万件左右。另外还有：上海图书馆编的《全国主要报刊资料索引》（自然、技术科学部分）、《科学技术书目》；中国科技情报所编的《中国留学生论文文摘》、《中国研究生论文目录》；机械工业部情报所编的《国外文献报道》；等等。

据1965年统计，这一年经全国编委会协调出版的各种检索刊物共计139种（册）。其中文摘刊物101种（册），总报道量达70多万篇。自编文摘的工作也取得了很大成绩。1966年中国科技情报所重庆分所编辑出版的19种60个分册的文摘刊物均为自编本，而且还在文摘中报道了国内某些公开文献。

在检索方法方面，也取得了一定的进步。1964年以前，我国的检索刊物绝大多数既没有期索引，也没有年度索引。根据全国编委会1964年的一个调查材料说，1963年出版的27种（76个分册）文摘中，编有年度分类索引的，只有《铁路文摘》这一种。编有主题索引的，有《医学文摘》1—4分册，《化学文摘》第4分册"分析化学"，《综合科技文摘》第1分册"政策与管理"。仅占全部文摘刊物的11％。1964年出版的文摘刊物是30种101个分册，其中编有索引的有8种26个分册，占26％。1963—1964年出版的《科技文献索引》，在30个分册中，编有年度索引（主题索引）的只有医学这个分册。后来，在广大读者的强烈要求和信息工作者的努力下，科技文献出版社计划在1966年出版27种文摘的年度主题索引。

"文化革命"开始以后，我国的检索刊物相继停刊。1971年以后，虽有少数检索刊物复刊，然而缺乏组织领导和统一规划，自发性很大。十年浩劫，给我国科技信息工作造成了重大损失。

粉碎"四人帮"以后，我国的检索刊物开始进入全面恢复和发展的新时期。1977年7月,在石家庄市召开了"全国科技情报检索刊物协作会议"。会议强调,要切实加强检索刊物的编辑出版工作,并尽早建立我国自己的科技文献检索刊物体系,以提高检索刊物的质量。会后,经国家科委批准,成立了"全国科技情报检索刊物编辑出版工作协调小组",临时负责全国检索刊物的组织、协调和出版工作。1978年,中国国外科技文献编译委员会恢复工作。同年9月,在苏州市召开了中国国外科技文献编译委员会第五届扩大会议暨中国科技情报学会筹委扩大会议。会议讨论了《关于建立健全我国科技情报检索刊物体系的意见》和《1979—1985年全国科技文献编译出版规划》(草案)等文件,并将"中国国外科技文献编译委员会"正式更名为"中国科学技术情报编译出版委员会"(仍简称为全国编委会)。1979年,全国编委会下面设立检索类出版物分组委员会(简称检索分委会),专门负责全国检索类出版物的组织、规划、协调等工作。检索分委会在对国内外检索刊物进行调查研究的基础上,于1980年初提出了《关于建立健全我国科技文献检索刊物体系的方案》(草案)。1980年7月,全国编委会第七届年会讨论并通过了这一方案。

  自1977年以来,在全国编委会的统一规划、协调、指导和扶植下,经过各专业情报所和地方情报所的共同努力,我国的科技文献检索刊物无论在品种和数量上都得到了较快的恢复和发展。到1987年底,经全国编委会协调的各种检索刊物已达229种(册),年报道总量在120万篇以上。

  这一时期的发展情况具有这样几个特点:①发展带有明显的恢复性;②新创刊的品种迅速增多,文摘刊物比重不断增大,学科覆盖面进一步扩大;③著录规则标准化统一化抓得比较紧,但索引工作上得较慢。

  1987年以后,由于办刊条件和经费方面的困难骤然加重,迫使许多检索刊物停刊或合刊。据初步统计,这一时期大约有80种检索刊物停刊。例如,已连续出版十余年的《国外科技资料馆藏目录》十几个分册全部停刊;80年代初由中国专利局协调、各单位分工负责编辑出版的45个分册的《专利文献通报》,1988年起也先后全部停刊或休刊。令人欣慰的是,在这样严峻的环境中,大多数检索刊物坚持下来了,并有所发展,而且还创办了40种新刊。其中,绝大多数新刊都是报道国内文献的,使中文科技文献检索刊物体系得到进一步健全和发展。

与此同时,全国编委会抓住这一调整时机,通过组织多次质量评比活动,引导各检索刊物编辑部上质量、讲效益,使长期落后的主题标引和索引编制工作有了突出的进步(据1990年统计,编有主题索引或分类索引的检索刊物大约有120种),检索刊物的发行量也在不断增加。另外,有越来越多的单位实行刊库合一的发展方针,积极采用计算机技术,在编辑出版检索刊物的同时,建立和扩充相应的文献数据库或指南数据库。中国科技信息研究所重庆分所还于1992年6月首次推出中文只读光盘——中文科技期刊篇名数据库光盘。这样,既提高了编辑出版速度和经济效益,又为在我国开展计算机信息检索服务提供了越来越多的数据资源。

二、我国检索刊物的类型和分册设置情况

1. 检索刊物的类型

经全国编委会协调的检索刊物,分以下5种类型编辑出版:

(1)《中文科技资料目录》

《中文科技资料目录》(简称"中目")是在1977年石家庄会议的推动下,通过统一协调和有关单位的努力,在原有的各种国内科技资料目录的基础上,由一些专业情报所创办起来的、报道国内科技文献的一套题录性刊物。最多时设有22个分册。它们分别取材于国内出版的中文期刊、会议录、专题资料和译文。1979年的年报道量已达11.5万篇。"中目"的编辑出版,初步改变了国内科技文献资源管理混乱和使用不便的落后状况,为充分发挥中文科技文献的作用做出了重要贡献。近年来,有些分册已先后

演变为文摘刊物,或被国内文摘所代替,故目前仍在出版的仅有14个分册,即气象学、测绘学、农业、医药卫生、中草药、电力、化学工业、船舶工程、水利水电、商业粮油、建筑材料、水路运输、铁路、导弹与航天等专业分册。

(2)《国外科技资料目录》

《国外科技资料目录》(简称"外目")是70年代由一些专业情报所或图书馆在原来的《科技文献索引》的基础上创办起来的、经全国编委会统一协调和命名的一套题录性刊物,最盛时设有30多个分册。它们分别取材于国内收藏的国外期刊、特种文献和会议录等。80年代期间,这套题录刊物变化较大,其中一些分册演变为文摘刊物,有些则已停刊或与其他刊物合并。目前仍在出版的有14个分册,即光学与应用光学、气象学、测绘学、地质学、农业科学、医药卫生、机械工程、核科技、电力、水利水电、商业粮油、建筑材料、交通运输、导弹与航天等专业分册。

(3) 文摘刊物

这是我国检索刊物的主干部分。据《中国报刊大全》提供的资料,1991年我国编辑出版的科技文摘刊物总计已达129种(册)。其中,专门报道国内中文科技文献的文摘刊物(简称国内文摘)约59种(册),专门报道国外科技文献的(简称国外文摘)约22种,同时报道国内外科技文献的约48种。原始文献分别来自国内外出版的期刊、会议录和特种文献。在这些文摘刊物中,有十余种是1966年前创刊的,1985年以后创刊的约40种。

(4)《国外科技资料馆藏目录》

《国外科技资料馆藏目录》(简称"馆目")是70年代初中国科技信息研究所在原有的《科技文献索引》(特种文献部分)的基础上创办起来的、定期报道该所新入藏的特种文献的一套题录刊物,最多时设有16个分册,分别取材于各国政府的研究报告、会议资料、学位论文及研究机构的著作集。1988年已全部停刊。

(5)《专利文献通报》

这是为对我国购进的外国专利说明书进行编译报道而出版的一套检索刊物。其前身是创刊于70年代的各种《专利目录》和专利文摘刊物，1980年已发展到36个分册，年报道专利25万件，分别由当时中国科技情报所专利馆以及上海、辽宁、湖北、陕西等省市的科技情报所负责编辑出版。1981年起，重新划分为45个分册，统一命名成《专利文献通报》，陆续由中国专利局组织有关单位分工编辑出版。1988年起，由于经济等方面的原因，这套检索刊物已全部停刊或休刊。

此外，属于全国编委会协调范围的还有《世界标准信息》（前身是《国外标准资料报道》），不属于其协调范围的有《全国报刊索引》、《发明专利公报》、《实用新型专利公报》、《外观设计专利公报》、《中国专利索引》（分类年度索引）和《中国专利索引》（申请人、专利权人年度索引）等。

2. 分册设置和学科分布情况

全国编委会规定的检索刊物分册的划分原则是："以学科为主，兼顾专业，并尽量保持学科的系统性。"因为学科的范围比较稳定，而专业（实际上常指行政管理体制）的范围则经常随着行政体制的变化而变化（如某些专业部的拆或并）。另外，我国检索刊物的编辑工作目前是按专业归口、分散编辑的，所以，若不强调以学科为主，就会使检索刊物的收录内容支离破碎、不成系统，且变化无常，难以稳定，严重影响检索刊物的质量。

目前，我国的检索刊物基本上就是根据上述原则和统一规划，并从原来基础出发来设置和划分学科分册的。各学科和专业分册设置的具体情况见附录Ⅲ我国科技文献检索刊物一览。从附录Ⅲ可以看出，我国的检索刊物几乎覆盖了所有科技领域，每个学科或专业基本上都有自编的文摘或题录。以前存在的学科门类不齐全、分布不均匀、头绪过多等问题已有明显的改进，尤为可喜的是：医学和农业领域均已分别形成了较完善的文摘刊物系列——《中国医学文摘》（15个分册）、《中国农业文摘》（8个分册）及国外农业文摘系列;原来较薄弱的基础学科领域,如数学、力学、物理学、地质学和地理学,都有了相应的国内文摘。这些都标志着我国的检索刊物编辑出版工作进入了成熟阶段。

三、检索刊物的体例与结构

我国检索刊物的编排体例一般分文摘(或题录)部分和辅助索引两部分。

1. 文摘(或题录)部分

以前,我国检索刊物的著录规则很不统一。1977年,全国科技情报检索刊物编辑出版工作协调小组向各分册编辑部颁发了统一的著录规则和著录格式。各分册编辑部基本上是按照这个规则来著录文献的。1983年,全国文献工作标准化技术委员会提出了一套新的著录规则——《检索期刊编辑总则》(国家标准 GB3468-83)。这个新规则比1977年的规则更加详细和严密。下面就采用对照的方法将新旧规则中一些主要项目的著录方法加以介绍。

第①项:分类号码。大多数检索刊物都采用《中国图书资料分类法》对文摘或题录进行分类,将分类号码标在款目的左上角,有些分册则只标在每一类文摘或题录的前面。有两个以上分类号时,则主要分类号在上,辅助分类号在下,并排印在一起。款目按主要分类号排序。若主要分类号与辅助分类号同属某一分册的报道范围时,就需要做一参照款目按辅助分类号排序,但参照款目不编顺序号。新规则把这一项编为第⑱项,位置不变。

第②项:顺序号。顺序号由分册代号、年份及流水号三者构成,如:"YW7901686",标在款目右上角。分册代号用两位汉语拼音字母表示,一般是该分册简称的汉语拼音缩写。例如:《外目》(医药卫生)分册的代号为YW。也有几个分册的代号是指定的,与拼音缩写不符。例如:《外目》(矿业)分册代号为 KY,而《中目》(矿业)分册代号则是 KS。顺序号中的年份用当年年份的后两位数字表示。流水号用5位数字,直接排在年份之后,每年从00001号开始。新规则把此项编为第⑰项,规定著录在中文题目之前,必要也可著录于右上角。顺序号的形式除上面那一种以外,还提出可用两位数字表示年号,两位数字表示期号,四位数字表示期流水号。

第③项：中文题目（或中文译题）。该项单起一行，若有副题目，须用圆括号括起。新规则把它编为第①项，规定用黑体字印在顺序号之后。

第④项：外文题目。在中文题目下面另起一行著录，后加破折号"——"，然后再著录作者姓名等事项。新规则把它编为第②项，规定著录在中文题目之后，两者之间用等号（＝）分隔开。

第⑤项：作者姓名。外文作者按姓在前、名在后著录，名只取首字母，后下角加圆点，姓与名之间空一格。若文献有多个作者，则只著录其中的第一作者，余者用省略号表示。国内文献无个人作者只署单位名称者，就以单位名称取代之。有3个以上单位时，只著录前2个，后加省略号。新规则把此项编为第④项（主要责任者）和第⑤项（其他责任者），规定著录在文献类型代号和文别代号之后，用斜线（/）分隔开。

第⑥项：来源出版物名称。外文名称首字母要大写。用缩写名著录时，要以"刊名缩写表"为准。检索刊物每年第一期要刊登"本刊引用国外期刊一览表"，并公布其缩写名。若限于条件，不能在文摘（或题录）款目中著录外文期刊名称者，可用中译名著录，但译名要准确而固定，并在"一览表"中将译名与原名加以对照。名称相同的出版物，加注出版地于圆括号内，以示区别。中文出版物名称加书名号标志，同名者加标出版者或编者。新规则也将此项编为第⑥项，规定著录在作者名称之后，用"//"分隔之。

第⑦项：年、卷、期及页码。一般按顺序著录页码，文章跳页排印时，只著录其首页页码。新规则将"年、卷、期"编为第⑧项，页码编为第⑨项，规定著录在出版物名称之后，用破折号分隔之。

第⑧项：文别。该项只用一个汉字表示，如英、日、俄、德、法等，著录在页码之后，括以圆括号。若原文还附有其他文字的摘要，亦注明。新规则将此项编为第③项的一部分，用中文简称或代号表示，著录在文献类型代号之后。

第⑨项：索取号。它包括文献收藏单位、馆藏号和存贮形式（载体形式）3部分。收藏单位通常以简称著录，馆藏号直接采用收藏单位的内部编号。至于存贮形式，缩微胶卷用"M"表示，缩微胶片用"F"，缩微卡片用"C"，印刷品不做标记。新规则将此项编为第⑲项，著录在款目右下角。当左上角不放分类号时，也可将索取号放在左上角。国内有两个以上的单位收藏的文献，一般不必著录此项，读者可借助联合目录或馆藏目录去索取原文。

第⑩项：文献类型代码。它通常标在文献题目之后，以方括号括起。新规则把此项编为第③项，与文别代号一起著录在外文题目后面的方括号内。全国文献工作标准化技术委员会于1982年提出了一项名为《文献类型与载体代码》的国家标准。该标准列出的文献类型多达23种，并更换了原来的个别代码（如将研究报告、科技报告、考察报告和调查报告合称为报告，代码为"告"）。现择其中的主要代码介绍如下：

期刊、连续性出版物 …………………………… ［刊］
会议文献、来华技术座谈 ……………………… ［会］
资料汇编、论文集 ……………………………… ［汇］
图书 ……………………………………………… ［书］
手册、工具书 …………………………………… ［参］
报告 ……………………………………………… ［告］
学位论文 ………………………………………… ［学］
专利 ……………………………………………… ［专］
技术标准 ………………………………………… ［标］
样本、产品说明书 ……………………………… ［样］
译文 ……………………………………………… ［译］
影片 ……………………………………………… ［影］

此外，新规则还增加了⑩附注项，⑬文献标准编号，⑭提要，⑮图表，⑯文摘员，⑳主题词等新的项目。

我国科技文献检索刊物著录格式如例8-1、例8-2和例8-3，其中前2例分别选自《外目》（医药卫生）和《中国机械工程文摘》。

【例8-1】 国外期刊论文题录

YW7901686②

大剂量氨甲喋呤治疗骨原性肉瘤：五年经验介绍③ High-dose methotrexate in osteogenic sareoma ; A 5-years experience④ —— Jaffe，N…,⑤ *Cancer Treat Rep*⑥，1978，62，No 2，259—263;⑦（英文）⑧

【例 8-2】 国内期刊论文文摘

> 8212055　用断裂力学研究奥氏体不锈钢的应力腐蚀开裂特性
> ——任良玺;《化工与通用机械》,一机部通用机械研究所,1981,第 9 期,50—58 页。
> 　　本文将断裂力学技术用于奥氏体不锈钢,这对于构件的安全设计以及搞清楚奥氏体不锈钢的应力腐蚀开裂机理都是十分必要的。文章介绍了研究奥氏体不锈钢应力腐蚀开裂特性的几种断裂力学试验方法;裂纹扩展的特性;载荷形式和 K 值变化特性对奥氏体不锈钢应力腐蚀裂纹扩展特性的影响;板厚对裂纹扩展特性的影响;温度对不锈钢应力腐蚀开裂特性的影响等。图 20、参考文献 12。
> 馆藏号:81-921-9

【例 8-3】 新规则规定的著录格式(析出文献)

> 分类号⑱
> 顺 序号⑰　中文题名① ＝外文题名② 〔文献类型,文种〕③
> /主要责任者④; 其他责任者⑤　//整本文献题名⑥　/与整本文献有关的责任者⑦。——出版地:出版者,出版日期。⑧
> 　　所在页码⑨。——附注⑩。——文献标准编号⑬
> 　　提要……⑭。　图×表×参×⑮　(文摘员)⑯
> 主题词⑳　　　　　　　　　　　　　　　　　　　索取号⑲

2. 辅助索引

过去,我国检索刊物的索引工作很薄弱,到 1983 年,编有索引的刊物只有 14 种。为了改变这种状况,全国编委会要求凡参加 1986 年第二次质量评比的检索刊物必须有索引才能报名。结果,1985 年编有索引的刊物迅速增至 100 种。近几年来,这种增长趋势还在稳步发展。据 1990 年对 150 多种检索刊物的调查,发现编有索引的刊物已增至119种。索引类型主要有主题索引和分类索引，此外还有著者索引、地区索引、生物体拉丁学名索引、专利号索引、报告号索引等。出版周期绝大多数为年度索引，期索引则很少见（如《中国生物学文摘》的期关键词索引和著者索引）。

（1）主题索引

提供有主题索引的检索刊物有90余种。其中，除少数采用关键词标引以外，大多数都采用受控词标引，以《汉语主题词表》或本领域的专业词表作为选词标引的依据。标引深度通常为2—3。主题索引的形式有单主题词型、多级主题词型、主题词＋说明语型、主题词＋题名型、词串式主题索引和分类-主题词型。

单主题词索引的索引款目一律由单个主题词＋地址号（文献号）集合构成。主题索引采用这种形式的刊物有《地震文摘》、《中国电子科技文摘》、《化纤文摘》、《水路运输文摘》、《中国物理文摘》、《中国国防科技报告通报与索引》。

采用多级主题不带说明语的主题索引的刊物有：《外目：医药卫生》、《中目：医药卫生》（实例见第四章的例5和例6)、《棉花文摘》、《兵工文摘》、《中国核科技文摘》、《国外航空文摘》。

采用主题词（单级或多级）＋说明语形式的刊物有很多，如：《分析化学文摘》、《中国农业文摘》的粮食与经济作物分册、土壤肥料分册、水产分册、园艺分册、畜牧分册、兽医分册、植保分册、《食用菌文摘》、《矿业文摘》、《中国纺织文摘》、《中国机械工程文摘》、《中国药学文摘》、《环境科学文摘》、《印刷文摘》、《麦类文摘》、《大豆文摘》、《起重运输机械文摘》等。说明语的形式有短语、关键词或受控词。

在主题词之下直接用题名或改写过的题名做说明语的刊物有《中国石油文摘》、《台湾科技文献通报》、《分析仪器文摘》、《动力机械文摘》、《中国航空文摘》、《国内光学仪器文摘》等。

有的刊物（如《生物技术通报》）借鉴国外词串标引技术，利用计算机将人工标引短语自动转换成词串式索引款目。例如，有一篇题名为"具有脱去糖蜜色素能力的丝状真菌的筛选"的文献，其人工标引短语是："※脱色；※丝状〈真菌〉；筛选；"（其中※为排检项符号；〈 〉为嵌套符号，表示该词做标目时，词序要倒置）。经计算机编辑处理后，自动生成以下2个款目：

    脱色 丝状真菌 筛选 890537
    真菌，丝状 筛选/脱色 890537

  分类-主题索引吸收了分类法的原理，索引先按某一分类表来组织，在各类目之下再按字顺排列款目，如《分析仪器文摘》和《金属矿业文摘》所做的那样。

（2）分类索引

  编有分类索引的检索刊物约有17种，如《古生物学文摘》、《水产文摘》、《国外林业文摘》、《国外森林工业文摘》、《中国粮油科技文摘》、《国外粮油科技文摘》、《食品文摘》、《标准化文摘》、《中国林业文摘》、《国外农药文摘》、《海洋文摘》、《涂料文摘》、《中目：化学工业》、《生物技术通报》等。

第二节 日本《科学技术文献速报》

  日本《科学技术文献速报》（以下简称《速报》）是目前国外三大综合性检索刊物之一。

一、《速报》的概况

  日本科学技术情报中心（JICST）成立于1957年8月。为了使读者能迅速、准确地查找到所需要的文献，该中心于1958年创办了《速报》，并且投入近一半的人力从事《速报》的编辑工作，同时聘请外部专家4000—5000人任文摘员。当年出版5个分册，即现在的"机械工程编"、"化学与化学工业编（外国编）"、"电气工程编"、"金属工程、矿山工程与地球科学编"、"土木与建筑工程编"。1959年、1961年和1963年又相继出版了3个分册,即现在的"物理与应用物理编"、"原子能工程编"、"管理与系统技术编"。1964年,《日本化学总览》并入《速报》系统,1974年正式按《速报》规则编制,该分册现名为《化学与化学工业编(国内编)》。1975年,《环境公害文献集》并入《速报》系统,该分册现名为"环境公害编"。1978年出版"能源编"。1981年出版"生命科学编"。现共有12个分册,分册间以固定颜色封面相区别。

《速报》各分册现用代号、1975年4月前用代号,各分册全称、简称、创刊年、刊期,各分册大小类目,ISSN号、中国图书进出口总公司刊号等情况如表8-1所列。

表8-1 《速报》各分册代号、名称及其他情况

分册代号	分册全称/简称	创刊年/刊期	大/小类目	ISSN号/中国图书公司刊号
A/6	土木与建筑工程编/土	58/24	13/66	0022-7641/860D06
B/7	管理与系统技术编/管	63/12	9/51	0011-3328/714D77
C/3	化学与化学工业编(外国编)/外化	58/36	23/118	0011-3271/540D54
E/4	电气工程编/电	58/24	7/57	0011-3298/730D60
G/5	金属工程、矿山工程与地球科学编/金	58/24	11/62	0011-3301/740D01
J/9	化学与化学工业编(国内编)/国化	64/24	23/118	0385-6003/540D04
K/11	环境公害编/环	75/12	9/41	0385-6011/715D80
L	生命科学编/ライフ	81/24	8/40	0285-5100/580D73
M/2	机械工程编/机	58/24	15/92	0011-331x/780D65
N/8	原子能工程编/原	61/12	10/39	0011-3263/538D55
P/1	物理与应用物理编/物	59/24	22/119	0011-3336/530D51
S	能源编/エネ	78/12	7/27	0387-4001/720D58

日本科技情报中心的服务重点是工业,所以,《速报》报道理工科文献较多,此外还报道药学、环境与公害、管理与系统技术、能源、生命科学等方面的文献(《速报》的学科内容见节末附录),但个报道基础数学、天文学方面的文献。现在服务重点正在向全学科

发展。1989年,JICST收集有50多个国家、20多种文字出版的期刊大约14,000种(其中外国期刊7,700种),以及大量的会议资料和技术报告。另外,还从160种检索期刊和8种文献数据库(外国5种,日本3种)中摘录有关文献。1976年起,《速报》不再报道专利文献(以前仅在"国内化学编"中报道日本专利文献)。1981年,《速报》年报道文献条目682,264条,年加工文献434,567件。1991年报道文献条目约87万条。

1989年,《速报》收录的14,000种期刊中,各国、各专业所占百分比分别统计如下:日本47.9%,美国19.3%,英国10.1%,西德5.0%,前苏联2.6%,法国2%,荷兰2.8%,瑞士1.5%,加拿大1.0%,其他国家7.9%;生物化学、医学、农业和生命科学37.3%,化学8.3%,机械工程7.9%,土木建筑7.1%,金属、地球科学与采矿7.1%,管理与系统工程5.4%,电气与电子学4.5%,核工程与物理学4.5%,环境污染2.0%,其他15.9%。

《速报》为跨年卷。各分册每年第一期均于4月出版,最末期于次年3月出齐。为满足不同读者需要,《速报》各分册均有书本、卡片、缩微胶片和机读磁带等几种形式。

《速报》书本型,以期刊形式定期出版,周期为月刊、半月刊、旬刊不等,开本为A4判。

《速报》卡片型,规格为A6判(3×5英寸卡片)。

《速报》缩微胶片型,1971年开始出版发行,其规格为4×6英寸标准胶片,每张胶片刊载72页《速报》。胶片上边注有分册名称、卷、期、发行年、文摘号和胶片编号。不同分册的胶片上边用不同的颜色区别,其颜色与书本式《速报》封面的颜色一致。出有缩微胶片版的分册有外国化学、机械、电气、金矿地和国内化学等5个分册,前4个分册从1958年出至1974年,后一个分册从1964年出至1974年。1975年开始改出盒式缩微胶卷,其规格为16毫米/100英尺,缩微比例为1:24。每盒胶卷最多收藏3400页《速报》。1975年,《速报》用这种形式出版发行了国外化学、机械、电气、金矿地、土建、物理、原子能、管理、国内化学、环境公害等10个分册,1978年又增加了能源分册。

《速报》机读磁带型,1972年4月试验提供,1974年正式供应,分9个分册发行。目前12个分册均有磁带供应,磁带有英文与日文片假名,英文与日本汉字两种。其规格为半英寸/7—9磁道,最长2400英尺,每盘约载7,000条文献条目,约等于2—4册书本型《速报》。机读磁带比书本型《速报》早一个多月出版发行。

据了解,JICST于1969年用计算机编制《速报》,使编制时间从3个月缩减为1.5个月;年度索引从8个月缩减为2个月左右。1972年10月,"JICST理工学文献检索系统"开始服务。1976年4月开始试验"日本联机情报系统(JOIS)",9月开始情报检索服务。1980年建成日本全国联机情报系统10个网点,初步形成全国联机情报检索网络。

二、《速报》的结构

每期《速报》均包括目次、类目表、说明、正文部分和关键词索引等几部分。每卷均另编有卷索引,以"增刊号"单独出版。

1. 类目表

各分册的类目表(分类项目)以《科学技术文献速报编别分类表》为依据。从1981年起,每分册的第一期均附有该分册"编别分类表"的大、小类号与类名及类下有关"JICST科学技术分类表"类号和对应的UDC分类号。

2. 说明部分

说明部分包括有:宣传《速报》十大特长的文字;使用说明;编辑说明(专业范围,原始文献来源,选题标准,文献区分,文献条目的分类与重复报道,文献条目著录形式与提要特征。);文献著录实例及其说明;有关的服务项目(如复制、翻译、调查等)。

3. 正文部分

正文部分是《速报》的主体部分,起报道作用。文献采用统一的标准著录格式著录，其格式如例 8-4 至 8-7 所示。

【例 8-4】 会议论文

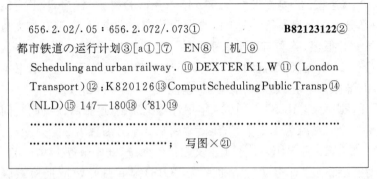

【例 8-5】 科技报告

【例 8-6】 评论文章

```
02   002.5：025.2/.3①              B82121624②
图书馆资料の保存  1981③ [b①]⑦  EN⑧
Preservation of library materials：1981. ⑩ BYRNES M M⑪ ( Univ.
Michigan)⑫：A894A⑬ Libr Resour Tech Serv⑭ ( USA )⑮    26⑯
[3]⑰ 223—239⑱ ('82)⑱
……………………………………………………；参 135㉑
```

【例 8-7】 重复报道条目（同一分册中）

```
002.5：025.2/.3  02①
图书馆资料の保存  1981③[b①]⑦  (USA)⑮  EN⑧
              ⟶  B82121624㉒
```

（1）著录项目说明

① 国际十进分类法（UDC）类号，是按"JICST 科学技术分类表"进行标引的。

② 顺序号，现由 1 个英文字母和 8 位数字组成。字母为分册代号，第 1—2 位数字为年份，第 3—4 位数字为期号，第 5—8 位数字为期流水号。环境公害分册的顺序号略有不同，其第 5 位数表示不同部分（如："0"代表理工部分，"4"代表医学部分，"7"代表农业部分），后 3 位数字为期流水号。1975 年 4 月以前，顺序号由 8 位数字组成：第 1 位数字为分册号，第 2 位数字为卷号，第 3—8 位数字为年流水号。

③ 日文题目或日译题目。

④ 日文（译）副题号。

⑤ 日文（译）副题目。

⑥ 物质形式，如缩微胶卷（片）形式等，用圆括号括起。

⑦ 文献区分符号

　　〔a〕代表原著：〔a①〕代表以论文形式发表的原著，

　　　　　　　　 〔a②〕代表以简报形式发表的原著；

　　〔b〕代表解说：〔b①〕代表文献述评与评论，

　　　　　　　　 〔b②〕代表其他解说；

　　〔c〕代表实用技术资料：〔c①〕代表数据、流程、计算图表等，

　　　　　　　　　　　　　〔c②〕代表标准、规格、规程等；

　　〔d〕代表一般：〔d①〕代表有关科技方针、政策，

　　　　　　　　 〔d②〕代表会议预印本、文献集等，

　　　　　　　　 〔d③〕代表介绍性文章。

⑧ 文别代号，如：CH 代表汉语，DE 代表德语，EN 代表英语，FR 代表法语，JA 代表日语，LA 代表拉丁语，RU 代表俄语等等。

⑨ 重复报道的分册简称,用方括号括起。
⑩ 原文题目。
⑪ 作者姓名,姓在前,名在后,名可缩写。
⑫ 作者所在机构。
⑬ JICST 的文献馆藏号。
⑭ 出版物名称。
⑮ 发行国家与地区代号,采用 ISO3166 的 3 字符表示,用圆括号括起。
⑯ 卷次或会议届次(下加横线表示)。
⑰ 期次或报告号(用方括号括起)。
⑱ 页码。
⑲ 发行年份,以年代后两位数字表示,用圆括号括起。
⑳ 论文摘要,属指示性文摘(例中未录,用省略号代表)。
㉑ 照片、图表和参考文献数。
㉒ 重复报道时所指引的文献顺序号。

(2)《速报》选题标准

● 原始文献,凡有科学技术内容的原始文献均予收摘。

● 叙述性文章,有关科学技术及新产品、新装置等方面的叙述或评论,原则上均收摘,但对一般入门性文章均不收摘。

● 实用技术资料,只摘可用于设计、产品、检查等实用技术的资料,不摘单纯数据、图表和标准方面的资料。

● 其他一般文章,若有情报价值也予以摘录。

(3)《速报》的分类

每个文献条目按《JICST 科学技术分类表》进行分类,一般标 1—3 个类号,特殊情况下标 5—6 个类号。为了便于国际交流,书本型《速报》标出相应的国际十进分类法类号。文献条目的编次序按《科学技术文献速报编别分类表》排列。

(4)《速报》的重复报道

当一篇文献的内容涉及几个分册时,就在几个分册中重复刊登(如例 8-8)。

【例 8-8a】　《速报》的重复报道

```
621.791.94                                    G80040705
コンピュータ制御プラズマ切断[d③]　EN　［金］
Computer controlled plasma cutting.  E259A  Tool
Prod (USA) 45[9]  116  ['79]
..............................; 写图 1
```

【例 8-8b】　《速报》的重复报道

```
621.791.94                                    M80041157
コンピュータ制御プラズマ切断[d③]　EN　［金］
Computer controlled plasma cutting.  E259A  Tool
Prod (USA) 45[9]  116  ['79]
..............................; 写图 1
```

当一篇文献的内容涉及同一个分册中的几个类时,仅在主类号下详细著录。在其他类号下只做简单著录,并注明参见某顺序号的文献(如例 8-6 和例 8-7)。

4. 期索引

自 1969 年起,《速报》各分册每期均附关键词索引(キーワード索引)。J 分册从 1974 年第 48 卷起附此索引。K 分册仅理工部分附关键词索引,医、农部分没有此索引。所用关键词从《JICST 科学技术用语主题词表》选取。索引著录项目包括关键词和顺序号。索引按关键词字顺排列,以阿拉伯数字开头的关键词先排,以罗马字母开头的次之,最后排以日语开头的关键词(按五十音图顺序排列),关键词下按顺序号大小顺序排列(见例 8-9)。

【例 8-9】　关键词索引片断

```
        资料收集
          B82121587   B82121590
        资料调查
          B82121437   B82121487
          B82121592   B82121702
```

资料保存
B82121624
ジルコニウム
B82121355　B82121357

5. 卷索引

《速报》各分册的卷索引(年间索引)均采用统一的编辑体例。1975年以前,卷索引包括"分类索引"、"著者索引"、"报告号索引"和"收录杂志一览表"4部分。1975年起改为"主题索引"、"著者索引"和"收录资料一览表"3部分。

(1) 主题索引

1975年开始编制,以取代分类索引。主题词从《JICST科学技术用语主题词表》中选取。1975—1980年主题索引的著录项目包括主题词、说明词和顺序号（见例8-10）。自1981年起,主题索引的著录项目包括主题词、日文题目、文献区分号、语种和顺序号（见例8-11）。索引按主题词字顺排列。

【例8-10】　主题索引片断

情报科学
B78071030
ASIS‖アメリカ‖ドキユメンテーシヨン‖文献展望
B78050778
CAI‖PASCAL‖会话形处理‖教育训练
B78091178
‥‥‥‥‥‥‥
情报化社会
‥‥‥‥‥‥‥
竞争‖サービス业‖市场‖东南アジア　B78090974

【例8-11】　主题索引片断

生物エネルギー
生物电池　生物化学的エネルギー变换　(b)　日
L81021395
‥‥‥‥‥‥‥
生物学

　　　　生物航空学の价值　地理の观点　(b)　英　L81010001
　　　　应用技术および生物学　(a)　英　L81010002

(2) 著者索引

分别按西、俄、日文作者姓名字顺排列，名可缩写，姓与名之间及缩写之后均用空格分隔，不用符号（见例 8-12）。1961—1968 年作者仅按西、日文排，俄文作者采用罗马拼音排入西文。

【例 8-12】　著者索引片断

　　　　　　　　　A
AGABITI—ROSEI E L81072881
AGARD D A L81020015
....
Van LOON G R L81040369
....
Von der HAAR F L81062102
　　L81082043 L81111072
....
　　　　　　　　　Б
БАБАЕВ Р Р L81032119
....
МИХАЙЛОВ А И L81020272
....
　　　　　　　　　イ
饭尾めフし L81071748
饭尾正宏　L81042865　L81073839
　L81090115
饭尾利弘　L81091627

(3) 收录资料一览表（收录资料リスト）

分〔外国志〕和〔国内志〕两部分，包括期刊、会议资料和报告。俄文文献采用罗马字母拼音，按文献名称字顺排列。1975 年以前称"收录杂志一览表（リスト）"，1975 年起"报告号索引（レポート）"并入此表，改为现名。1989 年底改名为"JICST 资料所藏目录"。

(4) 分类索引（项目索引编）

类目比《速报》每期分类目次详细。在同一类名下，索引条目按顺序号大小排列。每个条目著录有日文题目、文献区分、国别、语种和顺序号（见例8-13）。1975年起它已被"主题索引"所取代。

【例8-13】 项目索引片断(选自1974年B分册)

情报活动・組織と関連分野
[ドキュメンテーション]
＊ドキュメンテーション
＊＊一般
……………………………………
FID 計画における教育関系出版物　Ⅰ　[C①]　(I)
　E 76001235
情報科学の教育　[C①]　(A)　E 76001249

(5) 报告号索引（レポート索引編）

按报告名称与报告号顺序排列。该索引1975年起并入"收录资料一览表"中。

三、《速报》的利用

利用《速报》检索文献，若查最新文献，可直接利用每期《速报》的分类目次和关键词索引；若查多年的文献，可利用卷索引中的主题索引和著者索引。

一般检索文献流程包括：了解读者需要，选用检索工具，选择检索语言和途径，具体检索文献线索，查找文献馆藏号，整理成专题目录给读者等几个步骤。现就检索文献流程和《速报》的几种检索方法，结合实例加以介绍。

1. 检索"文献保存"方面的文献

(1) 了解检索课题内容和要求。

(2) 选择检索工具，选用《科学技术文献速报：管理与系统技术编》。该刊每期有分类和主题两种检索途径，卷索引有主题和作者两种检索途径。

(3) 选择分类号和主题词。利用《科学技术文献速报编别分类表》(或每年第一期附的编别分类表,或直接利用每期分类项目)或者《JICST 科学技术分类表》,选出分类号如下:

（编别分类表）	（科技分类表）
B0300　情报管理	A　科学技术一般领域
B……　…………	AC　ドキュメンテーション
B0303　〔情报机关与系统〕	AC04　情报收集·整理
B0304　〔情报整理技术〕	002.5∶025.2/.3　B0304
	AC09　图书馆
	AC0901　一般　　02　B0303

利用《JICST 科学技术用语主题词表》选出主题词:"资料保存"(シリョウホゾン)

(4) 利用卷主题索引检索文献。在 1982 年 B 分册第 20 卷卷索引的主题索引中找到:

　　　(シリョウホゾン)
　　　资料保存
　　　　　图书馆资料の保存　1981　(b)　英
　　　　B82121624

根据顺序号 B82121624,在第 12 期正文部分(第 162 页)找到该文摘(详见例 8-6)。

若要取得这篇文献,可以通过下面三条途径:① 直接与 JICST 联系,可获得复制品,但要写明其馆藏号与文献出处,即 A894A Libr Resour Tech Serv **26**〔3〕223—239 ('82)。② 了解国内是否已订购,再找收藏单位联系借阅或复制。可借助《外国报刊目录》、《1978 年全国预订外文科技期刊联合目录》、《1982 年全国预订外文报刊联合目录》等工具了解其收藏单位。③ 直接查国内图书情报单位的馆藏期刊目录。

(5) 利用每期的关键词索引检索有关文献。在 1982 年第 20 卷第 12 期的关键词索引第 383 页可找到:资料保存 B82121624。根据此号,在正文第 162 页同样可以查到该文摘。

(6) 利用每期分类目次检索有关文献。查阅1982年第20卷第12期,在分类目次中找到以下有关类目。

情报管理……………………………………155
情报机关与系统……………………………160
情报整理技术………………………………163

根据所提供的页码160、163,在正文找到该两类,然后逐条浏览,也可找到该文摘。

2. 检索"植物繁殖"方面的文献

(1) 了解检索课题内容和要求。

(2) 选择检索工具。选用《科学技术文献速报：生命科学编》,该刊每期可以从分类和主题两个途径检索文献,卷索引有主题和著者两个检索途径。

(3) 选择分类号和主题词。利用《科学技术文献速报编别分类表》或《JICST科学技术分类表》选出分类号。

（编别分类表）	（科技分类表）
L0200　生物科学	E　生物科学
L……　…………	EH　植物学
L0206　〔植物学〕	EH02　〔植物生理学〕
	EH0204　生殖
	581.16：577.1　C0819
	L0109

利用《JICST科学技术用语主题词表》选出以下3个主题词:受精(ジュセイ);植物(ショクブツ);接合〔生殖〕(セツゴウ〔セイツョク〕)。

(4) 利用卷主题索引检索文献。在L分册卷主题索引中找到:

　　受精
　　　　植物の受精　　(b)　日　L81010439
　　植物
　　　　植物の受精　　(b)　日　L81010439
　　接合〔生殖〕
　　　　植物の受精　　(b)　日　L81010439

再按顺序号 L81010439 在第一期第 51 页找到相应的文摘:

  581.16;577.1   L81010439
  植物の受精[b②] JA[外化]
  汤浅明(东大): F863A 遗传 (JPN) 35[5] 2—8('81)

  (5) 利用每期的关键词索引检索文献。利用 1981 年第一卷第一期的关键词索引,分别用"受精"、"植物"和"接合〔生殖〕"等关键词也可以查到 L81010439 这个顺序号,然后据此查出文摘。

  (6) 利用每期分类目次检索有关文献。利用 1981 年第一卷第一期,在分类目次中找到"植物学"大类,根据所提供的页码 48,在正文找到该类,然后逐条浏览,也可以在 51 页找到该文摘。

  3. 检索前苏联科技情报所长阿·伊·米哈依洛夫(Михайлов, А. И.)**发表的文献**

  (1) 选用检索工具:《科学技术文献速报:管理与系统技术编》。

  (2) 利用卷著者索引检索文献。在 1973—1978 (Vol.9—16) 卷著者索引中查到该著者发表的文献顺序号若干个,其中有一个号是 B78100831,根据这个号,在 1978 年第 16 卷第 10 期第 87 页上找到"苏联情报科学的研究"一文:

002   B78100831
ソ连になける情报科学の研究 (1968—1977 年) [b②] RU
  Иссиепования по информатике в СССР (1968—1977л.)
  МИХАЙЛОВ А И, ЧЕРНЫЙ А И, ТИЛЯРЕВСКИИ Р С:
  R272A Nauchno Tech Inf 2 (SUN)[11/12] 1—12 ('77)
  苏联过去 10 年情报科学有关的重要研究课题介绍;表 3 参 178

再利用"ISO833—1974 (E),表 1:罗马与斯拉夫语言字母音译表"复原俄文刊名: Научно-техническая информация, Серия 2. Информационные процесси и системы. 然后就可以选择上面介绍的途径按此刊名及其年、卷、期号去查阅原文了。

  四、《速报》的辅助工具书

  为了编辑和利用《速报》,JICST 编制了一套工具书,现分别介绍如下。

1. 分册编排分类表

（1）《科学技术文献速报编别分类表》，1975 年，229 页，A4 判。该表是《速报》的分册编排分类表，按《速报》九个分册顺序编排（不包括"国内化学编"），共设有 121 个大类，656 个小类，而后是按"JICST 理工学统一分类表"的统一分类号排列的细类表。每个细类著录项目包括统一分类号、统一类名、范围注释、对应 UDC 号。本表适用于 1975—1980 年的《速报》(DW3856)。

（2）《科学技术文献速报编别分类表（补遗）：能源部分》，1978 年，13 页，A4 判。它是 1975 年编别分类表的补充本，列出"能源编"7 大类，27 小类。

（3）《JICST 科学技术分类表》，1981 年，315 页，B5 判。该表附录"科学技术文献速报编别分类表"列出 11 个分册的大类（不包括"国内化学编"）。据前言中报道，共有 138 大类，737 小类。本表适用于 1981 年 3 月后的《速报》(JR2447)。

（4）其他编排分类表。1975 年前，也有编排分类表，多刊登在每期的封二、三或附页上，如 1961 年、1968 年等均有报道。1981 年后，《速报》各分册第一期末尾也附有《速报》编别分类表。

2. 文献分类表

（1）《JICST 理工学统一分类表》，1975 年，138 页，A4 判。它是标引《速报》每篇文献用的分类表，分 15 个部，90 大类，528 小类，2365 个细类。每个细类著录有统一分类号、细类名、范围注释、对应 UDC 号和所属分册编别分类号。本表适用于 1975—1980 年的《速报》(DW3917)。

（2）《JICST 理工学统一分类表（补遗）：能源部分》，1978 年，6 页，A4 判。它是 1975 年版的补充本，列出"能源编"7 大类，18 小类，24 个细类。

（3）《JICST 科学技术分类表》，1981 年，315 页，B5 判。该表比《JICST理工学统一分类表》的专业范围更加广泛，增加了医

表 8-2　《速报》12 个分册的学科内容

　　A.　土木与建筑工程编/土：1958—1975 年 3 月为第 6 分册，现为 A 分册，半月刊。1981 年报道文献 57,928 条（加工文献 25,554 件）。内容包括：建设工程一般；建设施工；土质与基础工程；材料与构造力学；建设材料；建筑工程一般，各种建筑物，建筑设备，土木工程，各种土木工程，水利学与水利工程，卫生工程，城市工程等 13 大类。

　　B.　管理与系统技术编/管：1963—1975 年 3 月为第 7 分册，现为 B 分册，月刊。1963 年—1975 年 3 月名为"经营管理编"，1975 年 4 月改为现名。1981 年报道文献 39,256 条（加工文献 18,747 件）。内容包括：经营工程，生产工程，情报管理，计算机利用技术，交通运输系统，城市计划，其他领域系统，科学技术制度，研究开发等 9 大类。

　　C.　化学与化学工业编（外国编）/外化：1958—1975 年 3 月为第 3 分册，现为 C 分册，旬刊。1958—1971 年名为"化学与化学工业编"，1972—1975 年 3 月名为"外国化学与化学工业编"，1975 年 4 月改为现名。1981 年报道文献 144,781 条（加工文献 123,576 件）。内容包括：化学一般，物理化学，分析化学与分离法，无机化学，胶体化学，有机化学，高分子化学，生化学，药学，农业化学，化学工程，化学工业一般，无机化学工业，窑业，有机化学工业与燃料工业，食品及食品工业，发酵生产，油脂、洗剂与化妆品工业，橡胶与塑料工业，颜染涂料与粘着剂工业，纤维工业，纸、纸浆与木材工业，照明化学工业，皮革工业，其他杂货工业等 25 大类。

　　E.　电气工程编/电：1958—1975 年 3 月为第 4 分册，现为 E 分册，半月刊。1981 年报道文献 62,260 条（加工文献 46,191 件）。内容包括：电气工程一般；计测；控制工程；电力工程；电子工程；通信工程；计算机工程等 7 大类。

　　G.　金属工程、矿山工程与地球科学编/金：1958—1975 年 3 月为第 5 分册，现为 G 分册，半月刊。1958—1975 年 3 月名为"金属工程、矿山工程与地球的科学编"，1975 年 4 月改为现名。1981 年报道文献 66,369 条（加工文献 51,868 件）。内容包括：金属工程一般，金属学，金属加工技术，金属冶炼与精炼，金属材料，矿山工程，地球科学一般，地球物理学，地球化学，地质学，地理学等 11 大类。

　　J.　化学与化学工业编（国内编）/国化：1974—1975 年 3 月为第 9 分册，现为 J 分册，月刊。其前身 1877 年—1963 年名为《日本化学总览》，1964—1974 年名为《国内化学编日本化学总览》，并入《速报》系统，但内容未变。1974—1975 年 3 月名为"国内化学与化学工业编"，正式纳入《速报》体系，1975 年 4 月改为现名，由月刊改为半月刊，卷号延续。1981 年报道文献 36,565 条（加工文献 30,022 件）。其大类设置与 C 分册"化学与化学工业编（外国编）"相同。

(续表 8-2)

K. 环境公害编/环:1975 年 4 月以前为第 11 分册,现为 K 分册,月刊。其前身 1971—1975 年 3 月名为《环境公害文献集》,1975 年 4 月改为现名,由双月刊改为月刊,另起卷号。1981 年报道文献 22,220 条(加工文献 12,961 件)。内容包括:环境工程一般,水质污浊,水质污浊防治技术,大气污染,大气污染防治技术,废弃物处理,其他环境污染与公害,污染原因物质,自然保护等 9 大类。本分册每期除理工部分与其他分册编法相同外,还有第二部分,其单期为医学题录,双期为农业题录,没再编索引。医学题录选自《医学中央杂志》(医中),《医学索引》(IM),《生物学文摘》(BAb);农业题录选自《日本农学文献记事索引》(农索),《农业目录》(BAg),《农业索引》(Agrindex)的渔业与水生科学部分(FAS)。

L. 生命科学编/ライフ:1981 年创刊,旬刊。1981 年报道文献 34,931 条(加工文献 6,561 件)。内容包括:生命科学一般,生物科学,生化学,生物育种与防疫,培养工程与微生物利用,药学,医学,生物工程等 8 大类。

M. 机械工程编/机:1958—1975 年 3 月为第 2 分册,现为 M 分册,半月刊。1958—1975 年 3 月名为"工程一般与机械工程编",1975 年 4 月改为现名。1981 年报道文献 86,937 条(加工文献 53,171 件)。内容包括:机械工程一般,控制工程与遥控工程,机械制造技术,热工程与燃烧装置,热力机械,精密机械,冷冻与空调装置,流体机械,产业机械,自动车,铁道车辆,船舶,飞行器,运输与交通工程,其他机械与器具制造等 15 大类。

N. 原子能工程编/原:1961—1975 年 3 月为第 8 分册,现为 N 分册,月刊。1961—1963 年名为"原子能抄录:同位素与放射线化学编",1964—1975 年 3 月名为"原子能抄录:同位素与放射线利用编",1975 年 4 月改为现名。1981 年报道文献 21,575 条(加工文献 13,669 件)。内容包括:原子能一般,检测与测定机器,线源与线源利用,同位素性质,分析与制造,示踪同位素利用,同位素地球化学,照射效果与利用,原子炉与核燃料,核融合,放射线管理等 10 大类。

P. 物理与应用物理编/物:1959—1975 年 3 月为第 1 分册,现为 P 分册,半月刊。1981 年报道文献 79,132 条(加工文献 43,496 件)。内容包括:物理学一般与基础,物理实验技术,振动与音响,流体力学,电磁学与光学,基本粒子与核物理实验技术和放射线计测,基本粒子与场物理学,宇宙线与天体物理学,原子核物理学,原子与分子,流体论与气体的物理性质,等离子体与放电,物质构造,放射线物理与冲击现象,机械性质与声波物性,格子力学、相转移、热物性与扩散,电子物性一般,电气物性,磁性,磁共振与弛豫、Moessbauer 效应,光物性,电子放出与离子放出等 22 大类。

S. 能源编/エネー:1978 年创刊,月刊。1981 年报道文献 30,310 条(加工文献 8751 件)。内容包括:能源与能源资源一般,燃料,自然能源,电力及电源贮存,热工程,能源消费与节能,环境及安全等 7 大类。

学、农学、生物科学、数学等内容，一级类（相当于"部"）由原来16个增加到24个，现有二级类154个，三级类779个，四级类以下3024个（相当于"细类"）。一级类字母代码有重大修改。本表主表前有一、二级类目次，主表二级以下各类著录项目有分类号、类名、范围注释、对应UDC号、所属分册编别分类号、旧分类号（指"理工学统一分类表"类号）。还有五十音序类名主题索引（包括类目、新分类号、旧分类号），旧、新分类号对照表（包括旧分类号、类目、新分类号），书后还附有"科学技术文献速报编别分类表（大类）"。本表适用于1981年3月后的《速报》(JR2447)。1987年该分类表出了第二版。

3. 主题词表

(1)《JICST科学技术用语主题词表（シソーラス）》,1975年，844页，A4判。此表是在各分册专业主题词表基础上编制的综合主题词表。1987年版共有主题词48,196个（包括标准主题词38,407个，非标准主题词9789个）。主题词按日文50音序编排，主题词下有范畴号和"用（USE）"、"代（UF）"、"属（BT）"、"分（NT）"、"参（RT）"等词间参照；非标准主题词前有"*"号，下有范畴号及"用"、"代"参照等。(DW3926,4192)

4. 所藏文献目录

JICST每隔数年就出版一次《逐次刊行物所藏目录》报道该中心收集的国内外杂志和其他文献资料。

第三节 法国《文摘通报》

法国的综合性检索刊物《文摘通报》(Bulletin Signalétique,以下简称《通报》)。

一、《通报》的概况

《通报》创刊于1939年，月刊，自1982年起改为每年出10期。《通报》由法国国家科学研究中心（CNRS）的科技文献中心

（Centre de Documentation Scientifique et Technique）编辑出版，是目前国外三大套综合性检索刊物之一。

在创刊初期，它名为《分析通报》(Bulletin Analytique)，不分分册。其内容包括数学、物理、化学、地质及生物学（不包括经济、临床医学和地理）等方面的文献，也不收录专利，只按学科分成17大类进行报道。1942年（第3卷）起分为2个分册：第一分册为数学、物理、化学和工程技术；第二分册为生物物理、生物分析化学、生物化学、药物学、毒物学、微生物学、病毒与细菌学、免疫学、动物学、遗传学、植物学、农业、植物保护及食品工业。年报道量约5—6万条。1947年（第8卷）起增出第三分册，内容包括哲学、社会科学和人文科学。1956年改为现名。前两个分册除出有综合本外，还出有小分册。由于原来3个分册的内容包罗很广，所以从1961年起，将《通报》按专业分为22个分册出版（也可以说是19个分册，因后3个分册为第19分册的抽印本）。前18个分册属自然科学类，后4个分册属哲学与人文科学类。1965年（第26卷第4期）起，《通报》又改分为24个分册（后6个分册仍为第19分册的抽印本）。前18个分册为月刊，其余为季刊。

1969年起，《通报》的分册代号改用三位数字，分册数也增至32个。1970年增为36个分册，1971年增为41个分册。1972年为34个分册(不包括社会科学，下同)。1973年为50个分册。1974年和1975年均为49个分册，如果把第900分册："译文通报"算上，是50个分册。1978年为51个分册，包括：第166分册：GAPHYOR 数据库（季刊），第351分册："癌症"（由 Institut Gustave Roussy 出版）和第903分册："世界译文索引"（World Transindex）。1982年增为57个分册。1984年以后改名为：PASCAL Bibliographiques（又称 Publications Bibliographiques），分册数增至79个。表8-3是法国国家科学研究中心科技文献中心1987年提供的新的专业分册目录。

表 8-3 法国《文摘通报》新的专业分册目录

旧号	新分册名和新分册号	
101	Sciences de l'information. Documentation	T205
	Informatique	E33
110	Robotique. Automatique et automatisation des processus industriels	E34
120	Environnement cosmique terrestre, astronomie et géologie extraterrestre	E48
	Météorologie	E49
	Mécanique et acoustique	F10
	Méthodes de formation et traitement des images	E27
130	Métrologie et appareillage en physique et physicochimie	E32
140	Electrotechnique	F21
145	Electronique et télécommunications	E20
160	Etat Condensé	E12
161	Structure des liquides et des solides. Cristallographie	E13
165	Physique atomique et moléculaire. Plasmas	E11
166	Base de données《GAPHYOR》	D01
171	Chimie générale, minérale et organique	F17
172	Chimie analytique minérale et organique	F16
	Chromatographie	E18
173	Chimie générale, minérale et organique	F17
210	Industries agroalimentaires	T210
215	Biotechnologies	T215
22	Sciences de la Terre	T022

旧号	新分册名和新分册号	
220	Minéralogie. Géochimie. Géologie extraterrestre	F40
221	Gisements métalliques et non-métalliques	F41
222	Roches cristallines	F42
223	Roches sédimentaires. Géologie marine	F43
224	Stratigraphie. Géologie régionale. Géologie générale	F44
225	Tectonique. Géophysique interne	F45
226	Hydrologie. Géologie de l'ingénieur. Formations superficielles	F46
227	Paléontologie	F47
233	Médecine tropicale	T235
251	Cancer	E89
310	Génie biomédical. Informatique biomédicale	E84
320	Biochimie. Biophysique moléculaire. Biologie moléculaire et cellulaire	F52
	Chromatographie	E18
	Toxicologie	E63
330	Pharmacologie. Traitements Médicamenteux	F70
340	Microbiologie: bactériologie, virologie, mycologie, protozoaires pathogènes	E61
	Immunologie	E62
346	Ophtalmologie	E71
347	Otorhinolaryngologie. Stomatologie. Pathologie cervicofaciale	E72

旧号	新分册名和新分册号	
348	Dermatologie. Maladies sexuellement transmissibles	E73
349	Anesthésie et réanimation	E83
	Pneumologie	E74
352	Cardiologie et appareil circulatoire	E75
354	Gastroentérologie, foie, pancréas, abdomen	E76
355	Néphrologie. Voies urinaires	E77
356	Neurologie	E78
357	Pathologie et physiologie ostéoarticulaires	E79
359	Hématologie	E80
361	Reproduction des vertébrés. Embryologie des vertébrés et des invertébrés	F54
	Endocrinologie humaine et expérimentale. Endocrinopathies	E64
	Gynécologie. Obstétrique. Andrologie	E82
362	Maladies métaboliques	E81
363	Génétique	E58
	Génétique humaine	E68
364	Zoologie fondamentale et appliquée des invertébrés (milieu terrestre, eaux douces)	T260
	Biologie marine	E57

旧号	新分册名和新分册号	
365	Anatomie et physiologie des vertébrés	F53
	Ecologie animale, végétale et microbienne. Ethologie animale	F56
	Biologie marine	E57
370	Biologie végétale	F55
	Ecologie animale, végétale et microbienne. Ethologie animale	F56
	Biologie marine	E57
381	Sciences agronomiques: Productions végétales	T280
390	Psychologie. Psychopathologie. Psychiatrie	E65
730	Energie	T230
740	Métaux. Métallurgie	T240
745	Soudage, brasage et techniques connexes	T245
761	Microscopie électronique et diffraction électronique	E30
780	Polymères. Peintures. Bois	F24
880	Génie chimique. Industries chimique et parachimique	F23
885	Pollution de l'eau, de l'air et du sol. Déchets. Bruit	E36
891	Mécanique et acoustique	F10
892	Bâtiment. Travaux publics	T295
	Transports terrestres et maritimes	F25

* 其他分册:

Les lasers	E28	Petrole et gaz	E37
Semiconducteurs, matériaux et composants	E29	Pediatrie	E87

《通报》收录了 13,000 余种期刊,以及会议资料、学位论文、科技报告、专题论文、专利及图书。年报道量:1940 年 2.2 万条,1950 年 9 万条,1962 年约 28 万条,1973 年近 50 万条。截至 1978 年,《通报》共报道了 800 余万条文摘。

二、文摘的编排与著录格式

《通报》各分册正文均按分类编排,每期前有分类表,期末附索引。该刊每条文摘的题目一般使用原文著录,后附有法文译文。如原文是俄文或日文时,题目只著录法文译文,在译文前注明原文文种。文摘字数较少,属于简介性文摘。各分册的文摘均由每卷的第 1 期顺序编号。

例 8-14—8-18 中给出了各种文献的著录格式。

【例 8-14】 期刊论文

≠ 8 2 - 740 - **1911**. ① **Effects of dispersoid particles on toughness of high - strength aluminium alloys**. ②(Effet de particules dispersées surla résistance â la rupture des alliages d' Al). ③ CHEN(C. Q.), KNOTT(J. E.)④,(Univ. Cambridge,dep. metallurge materials sci.,(GBR).⑤ Met. sci.,⑥ISSN 0306-3435,⑦GBR,(1981),15,no 8,357—364,⑧ bibl.(21 ref.).⑨

例 8-14 的著录项目说明:① 文摘号:由 3 部分组成,即年代号-分册号-文摘序号。文摘号前冠有"≠"符号者,表示重复报道。② 文献原文题目。③ 文献题目的法文译名。④ 著者姓名。⑤ 著者工作单位。⑥ 期刊名称。⑦ 国际标准期刊编号。⑧ 该项的内容依次为:出版国家(GBR 为英国),出版年,卷号,期号,起讫页码。⑨ 参考文献。⑩ 文摘正文(另起一段,此例从略)。

【例 8-15】 专利说明书

80 - 745 - **277**① BREVET. ② **Procédé de soudage automatique sous télécommande**. ③ HITACHI LTD④FRA⑤,(1979-08-24),⑥FR/A1/2,412,380⑦,dep. 78-36142/1978-12-22⑧,pr. JP/155,-602-77/1977-12-26.⑨

例 8-15 的著录项目说明：① 文摘号。②"专利"（法文）。③ 专利说明书题目（遥控自动焊接方法）。④ 专利申请单位名称（日立公司）。⑤ 法国专利的代号。⑥ 专利批准日期。⑦ 法国专利号（其中 A1 表示专利类别，后面为流水号）。⑧ 专利申请号和申请日期。⑨ 优先申请国的专利号和批准日期（此件是日本专利，若要看相应的日本特许说明书，需查其公告号）。

【例 8-16】 会议文献

80 - 730 - **3451** ① **Programme de recuperation d'énergies a partir de dechets et de sousproduits industriels.** ②COLLINS(J. F.)③, Colloque franco - american sur les économies d'énergie dans l'industrie / 1979 - 10 - 18 / Paris ④, FRA, Paris : Association nationale de la recherche technique, ⑤ (1979)⑥, 126—154⑦.

例 8-16 著录项目说明：② 文献题目。③ 著者姓名。④ 该项内容依次为：会议名称（法－美工业能源经济讨论会）、会议日期、会议地点。⑤ 会议主办单位。⑥ 出版年。⑦ 起讫页码。

【例 8-17】 科技报告

82 - 885 - **5193.** ① **Policy analysis of water management for the Netherlands , Ⅵ : Design of entrophication control strategies .** ② LOS (F. J.), DE ROOD (N. M.); SMITS (J. G. C), BIGELOW (J. H.). ③ Netherlands Rijkswaterstaat (Patr.).
USA, Santa Monica, Rand, (1982), RAND-N-1500/6NETH, 346p., 28cm, bibl. (dissem.)④

例 8-17 著录项目说明：② 报告题目。③ 著者姓名。④ 该项内容依次为：国别与地名，报告编写单位（此例为"兰德公司"），发表年份，报告编号，页数等。

【例 8-18】 图书

≠ 80 - 745 - **291.** ① **Metals handbook . 1 : Properties and selection : Irons and steels .** ② (Métals handbook 1 : Caractéristiques et criteres de choix : fontes et aciers). ③
USA , Metals Park , Ohio : Amer . Soc . Metals , ④ (1978), 1,739p., bibl. (dissem.), ISBN 0-87170-007-7, 9ed., ⑤ IS. ⑥

例 8-18 著录项目说明：② 书名：《金属手册》第 1 卷，特性与选择标准：铁与钢。③ 法文译名。④ 地名与编辑出版单位。⑤ 出版年，页数，国际标准书号，版次。⑥ 文摘提供单位(IS 是法国焊接研究所的简称)。

三、索引及其使用方法

《通报》每期附有主题索引和著者索引，有些分册还附有专用索引。此外，还单独出版年度索引。从索引的种类、形式和体系看，《通报》的索引比较系统完整，使用起来也比较方便。现将各种索引分别介绍如下：

1. 主题索引

主题索引(Index des matières)是《通报》中最主要、使用最多的一种索引。主题词是通过对文献进行内容分析之后给出的。一篇文献一般给出 3—5 个主题词。采用简单的没有前置词的自然语言，如"工具钢"，法文为 Acier pour outil，作为主题词时，就成为 Acier outil，省去了前置词 pour。对化合物，则根据 IUPAC(国际理论化学与应用化学联合会)的国际术语命名规则命名。

《通报》各分册的主题索引有两种形式，一种是单级主题索引，另一种是多级主题索引。

(1) 单级主题索引

这种主题索引只有一级主题词，在主题词下有说明语和文摘号。第 740 分册的主题索引就属于这一种（见例 8-19）。

【例 8-19】 单级主题索引片断

  Acier outil
    ···, Caractéristique Mécanique, Dureté, Acier A, 514.
    Analyse quantitative, Analyse acier, ···Acier rapide,
    Dosage, W, 1461.

这种单级主题索引按主题词的字顺排列，同一主题词下面再按说明语的字顺排列。在检索时，要将主题词与说明语联系起来读，才能得到一个完整的概念(不等于文献题目)。例如：若要查找"金属铜的表面特性"方面的文献,可通过"表面特性"(Propriété surface)这个主题词去查,然后,再从其下面的说明语里查找金属铜,最后根据所给的文摘号来进一步查看文摘。

Propriete surface
　　…,Métal pur Ag,2072,2074,4009,4013
　　…,Métal pur Al,2054,6283,6295
　→,Métal pur Cu,2048,2053,2057,7356,8362

(2) 多级主题索引

这种主题索引(出现于第145分册)一般设有两级主题词,即一级主题词和二级主题词。索引首先按一级主题词字顺排列,然后再按二级主题词和说明语的字顺排(见例8-20)。

【例8-20】 多级主题索引片断

Diode(二极管,一级主题词)
　Diode avalanche(雪崩二极管,二级主题词)
　　Mode oscillation(说明语),4739.(文摘号)
　　………………
　Discrimination(鉴频器,二级主题词)
　　Microcircuit,8360
　　Récepteur télévision,Télévision direct par satellite,7348.

利用多级主题索引查找文献,也应将一级主题词、二级主题词和说明语联系起来读,才能得到一个完整的概念。例如,例8-20中一级主题词为"二极管",二级主题词为"雪崩二极管",说明语为"振荡式",其完整概念即为"振荡式雪崩二极管"。例如,若要查找有关"摩擦焊接设备"方面的文献,可以利用第745分册《焊接、钎焊及有关技术》,在1980年第1期的主题索引中先找到"Matériel soudage"(焊接设备)这个一级主题词,再从该词下顺次查到"Soudage friction"(摩擦焊接)这个二级主题词,下面列出3篇文献。这样,我们就可以根据给出的文摘号查看文摘,从而进一步掌握文献的题目、出处和内容摘要。

Matériel soudage
⋮
Soudage friction
　Brevet，276.
　Elément véhicule，Industrie automobile，
　Comparaison，Soudage étincelage，155.
　Prix revient，Comparaison，Application，22.

又如,若要查找有关"1980—2000年美国铀需要量"方面的文献,可以利用第730分册《燃料与能源》。如果利用1981年的主题索引,可以首先查出"能源经济"(Economie energie)这个一级主题词,再从该词下找到"Demande"(需求)这个二级主题词,然后再从二级主题词下所列的说明语中找到"铀"(Uranium)这个词,从而得到2篇有关文献如下:

Economie énergie
⋮
Demande
⋮
→Uranium，Période 1980—2020，Etats Unis，12215.
　Uranium，Période 1980—2020，Monde Ouest，12228.
→Uranium，Période 1981—2020，Etats Unis，16281.

通过所给出的文摘号,经查阅文摘后得知这两篇文献的题目为"铀工业的统计数据"和"关于铀工业的统计数据"。

2. 著者索引

著者索引(Index des auteurs)按著者姓名字顺排列,著者姓名后面给出文摘号。使用时应注意字母音译问题。为了编排方便,《通报》将非拉丁文的著者姓名和出版物名称一律按音译规则(见《通报》的"斯拉夫语系与拉丁文音译对照表"等)音译成拉丁化名称。因此,在查找前苏联、日本等国著者的文章时,首先要了解其音译规则(可直接利用《通报》提供的音译对照表,也可参考本书的附录Ⅲ),借助有关的音译对照表将俄文著者名称音译为拉丁文名称(或者反过来),然后才能顺利地查阅索引或文献。例如:Сажин,Н.П.→SAZHIN(N.P.)。

日本著者的姓名是根据日语的读音译成拉丁文的（音译规则参考附录Ⅲ）。例如"高田"，日语的读音是 Takada。因此，它在《通报》的著者索引中属 T 部。有些日本人的姓名是较特殊的，难以掌握它的读音。遇到此种情况时，可利用《日本化学总览》的著者索引中的"难读著者名一览"，查出其日语读音，再回过头来查《通报》的著者索引。对用拉丁文拼写的日文期刊名称，则可利用中国科技情报所编的《日本科技期刊指南》，查出其原名。

3. 公司索引

公司索引(Index des sociétés)是第 221 分册第 B 部分"矿业经济"中所特有的一种索引，按公司名称字顺排列。例如，若要查有关日本丸红公司的资料，先要拼写出丸红的拉丁文 Marubeni，然后在索引中查到 Marubeni，后面给的文摘号为 92。按此文摘号查出这篇文献的题目"丸红公司在秘鲁建造一个铜矿选矿厂"，刊登在《日本金属通报》1979 年第 3887 期上。该文介绍日本丸红公司和秘鲁 Mincro 公司达成一个协议，在 Cerro Verde 建造一个年处理量为 18 万吨的铜矿选矿厂，投产后一半出口到日本，另一半出口到东南亚各国。法国国立科研中心的文献中心未收藏这篇文献，但《通报》在文摘后面注明了文献收藏单位〔BDM12259A〕。

4. 轮排索引

第 101、220—227 等 9 个分册中均有这种轮排索引(Index permute)。它与上下文关键词索引不同，不是文献题目中的每一个关键词都轮排，而是根据文献内容，利用叙词表抽出一些主题词，按字顺轮流编排。当排到某个主题词时，该词在说明语中的位置就用省略号"…"来代替。为了更精确完整地表达一个概念，有时可在主题词后面加上修饰性的自由词，用括号括起。例如下面这篇文献：

    79-101-1830. lang. jap. (Comment utiliser les sources documentaires secondaires spécialisés: domaine des affaires).
    （如何利用特殊的二次文献：有关商业数据的二次文献）

该文献在轮排索引中分别以这样3个款目的形式出现：

Document secondaire（二次文献）
　　Utilisation，…，Economie，1830.
Economie（经济）
　　Utilisation，Document secondaire，…，1830.
Utilisation（利用）
　　…，Document secondaire，Economie，1830.

在第220分册的轮排索引中，硅酸盐是用其所属的族来表示的。例如：硅酸钠 Na_2SiO_3，用钠族来表示；非硅酸盐则用代码来表示，如："O"表示氧化物，"S"表示硫化物；用其固有名称表示的矿物的目录表登在每年第一期轮排索引的前面。

5. 酶索引

酶索引（Index d'enzymes）出现于第320分册中。它分为两级，第一级是采用国际分类所通用的酶的名称，第二级为研究特性。例如，若查"Lysozyme"（溶菌酶）方面的文献，从1980年第一期酶索引中，按字顺可查到在第17页中有如下记载：

Lysozyme
　　Cinetique，Theorie，673
　　Mecanisme rewtion，Theorie，673
　　Spectroscopie RMN，Trytophane，678
　　Structure secondaire，Insecta，677

这样，便找到了3篇有关"溶菌酶"的运动理论，反应机理、色氨酸RMN光谱学等方面的文献线索。

6. 植物索引

植物索引（Index de plantes）出现于第320分册，分为两级，第一级为最常用的植物拉丁文名称，第二级为所研究的物质。索引按字顺排列。若查找"大豆"（Glycine max）方面的文献，可在1980年第一期植物索引中按字顺在第18页上找到该主题词，其二级主题为"球蛋白"（Globuline），文摘号为179。再根据文摘号查阅文摘，便知道该文的题目为："碱处理大豆7S和11S球蛋白的胶凝和聚合之间的相互关系"。

7. 地理索引

地理索引(Index géographique)出现于第 101、220—227、364、365、370、730、885 等 14 个分册中,是地学专业检索工具中所特有的一种索引。它按地区名称、国别或地名的外文字顺排列(如例 8-21 所示)。

【例 8-21】 地理索引

Etats Unis
  Alaska
    Faune coralliaire, carbonifère, Ecologic, Faune spècifique, 1197.
  Arizona
    Extension, Mammalia placentaire, Oligocène, Néogène, Pléistocène, 1187.
    ··
  Califfornie
    Fusulinida, Pennsylvanien, Permien, Biogéographie, 1027.

8. 大气污染物索引

大气污染物索引(Index de polluants atmosphériques)为第 885 分册所特有,按污染物名称字顺排列,如气溶胶、乙醛、石棉、二氧化碳等,后附有文摘号(如例 8-22 所示)。

【例 8-22】 大气污染物索引片断

Aérosol
    Appareil prélèvement, Impacteur cascade, 1667.
    ··
    Plorob, Radioisotope, Uranium, Pollution radioactive, 1692.
  Aldéhyde
    Soufre dioxyde, Ammoniac, Résultat mesure, Teneur émission, Automobile, Hydrocarbure, 1724.

9. 矿物索引

矿物索引(Index de minériaux)为第 220 分册所特有,按矿物名称字顺排列,如:钠长石(Albite)、水铝石英(Allophane)、贵榴石(Almandin)、重铁天兰石(Barbosalite)、方解石(Calcite)等,后附有文摘号(如例 8-23 所示)。

【例 8-23】 矿物索引片断

  Albite, 103,310,311,428,796,799,959,961,964.
  Allargentum, 1114.
  Alloclasite, 677.
  Allophane, 86,417,767,1287.

10. 古生物学索引

古生物学索引(Index paléontologique)为第 227 分册所特有。索引前面有分类表,分古动物学和古植物学两部分,按系统分类学顺序排列(如例 8-24 所示)。而索引则是按分类表中的二级类的类名字顺排列的,后面给出文摘号(如例 8-25 所示)。

【例 8-24】 系统分类表片断

    INVERTEBRATA(无脊椎动物)
    Protozoa(原生动物门)
    ············
    Foraminifera(有孔目)
    ············
    Mollusca(软体动物门)
    ············
    Pelecypoda(瓣鳃纲)
    Astartida(花蛤科)
    ············

【例 8-25】 古生物学索引片断

Pelecypoda
  ···, Eifelien (Horizon Shandin), Faune
  specifique, Kouznetsk (salair nordest), 96.
  ······

  Actinodontida (Gastrochaenacea)
  Evolution biologique, Ecologie, Adaptation, ···,
    Secondaire, Tertiaire, Convergence, Pholadomyida
    (Clavagellacea), 100.

11. 地层学索引

地层学索引(Index stratigraphique)为第 224 分册所特有,按地质年代字顺排列,如:Archéen(太古代)、Cambrien(寒武纪)、Devonien(泥盆纪)等(如例 8-26 所示)。

【例 8-26】 地层学索引片断

  Archéen
    Echelle stratigraphique, …, Protérozoique sup,
      Empire, Centrafricain, 1524.
    Géochronologie, …, Roche metamorphique, 1528.

12. 农药索引

农药索引(Index de pesticides)为第 364 分册所特有,按农药名称字顺排列,如:"艾氏剂(Aldrine)、三溴甲烷(Bromoforme)、氯丹(Chlordance)、高丙体六六六(Lindare)、草氨酰(Oxanyl)等,后面分别给出文摘号(如例 8-27 所示)。

【例 8-27】 农药索引片断

  Acephate, 7628,7660.
  Aldicarbe, 7499,7510,7511,7513,7598,7690.
  Aldicarbe-sulfone, 7512.
  Aldrine, 7635.
  Ambush, 7604.

13. 林业索引

林业索引(Index de sylviculture)为第 370 分册所特有,主要涉及各种木材以及森林开采、森林器材、测树学和肥料等。索引词分两级,第一级基本上是木材的植物名称或有关森林器材或采伐等方面的名词,第二级为说明词,如:生长形态学、接种、移植等,后面给出文摘号(如例 8-28 所示)。

【例 8-28】 林业索引片断

  Alnus rubra(红桤木)
    Azote(氮)5269.
    Croissance(生长),5269.
    Fixation azote(固氮),2808.
    Productivité(生产率),5269,5275.
    Rotation(轮作),5275.

14. 材料索引

材料索引(Index des matériaux)为第 160 分册和第 740 分册所特有,只有一级,按材料名称字顺排列,如:合金、钢、铸铁、纯金属等(如例 8-29 所示)。

【例 8-29】 材料索引片断

  Acier(钢),104,132,487,497,
  Acier C(碳钢),80,1369,3367,3725,
  Acier Cr:10—15 C:0.1—0.23(铬碳钢),3373.
  ....
  Acier Mn V C(锰钒碳钢),10579.

15. 化学产品索引

化学产品索引(Index de produits chimiques)为第 365 分册所特有,只有一级,按化学产品名称字顺排列,如:红豆碱(Abrine)、醋酸铵(Ammonium acétate)、乙二醇(Ethyléne glycol)等,后面给出文摘号(如例 8-30 所示)。

【例 8-30】 化学产品索引片断

  Calmoduline,16656.
  Capsaicine,16815,16858,16929,17515.
  Carbachol,17116,17160,17202.
  Catéchine,15992.

16. 专利申请人索引

专利申请人索引(Index de brevets par nom de déposants)为第 730、745、780、885 和 890 这 5 个分册所特有,按专利申请单位名称字顺排列,后附文摘号。根据文摘号可查到文摘和专利号。索引形式如例 8-31 所示。

【例 8-31】 专利申请人索引片断

  ALLIED CHEMICAL CORP. 9220.
  AMERICAN CAN CO.,8672.
  AMERICAN OPTICAL CORP,9035,9042.
  ANIC S. P. A.,8421.

17. 系统分类学索引

系统分类学索引(Index systématique)为第 364、365 和 370 分册所特有。第 365 和 370 分册的索引为两级,第 364 分册的索引只有一级。索引按动植物的纲、科、属等类名字顺排列,后附文摘号。第 365 分册的系统分类学索引如例 8-32 所示。

【例 8-32】 系统分类索引片断

    Amphibia(两栖纲)
    ....
      Bufonidae(蟾蜍科),45.
    ....
  ....
    Aves(鸟纲)
    ....
      Tétraonide(松鸡科),2132.

18. 英文主题索引

英文主题索引(Subject Headings Index)是按英文主题词字顺排列的,为第 220—227 分册及 730 分册等 8 个分册所特有。

19. 化学物质索引

化学物质索引(Index des Substances Chimiques)为第 161、165、170 等 3 个分册所特有,按化学物质名称字顺排列,后附文摘号(如例 8-33 所示)。

【例 8-33】 化学物质索引片断

    Diphénylamine (éthoxy-4), 12913.
    Diphénylamine (hydroxyamino-4), 16968
    Diphénylamine (nitro-4), 6953, 16982.

所用化学物质名称是按"国际理论与应用化学联合会"(IUPAC)颁布的国际术语规则来命名的,取代基按前缀(di-,tri-,bis-,tris-,等)的字母顺序排列。此外,还广泛地使用联合命名规则,从而有可能表示出环状化合物所具有的官能团。因此,"羟甲基-3-吡啶"(carboxymethyl-3-pyridine)这种化合物应排在"吡啶乙-3-酸"

(Pyridineacétique-3-acide)下面。具有多官能团的化合物,只明显地列出一种独特的官能团,而对其余的官能团仅作为普通取代基来考虑。其排列次序为:基,阴离子,阳离子,羧酸,酯,内酯和酐,酸的卤化物,酰胺,酰亚胺,脒,腈,磺酸及其酯类,醛,酮,醇,酚,硫酚,胺,亚胺,醚,硫化物,亚砜,砜,过氧化物。

为便于自动编排,化学符号"′"、"″"、"‴"分别用 p、s 和 t 代替,如 Phénol(chloro-2′éthyl)写为 Phénol(chloro-2péthyl)。

20. 索引指南

索引指南原名(List des renvois aux notions équivalentes utilisées pour la constitution de l'Index des matières)直译为:主题索引结构中使用的相同概念注释目录。即把主题索引中的"见"和"参见"项参照全部抽出单独排印而成,故这里意译为"索引指南"。它对一般索引的使用起指导作用。通过该指南,可把我们掌握的主题词或化学物质商品名、俗名等转换成《通报》索引中所选用的命名和主题词,以保证迅速、准确地查出所需文献。另外,利用该指南可及时掌握新的主题词,通过指南中的参见可扩大检索途径。此指南为第 145、320、340、361、380、390、780 及 880 等分册所特有。

21. 聚合物商业名称索引

聚合物商业名称索引(Index par noms commerciaux de polymères)为第 780 分册所特有,按聚合物商业名称,如尼龙(Nylon)、卡普隆(Kapron)等的字顺排列(见例 8-34)。

【例 8-34】 聚合物商业名称索引片断

Kapron B, 8530.　　　　**KB**-4P-2, 8226.
Kapton, 9090.　　　　　**KMT-M**, 8226.

除上面已介绍过的 21 种索引外,在第 101 分册中还有"申请机构索引"和"合同机构索引";在第 120 分册中有"引用的天上物体目录";在第 890 分册中有"土木工程学著作索引"等。这里不再一一介绍了。

第四节 俄罗斯《文摘杂志》

俄罗斯《文摘杂志》(Реферативный Журнал 简称 Р.Ж.，以下简称《文摘杂志》)创刊于1953年，由前苏联全苏科技情报研究所(Всесоюзный Институт Научной и Технической Информации，简称 ВИНИТИ)编辑出版。

一、《文摘杂志》概况

《文摘杂志》与法国《文摘通报》、日本《科学技术文献速报》一起被称为世界上三大综合性文摘杂志。1983年，《文摘杂志》有28个综合本(内含165个分册)和56个单卷本，合计221个分册。其中，除《化学文摘》和《生物学文摘》为半月刊外，其余均为月刊。

《文摘杂志》引用了世界上130个国家、用66种文字出版的22,000多种期刊，6,000多种连续出版物，10,000多种图书，15万件发明证书和专利以及会议录、科技报告、标准等等。除了医学、农业、建筑以外，它几乎包括了所有自然科学、技术科学和工业经济等方面的内容。文摘内容一般比较详细，篇幅较长，有的文摘还附有实验数据和图表。近几年，其年报道量均在120万余条左右；报道速度也逐年加快，1960年，它的时差为9.5个月，1966年为6.8个月，1972年以后为3.5—4个月。此外，为了便于检索文献资料，各分册还编制了各种类型的索引。

《文摘杂志》发展迅速，变化频繁。它在1953年创刊时只有4种文摘，即：《数学文摘》、《天文学文摘》、《力学文摘》和《化学文摘》。从1958年开始，除有综合本文摘以外，还按综合本中的大类出版专业面较窄的分册本，并且还按专业内容出版单卷本文摘。到1964年，《文摘杂志》已有25个综合本(内含127个分册)和36个单卷本。1989年，发展到29个综合本(内含178个分册)和61个单卷本，共计有239个分册。现有综合本和单卷本文摘的名称见节末所附的《文摘杂志》综合本和单卷本目录(1983 年),即表 8-4。

二、《文摘杂志》的编排方式及其著录格式

《文摘杂志》有综合本(Сводный том)和单卷本(Отдельный Выпуск)两种形式。综合本文摘又按其大类出版若干分册,例如《化学文摘》除有综合本文摘以外,还按 16 个大类出版 14 个分册。综合本和单卷本的编排方式大体相同。1967 年以前,文摘按《全苏文摘出版物分类表》分类编排。1967 年以后改为按《国家科学技术情报自动化系统标题分类表》(ГАСНТИ)编排。在综合本文摘每一个大类和单卷本文摘每期的前面均附有标题分类表(Рубрикация),该表有揭示主题词和报道内容的作用。每年第一期的前面有文摘中使用的缩写词表和摘用期刊刊名缩写与全称对照表。常用的缩写词有 3 种:

● 常用的形容词。如词尾为-еский,-ионный 的形容词:Оптический, Клинический, Концентрационный, Лекционный。

● 一般的缩写词。如:АН-Академия Наук(科学院),АЭС-Атомная Электростанция(原子能发电站),Ж. Д. -Железная Дорога(铁路)。

● 专用缩写词和符号。如 ВМС - Высокомолекулярное Соединение(高分子化合物),Н. Э. -Нормальный Электрод(标准电极),Ме. -Мемил(甲基),Т. Кип-Температура Кипения(沸点)。

每期都附有内容目次表(Содержание),文摘就按它编排。有些分册的文摘在小类之下还按期刊论文(Ж)、图书(К)、学位论文(Д)、标准(С)、专利(П)等不同文献类型的顺序依次排列;有些分册则是将各种类型的文献混排;有些分册在每个类目的左上方有国际十进分类法分类号;有些分册在每条文摘的左上方有国际十进分类法分类号。一般基础理论方面的文摘较短,而工程技术方面的文摘较长,内容较详细,有的还附有图表。也有个别以题录形式报道。

《文摘杂志》各分册的著录格式基本相同，著录项目包括有：

① 国际十进分类法分类号，冠有 УДК（Универсальная Десяти-чная Классификация）。

② 文摘号。1960年以前有些文摘全年连续编号，有些文摘全年按各大类连续编号。自1961年起取消全年连续编号，改为每期文摘按类编号。文摘号由文摘的期数、大类代号（或分册代号）、文摘顺序号、文献类型4个部分组成。例如：《化学文摘》中文摘号"1H46П"的含义为：

1　　　H　　　46　　　П

第一期　大类代号　文摘顺序号　文献类型（专利）

《火箭制造文摘》中的"9.41.125K"的含义为：

9　　　41　　　125　　　K

第九期　单卷本代号　文摘顺序号　文献类型（书）

文摘号中代表文献类型的字母含义如下：

К	Книга	图书
Д	Диссертация	学位论文
П	Патент	专利
Р（Рец）	Рецензия	书评
С	Стандарт	标准
Ж	Журнал	杂志（现已不用，凡期刊论文，其文摘号后面均无字母）。

③ 文献题目，用黑体字印刷。

④ 原文题目，凡用英文、德文、法文等西方语言发表的文献，在俄文题目后面均注有原文题目。

⑤ 著者姓名，中、日等国的著者姓名用俄文拼音表示。

⑥ 文献出处，西文和俄文者用原文著录，中、日文等东方语种则用俄文拼音著录。

⑦ 文种代号，англ.——英文，Нем.——德文，Япон.——日文，在"раз"后面的表示还有其他文种的译文，例如："Нем. Раз англ, рус"，表示

文献原文为德文，但还有英文、俄文的译文。

⑧ 文摘正文。

⑨ 附图（Ил. Иллюстрация）。

⑩ 表格（табл. Таблица）。

⑪ 参考文献（библ. библиография）。

⑫ 文摘员姓名。

其著录内容和格式详见例 8-35。

【例 8-35】 期刊论文

УДК 681.327.26①

1Б487. ② [Выбор типов применяемых ОЗУ]. ③ why statics? ④ Mattos Philip. ⑤ 《New Electron.》, 1981, 14, N<u>o</u> 16, 60, 62⑥ (англ.)⑦

　　Анализируются преимущества динамических ОЗУ, ⋯⋯
⋯⋯⋯⋯⋯⋯⋯⋯⋯⋯⋯⋯⋯⋯⋯⋯⋯⋯⋯⋯⋯⋯⋯⋯⋯⋯⋯⋯⋯

⋯⋯⋯Ил. 4. ⑨ В. А. Гринкевич. ⑫

【例8-36】 前苏联的发明证书

УДК 681.327.26(088.8)(47)①

1Б480 П. ② Запоминающее устройство. ③ Леневич А. Б. Михелев В. В. , Савкин В. М.; ⑤ А. с. 809359, СССР. ⑦ Заяв. 1.24.08.78,⑧ No 2661001⑨, опубл. 28.02.81. ⑩ МКИ G 11 C 11/00⑪

【例8-37】 外国向前苏联申请的专利说明书

УДК 681.327.26(088.8)(73)①

1 Б 4 8 8 П. ② Вертикальное размещение кристаллов по лупровдниковых интегралыных микросхем. ③ Vertical semiconductor integrated circuit chip packaging. ④ Henle Robert A. , Johnson Alfred H. ; ⑤ International Business Machines Corp. ⑥Пат. 4266282, США. ⑦Заявл. 12.03.79, ⑧N<u>o</u>19392. ⑨опубл. 5.05.81, ⑩МКИ G11C5/04, НКИ365/52⑪

例8-36和例8-37的著录项目说明：①—④同例1,⑤专利发明人,⑥专利申请人,⑦专利号和专利国别,⑧专利申请日期,⑨专利申请号,⑩专利公布日期,⑪专利分类号。

【例8-38】 寄存手稿

> УДК 681.327.6①
> 　　1Б475 ДЕП．② Репрограммируемое запоминающее устройство с многоуровневым представлением информации．③ Шустенко С．Н．④ Ин－т океанол．АН СССР．М．,1981⑤,9С．,ил．,библиогр．З назв．⑥（Рукопись деп．в ВИНИТИ 21 Июпя 1981 г．,No 3679—81а деп．）⑦

例8-38著录项目说明：①—②同例1,③手稿名称,④手稿作者,⑤手稿发表年份,⑥手稿页数和所附参考文献篇数,⑦手稿寄存地点、时间和寄存号码,全部用括号括起。

三、《文摘杂志》的索引及其使用方法

《文摘杂志》的综合本和单卷本都编有年度主题索引和著者索引。另外,根据学科特点,有些文摘还编有专用索引,如专利号索引、地理索引、分子式索引、动植物拉丁文名称索引等。1975年起,《化学文摘》还编有期主题索引和著者索引,《物理学文摘》有期著者索引,某些分册和单卷本每期附有期刊和连续出版物索引或来源索引。现将《文摘杂志》的几种主要索引的编排方式和使用方法介绍如下。

1. 主题索引

主题索引（предметны указатель）是《文摘杂志》中最重要和用得最多的一种索引。它有期主题索引和年度主题索引两种类型。

（1）期主题索引

期主题索引（пономерной предметный указатель）是《化学文摘》综合本特有的索引。该索引1975年起用电子计算机编排,按关

键词的字母顺序排列。每个索引款目都由关键词、说明语和文摘号3项内容组成。在索引中作为标目的关键词用黑体字表示,其他起说明语作用的关键词和非关键词则用白体字排在标目之后,或在标目下面缩3格按字顺排列。其格式如例8-39所示。

【例8-39】 期主题索引片断

    азот соедиення определение；(关键词)

      вода анализ；1И247П (说明语和文摘号)

    азот соединения органические；

      бносфера загрязненне；1И565

    —；гетероциклич；фосфоресценция，при комн. т-ре；1Г168

    азот тетраоксид；

      нитрованне；олефнны，фтор—；обзоры；1Ж50

    —；р-ция；1-снла-3-циклопентены；1Ж359

  利用每期《化学文摘》的主题索引,可以查找有关课题的最新文献。例如:用《化学文摘》1983年第1期查找有关"晶体中的相变理论"方面的文献。首先把主题词"结晶"和"相变"译成俄文"Кристаллы"、"Фазовый перехол",然后按字母顺序在索引中查到这两个词和有关款目

    кристаллы；

    —；фазовый переход；структурный и магнитный；1Б878

    —；—；теория；1Б873

    ••••••••••••••••••••

    фазовый переход；

    —；кристаллы；теория；1Б873

然后根据给出的文摘号,在《化学文摘》1983年第一期上查到该文摘,从而得知其题目、著者及出处依次是

    1Б873 К Теории фазовых переходов в кристаллах
    (关于晶体内物相转变的理论)、Ахиезер И. А；…；
    Физ. тверд. тела，1982，24，No. 8，2314—2317.

(2) 年度主题索引

它是对文摘内容进行主题分析后,选择适当的经过规范化的主题词标引,然后按主题词的字顺编排起来的一种索引。索引中的主题词按照从属关系分为三级,一级主题词用黑体印刷,二级主题词或说明语在一级主题词下面向右缩格排列,在有些二级主题词下还设有三级主题词。年度主题索引的格式见例8-40。在主题索引中,一级主题词和二级主题词的后面经常出现"见"(cm)或"参见"(см. также),其作用是把某个词引见到其他的同义词或相关的主题词,达到控制同义词和扩大检索范围的目的。例如

вода пар(水蒸气)см. вода(水);водяной пар(水蒸气)
оседание(沉淀)см. сецитенмация(沉降)
диоды(晶体二级管)см. полупроводниковые
　　приборы(半导体仪器)
металлы(金属)см. также волокна металлические(金属纤维)
жидкие(液态)см. также сплавы жидкие(液态合金)

【例8-40】 年度主题索引片断

　　　　　　　P
　　РАДИОЭЛЕКТРОННАЯ ПРОМЫШЛЕННОСТЬ
　　капиталовложення(一级主题词)
　　　　Япония 2B176,4B166
　　обзор
　　　　Болтария 4B163(二级主题词和文摘号)
　　　　Италия 5B170
　　　　США 7B188.7B189,7B190
　　　　Франция 7B187
　　　　ФРГ 7B191
　　　　Япония 1B185,1B186,7B192,7B196
　　……………………
　　планирование
　　　　Испания 12B156
　　　　капиталистич. страны 12B155
　　　　СССР 1B167

利用主题索引查找有关课题的文献线索,首先要确定主题词

及其所属的专业范围,选择有关文摘的主题索引,然后将主题词译成俄文,再按顺序在索引中查找,选择出切题的说明语和文摘号。

例如,要查找"利用石油和天然气制备氨基酸"方面的文献资料。首先选择主题词"氨基酸"并译成俄文"Аминокислота",然后选用《化学文摘》的主题索引,在1974年索引中按字顺查到该词,并在它下面查出二级主题词"制备"(получение)和三级主题词"从石油和天然气中"(из нефти и природных газов),得到一个符合检索要求的索引款目

    Аминокислота
     получение
      из нефти и природных газов 6Р309

根据查到的文摘号,在《化学文摘》1974年第6期中找到该文摘

  6Р309 Получение концентратов бесков, витаминов, аминокислота и углеводов из нефти и природных газов.
   Progr. Sti., 1973, 9, No9 450—461.
(以石油和天然气为原料制取浓缩蛋白质、维生素、氨基酸和醣类)

又如,查找"自动化金属切削机床"方面的文献资料。首先选择主题词"自动化系统"(Автоматизированные системы),"金属切削机床"(Металлорежушие станки),利用《机械制造工艺文摘》1980年的主题索引按字顺查找到相关条目,再据文摘号找到相应文摘。

   Автоматизированные системы
    ……………
    металлорежущие станков 1А147, 1А149—151,
      2А188, …, 11А201—202
    ……………
   Металлорежущие станки
    автоматизация обзоры 12Б73

2. 著者索引

著者索引(Авторский указатель)是通过作者名称查找文献的工具,它按作者姓名字顺排列,并分为俄文作者部分(见例8-41)和

拉丁文作者部分。它有期著者索引和年度著者索引两种形式。

在著者索引中,中国、日本等国的作者姓名一律音译成俄文或拉丁文后再分别编入俄文或拉丁文作者部分。遇有多作者的文献时,只在第一作者的姓名下有详细的著录,而在其余作者的姓名下只注明"见"(CM.)第一作者。

利用著者索引可查出已知作者所写文章的摘要及其出处。

【例8-41】 著者索引(俄文部分)片断

АВТОРСКИИ УКАЗАТЕЛЪ

Грнгорян А. Н. 11.355

Денеш М. 11.395

Евстигнеев Р. П. 11.61,209

Евтушенко А. И. 11.245

Елякова Л. А. 11.22

Завалишина Л. Э. 11.255

Звягилъская Р. А. 11.310

例如,要了解美国化学家 Kienzle,F. 在1975年以后发表过哪些文章,可利用《化学文摘》1977年的年度著者索引中的拉丁文作者部分按字顺找到:Kienzle,F. 12E66. 再根据文摘号,在《化学文摘》1977年第12期上找到该文摘。

3. 分类主题索引

分类主题索引(Систематическо-прелметный указатель)是前苏联《数学文摘》特有的一种按照苏联文摘分类表进行分类编排的年度索引。该索引前面有分类详表,即"分类索引图解表"(Схема систематического указатееля)。利用该索引查找文献时,需要先从"分类索引图解表"中查出有关主题的分类号,然后在分类索引部分按类号查找。例如,查找"平面几何"方面的文献,应当先从"分类索引图解表"中查出它的分类号(514.112),然后在分类索引部分找到该类目

514.112 Планмметрия 1А802,Скопец З. А. ; 2А749,
Зетель С. И. ;3А689,Bieberbach Ludwig;……

4. 专利索引

专利索引(Патентный Указатель)是将文摘中所报道的专利按照国名字顺和专利号大小的顺序排列的一种索引。它有年度、半年度(如各单卷本)和期索引(如自动化、遥控、计算技术、电讯等分册)3种形式。专利索引一般由两部分组成：

(1) 前苏联的发明证书和专利部分

它按专利号码顺序排列。其著录格式见例8-42(选自《化学文摘》的专利索引)。

【例8-42】 专利索引(苏联部分)片断

```
CCCP
745897      23. 43. 76
745899      24. 43. 223
745900      23. 51. 91
  ①          ②   ③   ④
```

例中，① 前苏联发明证书或专利号，② 文摘杂志的期次，③ 分类代号(43代表国际专利分类表 H 大类)，④ 文摘流水号。

(2) 外国专利和发明证书部分

先按国别字顺排列，同一国家的专利再按专利号顺序排列。日本专利先按专利公布年代后按号码顺序排列。

例如，1976年《化学文摘》专利索引中的日本专利款目为

```
0036639       24.42.291         75
(专利号)    (期、类、文摘号)  (年份)
```

《化学文摘》的专利索引除有以上两个组成部分之外，还编有发明证书和专利的分类索引。该索引先按《化学文摘》的类目和期数排列，同一类目下，再按文摘号顺序排列。每一分类款目都著录有俄文题目、发明人姓名、专利国别、分类号、专利号和公布日期。其著录格式如例8-43。

专利分类索引主要用在不知道有关的专利号的情况下，通过分类查找某一课题的专利文献。例如要查找有关"用生物化学

【例8-43】 专利分类索引著录格式

　　　　A. ОБЩИИ РАЗДЕЛ(类目各称)
　　20А52П Аппарат для проведения химйческих реакций.
　　Лахметкин И. И. ,Назарова Т. С. Авг. св. СССР,кл.
　　B01 L11/00,No706110,опубл. 5.01.80

方法净化水"方面的专利文献,使用1980年《化学文摘》的专利分类索引,在"给排水"(подготовка воды,сточные воды)大类下可查到与上述课题有关的文献。

5. 分子式索引

分子式索引(Формульный указатель)是《化学文摘》和《生物化学文摘》所特有的一种年度索引。它将文摘中报道过的各种化学物质按其化学分子式,即按其组成分子式之各元素的化学符号的英文字顺及所含原子数目的多少排列起来,分子式后面是化合物名称和文摘号(见例8-44)。它是主题索引的辅助索引。对于分子结构复杂、分子量大、异构体较多的化合物,使用分子式索引查找文献更为简便。另外,还可以利用该索引查找尚未命名的化合物。

【例8-44】 分子式索引片断

Br₄GaMa	Натрий тетрабромогаллиат,поликрист. , ЯКР ^{79}Вг, ^{63}Сц, в,14Б683;в системе:GaBr₃NaBr,21Б854
Br₄GaRb	Рубидий тетрабромогаллат,поликрист. , ЯКР ^{79}Br, ^{69}Ga в,14Б683
C₂HBr₂FO	Дибром-Фторацетальдегид,полимеризация,17C177
C₂HBr₂N	Циано-дибромметан,р-ции с аллил-и алленилкобалокси мами,3B97
C₂HBr₃	Трибромэтилен,получение при бромировании Са-орг. соединений,механизм,21Б1019;

分子式索引的编排原则:

　●化合物分子式按其组成元素符号的英文字母顺序排列。元素符号相同时,再按原子数目由少到多顺序排列。

● 在每个分子式中，元素符号也依字母顺序排列。但是，若化合物中含碳，则先排碳，其余再按字顺排。对于同时含碳和氢的化合物，则先排碳，再排氢，其余按字顺排。例如：H_2SO_4 和 $NaHCO_3$ 在分子式索引中分别写成 H_2O_4S 和 $CHNaO_3$。这一点和通常的分子式写法是不同的。

● 分子式相同的异构体，在分子式下面按化合物名称的字顺排列。

● 两个以上的异构体，如果是由同一个母体化合物衍生出来的，则母体化合物的名称列于第一个异构体的名称中，其后所有异构体的名称中皆用"——"表示相同的母体。例如

$C_4H_{10}ClN$
Бутан，   1-амино-1-хлор-
（丁烷， 1-氨基-1-氯-）
Пропан， 1-амино-2-метил-2-хлор
（丙烷， 1-氨基-2-甲基-氯）
——，   1-амино-2-хлометил
（丙烷， 1-氨基-2-氯甲基）

● 金属有机酸和盐按 K、Na、Ag、Li、NH_4、Ca、Ba、Mg 的顺序排列在相应的有机酸的分子式之下，先排酸的名称后排盐的名称。例如

$C_4H_8O_2$ Масляная   K-та   Na-соль
              （丁酸）   （钠盐）

● 对于结构未确定或未命名的新化合物，在分子式后面均注明原始文献中报道的有关该化合物的某些物化特性数据。例如

CH_6ClHgN 络合物
$C_6H_{16}O$ 酮，熔点175℃
$C_{12}H_{20}O$ 物质，沸点123℃

● 分子式较简单的或普通的化合物，注明"见主题索引"。

6. 地理分类索引

地理分类索引(Географический систематический указатель)是《地理学文摘》所特有的一种年度索引。它按地区分类编排。分世界(总论)、苏联(总论)、欧洲(总论)、亚洲(总论)、非洲(总论)、美洲(总论)、澳洲与大洋洲、南极洲、世界海洋及其大陆架等8个大类。大类之下再分国家、地区,下边再列小类及其主题词,最后给出文摘号。该索引便于按地名来查找文献。著录格式见例8-45。

【例8-45】 地理分类索引片断

АЗИЯ (в целом) (亚洲)

Пром-стъ

    нефтяная и газовая, 5И5, 10И3

    металлообрабатывающая е машнно

        стронтелъная, 9И2-3

    химнческая, 10И4

    текстилъная, 8И4, 12И4

С. х, 2И4, 3И1, 6И1, 11И3

    зерновое хоз-во, 3И2, 6И1, 11И3

КИТАИ (中国)

Общие вопросы

Комплексные описания. Путевые

    очерки, 2И20, 2И35, 3И6-7,

    5И25-26, 6И8-9, 8И31,

    8И34, 9И16, 9И36, 9И43

    10И49-52, 12И20

тибет, нагоръе, 9И38

тайванъ, о., 9И47

Перноднческие и продолжающиеся

    издания, 1И9К

7. 微生物、植物和动物的拉丁文名称索引

微生物、植物和动物的拉丁文名称索引(Указатель латинских названий организмов с предметной записью (Бактерии, растения, животные)是《生物学文摘》特有的索引。按微生物、植物和动物的拉丁文名称字顺编排,每个拉丁文名称下面排列有若干个主题说

明语和文摘号(见例8-46)。该索引便于按照生物名称来查找有关的文献资料。它共分细菌(Бактерии)、植物(Растения)和动物(Животные)3个部分。

【例8-46】 生物拉丁名称索引片断

РАСТЕНИЯ

AESCULUS(Dicot)

Распространение, США	5B593
Семена, морфология	4B278

8. 期刊和连续出版物索引

《文摘杂志》的某些分册或单卷本(如电讯等)在每期期末附有"期刊和连续出版物索引"(Указатель Использованных периодических и продолжающихся изданий)或"来源索引"(Указатель источников)。它将该期文摘中收录的出版物分别按其俄文或西文缩写名称的字顺编排(俄文部分在前,西文部分在后),每个缩写名称之后给出文摘号。若要查出版物全称,可利用该分册前面的"主要期刊和连续出版物目录"。

表8-4 苏联《文摘杂志》综合本和单卷本目录(1983)

综合本文摘 (Сводный том)共28种:
数学(Математика)
力学(Механика)
化学(Химия)
物理(Физика)
生物学(Биология)
生物化学(Биологическая химия)
地质学(Геология)
地理学(География)
地球物理学(Геофизика)
冶金学(Металлургия)
矿业(Горное Дело)
电工(Электротехника)
动力学(Энергетика)
电子学及其应用(Электроника и её применение)
无线电技术(Радиотехника)

(续表8-4)

- 自动化、遥控和计算技术（Автоматика, телемеханика и вычислительная техника）
- 机械制造工艺（Технология машиностроения）
- 铁路运输（Железнодорожный транспорт）
- 公路运输（Автомобильные дороги）
- 汽车和城市运输（Автомобильный и городской транспорт）
- 水路运输（Водный транспорт）
- 航空运输（Воздушный транспорт）
- 工业运输（Промышленный транспорт）
- 工业经济（Промышленная экономика）
- 轻工业（Пёгкая промышленность）
- 消防（Пожарная охрана）
- 动物和人类生理学与形态学（Физиология и морфология человека и животных）
- 物-化生物学和生物工程学（Физико-Химическая Биология и Биотехнология）

单卷本 （Отделъный выпуск）83年以前56种，83年起为54种：

31. 各种运输的相互作用和集装箱运输（Взаимодействие разных видов транспорта и контейнерный перевозки）
32. 度量衡和测量技术（Метрология и измерительная техника）
33. 公用事业、生活和商业用的设备文摘（Коммунальное, бытовое и торговое оборудование）
34. 飞机和火箭发动机（Авиационные и ракетные двигатели）
35. 机械制造业的技术进步和生产组织问题（Вопросы технического прогресса и организации производства в машиностроении）
36. 医学地理学（Медицинская география）
37. 纸浆造纸和印刷生产的工艺设备（Технология и оборудование целлюлознобумажного и полиграфического производства）1979年停刊，并入第74分册
38. 食品工业设备（Оборудование пищевой промышленности）
39. 内燃机（Двигатели внутреннего сгорания）
40. 人类遗传学（Генетика человека）
41. 火箭制造（Ракетостроение）
42. 锅炉制造（Котлостроение）
43. 矿业和石油机械制造（Горное и нефтепромышсловое машиностроение）
44. 拖拉机和农业机具（Тракторы и сельскохозяйственные машины и орудия）

(续表8-4)

45. 管道运输（Трубопроводный транспорт）
46. 摄影技术（фотокинотехника）
47. 化工、石油加工和聚合物机械制造（Химическое нефтеперерабатывающее и полимерное машиностроение）
48. 机械制造材料、机械零件设计与计算、液压传动装置（Машиностроительные материалы, конструкции и расчёт деталей машин, гидропривод）
49. 涡轮制造（Турбостроение）
50. 核反应堆（Ядерные реактор）
51. 天文学（Астрономия）
52. 测地学和航空摄影学（Геодезия и аэросьёмка）
53. 免疫学、变态反应（Иммунология, Аллергология）
54. 药物学、化学疗法、毒物学（Фармакодогия, Химиотерапевтические средства, токсикология）
55. 植物栽培学（Растениеводство）
56. 林理学和森林学（Лесоведение и Лесоводство）
57. 土壤学和农业化学（Почвоведение и Агрохимия）
58. 畜牧业（Животноводство）
59. 情报学（Информатика）
60. 建筑与筑路机械（Стройтельные и дорожные машины）
61. 泵、压缩机械和冷冻机械制造（Насосостроение, компресоростроение холодильное машиностроение）
62. 宇宙空间研究问题（Исследование космического пространства）
63. 焊接（Сварка）
64. 电讯（Электросвязь）
65. 植物栽培的遗传和育种学（Генетика и селекция возделываемых растений）
66. 腐蚀与防腐蚀（Коррозия и защита от коррозии）
67. 组织管理（Организация управления）
68. 仿生学、生物控制论、生物工程（Бионика, Биокибернетика, Биоинженерия）
69. 生物物理学（Биофизика）1983年停刊。
70. 辐射生物学（Радиационная биология）
71. 道路运输的组织与安全问题（Организация и безопасность дорожного движения）
72. 资源保护和自然资源回收（Охрана природы и воспроизводство природных ресурсов）
73. 肿瘤学（Онкология），1984年起纳入综合本文摘系列。

(续表8-4)

74. 印刷生产的经济、组织与工艺（Экономика организацияиг полчиграфичес кого производства）
75. 毒物学（Токсикология）
76. 病理解剖学一般问题（Общие вопросы патологической анатомии）
77. 分子生物学（Молекулярная биология）1983年停刊。
78. 热与质量交换（Тепло- и массообмен）
79. 植物病理学（Фитопатология）
80. 临床药理学（клиническая фармокология）
81. 工程控制论文摘（Техническая кибернетика）
82. 兽医学（Ветеринария）
83. 城市环境的保护与改善（Охрана и улучшение городской среды）
84. 环境质量控制系统、仪器和方法（Системы, приборы и методы контроля качества окружающей среды）
85. 环境保护的技术问题（Технологические аспекты охраны окружающей среды）
86. 人类生态学（Эко логия геловека）
87. 环境保护文摘（охрана окружающей среды）
88. 麻醉毒理学（Нарколотическая токсикология）
89. 技术美学和人机工程（Техническая эстемика и Эргономика）
90. 非传统能源和再生能源（Нетрадиционные и возобновляемые источники энергии）
91. 燃料、热能和电能的节约（Экономия топлива, тепловой и электрической знергии）

第九章 信息咨询服务与检索效果评价

第一节 信息咨询服务的内容和方法

前面各章分别介绍了文献检索的一般原理和许多重要检索工具。学习这些知识的目的是为了应用,即把它们应用于信息咨询服务中。所谓信息咨询服务,就是为了使特定的信息需求与相关的信息源联系起来,有关机构或个人运用其资源和技术,有组织地向用户提供直接或间接的帮助和指导。它属于咨询服务业的一部分。图书馆和信息中心拥有资源优势,较早地开展了这种服务(习惯上称为"参考咨询"或"参考工作"),其主要内容是协助或指导读者查寻文献资料,提供专题书目。它不仅可以充分发挥馆藏书刊的作用,而且还能进一步密切与用户的联系,促进内部管理更加完善。

今天,社会的日益信息化促使信息咨询服务的需求不断增长,其内容和形式已大大地丰富和扩展,所用的技术手段越来越先进,参与的机构已远不止图书馆和信息中心了,出现了专门的"信息经纪人"(如联机服务商)。信息咨询服务的内容目前主要包括检索服务、数据(或事实)咨询、信息提供和用户培训。可以采用各种方式来提供这些服务。下面,着重介绍一些较常见的服务方式和方法。

一、定题服务

定题服务这种方式产生于科技人员希望定期定题地了解其他同行正在做什么或刚做完什么这样一种情报需要。在很多情况下,他们是通过直接询问同行或浏览新刊(包括检索刊物)来满足这种需要的。图书情报部门开展定题服务也是为了满足科技人员的这种情报需要。

所谓定题服务,就是针对用户的需要,定期提供各种新情报,使用户能及时掌握与自己的研究工作有关的最新情报。不过,随着检索设备和检索系统的不同,定题服务这一概念的含义也会有差别。定题服务最早起源于手工方式。50年代中期,我国一些图书情报单位就开始采用这种方式来为用户服务。具体做法是:图书情报单位根据科研和生产的需要,选择某些研究项目,重点服务,深入其中,定期把新入藏的对口的文献资料提供给有关的研究人员,一跟到底。所以,定题服务又称为"对口服务"、"跟踪服务"或"主动服务"。这是手工方式的定题服务,国外有些国家也曾经开展过这种服务。例如,前苏联全苏情报所从1968年开始定期为苏联科学院全体院士提供所需要的重要期刊文章,很受科学家们的欢迎。

60年代初,随着利用计算机编制检索刊物的成功,产生了机读文献检索磁带,同时也出现了一种新的服务项目——SDI(Selective Dissemination of Information)。所谓SDI,是指针对某一检索课题,利用计算机定期地在新到的文献检索磁带上进行检索,然后将检索结果分发给有关用户。实际上,SDI就是一种计算机化的定题服务,国内通常把SDI译为"定题情报提供(或报道)"。在国外,SDI有两种:一种叫标准SDI,它是检索系统在广泛调查社会上情报需求的基础上,选择一批外界急需解决且适用面较广的检索课题,建立通用型的检索提问文档(Profile,系指SDI系统中用来描述用户检索要求的一种计算机文档,上面记录有用户的地址、课题名称及要求、检索词和检索式等信息),向用户征订,或将检索结果编印成最新资料通报的形式供用户选购;另一种叫用户委托SDI,它是用户按自己的需要委托检索系统为自己建立起专用提问文档,然后接收系统提供的SDI服务。目前,我国已经从国外引进30种检索磁带(这些磁带的名称和收藏单位见附录Ⅱ),并且有关单位已利用这些磁带开展SDI服务。

1. 开展 SDI 服务的步骤

(1) 征集检索题目。用户可向征集单位（即情报检索系统）索取"SDI 提问单"或"计算机情报检索服务登记表"（见表 9-1），并按要求填写好交给征集单位。

表 9-1 计算机情报检索服务登记表

用户号：82-173301-K01，G01

单 位 名 称	华中工学院电力系		
通 讯 地 址	湖北武昌		
联 系 人		电 话	
申 请 日 期	1982.1	定题服务几年	1982 年全年
磁 带 或 文 档	INSPEC，COMPENDEX	追溯检索年份	
课 题 名 称	电机的优化设计		
课题内容 及 所需资料	1. 电机的计算机辅助设计 2. 电机的数学模型或计算方法 3. 电机设计的优化技术		

检索词：   （英文）   （中文）
   1. Electric generators   发电机
   2. Electric motors   电动机
   3. Electric machines   电机
   4. Computer aided design   计算机辅助设计
   5. CAD   计算机辅助设计
   6. Mathematical models   数学模型
   7. Calculation   计算
   8. Optimisation   优化
   9. Optimization   优化
  10. Optimal design   优化设计
  11. Optimul design 优化设计			

提问式：(1 or 2 or 3) and (4 or 5 or 6 or 7 or 8 or 9 or 10 or 11)			
备注			

注 此表来自机械工业部科技情报研究所，现略有改动。

(2) 征集单位将提问单加以处理（用户未编写检索逻辑式的，则代为编写），通过终端键盘把提问单输入计算机，组成提问文档，存储在磁盘（或磁带）里。

（3）定期（每月一次或每隔一段时间一次）地利用计算机情报检索程序把提问文档调出，对新入藏的检索磁带进行检索，命中文献在磁盘里按提问单编号分类，由宽行打字机按一定格式打印输出，然后发送给用户。

（4）用户审查检索结果，若不满意可提出修改意见。提问往往不是一次就能表达准确的，需要经过多次试检和修正。因此，用户可以根据检索结果或研究工作进展情况，随时要求修改检索式，以适应情报需要的变化。

2. 检索词的选择和检索式的编写

检索词一般有两种，一是描述文献主题内容的词（如标题词、叙词、关键词或分类号），二是描述文献外部特征的词（如作者名称、机构名称、文别代码等）。为了使选词准确有效，应根据检索磁带所包含的检索项和文献库使用的索引语言来选择检索词。

检索式（Search Formulation）系指计算机检索中用来表达检索提问的布尔逻辑式，由检索词和布尔逻辑运算符号组成，通常又称为"检索逻辑式"或"提问式"。检索式中常用的布尔算符有3种，即：OR（或＋）、AND（或＊）、NOT（或－）。它们的用法简述如下：假定选出两个检索词A、B，若要表示文献（即磁带上的某条记录）中只要含A和B两者中任何一个即为命中，就用"OR"连接词A和词B，即：A OR B（或A＋B）；若要表示文献中必须同时含有A和B时才算命中，就用"AND"连接，即：A AND B（或A＊B）；若要表示命中文献中不能含有某个检索词（假定为C），可用"NOT"连接词C，即：(A OR B) NOT C［或 (A＋B) －C］，或者是：(A AND B) NOT C［或 (A＊B) －C］。具体的检索式构造方法和形式可参阅表9-1。

SDI服务主要采用批处理方式在磁带上进行顺序检索，也可以采用联机检索的方式。SDI服务针对性强，提供的情报新颖且具有连续性；但解题周期较长，不能及时修改检索式。这种服务方式较适用于大型的用户团体和通报最新资料。

二、回溯检索

回溯检索（Retrospective Search，简称 RS）就是根据用户的需要，对现有的文献进行彻底详尽的追溯，把与课题有关的一切文献全部查找出来，提供给用户。所以它又称为"一次性彻底检索"或"专题文献追溯"。需要使用这种服务方式的场合通常有两种：一是用户要开始一项研究工作或工程设计；二是用户准备发表一篇论文或准备申请一项专利。回溯检索是一项艰巨的任务，工作量大，需要利用多种检索工具或其他情报源，需要使用多种查找方法反复查找，才能使检索结果符合用户的要求。

回溯检索的一般程序是：

（1）问题的提出与分析

文献检索的第一步是提出问题和分析问题。这里所说的"问题"当然是指研究的课题、调查的题目或工作中遇到的疑难问题，希望获得有关的文献资料，从中得到启发，直接或间接地帮助解决问题。这类问题统称为检索课题或检索提问。

无论是为自己还是为用户检索文献，首先都要了解和明确检索课题的内容和要求。其中，必须弄清的主要方面有：

● 课题内容范围及其关键点；

● 所需情报类型，是文献，还是具体的数据或事实？是文摘、题录、综述，还是原始文献？

● 情报的专业水平，是一般性情报，还是较专深的情报？

● 文献数量，是需要全部相关文献，还是只要其中一部分重要文献？

● 文献的语言和类型。

● 检索年限、答复方式和完成日期等。

只有弄清楚上述问题，才能避免走弯路或检索失败。切忌情况不明就贸然开始检索。如果是代人检索，应在检索前与委托人进行充分的对话,使对方把检索内容和要求全面准确地表达出来。

(2) 制定检索策略

所谓检索策略 (search strategy),就是为回答检索提问,实现检索目标而制订的全盘计划或方案,是对整个检索过程的谋划和指导。其内容具体包括下列 7 方面:

● 确定回溯年限和查找范围。即根据课题性质和用户要求,对有关文献的时间分布、地理分布和语种分布进行分析和预测,进而确定一个合理的检索范围。

● 选择检索手段。目前可利用的检索手段有手工检索、联机检索、脱机检索和光盘检索,各有优缺点。手工检索费用低(甚至可以不花钱),但速度慢。联机检索速度快,效率高,但费用也高。脱机检索一般以市售文献库磁带或自建库为基础。国内一些机构已建成一批脱机检索系统。这种方式比联机检索便宜,不过效率较低,但仍比手检高得多。光盘检索基于光盘数据库,它把一部分检索工具或其中一部分(如一年或若干年)数据压缩存贮在一片小小的光盘(叫 CDROM 或 WORM)中,利用微机和光盘驱动器进行快速检索。目前我国已有百余个研究机构或图书情报部门购入了 40 余种不同的国外光盘数据库。利用光盘检索文献速度快,费用低,用户可在微机上仔细从容地查找浏览光盘中记录的文献信息。其缺点,单机独立式光盘驱动器每次只能查一个盘,如果要查多个数据库或大型数据库,检索过程中就要更换几次盘片,而且某个机构能提供的光盘数据库种类往往很有限。我们可根据时间要求、设备和经费条件来选择合适的检索手段,凡手检或光盘可满足需要的,就不必利用联机检索。

● 选择检索工具或数据库。选择的依据是课题内容范围及其他要求,还有各种检索工具或数据库的性质、内容和特点。可利用各种检索工具指南、学科文献指南或联机数据库目录来帮助我们进行全面的选择。另外,对选出的有关检索工具或数据库,要区分重点与一般,把主要精力或经费放在重点工具或库的查找上,适当兼顾其他工具或库。因为有些工具或库的内容有交叉重复,且时间可能不允许对每种工具和库都细查一遍。

● 选择检索方法。指选择实现检索计划的具体方法和手段。查找文献的传统方法一般有3种:直接法、追溯法和循环法。直接法是指直接利用一般的文献检索工具查文献,最常用。它又可分为倒查法、顺查法和抽查法。倒查就是从近年的检索工具查起,逐年回溯过去的文献,直到满足需要为止,较省时间,重点放在近期文献。顺查在时序上与前者相反,从过去某一时点出版的检索工具查起,逐步推进到目前新出版的工具或文献,较费时间,但可以查得比较全。如果知道某项技术某种理论或某项研究的起始年代,采用顺查法有利于了解对象的发展全过程。抽查就是选择该领域发展较迅速、研究成果较多的时期,进行重点检索,以节省时间。追溯法是指利用引文索引、综述或述评所附的文献目录或一般文献后面的参考文献入手,逐一追查原文,然后再从这些原文所附的参考文献目录逐一扩检,一环扣一环地追查下去,会产生滚雪球般的效果,获得越来越多的有关文献。其优点是:在没有合适的检索工具,或检索工具不齐全的情况下,也能检索到一定数量的有关文献。所谓循环法,就是分期分段交替使用直接法和追溯法,取长补短,以获得更全面的检索结果。

● 选择检索途径和检索词。检索途径与文献信息的组织方法相对应,并受后者制约。检索工具提供哪几种信息组织方式或索引,我们就可以用这几种途径查文献。常用的途径有著者、分类、主题词、关键词、引文、文献序号、文献题名、代码(如分子式、产品型号等),此外还有文献类型、出版时间、语种等。检索词就是人们在编制检索工具或数据库时赋予每篇文献的检索标识,又称标目或检索点,与文献信息的组织方式和检索途径相对应,是检索途径的具体化。选择检索词就是将检索课题中包含的各个要素和要求转换为检索工具或数据库中允许使用的检索标识。原始检索词可由委托人提供,或利用有关的工具书查出,然后利用规定的分类表或主题词表进行核对。一部好的主题词表可以帮助人们全面准确地选词。要充分利用词表中提供的各种结构(如字顺、范畴、等级、轮排等),词目信息和语义关系信息(如"见"、"参见"、"用"、"代"、"属"、"分")来帮助选词。

● 构造检索式。这是计算机情报检索中用来表达检索提问的一种逻辑运算式,由检索词、布尔算符或其他符号组成。

● 编排具体查找程序。即对整个检索过程进行合理安排,并对突发问题有所预见和提供应急方案,以便一步步地有条不紊地完成检索任务。

检索策略包括的方面虽然很多,但最终还是集中体现在选出的检索方法、途径和检索式中。它的优劣是决定检索成败的关键。

(3) 试验性检索和修改检索策略

在开始正式查找以前,搞一次快速的试验性查找是很有意义的。先翻翻图书馆的卡片目录,浏览一下检索工具的各种索引,或扫描一下有关的参考书目,粗略地估计一下要查的文献量有多大。然后选取其中一段时间(如最近半年或一年),从头到尾地把这一段时间内的有关文献都查出来,加以分析研究,并征求用户的意见,看看检索出的东西是否对口径,查找范围是否合适。若发现其中有问题,应速请用户进一步明确课题内容、要求及查找范围,澄清那些含糊不清的地方,然后修改、调整检索策略。

(4) 正式查找

在开始查找时,应先利用文献指南或其他工具查一查有无相关的专题书目。这种专题书目是非常有用的,它能提供基本的参考文献,省去许多原先必须做的工作。

在查找过程中,应灵活运用各种检索方法(有关内容见下一节的检索方法部分)。同时,尽量利用各种累积索引,对各种参照款目应认真加以审查核对。成功的关键是对课题内容深刻理解和熟练地使用各种索引。

(5) 辅助性查找

如果用普通的检索工具查到的文献仍不能满足要求时,就必须做一些辅助性查找(或称补遗性查找)。例如,最新的期刊论文、边缘领域的文献、行业文献、内部报告等,普通的检索工具可能未收录它们。所以必须利用其他书目工具和情报源,把遗漏的文献查找出来。

当查找者在深入查找过程中,频繁发现他所注意到的文献早先都已经看到过,或者发现查出新资料的机会越来越少了时,查找工作基本上就可以结束了。

(6)整理答案,提供原文

查找工作结束时,要把查找结果加以系统整理,然后选择用户最喜欢的一种答复方式,把查找结果提供给用户。如果答案是一份长长的书目单子,则应该提供检索手段,把各种缩写代号交代清楚,并利用各种馆藏目录或联合目录,把每篇文献的馆藏单位告诉用户。如果用户需要的是原文,则应设法通过外借或复制将原文提供给他。另外,还应向用户说明实际的查找范围和年限,说明哪些情报源已经查过了,说明答案是选择性的,还是完整的,以便使用户对答案的新颖性和完整性有清晰的估计。

计算机化的回溯检索最初也以批处理方式进行。由于追溯年限一般比较长,处理的数据量大,需要有相当规模的文献库。所以,回溯检索宜采用联机方式。联机检索一般按这样的步骤进行:

● 通过检索终端与联机检索系统接通;
● 选择有关的数据库;
● 选择并输入检索词;
● 用布尔算符和其他算符组配检索词;
● 显示并审查部分命中文献;
● 修正检索式(增加、删除或调整某些检索词和运算符号);
● 输出检索结果。

整个检索过程一般只需要几分钟。联机检索的特点是:可以通过通讯线路进行远距离的即时检索;可以实现人机对话,随时调整检索策略；检索速度快，效率高；易获得原文，如检出的文献国内无收藏，可以要求系统提供原文的复制件；对检索人员要求较高，需要检索者具备较全面和扎实的检索知识，以及反应敏捷等素质。

三、数据（事实）咨询服务

人们在日常工作和生活中往往会遇到各种各样的疑难问题，需要尽快找到答案，以便使眼前的工作或活动能顺利地进行下去。例如，缺乏某些重要数据或事实；对某个新概念、缩写词或其他符号的意义不太清楚；想了解某个机构或个人的背景情况；要核实某件资料或线索的出处；等等。当用户自己没有可能去查清上述问题时，就可能请求我们给予帮助。所谓数据咨询，就是利用各种数据或事实情报源解答用户关于特定数据或事项的询问。它的特点是：问题零散、量大，没有规律，无法预料，答案要求具体，解题速度要快。开展数据咨询服务的基础是拥有较丰富的数据资源和高水平的咨询专家。用户需要的数据可能各形各色，归纳起来主要有：科技数据、时事新闻、市场信息、股票行情、统计资料、天气资料、法律判例、人物机构、医疗保健信息、旅游购物、体育娱乐、名词术语等。这些数据通常收录在各种百科全书、年鉴、手册、辞典、指南、名录、图集、资料汇编、目录书目以及普通图书报刊中。

解答数据咨询的一般程序与定题服务和回溯检索很相似。大部分问题一般都可以通过直接查阅有关的参考工具书或图书报刊得到答案。对少数比较怪癖的问题，则可能需要从不同角度和利用多种数据源去查。或者从面到点，逐步筛选出所需要的数据；或者从旁路迂回包抄，设法逐步接近所需要的东西。有的还可能需要请教学科专家才能解决。服务质量取决于数据资源的质量和服务人员的素质。

四、其他信息咨询服务

1. 编制专题书目

根据科研或生产的需要,围绕某一重要课题,把国内外有关的文献加以全面系统的搜集和加工整理,编制成书目,提供给有关单位和个人。这也是一种重要的服务方式,它可以节省科技人员查找资料和系统整理资料的时间,使用起来又方便。编制专题书目,一定要做好调查研究,选好题目,根据需要与可能,合理确定收录范围(包括内容、文献类型、语种、年限等),这样才能保证书目的质量,切不可贸然从事,随意更改收录范围,使工作虎头蛇尾。

编制专题书目可与开展定题服务或回溯检索服务相结合。实际上,专题书目往往就是定题服务或回溯检索的副产品之一。

2. 用户培训

在某种意义上说,辅导用户,使用户学会利用检索工具、检索系统和馆藏,是一项更为重要的服务形式。我国许多图书情报单位都收藏有大量的检索工具,其中有不少是用重金从国外购进的,但是使用者廖廖无几。许多科技人员不熟悉这些工具,不会使用或不能很熟练地使用这些工具,还是用比较原始的方法查找文献。图书情报人员中熟悉这些工具的也不多,且受到专业的限制。如果广大科技人员掌握了检索工具的使用方法,并跟他们的专业特长相结合,这样就可以使检索效果更好,使检索工具发挥更大的作用,使科研人员的科研基本功得到加强,使图书情报部门的业务压力得到一定程度的减轻,真是一举多得。因此,要重视检索方法的宣传辅导工作,使文献检索知识在广大科技人员中得到普及。

辅导方式可以多种多样,既可以用书面方式,如印发有关材料、出黑板报等;也可以用口头方法,如举办讲座、现场个别辅导,还可以利用电影、电视、广播等手段来扩大辅导面。

3. "研究信息"咨询服务

"研究信息"就是有关何处或何人正在进行何种研究工作的信息。西方称之为"进行中的研究"(On-going Research),国内有人称它为"零次文献",即文献前的信息存在状态。它通常包括研究项目或研究合同的名称、主持人、资助人、预算规模、研究目标及进展情况等方面。这种信息时效性更强,其价值往往比已发表的文献要高得多。在某些高新科技领域,常常没有现成的文献可供参考。研究信息就可以起到填补文献空白的作用。更重要的是,它可以为制订科研规划和研究选题提供有价值的信息,避免重复选题。

研究信息咨询服务自70年代以来得到了较快的发展。越来越多的国家和组织建立了研究信息的收集与服务体制,为需要制订研究开发计划、了解研究动向、选择考察目标、选择参加学术会议的人选和市场调查的各种用户提供服务。研究信息的主要来源有:研究项目数据库、研究基金指南、研究机构出版物(如年报)、研究机构名录、科学技术进展性出版物、研究报告或成果的通报性出版物等。

4. 原文提供服务

目前,所有文献检索工具和绝大多数联机文献库都只能检出二次文献。用户不会满足于得到这类文献。他们更想获得相应的一次文献。如果服务机构不能提供原文,那么知识宝库则可能成为可望而不可及的空中楼阁。原文提供服务就是为了满足上述需要而产生的。传统的方式是借阅、馆际互借和复印。随着信息技术的不断进步,人们已创造出许多新的服务方式,如联机文献订购、计算机馆际互借网络、全文检索、电子文献传递(如欧洲六大出版商ADONIS期刊文章传递网)、电子出版、电子邮件、电子图书馆等。它们可以快速有效地向用户提供原始文献或二次文献检索与一次文献获取一体化的服务。

为了使信息咨询服务能健康地发展,除了要制订和完善有关的政策法规和改善服务环境以外，服务机构本身还必须做好内部管理工作，包括明确服务内容和重点，健全咨询队伍，收集、整理和不断充实各种信息资源，发展用户和研究用户，建立和管理好咨询档案等。

第二节 检索效果评价

所谓检索效果，就是利用检索系统（或工具）开展检索服务时产生的有效结果。它直接反映检索系统的性能，影响系统在信息市场上的竞争能力和用户的利益。本书第三、四章已分别阐述过文摘质量、索引质量和检索工具质量的评价。上述几类评价仅从检索系统的某一部分构造及编制工作本身来考察，没有着眼于整个系统，尤其是没有与使用环节（即检索）直接联系起来。检索效果评价着眼于整个系统（尤其是系统的使用效果），根据使用效果来衡量系统的性能。所以，检索效果评价是前面几类评价工作的深入和发展。

一、评价的目的、范围和历史

评价系统的检索效果，目的是为了准确地掌握系统的各种性能水平，找出影响检索效果的各种因素，以便对症下药，改进系统的性能，提高系统的服务质量及其在用户中的声誉，保持并加强系统在信息市场上的竞争能力。

检索效果包括技术效果和社会经济效果两个方面。技术效果（effectiveness；performance）主要指系统的性能和服务质量，系统在满足用户的信息需要时所达到的程度。社会经济效果是指系统怎样经济有效地满足用户需要，使用户或系统本身获得一定的社会效益和经济效益。所以，技术效果评价又称为性能评价（performance evaluation）。社会经济效果评价则属于效益评价（benefits evaluation），而且要与费用成本联系起来，比较复杂。这里主要讨论系统技术效果的评价问题。它是与用户直接相关的，也是效益评价的基础。

有目的有计划的检索效果评价工作，开始于50年代初期。1953年，美国文献公司（Documentation Inc.）进行了一次比较重要的评价研究。它比较了美国武装部队技术情报局（ASTIA）编制的单元词系统和字顺主题目录，但未得到确定性的结果。1954年，C.W. 克莱弗登（Cleverdon）和R.G. 索尼（Thorne）两人进行了一项有关单元词索引的小实验。虽然这项试验本身未取得具体成果，但却为一项非常重要的评价研究——Cranfield 计划奠定了基础。Cranfield 计划是第一项著名的大型评价计划。它的初期阶段（即 Cranfield I）开始于1957年，目标是评价4种索引语言（UDC、标题语言、单元词和一部专业分面分类法）的性能，标引了18000篇文献，进行了1200个课题的检索。另外，还研究与此有关的一些问题（如文献类型、标引时间、标引深度和标引人员的素质）。评价结果出乎所料，受试的4种索引语言在性能上差别很小。1963年又开始了该计划的第二阶段（即 Cranfield II），主要目标是研究索引语言的构件，以及各种构件对系统性能的影响。受试的索引语言增加到29种，标引文献1400篇（主要是空气动力学方面的），检索了221个试验性课题。出乎评价者所料，评价结果表明最好的索引语言竟是元词语言。

1964年，G. 萨尔顿（Salton）在哈佛大学计算机实验室建立了一个实验性系统，叫"文本机器分析与检索系统"，简称SMART，后移至康乃尔大学。该系统的用途是评价某些索引语言和各种检索方法，并与其他检索系统进行了比较。评价中的重要发现之一是：使用文献中的中频词做索引词，检索效果最好。1966—1968年间，兰卡斯特主持评价了美国国家医学图书馆的"医学文献分析与检索系统（MEDLARS）。该系统是一个大型的实用系统，评价工作规模很大。他从该系统1966—1967年间的检索服务中选出300个实际检索课题，研究了系统性能指数的推导方法,详细分析了各种检索失误的原因,并在此基础上编写出评价报告——《MEDLARS:工作效率评价报告》,并获得了1969年度美国最佳文献工作报告奖。

60年代末、70年代初,评价活动空前活跃。据不完全统计,在此期间,欧美地区共进行过30多项评价试验。70年代中期起,评价开始集中于联机系统。近年来,一些评价研究已转向考察检索者个体差异与检索效果的关系。许多证据表明:检索者是任何检索过程的主要变量。

二、评价标准与方法

1. 评价标准

要衡量检索系统的性能如何、检索成功还是失败,必须建立相应的标准或指标。克莱弗登在分析用户基本要求的基础上,提出了评价系统性能的6个指标。

- 收录范围
- 响应时间
- 查全率
- 用户负担
- 查准率
- 输出形式

查全率(Recall ratio,简写为 R)是系统在进行某一检索时,检出的相关文献量与系统文献库中相关文献总量的比率,即

$$查全率(R) = \frac{检出相关文献量}{文献库内相关文献总量} \times 100$$

比如,现在要利用某个检索系统查某一课题。假设该系统总共存入有20篇与该课题相关的文献,检索时查出了其中的13篇。这样,这次检索的查全率就等于 $13/20 \times 100$,即65%。显然,查全率是用来描述系统检出相关文献的能力的一种尺度。

查准率(Precision ratio,简写为 P)是系统在进行某一检索时,检出的相关文献量与检出文献总量的比率,即

$$查准率(P) = \frac{检出相关文献量}{检出文献总量} \times 100$$

比如,假定上面提到的那次检索总共查出 26 篇文献,经审查确定其中 13 篇是相关的,另外 13 篇与该课题无关。这样,这次检索的查准率就等于 13/26×100,即 50%。显然,查准率是用来描述系统拒绝不相关文献的能力或检索精确度的一种尺度,以前有人称之为"相关率"(Relevance ratio)。查准率和查全率结合起来,描述了系统的检索成功率。

多年的评价工作实践表明,在上面 6 个指标中,最重要最常用的是查全率和查准率。其余 4 项也是重要的。例如,文献库的收录范围全面,才能保证真正的查全。可以把收录范围看作是查全率的延伸。响应时间是指从提交检索课题到查出文献所需要的时间。用户负担是指用户在检索过程中花费的精力的总和。输出形式是系统所检出的情报的形式,可能是文献号、题录、文摘或全文等。输出的信息越多且便于浏览,用户就越容易作出相关性判断。输出形式影响用户对查准率的容忍限度。收录范围、响应时间、用户负担和输出形式都反映系统的性能,是用户选择检索系统时要考虑的重要因素。但是,与查全率和查准率相比,它们又是比较次要的标准。

2. 评价方法

评价收录范围,一般可以通过调查相关领域的文献出版量、地理分布和语言分布情况,再检查系统文献库的报道量(或存储量)是否与之相适应。或者将系统文献库与其他同类文献库的收录范围相比较。响应时间可以通过实时实地记录的方法测得。用户负担可以用近似的方法,即通过计算用户在检索过程花费的时间来测量。输出形式更是凭直接观察就能确定它是否符合用户需要的。而要获得系统的查全率和查准率,就必须专门设计一套科学的评价方法和程序。

评价程序一般分为以下 5 个阶段:

● 确定评价范围和目标。评价者一定要弄清请求评价者(一般为系统管理者或评价计划资助者)的意图:是对系统进行全面评价,还是仅评价其中某个子系统?希望通过评价回答哪些问题或达到什么目标?

● 制订评价方案。包括规定要获得哪些数据,采用何种方法或手段等方面。必须确保收集的数据足以回答请求评价者提出的各种问题。

● 实施评价。包括取样(选择检索例子),进行试验性检索,收集各种数据和检索失误的实例。

● 分析和解析评价结果。包括对各种数据进行科学处理,推导出系统的查准率和查全率;通过审查每一篇检出文献及其标引记录、系统的索引语言、每个用户提问及所用的检索策略、用户对检索结果的相关性判断等方面,分析造成失误的原因。最后,提出评价报告。这一步应在实施评价阶段结束前就着手进行。

● 改进系统的性能。即采纳评价报告中提出的合理化建议,研究改进系统性能的措施和方法。

3. 查准率和查全率的推导方法

(1) 评价系统输出用的 2×2 表

通常使用下面这种 2×2 表(表9-2),把试验数据填入表中。该表从两方面来描述某次检索的结果:纵向方面是系统的相关性预测,把文献库中的文献分成检出部分 ($a+b$)(即与检索式或检索词相匹配的部分) 和未检出部分 ($c+d$)(即与检索式不相匹配的部分);横向方面是用户对文献库中全部文献所作的相关性判

表9-2 评价检索系统输出用的 2×2 表

		用户相关性判断		
		相关文献	非相关文献	总 计
系统相关性预测	被检出文献	a	b	$a+b$
	未检出文献	c	d	$c+d$
	总 计	$a+c$	$b+d$	$a+b+c+d$

断或估计,也分成相关文献($a+c$)和非相关文献($b+d$)两部分。

可以看出,表中有 3 个数值,即 $a+b$,$c+d$ 和 $a+b+c+d$,通过直接观察就可以确定。另外,a 和 b 的值也可以根据用户的判断确定下来。这样,可得出系统的查准率

$$查准率（P）= \frac{a}{a+b} \times 100$$

从理论上讲,系统的查全率也可以按下式计算出来

$$查全率（R）= \frac{a}{a+c} \times 100$$

但是,由于 c 和 d 的值难以确定,所以也就难以计算出系统的查全率。要想确定 c 和 d 的值,只有一个办法,就是请用户将未检出文献逐个审查一遍,把其中的相关文献和非相关文献区分开来。在评价实验性系统或小型系统时,这种方法可能行得通。但是,如果评价对象是一个大中型的实用系统,$c+d$ 的值将是一个非常大的数字,根本不能指望用户去审查数量如此庞大的文献。而且,对这样的系统,我们甚至不能用普通的随机抽样方法去选取试验样品。因为,要使样本中含有哪怕是一篇相关文献,就可能要从 $c+d$ 中抽出一批数量极大的样品。因此,应该放弃获得真正查全率的打算,代之以一个尽可能好的估计值（recall estimate）。

（2）获得查全率估计值的技术

设对于任意一个具体检索课题,系统文献库包含有一批相关文献 X。虽然 X 的值是未知的,但是 X 的一部分,即它的子集 X_1,是可以确定的。确定 X_1 的值的最佳方法是利用其他同类系统或相关系统进行"并行检索",检出的文献经用户判断后,把其中的相关文献与所评价的系统的文献库进行核对,看其中有多少篇是已被系统文献库收录的。这样,X_1 的值就确定下来了。然后再求原来检出的相关文献量 a 与 X_1 的比值,就得到了查全率估计值（$a/X_1 \times 100$）。如果 X_1 完全代表 X,这个查全率估计值就将近似于真正的查全率。所以,在进行并行检索时,应尽量设法多检出一些相关文献,使 X_1 的值尽量接近 X。

每进行一次试验检索,就得到一对性能指数(查准率和查全率估计值),并在平面坐标图上得到一个性能点(×)。通过变换检索策略和检索方法,可以得到一系列的性能点。一组试验检索所得到的性能点往往是不均匀地散布开来的(如图9-1所示)。落在右上角的点表明检索效果非常好,落在左下角的点表明检索效果很差,左上角的点表示查全率很高而查准率很低,右下角的点表示查准率很高而查全率很低,落在中间的点表示检索效果介于好与差之间。把各对性能指数加以平均,就得到了一对平均性能指数和一条平均性能曲线 A。

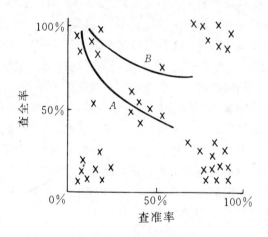

图 9-1 检索结果分布图

(3)漏检率和误检率

漏检率和误检率分别与查全率和查准率相对应,可表示为

$$漏检率 = \frac{未检出相关文献量}{文献库中相关文献总量} \times 100 = \frac{c}{a+c} \times 100$$

$$误检率 = \frac{检出不相关文献量}{检出总文献量} \times 100 = \frac{b}{a+b} \times 100$$

虽然,查全率和查准率是迄今用来描述系统检索效果的最好、最常用的 2 个指标,但都还存在一些难以克服的局限性。例如,查

全率的局限性在于：

● 人们检索前难以了解文献库中总共有多少相关文献，因而也难以估计系统的查全率；

● 查全率或多或少是建立在全部相关文献对用户具有同等价值这一假设基础上的，而实际情况并非如此简单。

查准率的局限性主要表现在：如果系统的输出形式过于简单（比如只提供文献号或题录），人们就不能仅凭这些数据去判断文献是否相关。要作出准确的相关性判断，还必须把相应的文摘或原文查出来核对。

存在这些局限性的主要原因是："相关性"的含义不明确；影响用户作出相关判断的因素也比较多。"相关性"这一概念的实质是用户对情报检索系统工作的具体成果的心理反应，主观成分较多，目前还没有衡量"相关性"的统一的客观标准。经验表明，对同一批文献，不同的用户（假定他们都检索同一课题）也会做出不同的相关性判断。即使是同一用户，随着时间、地点的不同，对同一系统输出的有关同一课题的文献的相关性，看法也会有一定出入。因此，用上面的方法求出的查全率和查准率，实际上都是一种相对的、而不是绝对（或真正）的查全率和查准率。它们只能近似地描述系统的检索效果。在评价和判断检索系统的性能时，必须谨慎地使用这些指标。

三、影响查全率和查准率的主要因素

从国外各种评价研究（特别是其中对失误的分析）的结果来看，查全率和查准率与系统的收录范围、索引语言、标引工作和检索工作都有着非常密切的关系。收录范围、索引语言、标引和检索等环节的质量直接或间接地影响着查全率和查准率。

1. 影响查全率的因素

影响查全率的主要因素有：文献库（或检索工具）收录文献不全面，漏报的现象比较严重；索引词汇缺乏控制和专指性；词

表结构不完善;词间关系含糊或者不正确;标引缺乏详尽性(网罗度),即标引深度不够;标引前后不一致;标引人员遗漏了原文的重要概念或用词不当;检索系统不具备截词功能和反馈功能,检索时不能全面地描述检索要求;检索策略过于简单;检索式中使用逻辑"与"(*)太多,或者不适当地使用了逻辑"非"(一);数据库(或检索工具)选择不当;检索途径和检索方法过少;检索人员缺乏灵活性和坚韧性;等等。

2. 影响查准率的因素

影响查准率的主要因素有:索引词缺乏专指性,不能精确地描述文献主题和检索要求;组配规则不严密,容易产生假联系或歧义现象;词间关系不正确;标引过于详尽(即"过量标引");用词不当;组配错误;检索时所用检索词(或检索式)专指度不够,检索面宽于检索要求;使用不适当的检索词;检索系统不具备逻辑"非"功能和反馈功能;检索式中允许容纳的词数量有限;截词部位不当;检索式中使用逻辑"或"(+)不当;等等。

同时,国外进行的一系列试验还表明,查全率与查准率之间呈"互逆相关"的关系(如图9-2所示),即任何提高查全率的措施,

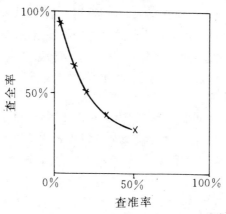

图9-2 查全率与查准率互逆相关示意图

都难免要降低查准率,反之亦然。

四、提高检索效果的措施

这方面的内容在第四章和第五章中已涉及了一些,此处再作一些补充和归纳。

(1)提高文献库的编辑质量,使它的收录范围更全面,更切合相应学科或专业的需要,著录内容更详细、准确。这样既可以提高检索系统的实际查全率,也有利于提高查准率。

(2)提高索引语言的专指性,加强对索引词汇的控制,完善词表的结构及其参照关系,使索引语言既有利于族性检索,也有利于特性检索。例如:消除同义词分散现象、一词多义现象、同音或同形不同义的现象;建立完善的参照系统;采用概念组配技术;使用职号和连号;编制范畴表、等级表、轮排表或族系图,准确显示词间关系,使索引词得到多方面的控制,并帮助检索者找到最合适的词,或进行全面检索所需要的全部词。

(3)提高标引质量,努力做到:正确揭示主题——不错标;全面反映主题——不漏标;简炼地使用标识——不滥标。

(4)制订最优的检索策略,灵活运用各种检索方法。例如:尽量全面准确地表达检索要求,合理选用文献库(或检索工具),根据检索课题的要求,运用适当的选词方法把检索词选全选准;然后尽量把检索式构造巧妙些,全面准确地表达检索要求;检索过程中灵活运用各种有效的方法和途径;根据用户的不同要求调节查全率和查准率;等等。

(5)其他方面,例如根据需要与可能,更新检索系统的技术设备,设立并逐步完善支持检索的辅助设备或系统,等等。

目前,在国外的各种情报检索系统中查全率一般为60—70%,查准率为40—50%。企图使查全率和查准率都同时提高一些,似乎是很难做到的。强调一方面,忽视另一方面,也是不妥当的。只能根据不同的检索要求,合理调节查全率和查准率。实际上，不同的用户对查全率和查准率会有不同的要求。例如，有的人要申请一项专利，或要公布某一重要发现，或要开始一项研究计划。他们对查全率要求就很高，以便不遗漏任何一篇有关的文献，而查准率低一点也可以容忍。有的人只是需要浏览一些新的重要文章，不是全部都要，这时，对查准率要求就高，查全率低一点也不要紧。总之，应视具体课题要求而定，在两者之间做出合理的抉择。

第三节　检索理论与检索技术

各种信息检索系统和服务的迅速发展，给广大信息用户（特别是最终用户）提供了丰富的信息资源和便利的检索设施。然而，影响系统性能和服务质量的问题尚有不少。例如，有些系统的用户界面友善性较差，有些检索技术过于简单或僵硬，检索效果不理想，有的检索策略和方法过于落后，不能适应新的需要。许多检索实践和系统评价试验都表明：因检索技术的缺陷造成的检索失误，在全部检索失误中所占的比例是不小的。这种状况表明，不仅需要认真总结继承已有的检索技术，研究发展新技术新方法，而且必须开展检索理论和其他深层次问题的研究和探索，进一步完善信息检索的理论和技术体系，以便使检索系统的设计、实现和运营服务提高到一个新水平。

下面，概略地介绍分析近年来检索理论和检索技术方面的研究和应用情况。

一、检索理论

检索理论（search theory）是一个比较新的概念。它的涵义和内容范围还不太确定。有人认为它是关于人在检索系统中是如何思考和实施信息查寻作业的理论，其内容包括参考咨询模型、书目结构模型、检索过程模型、检索环境与提问匹配、检索思维策略和检索策略等方面。

我们认为,从目前学科发展情况来看,检索理论的内容范围大体包括以下方面:检索过程中用户的认知过程和行为模式;人与检索环境的相互关系;相关性理论;信息检索系统模型;以及从检索技术、检索方法和评价试验中总结抽象出来的其他理论成果。此处不打算全面评述上述各个方面,只是有选择地介绍前3个方面的研究情况。信息检索系统模型等内容放在《计算机情报检索》一书中加以阐述。

1. 用户认知过程和行为模式

人类查寻信息的行为是一种过程。在此过程中,人们筛选信息的方法和标准经常随时间和环境而变化,即这种过程是动态的。进一步说,查寻信息并不是人的最终目的,它只是决策、问题求解或资源配置过程的一部分,是整个系统管理过程的一个方面。

处于信息查寻过程中的人,他心目中的信息世界图景是什么样子的,他如何认识和表述自己的信息需求,如何选择信息源或系统,如何获取和处理信息,如何进行推理判断和学习,如何控制检索进程,不同的人在上述各方面有何差别。这些就是目前人们所关注的知识结构、认知过程和行为模式问题。要揭示其中的奥秘,难度是非常大的。近些年来,人们有选择地研究和考察了其中某些方面。

(1) 用户信息需求的形成模式

1968年,泰勒(R. S. Taylor)从认知的角度探索了用户信息需求的形成模式,认为它包含4个阶段:

- ● 现实而尚未表达的需求;
- ● 意识到的需求;
- ● 已形式化(表述)的需求;
- ● 由图书馆员或信息检索系统表示的折衷性需求。

这一假设引起人们去分析研究信息系统的知识结构、检索中介的行为与作用以及信息检索中的认知交流模式等有关方面。

1982年,贝京(N. Belkin)等人探索了信息检索中的"不充足知识状态"(Anomalous State of Knowldge,ASK)问题,它相当于泰勒模式中的前2个阶段。1986年,贝京和维克利(A. Vickery)提出了一种基于交互环境的信息检索行为模型(表9-3)。

表9-3 基于交互式检索环境的检索行为模型

检索前行为	数据类型
① 用户要解决某个问题或有某个目标	用户的状态和目标
② 用户对ASK的认识产生了信息行为	用户的特性和知识结构
③ 用户想通过查找系统中的信息来解决ASK问题	用户的问题表述和期望
检索中行为	
④ 与人或计算机中介进行检索前的对话	用户的问题/需求;中介的特性;用户/中介对话
⑤ 构造检索策略/选择信息源/编写提问式	用户/中介对话;系统的特性;提问
⑥ 检索操作	用户/中介/系统交互作用
⑦ 检索结果初步评价	用户/中介对话
⑧ 对问题、信息需求、提问式和策略的再造或调整	用户/中介对话
检索后行为	
⑨ 用户评价检出文献	用户满足程度
⑩ 信息的利用	用户满足度和目标

(2) 交互式信息检索认知模型

1987年,P. 英格森(Ingwersen)又把贝京等人的模型与他自己的思想加以综合,提出了一种简化的认知模型(图9-3)。

图的左边是信息源区域,它包括有不同的人(如原文作者、标引员、信息系统设计者)的知识结构。在普通联机检索系统环境中,设计者A为主机系统分析员,B为数据库系统设计者,C为标引系统和规则的设计者,D为数据库生产者和主机系统分析员。

图的右边是最终用户区域。用户具有概念化的知识结构。当进入检索行为时,他产生了某种有关信息系统的期望和信念,即某种系统模型。

图的中心部分是中介机制：检索专家或计算机化中介。它具有理解各种信息问题的能力，即能建立用户模型和学习。

图中所说的概念化知识包括学科领域知识、概念与关系、想象力、意图、期望、目标和规则。检索知识包括信息源组织技术，如检索技术和软件，数据库系统结构，标引规则和原理，检索/命令语言，检索策略与逻辑等。

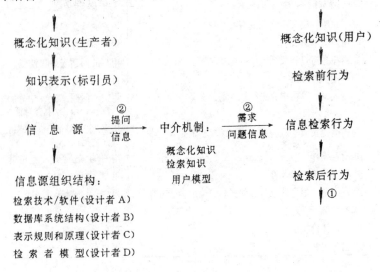

图 9-3　交互式信息检索的认知模型
① 需求实现　② 语言转换

中介机制的功能一般包括下列 4 个方面：

● 弄清用户的 ASK，通过交谈和学习来明确需求类型，了解用户已意识到的需求。

● 分析目前的信息检索环境和系统的组织结构，即利用检索知识和经验，明确最有效的组织结构，选择适合于预定检索策略的检索系统和数据库，根据初步反馈信息调整检索策略，应用信息检索的认知结构去熟悉有关的系统。

● 创造出有关学科领域大规模系统的概念结构的表示方

式，形成自身的概念化知识结构，即利用检索知识和概念化知识结构巧妙地运用检索概念，并通过学习调整或改变检索方法。

● 通过对话使需求模式与信息表示相连接，向用户显示可能有用的信息，即保证 ASK 状态中的知识结构与检索结果相一致（不必完全匹配），当检索结果与需求不相符时，查明其原因。

2. 相关性理论

"相关"（relevance）是信息检索领域中的一个基本概念。评价系统性能时离不开相关性判断。然而，它的涵义是什么？在人类选择信息时起什么作用？能否准确定义和测量？这些问题，几十年来一直困扰着情报学家。

50 年代末人们就开始从理论上探讨"相关"的涵义，认为它是提问词与文献标引词的匹配结果，并把它区分为论题（或系统）相关和用户相关两个不同方面。60 年代，人们重点研究影响相关性判断的各种可能因素，进行了一些试验，发现相关性判断的变化与试验材料（文献和提问）的特性，以及用户的需求、态度和知识状态等因素有关。70 年代以后，部分研究者仍在为建立相关性理论的框架而努力，试图打开"相关"这个"黑箱"，但仍有一些问题难以解决。总之，传统观点认为"相关"是对系统与用户之间连接有效性的判断。新的观点则认为它是对信息与信息需求之间关系性质的判断。

从信息检索的原理和实践来看，"相关"是一个多层次的概念，难以为它下一个总的全面性定义。在检索过程中，系统和用户对被检索文献的相关性评估可分为 3 个不同的层次（见图 9-4）。

图的左边是检索过程的简化表示。其中，信息需求是指存在用户心中尚未表达出来的需求状态。信息问题是指用户用自然语言表述的需求。检索词和提问式是用系统可接受的语言或符号系统表示的用户信息问题。图中显示出 3 种不同的相关性判断，分别由不同角色担任。其中，形式相关评估由系统硬件和软件完成，只考虑检索词或提问式与文献标识在形式（词形、句法）上是否匹配,若匹配则作为命中文献输出。语义相关评估要考虑命中文献与用户信息问题之间在语义或内容上是否匹配,若匹配则是相关文献。这种评估一般由检索中介完成。语用相关评估还要考虑命中的相关文献是否有实用价值(如新颖性、内容深度等),只能由最终用户完成。适用文献集合是相关文献的一个子集,而相关文献集合则是命中文献的一个子集。

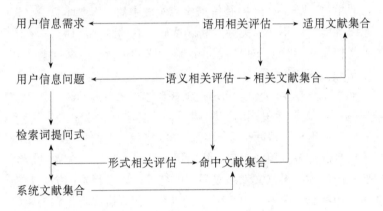

图 9-4　相关性判断层次示意图

可见,"相关"是一个多维的认知概念。它的涵义依赖于检索系统和检索者对信息需求的感知或理解。它又是一个动态概念,依赖于检索者或最终用户在某一时点上对信息集合与信息需求之间关系的实质的判断。今天,我们仍有必要进一步弄清"相关"的涵义,因为一些新的日益复杂的检索系统(如全文检索系统、多媒体系统、问题求解系统、知识基系统)的评价仍离不开相关性判断。特别是近年来一些检索系统已把用户相关性判断作为自身机制的一部分(如相关反馈机制),使用户成为系统的有机组成部分。在这类系统中,"相关"已不只是一个反应性概念,而且还是一个主动概念。若不弄清它在用户心目中的意义,就很难去想象系统是怎样为用户检出相关文献的。

近年来,研究焦点已转向相关性判断过程的连续性方面。一种方法是研究文献之间的相互作用,即对每一文献的相关性判断可能影响后面其他文献的相关性判断。有人提出了一种基于整个文献集合评估的"总相关函数"。它考虑了来自文献之间的替代性关系（冗余,重复交叉）和互补性关系（协同,相互补充）的文献相互依存性。

二、检索技术

检索技术（search techniques；retrieval techniques）是指应用于提问与文献表示的匹配比较的技术。从广义来说,它还包括信息检索时使用的策略、方法、程序、经验及其他相关技术。这里先从狭义角度来分析它。

根据检索文献集合以及其所用的标引方法的特性,检索技术的分类如图9-5所示。

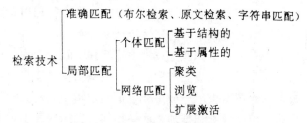

图 9-5 检索技术分类示意图

1. 准确匹配技术

准确匹配（exact match）要求文献（标识）中包含的需求模式必须与提问式所表达的模式完全匹配,才能作为命中文献输出。目前大型实用系统所采用的布尔逻辑检索、原文检索和字符串检索技术均属于这一类。它的主要优点是：系统较易实现,布尔逻辑式能较好地体现用户提问的一些重要方面。它的明显缺陷是容易遗漏那些仅与提问部分匹配的相关文献,不能产生排序输出,不考虑文献和提问中各个标引词的重要性差异。好的检索效果要依赖于精巧的提问式、兼容性强的词表、高质量的标引和各种辅助手段。由于一些替代技术未在大型系统中试验过，而且它们在小型实验系统中的效果也不很理想，要根本改造现有的实用系统,经济上也难以行得通。所以，准确匹配技术至今仍是实用系统普遍使用的示范性技术。不过，近些年来也不断有人在研究改进它，如引入加权方法和排序输出机制。

2. 局部匹配技术

局部匹配（partial match）只要求文献（标识）中包含的需求模式与提问式所表达的模式部分匹配，即为命中。它又可分为个体匹配和网络匹配两种类型。

(1) 个体匹配

个体匹配指用个别化的标识表示文献主题和提问。它包括基于属性表示的和基于结构表示的匹配技术。

基于属性表示的个体匹配技术把提问与文献标识的比较转化为属性（标引词）集合的比较。还可以对属性进行加权。其权值可根据单一文献或文献集合的属性特征来计算。

基于结构表示的个体匹配技术把提问和文献表示为某种较复杂的结构，如逻辑表示或图结构表示。这些结构的建立依赖于有关的领域知识。逻辑表示一般用一阶谓词逻辑来表达文献和提问的内容，然后借助规则和推理来回答提问。图结构表示可采用语义网或知识框架表示文献和提问的内容结构。

(2) 网络匹配

网络匹配技术把文献集合表示为一个互相连接的网络，检出的虽然还是一篇篇的文献，但整个检索却是基于文献互连，而不是单独根据各文献的标识。它又有以下3种形式：

● 聚类检索。系统先根据文献之间的相似度建立聚类文档；然后，将提问与聚类文档进行相似度比较，大于某一相似度阈值的文献按相似度大小降序输出。

● 浏览式检索（browsing）。这是一种很有趣的检索技术。检索者开始不清楚要查什么，检索目标和选择标准很模糊，用扫视方式检出自己感兴趣的东西。可以把系统中的文献、词汇或其他书目信息表示为由节点和链构成的网。用户在系统的帮助下浏览这个网。它不强调提问式写法和其他技术，主要依靠用户浏览决策过程提供的即时反馈。

● 扩展激活式检索（spreading activation）。与前者有点相似。提问被用来激活网络中描述文献内容以及它们是如何相关联的部分。在知识密集型网络中，节点和链表示主题领域的概念、相互关系以及含有这些概念的文献。从提问提供的起始节点开始，顺序激活相关联的其他节点。用某种标准或阈值去控制激活的扩散范围。激活可会聚在那些与许多链相连的特定文献节点上。这种高度活跃的节点即被检出。

三、检索策略

如前所述，检索策略是为实现检索目标而制订的全盘计划或方案。它既不完全等同于检索方法，也不等同于检索逻辑式。检索方法是为检索策略服务并受后者支配的。检索式只是检索策略的某种具体体现。检索策略与检索式和检索方法之间既有区别，又有一致之处，它们的区分是相对的。

可以将检索策略分为两大类：适用于手工检索的和适用于计算机检索的。在手工检索中，人们总是自觉不自觉地按照某种计划、方案或设想来进行检索，所以，手工检索用的检索策略是客观存在的。但是，图书情报界对手工检索的策略一直缺乏很好的研究、归纳、总结和评价，致使很多人形成了似乎只有检索方法，没有检索策略的观念。实际上，上节提到的直接检索、追溯型检索和循环型检索，就是几种不同的检索策略。另外，参考咨询工作中常用的所谓"包抄法"、"重点突破法"、"类推与假设法"，也可以说是一些不同的检索策略。

计算机检索（特别是联机检索）用的检索策略（主要通过检索式来体现），也是近些年才得到人们的重视和广泛研究，并陆续涌现了各种各样的检索策略。但是，由于对检索策略的含义理解很不一致，实际上有很多所谓的"检索策略"只不过是某种检索方法或检索式构造方法，真正称得上检索策略还不多。据报道，美国人查尔斯·鲍纳（Charles Bourne）曾经提出5种供联机检索用的检索策略。

● 积木型（build-block）。用户象搭积木那样，首先用布尔逻辑"OR"将代表提问中每个概念单元的词组合成一个个的分检索式，记入系统中。接着，用布尔逻辑"AND"将全部生成集组合成一个总检索式。

● 引文珠状生长型（citation pearl-growing）。它与第一种相反，用户先用少数几个专指词组合起来检索出一批文献。然后，审查这些文献，从中选出一些检索词补充到检索式中去。再审查新检出的文献，选出一些检索词补充到检索式中去，……。以上两种检索策略在实际中是使用得比较多的。

● 逐次分馏（successive fractions）。

● 先从最专指的面（或词）入手（most specific facet first）。

● 先从最低登录量的面（或词）入手（lowest postings facet first）。所谓登录量，是指一个索引词在标引中的使用次数。它可以记录在词表中，或显示在检索终端设备上。这种数据在检索中很有价值，它可以帮助检索者根据特定的检索策略估算出他将会查出多少文献，或者至少能告诉他可能查出的最大文献量是多少。

四、检索方法及其种类

检索方法（Search Tactics）是实现检索计划或方案所采取的种种方法和手段。它与检索策略的关系是局部与全体的关系。检索策略必须依赖检索方法才能贯彻和实现。检索方法则受检索策略的指导和制约，并服务于检索策略。但是，检索方法又可以随着条件的变化而变化，具有较大的灵活性。

随着检索技术的日益进步和检索系统功能的逐步增强，各种各样的检索方法也在不断涌现。目前，人们在检索中使用的方法不下几十种。除上一节已介绍过的顺查法、倒查法和抽查法之外，下面再介绍一些在手检或机检中比较常用的检索方法。

1. 选择检索词的方法

下列几种方法帮助人们按照不同要求来选择检索词

● 上取法。指按检索词的等级关系向上取一个合适的上位词，又称上位扩展法。

● 下取法。指按等级关系向下取一些合适的下位词。

● 旁取法。指按等级关系从旁取一个同位词或相关词。

● 邻取法。指通过浏览邻近的词，选取一些含义相近的词做补充检索词。

● 追踪法。指通过审阅已检出的相关文献，从中发现可供下一步检索用的其他词。

● 截词法。指截去原检索词的词缀（前缀和后缀），仅用其词干或词根做检索词，又称词干检索法。

此外，还可以采用其他方法（如倒置、重排、取反义词、用不同的拼写形式或空隔方式等）改变或替换原来的检索词。上述方法既适用于手检，也适用于机检。

2. 构造检索式的方法

若要使检索式更能满足检索要求和体现检索策略，可视课题的具体情况选用以下构造方法：

● 专指构造法。指在检索式中使用与检索提问同样专指的词，以提高检索式的准确性。

● 详尽构造法。指将提问中包含的全部（或绝大部分）要素列入检索式中，或在原式中增加一些提问要素。

● 简略构造法。指减少原式所含的提问要素。

● 平行构造法。指将同义词或其他具有并列关系的平行词列入检索式中，使检索范围加宽。

● 精确构造法。指减少式中平行词的数量，保留精确的检索词，使检索式精确化。

●非主题限定法。指对文献使用的语言、发表时间、文献类型等一些非主题方面进行限定，排除虽内容相关但不符合某些特定要求的文献，以提高检索输出的准确性和实用性。

●加权法。指分别给式中的每个检索词以一个表示其重要程度的数值（即"权"），检索时，对含有这些词的文献进行加权计算，凡总权数达到预定的阈值的文献，才算命中。

此外，在构造检索式时，还需要灵活运用各种逻辑运算符（除"AND"、"OR"、"NOT"之外，还有表示词邻接关系的运算符"ADJ"和表示位置优先的运算符"PRE"等），使检索式构造得更加巧妙。以上方法只适用于机检。

3. 查阅文档（或检索工具）的方法

●二分法（binary search）。指首先查阅计算机文档中央的那条记录，并判定所需文献在该文档的哪一半；第二步再查阅那半个文档中央的那条记录，并判定所需文献在哪个 1/4 文档；以下依此类推，逐步缩小范围，直至发现所需的记录。

●比较法。指根据预先规定的比较条件（如：完全一致、前方一致、后方一致、中间一致、指定位置一致或任意一致），将检索式中的检索词和文档中的检索项进行比较，以判断是否命中。

●搭脚手架法。指在不能直接查出文档中的有关文献时，可设计一些辅助性的间接的途径，借助它们查出合适的检索词和相关文献。

●延伸法。指利用原先未包括在检索计划中的文档或情报源，以查出新的相关文献。

上述 4 种方法是供人或机器更有效地查阅文档，迅速获得所需情报的方法，其中的前两种仅适用于机检。同时，应当注意检索方法具有对客观环境的依赖性：在一定条件下，某种方法可能是好的或可行的；在另一条件下，它却可能是不好的或行不通的。在检索工作中，应该根据检索系统的性能、用户的实际需要和检索过程中碰到的实际情况，灵活地运用各种检索方法。

4. 其他检索技术

除检索策略和检索方法这两类核心技术以外，近年来国外还涌现了一些辅助性技术或相关技术。其中有帮助用户选择检索工具、数据库或检索词的辅助系统或工具。

● 帮助用户选择检索工具或数据库的系统。这类系统有：REFSEARCH（参考工具查找系统）、REFLES（Reference Librarian Enhancement System，参考馆员强化系统）、Data Base Selector（数据库选择装置）、CONIT（Connector for Networked Information Transfer，联机网络信息传输连接系统）等等。

上述系统的主要用途是：当用户不知道有哪些数据库或检索工具可供利用时，系统可根据用户的询问，自动提供一批可能包含有用户所需情报的数据库或检索工具的名称及其他信息。

● 帮助用户选择检索词的系统。这类系统有：VSS（Vocabulary Switching System，词汇转换系统）、AID（Associative Interactive Dictionary，关联交互词典）、Query Analysis system（提问分析系统）、IIDA（Individualized Instruction for Data Access，数据检索个别指导系统），等等。

这些系统的主要用途是：当用户不熟悉某数据库使用的索引语言时，系统可将用户输入的词自动转换成该数据库使用的对应词或相关词，有的（如提问分析系统）还能提供相关的检索工具。

主要参考文献

[1] Marcia J. Bates: Search Techniques. *Annual Review of Information Science & Technology*, Vol. 16, 1981.

[2] Marcia J. Bates: Information Search Tactics. *J. of American Society for Information Science*, 1979, Vol. 30, No. 4, pp. 205—214.

[3] F. W. Lancaster: Evaluation and Testing of Information Retrieval

Systems. Encyclopedia of Library and Information Sciences, Vol. 8, pp. 234—259.

[4] 赖茂生:《科技文献检索指导》,北京大学出版社,1992年。

[5] N. J. Belkin & W. B. Croft: Retrieval Techniques. *Annual Review of Information Science & Technology*, Vol. 23, 1988.

[6] P. Ingwersen: Cognitive Anallysis and the Role of the Intermediary in Information Retrieval. Cognitive Science and Information Science. 1986.

附录 I 常用检索工具选目

如前所述,目前世界各国编辑出版的文献检索工具品种繁多,数量很大。本书只能将其中最有代表性和影响的极少数工具加以详细介绍。为满足各方面读者的需要,下面再列举一些比较重要的检索工具,供大家参考选用。选目分为 7 个部分。

一、一般专业性检索工具

1. 数学评论(Mathematical Review),American Mathematical Society 等单位主办。1940—,12 期,美国(英文)。
2. 数学论文索引(Index of Mathematical Papers,American Mathematical Society 编辑出版,1970—,2 期,美国(英文)。
3. 应用力学评论(Applied Mechanics Reviews),American Society of Mechanical Engineers 编辑出版,1948—,12 期,美国(英文)。
4. 高能物理学索引(High Energy Physics Index/Hochenergiephysik Index),Zentralstelle für Atomkernenergie Dokumentation 编辑出版,1962—,24 期,西德(英文)。
5. 现期物理学索引(Current Physics Index),American Institute of Physics 编辑出版,1974—,4 期,美国(英文)。
6. 天文学与天体物理学文摘(Astronomy and Astrophysics Abstracts),Springer Verlag 出版,1969—,2 期,西柏林(英文)。
7. 地学文献(题录)(Geoscience Documentation),Lea Associates Limited 编辑出版,1969—,6 期,英国(英文)。
8. 气象学和地球天体物理文摘(Meteorological and Geoastrophysical Abstracts),American Meteorological Society 编辑出版,1950—,12 期,美国(英文)。
9. 地质学题录和索引(Bibliography and Index of Geology),The Society in Cooperation with the American Ceological Institute 编辑出版,1934—,12 期,美国(英文)。
10. 地球文摘(Geo Abstracts),英国东安格里亚大学地球科学文摘公司编

辑出版,1966—,6期,分以下7个分册:

  A 地形与第四纪(Landforms and The Quaternary)

  B 气候学与水文学(Climatology and Hydrology)

  C 经济地理学(Economic Geography)

  D 社会地理与历史地理学(Social and Historical Geography)

  E 沉积学(Sedimentology)

  F 区域与总体规划(Regional and Community Planning)

  G 遥感与制图(Remote Sensing and Cardographic)

11. 国际生物科学文摘(International Abstracts of Biological Science),Robert. Maxwell Publisher for Biological and Medical Abstracts Limited 编辑出版,1954—,12期,英国(英文)。

12. 荷兰医学文摘(Excerpta Medica),荷兰医学文摘社出版,1947—,每卷10期,荷兰(英文)。现约有41个分册。

13. 医学索引(Index Medicus),National Library of Medicine 编辑出版,1879—,12期,美国(英文)。

14. 农业索引(Agrindex),AGRIS Coordinating Centre,Food and Agriculture Organization of United Nations(联合国粮农组织粮农情报系统合作中心)编辑出版,1975—,12期,联合国(英文)。

15. 农业文献目录(Bibliography of Agriculture),National Agriculture Library,U. S. Department of Agriculture 编辑出版,1942—,12期,美国(英文)。

16. 英国工艺索引(Current Technology Index),The Library Association 编辑出版,1962—,12期,英国(英文)。

17. 关键文摘(Key Abstracts),INSPEC 和 IEEE 联合编辑出版,1975—,12期,分以下8个分册:

  ① 通讯技术(Communication Technology)

  ② 电气测量和仪器仪表(Electrical Measurement & Instrumentation)

  ③ 电子电路(Electronic Circuits)

  ④ 工业动力和控制系统(Industrial Power & Control Systems)

  ⑤ 物理测量和仪器仪表(Physical Measurement & Instrumentation)

  ⑥ 输配电(Power Transmission & Distribution)

  ⑦ 固体器件(Solid-State Devices)

⑧ 系统理论(Systems Theory)

18. 计算机文摘(Computer Abstracts),Technical Information Company, Ltd 编辑出版,1957—,12 期,英国(英文)。
19. 计算机与信息系统(Computer & Information Systems),Combridge Scientific Abstracts,Inc. 编辑出版,1962—,12 期,美国(英文)。
20. 金属文摘和索引(Metals Abstracts,with Metals Abstracts Index),Institute of Metals 与 American Society for Metals 编辑,1944—,12 期,美国(英文)。
21. 仪器索引(Instrumentation Index),Instrument Society of America 编辑出版,1966—,约 4 期,美国(英文)。
22. 化学工业摘要(Chemical Industry Notes),Chemical Abstracting Service 编辑出版,1971—,52 期,美国(英文)。
23. 英国陶瓷文摘(British Ceramic Abstracts),The British Cerami Research Association 编辑出版,1976—,12 期,英国(英文)。
24. 陶瓷文摘(Ceramic Abstracts),American Ceramic Society,Inc. 编辑出版,1922—,12 期,美国(英文)。
25. 纸化学研究所文摘通报(Abstract Bulletin of the Institute of Pape Chemistry),The Institute of Paper Chemistry 编辑出版,1930—,12 期,美国(英文)。
26. 食品科学与技术文摘(Food Science and Technology Abstracts),Inernational Food Information Service 编辑出版,1969—,12 期,英国(英文)。
27. 世界纺织文摘(World Textile Abstracts),Shirley Institute 编辑出版,1921—,24 期,英国(英文)。
28. 印刷文摘(Printing Abstracts),The Research Association for the Paper & Board,Printing & Packaging Industries 编辑出版,1945—,12 期,英国(英文)。
29. 环境文摘(Environment Abstracts),Environment Information Center,Inc. 编辑出版,1971—,12 期,美国(英文)。
30. 交通与运输现期文献索引(Current Literature in Traffic and Transportation),Transportation Center,Library at Northwestern University 编辑出版,1958—,12 期,美国(英文)。

31. 图书馆文献(Library Literature), The H. W. Wilson Company, New York 编辑出版,1933—,4 期,美国(英文)。
32. 情报科学文摘(Information Science Abstracts), Documentation Abstracts, Inc. (under the Sponsorship of American Society for Information Science)编辑出版,1966—,6 期,美国(英文)。
33. 图书馆与情报科学文摘(Library & Information Science Abstracts), The Library Association 编辑出版,1950—,6 期,英国(英文)。

二、专供检索科技图书的工具

1. 英国国家书目(British National Bibliography), The British Library Bibliographic Services Division 编辑出版,1950—,52 期,英国(英文)。
2. 美国全国图书联合目录(National Union Catalog; A Cumulative Author List), Library of Congress Card Division 编辑出版,1956—,13 期,美国(英文)。
3. 美国国会图书馆主题目录(Library of Congress Catalog-Books: Subject),编辑出版者同上,系 NUC 的辅助索引,1950—,4 期,美国(英文)。
4. 新书分类预报(Subject Guide to Forthcoming Books), R. R. Bowker Co. 编辑出版,1967—,6 期,美国(英文)。
5. 在版图书主题索引(Subject Guide to Books in Print, an index to the Publishers' Trade List annual),编辑出版者同上,1957—,1 期,美国(英文)。
6. 科学书评索引(Index to Book Reviews in the Science), Institute for Scientific Information 编辑出版,1974—,12 期,美国(英文)。
7. 法国图书(Livres de France), Diffusion Cercle de la Libraire 编辑出版,1979—,52 期,法国(法文)。
8. 图书周报(Livres Hebdo),1979—,46+11 期,法国(法文)。
9. 德国在版图书目录(Verzeichnis Lieferbarer Bücher),德意志联邦共和国书商和出版商协会(Börenvereciu des Deutschen Buchhanlervereinigung GubH, Frankfurt am Main)编辑出版,1971—,52 期,西德(德文)。
10. 德国图书目录(Deutsche Bibliographie),出版者同上,52 期,西德(德

文)。

11. 德意志民主共和国综合图书目录(DDR Gesamtkatalog),莱比锡出版商协会编辑出版,东德(德文)。
12. 德意志国家书目(Deutsche National' Bibliographie),出版者同上,52期,东德(德文)。
13. 苏联图书年鉴(Книжная Летолисъ СССР),莫斯科全苏出版物登记局编辑出版,1907—,52期。
14. 苏联图书年刊(Ежегодник Книги СССР),编辑出版者同上,1925—,1期。
15. 纳本周报,日本国立国会图书馆编辑出版,1948—52期。
16. 全日本出版物总目录,编辑出版者同上,1期。
17. 日本全国书志,编辑出版者同上,1981—,52期。
18. 全国新书目,中国文化部出版事业管理局版本图书馆编印,1950—,12期。
19. 全国总书目,编辑出版者同上,1955—,1期。
20. 1974—1978中文图书印刷卡片累积联合目录,北京图书馆中文统一编目组编,书目文献出版社出版,1979年。

三、专供检索科技期刊的工具

1. 英国期刊联合目录(British Union Catalogue of Periodicals),Butterworths编辑出版,1964—,4期。
2. 新刊目录(New Serial Titles with Annual Cumulation),Library of Congress编辑出版,1953—,24期。
3. 乌利希国际期刊指南(Ulrich's International Periodicals Directory),R. R. Bowker Co.编辑出版,1932—,双年刊,1981年已出至19版(1981—1982)。
4. 国际连续出版物与年刊(Irregular Serial and Annuals, An International Directory),R. R. Bowker Co.编辑出版,1967—双年刊,系乌利希国际期刊指南的姐妹刊,据推算,1982年已出至第7版(1982—1983)。
5. 日本科学技术关系逐次刊行物目录,日本国会图书馆编辑出版。
6. EBSCO期刊变化通报(EBSCO Bulletin of Serials Changes),EBSCO Subscription Services, division of EBSCO Industries, Inc.编辑出版,

1975—,6 期。

7. 国际期刊数据系统通报(Bulletin de l'ISDS/ISDS Bulletin),International Serials Data System(由总部设在巴黎的"国际连续出版物登记中心"负责)编辑出版,1974—。
8. 国际期刊代码指南(Internation Coden Directory),American Chemical Society 编辑出版,1975—,1 期。
9. 刊名缩写指南(Periodical Title Abbreviations),第三版,Gale 研究公司出版,1982 年,共 3 卷。
10. 外国报刊目录(第五版),中国图书进出口总公司编辑出版,1981 年。
11. 1978 年全国预订外文科技期刊联合目录,北京图书馆联合目录组编辑,科学技术文献出版社出版,1978 年。
12. 1979 年全国预订外文科技期刊联合目录(补编本),编辑出版者同上,1979 年。
13. 1962—1978 全国西文期刊联合目录(科技部分),北京图书馆联合目录编辑组编,书目文献出版社出版,1982—,共 3 册。
14. 俄文音译日文、拉丁文音译俄文科技期刊与连续出版物对照手册,北京图书馆科技参考组编辑,书目文献出版社出版,1980 年。

四、专供检索会议情报和会议文献的工具

1. 世界会议:美国和加拿大(World Meetings; United States and Canada),美国 World Meetings Information Center 编辑出版,1963—,4 期,美国(英文)。
2. 世界会议:美国和加拿大以外各国(World Meetings;Outside USA and Canada),编辑出版者同上,1968—,4 期,美国(英文)。
3. 世界会议:社会科学、行为科学、教育和管理(World Meetinga;Social and Behavioral Sciences,Education and Management),编辑出版者同上,1970—,12 期,美国(英文)。
4. 会议论文索引(Conference Papers Index)编辑出版者同上,1973—,12 期(含年度累积索引),美国(英文)。
5. 会议录出版指南(Directory of Published Proceedings,Series SEMT-Science/Engineering/Medicine/Technology)Inter Dok Corp. 编辑出版,1965—,10 期(另出年度累积本),美国(英文)。

6. 科学会议(Scientific Meetings),美国 Special Libraries Association 编辑出版,1955—,4 期,美国(英文)。

7. 在版会议录(Proceedings in Print),编辑出版者同上,1964—,6 期,美国(英文)。

8. 科技会议录索引(Index to Scientific and Technical Proceedings),Institute for Scientific Information 编辑出版,1978—,12 期,美国(英文)。

9. 近期国际科技会议(Forthcoming International Scientific and Technical Conference),Aslib 编辑出版,1966—,4 期,英国(英文)。

五、专供检索标准文献的工具

1. 国际标准化组织标准目录(ISO Catalogue),ISO 编辑出版(英、法文对照)。

2. 国际标准化组织国际标准草案目录(ISO Draft International Standards. ISO Projects de Normes Internationales),ISO 编辑出版(英、法文对照)。

3. ISO 国际标准目录(1983),中国标准出版社编译出版,1983 年。

4. 美国国家标准目录(ANSI Catalog),American National Standards Institute 编辑出版,每年出版一次,并附有 ISO、IEC、COPANT、CEE 的标准目录。

5. 美国联邦标准与规格索引(Index of Federal Specifications and Standards),General Services Administration 编辑出版,每年一册。

6. 美国国防部规格和标准索引(Department of Defense Index of Specifications and Standards),美国 Defense Supply Agency 编辑出版,每年出一次。

7. 美国试验与材料学会年度标准手册(Annual Book of ASTM Standards)。American Society for Testing and Materials 编辑出版,每年出一次。

8. 英国标准年鉴(British Standards Yearbook),British Standards Institution 编辑出版。

9. 加拿大标准协会出版物目录(CSA List of Publications),Canadian Standards Association 编辑出版,每年出一次。

10. 西德标准目录(DIN-Normblatt-Verzeichnis),Deutscher Normenauss-

chuss(德国标准委员会-DNA)编辑出版,每年出一次,每月出版补充本。

11. 东德标准目录(TGL Standardverzeichnis), Amt für Standardisieung, Messwesen und Warenprüfung, ASMW 编辑出版,每年出一次。
12. 苏联国家标准目录(Указатель государственных стандартов), Государственный стандарт СССР(苏联国家标准局)编辑出版,每年出一次。
13. 苏联专业标准、加盟共和国标准与技术条件目录(Указателъ отраслевых, реснубликанских станлартов и технических условий),编辑出版者同上。
14. 法国标准目录(Catalogue des Normes Francaises), AFNOR(法国标准协会)编辑出版,每年出一次。
15. 各国标准对照手册,《国外标准化动态》编辑部译自日本的《世界标准最新快速相互检索表》,科技文献出版社,1979年,共6卷。
16. 中华人民共和国工农业产品国家标准和部标准目录(1980),技术标准出版社,1981年。
17. 中华人民共和国国家标准目录(1982),技术标准出版社,1983年。
18. 中国国家标准汇编(收集1983年6月底以前颁布的全部现行国家标准约3500个),技术标准出版社编辑出版,1983年,分若干个分册。
19. 中华人民共和国国家标准目录及信息总汇1992,中国标准出版社,1993年。

六、专供检索政府出版物的工具

1. 美国政府出版物目录月报(Monthly Catalog of United States Government Publications), Superintendent of Documents, U. S. Government Prining Office 编辑出版,1895—,12期,美国(英文)。
2. 英国政府出版物月度目录(Government Publications, Monthly List), Her Majesty's Stationery Office 编辑出版,1922—,12期,英国(英文)。
3. 法国政府出版物选目(Bibliographie Selective des Publications Officielles Francaises), La Documentation Francaise 出版,1952—,36期,法国(法文)。
4. 加拿大政府出版物月度目录(Monthly Catalogue of Canadian Government Publications/Le Catalogue Mensuel des Publication du Govern-

ment Canadiea),Information Canada 编辑出版,1953—,12 期,加拿大(英、法文)。

5. 政府刊行物月报,日本政府刊行物普及协议会编辑出版,1957—,12 期,日本(日文)。

苏联的政府出版物,见《苏联图书年鉴》。

七、专供检索学位论文的工具

1. 国际学位论文文摘(Dissertation Abstracts International),University Microfilms,Inc.编辑出版,目前分以下三辑出版:

   A 辑:人文与社会科学(Humanities and Social Sciences),1938—,12 期;

   B 辑:科学与工程(Science and Engineering),1938—,12 期;

   C 辑:欧洲学位论文(Europen Dissertation),1976—,4 期。

2. 日本博士学位论文索引,分农学、水产学、兽医学篇,工学篇和人文、社会科学篇,京都设计服务中心编辑出版,1978 年,日本(日文)。

3. 苏联列宁图书馆和国立中央医学科学图书馆博士和副博士论文馆藏目录(Каталог кандидатских и докторских диссертацией, поступивщих в Библиотеку имени В. И. Ленина и Государственную Центральную Научную Медицинскю Библиотеку),Москва,Публичная Библиотека(公共图书馆)编辑出版,1958—,4 期,苏联(俄文)。

附录 Ⅱ 我国引进的 CD-ROM 光盘数据库目录

1. Agricultural Library
   中国农业科学院棉花所(河南安阳)、北京农业大学
2. Agricola
   中国农业科学院文献信息中心、北京农业大学、中国农业科学院棉花所、甘肃草原生态所
3. ANY-Book
   北京农业大学
4. Applied Science & Technology Index
   东南大学(南京)、大连理工大学、东北工业学院
5. ASFA(Aquatic Sciences and Fisheries Abstracts)
   国家海洋局情报所(天津)
6. BiblioFile(LC-MARC)
   北京图书馆、中国科学院文献情报中心、北京大学、清华大学、上海图书馆、南京图书馆、上海交通大学、北京农业大学、上海科技大学、华东师范大学、南开大学、浙江大学、西北工业大学、陕西师范大学、大连理工大学
7. Book in Print Plus
   北京图书馆、上海图书馆、北京大学
8. BookBank(Books in Print, Europe)
   北京图书馆
9. CD-Word(词典数据库)
   北京文献服务处
10. Compact Cambridge Life Sciences(LSC)
    军事医学科学院、中国科学院上海文献情报中心
11. Compendex(美国《工程索引》数据库)
    机械工业部科技情报所
12. CRIS(Current Research Information System)
    北京农业大学、中国农业科学院棉花所

13. Directory of Library & Information Professionals（美国图书馆协会）
    北京文献服务处
14. Dissertation Abstracts Ondisc（University Microfilms International）
    清华大学、上海科技大学、浙江大学
15. DSDP（Deep Sea Drilling Project）（深海钻探计划）
    国家海洋局情报所
16. Environment Library（OCLC）
    交通部科技情报所
17. Encyclopedia of Associations Series
    清华大学
18. ERIC（Education Resource Information Center 数据库）
    中国科技信息研究所、北京图书馆、华东师范大学、武汉大学
19. LIFE
    国家海洋局情报所
20. LISA（Library & Information Science Abstracts）
    北京图书馆、上海科技情报所、上海交通大学、武汉水运学院
21. McGraw-Hill CD-ROM Science and Technical Reference Set
    北京农业大学
22. Mass Spectrum Data Base（质谱数据库）
    上海有机化学所
23. MEDLINE（NLM）
    北京图书馆、北京医科大学、军事医学科学院、中国医科大学、海军医学研究所、北京医院、中日友好医院、北京友谊医院、天津医学情报所、河北医科院情报中心、河南医学情报所、浙江医学情报所、湖北医科院情报所、广东医学情报所、广西医学情报所、重庆医学情报所、黑龙江医学情报所、上海医科大学、上海第二医科大学、第二军医大学、上海铁道医学院、南京医学院、南京铁道医学院、镇江医学院、苏州医学院、湖北医学院、同济医科大学、湖南医科大学、中山医科大学、广州医学院、福建医学院、第四军医大学、华西医科大学、第三军医大学、新疆医学院、江苏原子医学研究所、福建医学研究所、中华医学会上海分会、昆明医学院
24. Microsoft Bookself（American Heritage Dictionary，Bartlettt's Familiar

Quotations, Roget's Thesaurus, World Alamanac, Houghton — Mifflin Usage Alert and Spellchecker & Verifier)
交通部科技情报所、北京文献服务处、清华大学

25. Microsoft Stat Pack(商情、政府信息、市场研究、统计)
    交通部科技情报所、清华大学、国家统计局
26. NTIS(美国《政府报告通报与索引》数据库)
    中国科技信息研究所、北京图书馆、机械工业部兵器情报所、航空工业部航空情报所、上海交通大学、上海科技大学、华东工学院、西安交通大学、大连理工大学
27. NODC 01(海洋资料库)
    国家海洋局情报所
28. Occupational Health & Safety Information(CCINFOdisc)
    化工部情报所、化工部劳动保护研究所
29. OCLC CAT CD 450 系统
    武汉大学
30. PC Blue Library(PC 机软件资料库)
    中国科技信息研究所
31. PC-Sig Library on CD-ROM(PC 机软件资料库)
    北京农业大学
32. PDQ/CANCELIT(Physicians' Data Query/Cancer Information File, …)
    军事医学科学院
33. Science Citation Index
    北京图书馆
34. Search Me(University of Guelph Library 目录)
    北京农业大学
35. Shareware Grab Bag($99CD-ROM)(微机软件资料库)
    交通部科技情报所、清华大学、国家统计局、武汉水运
36. Software Du Jour(微机软件资料库)
    北京农业大学
37. The New Electronic Encyclopedia
    中国科技信息研究所、清华大学、西安电子科技大学

38. THOMAS REGISTER OF AMERICAN MANUFACTURERS on CD-ROM 中国科技信息研究所
39. TOXLINE
    军事医学科学院
40. Ulrich's Plus
    中国科学院文献情报中心、清华大学、上海图书馆
41. WER LIEFERT WAS?
    中国科技信息研究所

附录 Ⅲ 我国科技文献检索刊物学科分布一览

一、综合科技与管理科学

1. 中国科学文摘(A、B辑,英文版),双月刊,1982年创刊,科学出版社主编
2. 全国报刊索引(科技版),月刊,1955年创刊,上海图书馆主编
3. 科学技术研究成果公报,月刊,1963年创刊,国家科委成果管理办公室主编
4. 中国学术会议文献通报*,月刊,1982年创刊,中国科技信息研究所主编
5. 中国学位论文通报*,双月刊,1985年创刊,中国科技信息研究所主编
6. 台湾科技文献通报,双月刊,1981年创刊,中国科技信息研究所主编
7. 管理科学文摘,月刊,1981年创刊,中国科技信息研究所主编
8. 工业经济文摘,中国科技信息研究所主编
9. 中目:综合科技与基础科学,双月刊,1962年创刊,中国科技信息研究所主编
10. 情报科学文摘,双月刊,1984年创刊,中国科技信息研究所主编
11. 计量测试文摘,双月刊,1980年创刊,国家计量局情报所主编
12. 世界标准信息,月刊,1965年创刊,中国标准情报中心主编
13. 标准化文摘,季刊,1984年创刊,河北省标准计量情报所主编
14. 发明专利公报,周刊,1985年创刊,中国专利局主编
15. 实用新型专利公报,周刊,1985年创刊,中国专利局主编
16. 外观设计专利公报,周刊,1985年创刊,中国专利局主编
17. 中国专利索引(分类年度索引),1986年创刊,中国专利局主编
18. 中国专利索引(申请人、专利权人年度索引),1986年创刊,中国专利局主编

二、数理科学

19. 中国数学文摘,季刊,1987年创刊,中国科学院文献情报中心主编

---

* 为已实现刊库合一或能提供机读版的检索刊物。

20. 中国力学文摘,季刊,1987年创刊,中国科学院文献情报中心等主编
21. 中国物理文摘,双月刊,1986年创刊,中国科学院文献情报中心主编
22. 中国天文学文摘*,季刊,1987年创刊,中国科学院北京天文台主编
23. 中国光学与应用光学文摘,双月刊,1985年创刊,中国科学院长春光机所主编
24. 外目:光学与应用光学,季刊,1984年创刊,中国科学院文献情报中心主编

三、化学化工

25. 分析化学文摘,月刊,1960年创刊,中国科技信息研究所重庆分所主编
26. 中国无机分析化学文摘,季刊,1984年创刊,北京矿冶研究总院主编
27. 中国化工文摘*,双月刊,1983年创刊,化工部情报所主编
28. 中目:化学工业*,季刊,1978年创刊,化工部情报所等主编
29. 化肥工业文摘,季刊,1978年创刊,上海化工研究院主编
30. 国外农药文摘,季刊,1973年创刊,沈阳化工研究院主编
31. 国外染料文摘,季刊,1973年创刊,沈阳化工研究院主编
32. 化纤文摘,双月刊,1978年创刊,上海合成纤维研究所主编
33. 涂料文摘,双月刊,1962年创刊,化工部涂料工业研究所主编

四、生物

34. 中国生物学文摘*,月刊,1987年创刊,中国科学院上海文献情报中心等主编
35. 古生物学文摘,季刊,1986年创刊,中国科学院文献情报中心等主编

五、农业科学

36. 中国农业文摘:农业工程,双月刊,1989年创刊,北京农业工程大学主编
37. 中国农业文摘:植物保护,双月刊,中国农业科学院文献中心主编
38. 中国农业文摘:土壤肥料,双月刊,1984年创刊,中国农业科学院文献中心主编
39. 中国农业文摘:粮食与经济作物,双月刊,1988年创刊,中国农业科学院文献中心主编
40. 中国农业文摘:园艺,双月刊,1988年创刊,中国农业科学院文献中心主

编

41. 中国农业文摘：畜牧,双月刊,1988年创刊,中国农业科学院文献中心主编
42. 中国农业文摘：兽医,双月刊,1988年创刊,中国农业科学院文献中心主编
43. 中国农业文摘：水产,双月刊,1985—1990年,中国水产科学研究院情报所主编
44. 国外农学文摘,双月刊,1962年创刊,中国农业科学院文献中心主编
45. 国外土壤肥料文摘,双月刊,1985年创刊,中国农业科学院文献中心主编
46. 国外植物保护文摘,双月刊,1984年创刊,中国农业科学院文献中心主编
47. 国外园艺学文摘,双月刊,1981年创刊,中国农业科学院文献中心主编
48. 国外畜牧学文摘,双月刊,1979年创刊,中国农业科学院文献中心主编
49. 国外兽医学文摘,双月刊,1979年创刊,中国农业科学院文献中心主编
50. 国外科技资料目录：农业科学,月刊,1979年创刊,中国农业科学院文献中心主编
51. 水稻文摘,双月刊,1982年创刊,中国水稻研究所主编
52. 麦类文摘,双月刊,1981年创刊,河南农林科学院主编
53. 棉花文摘,双月刊,1985年创刊,中国农业科学院棉花研究所主编
54. 茶叶文摘,双月刊,1987年创刊,中国农业科学院茶叶研究所主编
55. 蚕业文摘,季刊,中国农业科学院蚕业研究所主编
56. 水产文摘,月刊,1963年创刊,南海水产研究所主编
57. 中国水产文摘,双月刊,1991年创刊,中国水产科学研究院情报所主编
58. 食用菌文摘,季刊,1984年创刊,上海农业科学院情报所主编
59. 农业机械文摘,双月刊,1963年创刊,机械工业部农机研究院主编
60. 农业昆虫学文摘,1984—1989年,中国农业科学院文献中心主编
61. 中目：农业,双月刊,1978年创刊,中国农业科学院文献中心主编
62. 生物技术通报,月刊,1985年创刊,中国农业科学院文献中心主编

六、林业科学

63. 中国林业文摘,双月刊,1985年创刊,林业部科技情报中心主编

64. 国外林业文摘,双月刊,1960年创刊,中国林业科学院情报所主编
65. 国外森林工业文摘,双月刊,1958年创刊,中国林业科学院情报所主编
66. 竹类文摘*,半年刊,1988年创刊,中国林业科学院情报所主编
67. 竹类文摘(英文版),半年刊,1988年创刊,中国林业科学院情报所主编

七、地球科学

68. 中国地质文摘,月刊,1986年创刊,中国地质矿产信息研究院主编
69. 中国地质文摘(英文版),季刊,1985年创刊,中国地质资料图书情报中心主编
70. 物探化探遥感地质文摘,双月刊,1984年创刊,地质矿产部物探化探所主编
71. 外目:地质学,双月刊,1977年创刊,中国地质资料图书情报中心主编
72. 中目:气象学,双月刊,1988年创刊,国家气象局科技情报所主编
73. 外目:气象学,双月刊,1978年创刊,国家气象局科技情报所主编
74. 中目:测绘,季刊,1979年创刊,全国测绘科技情报网主编
75. 外目:测绘,季刊,1978年创刊,全国测绘科技情报网主编
76. 地震文摘,双月刊,1982年创刊,国家地震局情报所主编
77. 海洋文摘,月刊,1964年创刊,国家海洋局海洋情报所主编
78. 中国国土资源文摘,双月刊,1987年创刊,中国科学院文献情报中心等主编
79. 中国地理科学文摘,季刊,1987年创刊,成都山地灾害与环境研究所主编
80. 中国地理文摘(英文版),季刊,中国科学院南京地理所主编
81. 国外地理文摘,季刊,1985年创刊,中国科学院文献情报中心等主编
82. 地理文摘,双月刊,1982年创刊,上海教育学院地理系等主编

八、医药卫生

83. 中国医学文摘:基础医学,双月刊,1985年创刊,上海医科大学主编
84. 中国医学文摘:护理学,双月刊,1986年创刊,武汉医学科学研究所主编
85. 中国医学文摘:检验与临床,季刊,1987年创刊,同济医科大学主编
86. 中国医学文摘:中医,双月刊,1960年创刊,中国中医研究院情报所主编
87. 中国医学文摘:内科学,双月刊,1982年创刊,广西医学情报所主编

88. 中国医学文摘:外科学,双月刊,1982年创刊,江苏医学情报所主编
89. 中国医学文摘:儿科学,双月刊,1982年创刊,辽宁医学情报所主编
90. 中国医学文摘:口腔医学,季刊,1986年创刊,南京医学院主编
91. 中国医学文摘:皮肤科学,季刊,1985年创刊,西安医科大学主编
92. 中国医学文摘:放射诊断,季刊,1987年创刊,同济医科大学主编
93. 中国医学文摘:眼科学,季刊,1986年创刊,北京眼科研究所主编
94. 中国医学文摘:耳鼻咽喉科学,双月刊,1985年创刊,北京耳鼻咽喉研究所主编
95. 中国医学文摘:卫生学,双月刊,1985年创刊,中国预防医学研究所主编
96. 中国医学文摘:计划生育、妇产科学,季刊,1982年创刊,四川医学情报所主编
97. 中国医学文摘:肿瘤学,双月刊,1985年创刊,广西医学院附属医院主编
98. 中国医学文摘内科学分册(英文版),季刊,1984年创刊,南京铁道医学院主编
99. 中目:医药卫生,双月刊,1978年创刊,中国医学科学院情报所主编
100. 外目:医药卫生,月刊,1978年创刊,中国医学科学院图书馆主编
101. 中国药学文摘,季刊,1984年创刊,国家医药管理局情报所主编
102. 中目:中草药,季刊,1977年创刊,国家医药管理局天津药物研究所主编

九、矿冶

103. 矿业文摘,双月刊,1981年创刊,能源部煤炭科技情报所主编
104. 中国冶金文摘,月刊,1989年创刊,冶金部科技情报所主编
105. 有色金属文摘,月刊,中南工业大学主编
106. 国外钢铁期刊题录,双月刊,1991年创刊,上海冶金局科技情报所等主编

十、石油

107. 中国石油文摘*,双月刊,1985年创刊,中国石油天然气总公司情报所主编
108. 石油与天然气文摘,月刊,1962年创刊,中国石油天然气总公司情报所主编

109. 石油加工文摘,月刊,中国石化总公司情报所主编
110. 精细石油化工文摘,月刊,1986 年创刊,金陵石化公司主编
111. 国外石油专利文献通报,双月刊,1988 年创刊,石油工业出版社主编

十一、机械制造,仪器仪表

112. 中国机械工程文摘*,月刊,1966 年创刊,机械工业部科技情报所主编
113. 外目:机械工程,月刊,1979 年创刊,机械工业部科技情报所主编
114. 机械制造文摘:机床与工具,月刊,1980 年创刊,中国科技信息研究所重庆分所主编
115. 机械制造文摘:铸造,双月刊,1980 年创刊,中国科技信息研究所重庆分所主编
116. 机械制造文摘:焊接,双月刊,1980 年创刊,哈尔滨焊接研究所主编
117. 机械制造文摘:材料与热处理,双月刊,1982 年创刊,中国科技信息研究所重庆分所主编
118. 机械制造文摘:零件与传动,月刊,1957 年创刊,中国科技信息研究所重庆分所主编
119. 机械制造文摘:粉末冶金,季刊,1982 年创刊,北京粉末冶金研究所主编
120. 机械工程自动化与计算机应用文摘,双月刊,1983 年创刊,北京机械工业自动化所主编
121. 通用机械文摘,月刊,1974 年创刊,沈阳水泵研究所主编
122. 起重运输机械文摘,双月刊,1960 年创刊,北京起重运输机械研究所主编
123. 动力机械文摘,双月刊,1982 年创刊,哈尔滨电站设备研究所主编
124. 工程机械文摘,双月刊,1983 年创刊,天津工程机械研究所主编
125. 内燃机文摘,双月刊,1983 年创刊,上海内燃机研究所主编
126. 汽车文摘,月刊,1963 年创刊,机械工业部长春汽车研究所主编
127. 电工文摘,月刊,1981 年创刊,北京电工综合技术经济研究所主编
128. 仪器仪表文摘,双月刊,1985 年创刊,机电部仪器仪表情报中心主编
129. 分析仪器文摘,双月刊,1963 年创刊,北京分析仪器研究所主编
130. 国内光学仪器文摘,季刊,1981 年创刊,南京仪器仪表公司情报所主编
131. 兵工文摘,月刊,1964 年创刊,兵器工业总公司 210 所主编

十二、电子科技

132. 中国电子科技文摘*，双月刊，1981年创刊，电子工业部科技情报所主编
133. 国外电子科技文摘*，月刊，1970年创刊，电子工业部科技情报所主编
134. 中国无线电电子学文摘，双月刊，1985年创刊，中国科学院文献情报中心等主编
135. 计算机应用文摘，双月刊，中国科技信息研究所重庆分所主编
136. 微型电脑应用文摘，月刊，机械工业部株洲电子所主编

十三、核科技

137. 中国核科技文摘*，季刊，1985年创刊，核工业科技情报所主编
138. 外目：核科学技术，月刊，1985年创刊，核工业科技情报所主编

十四、能源水利

139. 中目：电力*，季刊，1983年创刊，能源部、水利部水利电力情报所主编
140. 外目：电力，双月刊，1981年创刊，能源部、水利部水利水电情报所主编
141. 中目：水利水电*，季刊，1977年创刊，水利部水利水电情报所主编
142. 外目：水利水电，双月刊，1959年创刊，水利部水利水电情报所主编

十五、轻工，商业

143. 中国轻工业文摘，季刊，1984年创刊，轻工部情报所主编
144. 日用化学文摘，双月刊，1980年创刊，轻工部情报所主编
145. 皮革文摘，双月刊，1965年创刊，轻工部毛皮制品研究所主编
146. 造纸文摘，双月刊，1980年创刊，轻工部造纸工业研究所主编
147. 印刷文摘，双月刊，1983年创刊，北京印刷机械研究所主编
148. 国外包装文摘，双月刊，中国包装科技研究所主编
149. 中国商业科技文摘，双月刊，1987年创刊，商业部情报所主编
150. 中国粮油科技文摘，双月刊，1985年创刊，商业部情报所主编
151. 中目：商业、粮油，双月刊，商业部情报所主编
152. 外目：商业、粮油，双月刊，商业部情报所主编
153. 国外商业科技文摘，季刊，1982年创刊，商业部情报所主编

154. 国外粮油科技文摘,双月刊,1985年创刊,商业部情报所主编

十六、纺织

155. 中国纺织文摘,双月刊,1978年创刊,纺织部情报所主编
156. 纺织文摘,双月刊,1980年创刊,上海纺织科学院主编

十七、建材,建筑,环境

157. 中目:建筑材料*,双月刊,1978年创刊,国家建材局技术情报所主编
158. 外目:建筑材料,双月刊,1977年创刊,国家建材局技术情报所主编
159. 建筑科学文摘*,月刊,1988年创刊,建设部科技情报所主编
160. 环境科学文摘,双月刊,1982年创刊,中国环境科学院情报所主编

十八、交通运输

161. 外目:交通运输,月刊,1990年创刊,交通部科技情报所主编
162. 中目:水路运输,季刊,1988年创刊,交通部科技情报所主编
163. 水路运输文摘,月刊,1978年创刊,交通部科技情报所主编
164. 公路运输文摘,月刊,1963年创刊,交通部科技情报所主编
165. 中目:铁路*,双月刊,1958年创刊,铁道部科技情报所主编
166. 铁道文摘,月刊,1959年创刊,铁道部科技情报所主编

十九、船舶

167. 造船文摘*,双月刊,1965年创刊,中国船舶工业总公司714所主编
168. 中目:船舶工程,双月刊,1979年创刊,中国船舶工业总公司714所主编

二十、航空航天

169. 中国航空文摘*,月刊,1985年创刊,航空工业部科技情报所主编
170. 国外航空文摘,月刊,1985年创刊,航空工业部科技情报所主编
171. 中目:导弹与航天*,双月刊,1983年创刊,航天工业部科技情报所主编
172. 外目:导弹与航天,双月刊,1983年创刊,航天工业部科技情报所主编

二十一、其他

173. 体育科技文摘,双月刊,1985年创刊,国家体委情报所等主编

174. 中国国防科技报告通报与索引,月刊,1986年创刊,国防科工委情报所主编
175. 国外科技文献通报(含军用标准),双月刊,1985年创刊,国防科工委情报所主编
176. 战略文献索引,双月刊,1987年创刊,国防科工委情报所主编

二十二、光盘产品

177. 中文科技期刊篇名数据库光盘,1989—,中国科技信息研究所重庆分所主编
178. 中国专利公报光盘,1985—,专利文献出版社主编
179. 中国机电工业10万企业及产品商情数据库光盘,1989—,机械工业出版社主编

附录 Ⅳ 俄语字母与拉丁字母音译对照表

俄	拉	俄	拉	俄	拉
Аа	a	Кк	k	Хх	kh(h ch k̂h)
Бб	b	Лл	l	Цц	ts (c t̂s)
Вв	v	Мм	m	Чч	ch(č ĉh)
Гг	g	Нн	n	Шш	sh(š ŝh)
Дд	d	Оо	o	Щщ	shch(šč ŝhch)
Ее	e(é)	Пп	p	Ъъ	'(")
Ёё	e(ë)	Рр	r	Ыы	y(y)
Жж	zh(zh ž)	Сс	s	Ьь	(')
Зз	z	Тт	t	Ээ	e(é)
Ии	i	Уу	u	Юю	yu(ju îu ú)
Йй	i(ï j)	Фф	f	Яя	ya (ja îa a)